U0518760

国家出版基金项目

“十三五”国家重点图书出版规划项目

“神话学文库”编委会

国家出版基金项目

“十三五”国家重点图书出版规划项目

“神话学文库”学术支持

上海交通大学文学人类学研究中心

上海交通大学神话学研究院

中国社会科学院比较文学研究中心

陕西师范大学人文社会科学高等研究院

上海市社会科学创新研究基地——中华创世神话研究

国家出版基金项目
NATIONAL PUBLICATION FOUNDATION
“十三五”国家重点图书出版规划项目

神话学文库
叶舒宪主编

中国洪水再殖型神话研究

母题分析法的一个案例

A STUDY ON THE MYTH OF POST-FLOOD HUMANITY RECOVERY IN CHINA

陈建宪◎著

陕西师范大学出版总社

图书代号 SK19N1725

图书在版编目（CIP）数据

中国洪水再殖型神话研究：母题分析法的一个案例/陈建宪著. —西安：陕西师范大学出版总社有限公司，2019.9
（神话学文库／叶舒宪主编）
“十三五”国家重点图书出版规划项目　国家出版基金项目
ISBN 978-7-5695-1298-4

Ⅰ. ①中…　Ⅱ. ①陈…　Ⅲ. ①神话—研究—中国
Ⅳ. ①B932.2

中国版本图书馆 CIP 数据核字（2019）第 242329 号

中国洪水再殖型神话研究
母题分析法的一个案例
ZHONGGUO HONGSHUI ZAIZHIXING SHENHUA YANJIU
MUTI FENXIFA DE YI GE ANLI
陈建宪　著

责任编辑　王丽敏
责任校对　杜莎莎
出版发行　陕西师范大学出版总社
（西安市长安南路 199 号　邮编 710062）
网　　址　http://www.snupg.com
印　　刷　西安市建明工贸有限责任公司
开　　本　720mm×1020mm　1/16
印　　张　25
插　　页　2
字　　数　467 千
版　　次　2019 年 9 月第 1 版
印　　次　2019 年 9 月第 1 次印刷
书　　号　ISBN 978-7-5695-1298-4
审 图 号　GS（2020）308 号
定　　价　98.00 元

读者购书、书店添货或发现印刷装订问题，请与本公司营销部联系、调换。
电话：（029）85307864　85303635　传真：（029）85303879

“神话学文库”总序

叶舒宪

神话是文学和文化的源头，也是人类群体的梦。

神话学是研究神话的新兴边缘学科，近一个世纪以来，获得了长足发展，并与哲学、文学、美学、民俗学、文化人类学、宗教学、心理学、精神分析、文化创意产业等领域形成了密切的互动关系。当代思想家中精研神话学知识的学者，如詹姆斯·乔治·弗雷泽、爱德华·泰勒、西格蒙德·弗洛伊德、卡尔·古斯塔夫·荣格、恩斯特·卡西尔、克劳德·列维－斯特劳斯、罗兰·巴特、约瑟夫·坎贝尔等，都对20世纪以来的世界人文学术产生了巨大影响，其研究著述给现代读者带来了深刻的启迪。

进入21世纪，自然资源逐渐枯竭，环境危机日益加剧，人类生活和思想正面临前所未有的大转型。在全球知识精英寻求转变发展方式的探索中，对文化资本的认识和开发正在形成一种国际新潮流。作为文化资本的神话思维和神话题材，成为当今的学术研究和文化产业共同关注的热点。经过《指环王》《哈利·波特》《达·芬奇密码》《纳尼亚传奇》《阿凡达》等一系列新神话作品的“洗礼”，越来越多的当代作家、编剧和导演意识到神话原型的巨大文化号召力和影响力。我们从学术上给这一方兴未艾的创作潮流起名叫“新神话主义”，将其思想背景概括为全球“文化寻根运动”。目前，“新神话主义”和“文化寻根运动”已经成为当代生活中不可缺少的内容，影响到文学艺术、影视、动漫、网络游戏、主题公园、品牌策划、物语营销等各个方面。现代人终于重新发现：在前现代乃至原始时代所产生的神话，原来就是人类生存不可或缺的文化之根和精神本源，是人之所以为人的独特遗产。可以预期的是，神话在未来社会中还将发挥日益明显的积极作用。大体上讲，在学术价值之外，神话有两大方面的社会作用：

一是让精神紧张、心灵困顿的现代人重新体验灵性的召唤和幻想飞扬的奇妙乐趣；二是为符号经济时代的到来提供深层的文化资本矿藏。

前一方面的作用，可由约瑟夫·坎贝尔一部书的名字精辟概括——“我们赖以生存的神话”（Myths to Live by）；后一方面的作用，可以套用布迪厄的一个书名，称为“文化炼金术”。

在 21 世纪迎接神话复兴大潮，首先需要了解世界范围神话学的发展及优秀成果，参悟神话资源在新的知识经济浪潮中所起到的重要符号催化剂作用。在这方面，现行的教育体制和教学内容并没有提供及时的系统知识。本着建设和发展中国神话学的初衷，以及引进神话学著述，拓展中国神话研究视野和领域，传承学术精品，积累丰富的文化成果之目标，上海交通大学文学人类学研究中心、中国社会科学院比较文学研究中心、中国民间文艺家协会神话学专业委员会（简称“中国神话学会”）、中国比较文学学会，与陕西师范大学出版总社有限公司达成合作意向，共同编辑出版“神话学文库”。

本文库内容包括：译介国际著名神话学研究成果（包括修订再版者）；推出中国神话学研究的新成果。尤其注重具有跨学科视角的前沿性神话学探索，希望给过去一个世纪中大体局限在民间文学范畴的中国神话研究带来变革和拓展，鼓励将神话作为思想资源和文化的原型编码，促进研究格局的转变，即从寻找和界定“中国神话”，到重新认识和解读“神话中国”的学术范式转变。同时让文献记载之外的材料，如考古文物的图像叙事和民间活态神话传承等，发挥重要作用。

本文库的编辑出版得到编委会同人的鼎力协助，也得到上述机构的大力支持，谨在此鸣谢。

是为序。

前　言

> 我们仅仅知道一门唯一的科学，即历史科学。历史可以从两方面来考察，可以把它划分为自然史和人类史。但这两方面是密切相联的；只要有人存在，自然史和人类史就彼此相互制约。
>
> ——马克思、恩格斯

自从人类诞生于这个星球，不知道有多少人丧生于洪水之中。本世纪来，2004年印度洋海啸，2011年日本海啸，都使得数十万鲜活的生命在洪水中瞬间消失。这样惨痛的记忆，在人类几千年的历史中屡见不鲜。那些在灾难中侥幸逃生的人，将洪水事件代代传讲，形成了一种独特的集体口头叙事，就是洪水故事。在这些故事中，我们总能看到神灵的身影，他们既是洪水的制造者又是洪水的治理者，既是人类的创造者又是人类的毁灭者，所以人们习惯地称这些故事为洪水神话。

本书所说的洪水神话，指的是一个故事类型，用故事学的术语来说，叫作洪水灭世后人类再繁衍的故事，简称“洪水再殖型故事”。这个故事类型的中心母题有两个：一是毁灭大地的洪水，二是洪水中侥幸逃出的遗民再次繁衍出人类来。围绕着这两个中心母题，全世界的洪水再殖型神话形成了许多亚型和变体。这些亚型和变体，既呈现了人类与自然恒久不变的互动律则，又潜藏着文明史上剪不断理还乱的族群关系。

洪水神话是世界上流传最广泛的民间故事类型之一，正如美国加州大学伯克利分校的著名民俗学教授阿兰·邓迪斯（Alan Dundes）所说：“在世界上所有的神话中，大概没有哪一个像洪水神话那样，引起了有史以来若干世纪的人们的注意。的确，不可胜数的图书、专著和文章为这个神话而作。以数量而言，洪水神话无疑是过去被研究得最多的叙事作品。没有哪个神话或哪个民间故事、民间传说，像这个关于一场灾难性洪水的故事这样，被人们加以细致深入的研究。”①

1989年10月，邓迪斯教授伉俪访问华中师范大学，将他编著的《洪水神话》（*The Flood Myth*）惠赠笔者。这部西方学界有关洪水神话研究的经典论文汇编，引起了笔者的极大兴趣：洪水神话中究竟有什么东西，吸引着那么多学者将他们的生命消耗在对这个神话的苦苦探究上呢？为什么世界上那么多国家、那么多民族的学者们，都对洪水神话情有独钟呢？

笔者本以为在阅读邓迪斯教授所编文集后，可以满足自己的好奇心。然而事实却正相反：这些来自世界各地的学术精英以无数心血凝成的研究成果，向笔者展开的是一个神秘的知识深渊。在人类许多族群都传讲的这个神话中，隐藏着无数被时间吞噬了的秘密。而最为神秘的莫过于：在人类早已脱离了蒙昧时代的今天，洪水神话仍在处于不同社会发展阶段、信奉不同宗教的族群中广泛传讲，其中的母题更是在各种艺术形式中反复再现。人类对洪水神话的兴趣，并没有随着时光的流逝而消退。人事代谢，故事依旧，似乎人类有一个共同的灵魂，潜藏在洪水神话之中，活动在洪水神话之中。

阅读邓著过程中，笔者发现，对在中国广为人知的洪水神话，西方学界知之甚少。笔者试着检索中国各族流传的洪水神话文本，结果令人瞠目。在中国当代大规模的民间文学采录活动所编引的作品集中，洪水神话随处可见。笔者曾浏览过《中国民间故事集成》全部省卷和《中国歌谣集成》部分省卷，查检过贵州、辽宁、湖北等省的各县市全套民间文学资料集（共数百种）和其他省市的零散资料集（几十种），发现了大量相关资料。仅笔者建立的文本数据库，就收录了中国40多个民族中流传着的682篇洪水再殖型故事。这还只是笔者个人眼界所及，不啻冰山一角。就中国洪水神话的时间深度、地域跨度和异文数

---

① Alan Dundes, ed., *The Flood Myth*, University of California Press, Berkeley, Los Angeles, London, 1988, p. 1. 该书是一本论文集，书中汇集了一百多年来世界各国学者研究洪水神话的一些代表作。作为这个研究计划的一部分，笔者已和研究生们一起将全书42万多字译出，阿兰·邓迪斯教授积极主动地帮助我们联系解决了它在中国出版的版权问题。中译本几经曲折，于2013年经过谢国先教授的精心校对，由陕西师范大学出版总社出版，总算可以告慰这位杰出学者的在天之灵。

量而言，不要说西方学界，就是一个中国的故事学家，他了解的故事世界也是极有限的。

为了满足自己的好奇心，自1990年以来，笔者在教学之余，一直留心搜求中国洪水神话的不同异文，以及有关中外洪水神话研究的著作与论文。承蒙诸多师友帮助，集腋成裘，资料积累终于达到了相当规模。2005年，笔者的学位论文《论中国洪水故事圈——关于568篇异文的结构分析》通过了博士学位答辩，被评为当年湖北省的优秀博士论文。许多师友一直催促笔者将此论文整理出版，但迟迟没有问世，一则因为笔者的拖延个性，二则因为总是感到现有研究尚很粗浅。今天，笔者对这个著名故事已做了长达三十多年的追踪，自己也从一个血气方刚的青年学者，变成了个退休的老叟，是应该有个阶段性的了结了。不然，实在是对不起众多帮助和关心过笔者的人。

值得欣慰的是，由于长期追踪洪水神话，又在多年高校教学过程中对民间故事的基本理论加以探究，所以这本书可以说是方法与个案的结合、一般与特殊的结合。笔者希望自己的这些试探，对民间故事基本理论有所贡献。但究竟做得如何，只能交由时间这个无情的法官裁判了。

目　　录

上　　编 / 001

第一章　小人物的大发现 / 002

　　第一节　上帝的秘密神谕 / 002

　　第二节　雕版匠的意外发现 / 003

　　第三节　故事学皇冠上的明珠 / 006

第二章　传遍世界的洪水神话 / 009

　　第一节　地中海故事圈 / 009

　　第二节　印度故事圈 / 013

　　第三节　东南亚故事圈 / 016

　　第四节　美洲故事圈 / 019

　　第五节　大洋洲、非洲及其他故事圈 / 021

第三章　中国不是伊甸园 / 024

　　第一节　不断展现的神话世界 / 024

　　第二节　从书本到田野 / 026

　　第三节　几个有代表性的形态学描述 / 032

第四章　口头叙事研究方法 / 037

　　第一节　口头叙事的特殊性 / 037

　　第二节　母题分析法 / 042

　　第三节　资料来源与母题数据库 / 049

第五章　生命史追溯 / 055

第一节　先秦神话的滥觞 / 055

第二节　中古时期出现故事原型 / 059

第三节　近古时期的孳衍 / 062

第六章　洪水起因 / 070

第一节　雷公报复 / 070

第二节　动物致洪 / 082

第三节　其他洪水起因 / 087

第七章　遗民获救 / 091

第一节　动物救助 / 091

第二节　葫芦避水 / 100

第三节　器具避水 / 103

第八章　难题求婚 / 110

第一节　伏羲、女娲兄妹婚 / 110

第二节　卜婚与神示 / 113

第三节　孑遗的难题考验 / 121

第九章　再殖与释源 / 130

第一节　人类的重新繁衍 / 130

第二节　事物的起源 / 143

第十章　故事树与故事圈 / 150

第一节　根深叶茂的故事树 / 150

第二节　丰富多彩的故事亚型 / 153

第三节　不同故事圈的交叠 / 165

第十一章　“元故事”的永恒魅力 / 174

第一节　“元故事”的构拟 / 174

第二节　作为“元故事”的洪水再殖型神话 / 178
第三节　有限变异与无穷变化 / 181
第十二章　几个文化密码 / 185
第一节　人类的末日焦虑 / 185
第二节　惩罚与报应 / 187
第三节　集体无意识原型 / 191
第十三章　永无终点的探索 / 197
第一节　文献分析 / 197
第二节　自然科学 / 201
第三节　文化阐释 / 207
第四节　回望迷宫 / 213

下　　编 / 217

吉尔伽美什（苏美尔人） / 218
挪亚方舟（希伯来人） / 224
皮拉和丢卡利翁（古希腊） / 227
摩诃婆罗多（古印度） / 230
蛇祸（达雅克人） / 235
红云（澳大利亚） / 237
箭绳（北美洲） / 239
犬妻（惠乔尔人） / 241
羊的警告（非洲） / 243
巫婆切碎的婴儿（缅甸） / 244
敦煌写本《天地开辟已来帝王纪》（汉族） / 246

洪荒（彝族） / 252
黑暗传（汉族） / 253
说古理词（苗族） / 257
人类迁徙记（纳西族） / 284
阿嫫腰白造天地（基诺族） / 299
创世纪（景颇族） / 302
盘兄和古妹（毛南族） / 308
螃蟹精（黎族） / 313
青蛙大王与母牛（佤族） / 315

参考文献 / 318
附录 1　中国洪水再殖型神话母题代码表 / 325
附录 2　《民间文学母题索引》洪水母题编号 / 328
附录 3　中国洪水再殖型神话文本索引 / 334
附录 4　中国洪水再殖型神话母题分析数据库 / 378
附录 5　博士学位论文中的致谢词 / 379
后记 / 382

上　编

第一章　小人物的大发现

神话要素就像一颗破碎珠宝的细微残片，它们全都散布在长满花和草的大地上，只有极富见地的人才能发现。

——威廉·格林

洪水神话是百年来国际学界的热点，它的出现既有偶然性也有必然性。洪水神话研究历程本身，就像一个不可思议的神话。

第一节　上帝的秘密神谕

在学界将洪水神话作为研究对象之前，神学家对它拥有唯一的解释权。基督教神学家宣称：《圣经·旧约》中的挪亚方舟故事是不容置疑的历史，是上帝与人类订立的永恒契约。故事从上帝发出秘密神谕开始：

凡有血气的人，他的尽头已经来到我面前，因为地上满了他们的强暴，我要把他们和地一并毁灭。……看哪！我要使洪水泛滥在地上，毁灭天下。凡地上有血肉、有气息的活物，无一不死。

活了六百岁的挪亚，当时世界上唯一的完人，只有他知道上帝的这个秘密计划。上帝告诉这个义人：你与你的全家人要造个巨大的方舟，将世界上所有飞禽走兽都带一对进入方舟，为未来的大地保留物种。

上帝打开了地下的深渊和天上的窗户，在地上降了四十天大雨。洪水把最高的山顶都淹没了。地上所有动物，包括飞鸟、牲畜、走兽和地上的昆虫，以及所有的人，都淹死了。只有挪亚的方舟在水面上漂来漂去。

过了四十天，挪亚打开方舟的窗户，放出一只乌鸦。那乌鸦飞来飞去，没找到干地。他又放出一只鸽子，但遍地是水，鸽子找不到落脚之地，只得飞回方舟。又等了七天，挪亚再把鸽子从方舟放出去。晚上鸽子回来，嘴里叼着一片新拧下来的橄榄叶子，挪亚就知道地上的水退了。他又等了七天，再放出鸽子，鸽子就不再回来了。

六百零一岁的挪亚带着妻子、儿子和儿媳走出方舟，把飞禽走兽也放了出来。他为耶和华（上帝）筑了一座神坛，拿各类洁净的牲畜和飞鸟为上帝燔祭。

上帝闻到献祭的馨香之气，心里说：我不再因人的缘故咒诅大地，也不再毁灭各种活物了。上帝让各种动物在地上多多滋生，又赐福给挪亚和他的儿子们说：你们要生养众多，遍满了地。凡地上的走兽和空中的飞鸟，都必惧怕你们，连地上一切的昆虫并海里一切的鱼，都交付你们的手。凡活着的动物，都可以做你们的食物。

上帝与挪亚和所有动物立约：凡有血肉的，不再被洪水灭绝，也不再有洪水毁坏地了。他还将彩虹作为与人类和动物立约的凭证。挪亚的三个儿子闪、含、雅弗的后裔分散到大地各处。

直到 19 世纪，虽然科学在所有领域都插上了自己的旗帜，但基督教经典《圣经》，却是一块科学研究的禁地。人们一直将挪亚方舟故事看作信史，一些历史学家还根据希伯来人的年表，将挪亚时代这场淹没全球的大洪水，定在约公元前 2448 年（一说为公元前 2345 年），希腊人则说它发生于约公元前 3050 年。①

第二节　雕版匠的意外发现

公元 1872 年。

伦敦。

大英博物馆。

一个三十二岁的男子，满面通红，双目放光，正绕着一个粗大的工作台发狂地奔跑、蹦跳。突然，他停了下来，连脱带扯地将自己剥得一丝不挂，双拳

①［美］C. J. 卡佐、S. D. 斯各特：《奇事再探》，陈元璋、周忠德、张治等译，知识出版社，1983 年，第 277—278 页。

向天，大声喊叫："我是阅读这些被湮没了两千年的文字的第一人啊。"①

这个名叫乔治·史密斯（George Smith，1840—1876）的人不是精神病人，而是大英博物馆的管理员。他之所以如此兴奋，乃是因为从美索不达米亚尼尼微遗址出土的古巴比伦楔形文字泥版上，识读出了一个与《圣经·创世记》挪亚方舟非常接近的洪水神话。对于生活在基督教文化中的他来说，这个发现实在太惊人了，以致他抑制不住心中的狂喜。

图1　古巴比伦洪水神话泥版

史密斯没有受过正规大学教育，十四岁时进一家商行当学徒，学习钞票雕版技术。他业余时间几乎都泡在伦敦博物馆。1861 年，由于雕版技术对复制楔形文字泥版有用，他在大英博物馆谋得一个修补员职位，主要工作是检查这些破碎的泥版，看其中是否有些可以拼接起来。1871 年，由于多年勤奋钻研，史密斯出版了一本 23 页的小册子《楔形文字的语音学价值》②。这一研究成果表明：当时三十一岁的史密斯，已是世界上少数能识读楔形文字的顶尖学者之一。

1872 年 12 月 3 日是一个在学术史上值得纪念的日子。这一天，史密斯在伦敦的《圣经》考古学协会宣读了题为《迦勒底人的洪水叙述》的论文③。这篇论文就像一枚重磅核弹，引发了当时学界的一场大地震。

史密斯在论文中这样描述他所做的工作：

---

① 参见沃利斯·巴奇的《亚述学的兴起与进展》（E. A. Wallis Budge, *The Rise and Progress of Assyriology*, London, 1925, pp. 106-119）、坎贝尔·汤普森等的《对尼尼微一个世纪的考察》（*A Century of Exploraion at Nineveh*, London, 1929, pp. 48-54），以及史密斯本人在《亚述人的发现》（*Assyrian Discoveries*, New York, 1875, pp. 9-14）中的描述。

② George Smith, *The Phonetic Values of the Cuneiform Characters*, London, 1871.

③ George Smith, "The Chaldean Account of the Deluge," in *Transactions of the Society of Biblical Archaeology*, 1873, pp. 213-234. 中译本见［美］阿兰·邓迪斯编：《洪水神话》，陈建宪等译，谢国先校，陕西师范大学出版总社有限公司，2013 年，第 19—39 页。

> 最近，我一直在考察包含神话和类似神话泥版的那一类，我从中找到了许多泥版，形成了一组稀奇的传说系列，还包括一份洪水故事的文本。为了找到这些残缺不全的文献，我研究了搜集到的所有残片上的铭文，这些残片由数千块碎片构成。我最终恢复了讲述该传说的80多块残片，借助这些残片，我得以还原描述洪水的几乎整个文本和其他传说的绝大部分。这批泥版最初至少有12块，构成一个故事或一组传说，对洪水的叙述属于其中第11块泥版。①

史密斯将上述楔形文字泥版上的洪水神话逐字译出，指出它与《圣经》挪亚故事在许多细节上一致，如洪水灭世、制作长宽相等的方舟、保存所有生命的种子、放乌鸦和鸽子打探水势、水退后设立祭坛等等，同时也指明了二者间的不同。最后得出结论：

> 在结束时，我要特别指出，这个洪水叙述为我们探究《圣经》历史的早期部分，开辟了一个新领域。人们常常提出这样的问题："大洪水以前的人的寿命比最长的人类寿命还长很多倍，关于这些人的叙述，源头何在？人类第一对父母居住的伊甸园在什么地方？洪水、方舟和鸟儿们的故事是从什么时候开始的？"对这些重要的问题，人们给出各种相互矛盾的解答，而在希腊时期以前，关于这些问题的证据完全没有。现在，楔形文字铭文给这些问题带来了一种新的阐释，并提供了将来的学者们应该研究的材料。……
>
> 我相信，所有这些叙述，连同古代神话中相当大的部分一起，都有一个共同的源头，即迦勒底平原。②

在《圣经》还处于科学禁区的19世纪，可以想见这篇论文在读者中会引起怎样的轰动，我们甚至能够想象出当年人们激烈争论的情形。由于泥版文书不全，在读者强烈要求下，只过了一个月，即1873年1月，伦敦《每日电讯》就安排史密斯去尼尼微遗址寻找洪水神话的其他残片。该报老板提供了一千畿尼（英国旧金币）资助这次考察，大英博物馆给史密斯提供了六个月假期。令人难

---

①［英］乔治·史密斯：《迦勒底人的洪水叙述》，见［美］阿兰·邓迪斯编：《洪水神话》，陈建宪等译，谢国先校，陕西师范大学出版总社有限公司，2013年，第22页。

②［英］乔治·史密斯：《迦勒底人的洪水叙述》，见［美］阿兰·邓迪斯编：《洪水神话》，陈建宪等译，谢国先校，陕西师范大学出版总社有限公司，2013年，第39页。

以置信的是，命运再一次垂青这个青年学者，史密斯居然真的发现了一些残片（下面我们将看到，它们属于洪水神话的另一异文），胜利回英国。此后，史密斯又进行了两次田野考察。可惜在后一次考察中染上热症，于1876年8月19日死于叙利亚的阿勒颇（Aleppo），成为学术界一个伟大的殉道者。

一个没有受过任何学历教育的雕版工，居然将人类失去了几千年的故事重新找了回来，这个充满偶然性的过程，可以说与洪水神话一样充满了传奇色彩。史密斯的发现有力地证明了《圣经》并非“天书”，而是人类精神遗产的传承。对此，恩格斯在《反杜林论》一书中做出了高度评价：

> 由于［乔治·］斯密斯关于亚述的发现，这个原始犹太人原来是原始闪米特人，而圣经上全部有关创世和洪水的故事，都被证实是犹太人同巴比伦人、迦勒底人和亚述人所共有的一段古代异教的宗教传说。①

史密斯的发现使国际学术界对洪水神话的搜寻、研究形成至今不衰的热潮。1872年以后，人们怀着巨大的兴趣，在世界各地广泛搜求，记录和发表了数量多得难以统计的洪水神话，并从各个角度对这些故事中隐藏的秘密展开了探查。

第三节　故事学皇冠上的明珠

经过上百年的搜集和研究，学术界已基本摸清洪水神话在全世界的扩布状况。总体来说，大略可分为地中海、印度、东南亚、大洋洲、美洲、非洲等多个大小不同的故事圈。

1918年，英国著名学者詹姆斯·乔治·弗雷泽（James George Frazer，1854—1941）在《〈旧约〉中的民间传说》中，对世界各地洪水神话做了充分介绍，并对其地理分布做了如下概括：

> 从亚洲开始，我们已经在巴比伦、巴勒斯坦、叙利亚、弗吉尼亚、古代印度和现代印度、缅甸、交趾支那、马来半岛和堪察加半岛发现了例证。因此，大概地说来，这个传说普遍地盛行于南亚，在东亚、

① ［德］恩格斯：《反杜林论》，见中共中央马克思恩格斯列宁斯大林著作编译局编：《马克思恩格斯选集》第3卷，人民出版社，1972年，第112页。

中亚和北亚则明显缺乏。……

在欧洲本土，洪水传说比在亚洲稀少得多。但它们在古希腊被发现，在威尔士、立陶宛、特兰西瓦尼亚山脉（即南喀尔巴阡山脉）的吉卜赛人和东俄罗斯的沃古尔人中间听说也有这样的传说。冰岛故事中巨人血流泛滥的传说，几乎不能属于这个基本类型。

在非洲，包括埃及，有关大洪水的地区性传说特别缺乏；的确，还没有一个清楚的例证被报告出来。

在印度群岛，我们在苏门答腊岛、婆罗洲、西里伯斯岛等大岛屿和一些较小的岛屿如尼亚斯、恩加诺、塞兰岛、罗地岛和弗洛勒斯岛上发现了大洪水的传说。同类的故事，在菲律宾岛和"福摩萨"① 上的土著部落，以及在孟加拉湾与世隔绝的安达曼群岛上的岛民中也有发现。

在新几内亚和澳大利亚的大岛上，或大洲上，我们遇到一些大洪水的故事。同类的传说也发生于边缘子岛，如美拉尼西亚，它以一个弧形延绵环绕于新几内亚和澳大利亚的东北部。

我们仍旧向东进入太平洋，在那里，我们发现大洪水的传说广泛地流传于波利尼西亚人之中。他们占据着这些分散在大洋中的大部分小岛，从北部的夏威夷到南部的新西兰。帕劳群岛的密克罗尼西亚人，记录了一个洪水传说。

在美洲，南美、中美和北美，洪水传说非常流行。从南部的火地岛直到北部的阿拉斯加，从东向西整个大陆都有这些传说。它们不是仅仅在印第安人部落中流传，它们的异文，也分布于从西部阿拉斯加到东部格陵兰的爱斯基摩人当中。②

自弗雷泽之后，人们在世界其他地方又不断发现新的洪水神话。据马克·埃萨克（Mark Isaak）1999 年在网上发布的《世界各地洪水神话》，世界上已有

① 16 世纪葡萄牙殖民者对台湾岛的称呼。——译者注

② James George Frazer, *Folk-lore in the Old Testament: Studies in Comparative Religion, Legend and Law*, Macmillan and Co., London, 1923, p. 132. 中译本见［英］弗雷泽：《〈旧约〉中的民俗》，童炜钢译，复旦大学出版社，2010 年。这里所引文字，是笔者据英文版直接译出的，与童译略有不同。

181个国家和民族有洪水神话发现。[①] 人们对洪水神话的研究兴趣也与日俱增，笔者1999年曾以“flood myth”为主题词在AltaVista引擎上检索，结果显示出的网页竟达589400多个。2005年3月25日，笔者在HotBot搜索引擎上以“flood myth”为主题词查询，得到的网页是约748000个；以“flood story”搜寻，得到约632000个。2018年11月27日，笔者以“flood myth”为主题词，在Google上进行搜索，显示的结果约25300000条。这三次搜索结果显示，有关这个主题的文献数量增长极为迅速。即使去掉大量的重复，这样庞大的资料线索也令人叹为观止。这还只是英语中涉及这个主题的文献数量，如果将世界上其他文字中有关这个主题的网页加起来的话，恐怕会是天文数字了。

一个神话在人类历史上传承如此长的时间，扩布到如此广大的地域，受到如此多学者的热切关注，我们将它誉为“故事学皇冠上的明珠”，应该说是毫不夸张的。

---

① Mark Isaak, *Flood Stories from around the World*, 1999. 他最近的更新版是2002年的。

第二章　传遍世界的洪水神话

在世界上所有的神话中，大概没有哪一个像洪水神话那样，引起了有史以来若干世纪的人们的注意。

——阿兰·邓迪斯

为了方便读者了解洪水神话的内容，本章介绍了世界各地的一些洪水神话文本。这些文本之间存在着千丝万缕的联系，反映了人类各民族各地区古代文化的交流，是引导我们解读人类文化迷宫的阿里阿德涅之线。

第一节　地中海故事圈

故事圈，历史地理学派用来指同一故事类型流传的地域范围。本章使用这一概念，只是借来形象地表达洪水神话的扩布状态。

洪水神话的早期文本大多出现于环地中海地区，最早的记录出自美索不达米亚。“美索不达米亚”是希腊语，意为“两河之间的地区”，即亚洲西南部的底格里斯河和幼发拉底河两河流域，在今叙利亚东部和伊拉克境内。这里早在公元前5000年，就有以泥砖建造的村落和神庙，出现了金属器。约在公元前3500年，苏美尔人已创造出世界上最古老的文字之一——楔形文字。1786年，法国人米考克斯（A. Michaux）将第一块楔形文字石块运到欧洲，引起了人们对美索不达米亚文明的兴趣。1857年，罗林森（Henry Creswicke Rawlinson，1810—1895）、兴克斯（Edward Hincks，1792—1866）和欧佩尔特（Jules Oppert，1825—1905）等同时翻译了同一块泥版上的楔形文字，宣告这种古老天书破译。[①]

一百多年来，美索不达米亚地区已发现不少洪水神话。重要的文本有以下几种。

一、《吉尔伽美什》[②]

乔治·史密斯发现的楔形文字史诗《吉尔伽美什》，号称人类最早的史诗，共载于12块泥版，洪水神话是第十一块泥版的一部分。史诗中说，乌尔城国王吉尔伽美什去见祖先乌特纳皮什提姆（Utnapishtim，意为“长寿”，一译“乌特那庇什提牟”），询问他是如何获得永生的。乌特纳皮什提姆告诉他，从前他住在舒鲁帕克[③]的一个芦苇棚里。有天他听到神对芦苇棚喊叫，说是洪水将临，叫他毁掉房子，建造“宽度必须和深度一致”的船，“将一切活物的物种运进船中”。后来果然六天六夜狂风暴雨，洪水灭世，乌特纳皮什提姆的船停在尼什尔山顶。在第七天，他分别放出鸽子、燕子和乌鸦探查水情。得知水退后，他下船来向诸神献祭。主神恩利尔来到船上，为乌特纳皮什提姆和他的妻子赐福，使他们得到了永生，并让他们在诸河入海口永久居住。

二、《阿特拉哈西斯史诗》[④]

史密斯在库云基克找到的第二个洪水传说泥版，史称《阿特拉哈西斯史诗》，也是一个珍贵的异文。

这个文本中的主角被称作阿特拉哈西斯（Atrahasis）或大智者。诗中说，人被创造之前，神像人一样劳动。神不愿做工，就用泥土和一个被杀死的神的血肉创造出人类来替代。但人类增长很快，又喜欢吵闹，使众神无法入睡。众神发动瘟疫，遣来旱灾、饥荒和土壤盐碱，都不能解决问题。最后，他们决定发动洪水摧毁人类。计划遭到地狱之神恩基的反对，他让阿特拉哈西斯建造一艘

---

① 参见于殿利、郑殿华：《巴比伦古文化探研》，江西人民出版社，1998年，第86页。

② 参见赵乐甡译著：《吉尔伽美什》，辽宁人民出版社，1981年。

③ 舒鲁帕克（Shuruppak），是美索不达米亚的古城。一译“什尔巴克”。此处采用杨慧玫译《钱伯斯世界历史地图》（生活·读书·新知三联书店，1981年）的译法。

④ 参见［美］弗里默－肯斯基：《阿特拉哈西斯史诗及其对于理解〈创世记〉第1—9章的意义》，原载《〈圣经〉考古学评论》1978年第11、12月号。中译本见［美］阿兰·邓迪斯编：《洪水神话》，陈建宪等译，谢国先校，陕西师范大学出版总社有限公司，2013年，第51—62页。

方舟，逃过了浩劫。洪水过后，阿特拉哈西斯向众神献祭，众神都来吃。在洪水之后的新世界，众神创造了不生育的妇女和受禁忌的妇女，同时派出名叫帕西图的恶魔专门从母亲膝上夺走婴儿，解决了人口增长过快的问题。

三、希拓本[①]

该文本发现于尼普尔遗址出土的一块巴比伦泥版上，由 H. V. 希尔普里特拓印。泥版虽只有 11 行可释读，但其中有建造方舟的命令、大鸟兽将被带上方舟逃命等等，并且方舟被命名为“生命保存者”（Preserver of Life）。这块泥版属于巴比伦第一王朝，年代大约是公元前 1844 年到前 1505 年。

四、埃利特抄本[②]

该文本发现于西巴尔遗址出土的一块巴比伦泥版上。这块共 439 行的泥版上，洪水神话有 8 处，共 46 行。这个传说的抄写人叫埃利特 - 艾雅（Ellit-Aya），一个小书吏。抄写的年代是安米萨都加王在位的第十一年。当代历史学家对安米萨都加王的生活年代说法不一。“长派”年代学学者认为他在位时间是公元前 1702 年到前 1682 年。“短派”年代学学者则认为他在位时间是公元前 1582 年到前 1562 年。故事里在洪水中唯一得救的人叫阿特拉姆哈西斯（Atram-hasis），而不是阿特拉哈西斯。

五、费城大学藏本[③]

这是一个苏美尔文本，载于一块来自尼普尔的泥版残片，由波贝尔发现于费城大学博物馆，上面有 90 行可以释读。故事的主角是国王兼祭司朱苏德拉（Ziusudra，意为“长寿”）。他正在雕刻一尊木头神像，以便膜拜并祈问神谕。

---

① 参见［秘鲁］丹尼尔·哈默利 - 迪普伊：《亚述 - 巴比伦和苏美尔洪水故事评述》，见［美］阿兰·邓迪斯编：《洪水神话》，陈建宪等译，谢国先校，陕西师范大学出版总社有限公司，2013 年，第 45 页。

② 参见［秘鲁］丹尼尔·哈默利 - 迪普伊：《亚述 - 巴比伦和苏美尔洪水故事评述》，见［美］阿兰·邓迪斯编：《洪水神话》，陈建宪等译，谢国先校，陕西师范大学出版总社有限公司，2013 年，第 45—46 页。

③ 参见［秘鲁］丹尼尔·哈默利 - 迪普伊：《亚述 - 巴比伦和苏美尔洪水故事评述》，见［美］阿兰·邓迪斯编：《洪水神话》，陈建宪等译，谢国先校，陕西师范大学出版总社有限公司，2013 年，第 47—48 页。

神谕告诉他一个众神的庄严决定:“我们将亲手遣下一场洪水，使人类灭种。”大难临头时，主人公躲进一条船中逃生。七天之后他打开舱盖，太阳神乌图出现了。朱苏德拉以一头牛和一只羊献祭，向阿努和恩利尔鞠躬，这样他在迪尔门(Dilmun，意为“太阳升起的地方”)获得了永生。

六、贝罗萨斯本[①]

贝罗萨斯是巴比伦城的马尔都克大祭司，安提奥居一世（前281—前260）的同时代人。他用希腊文写下了他的国家的历史，名为《巴比伦尼亚》。这部约于公元前275年在爱琴海上的科斯岛写成的作品虽已亡佚，但其中一些重要段落因被不少历史学家引用而闻名。在楔形文字泥版发现以前，贝罗萨斯的洪水神话是唯一为人所知的美索不达米亚洪水传说。贝罗萨斯的记载从创世开始，记述了十位洪水前长寿的国王，并指出第十位国王希苏罗斯是洪水神话的主人公。希苏罗斯得到洪水即将到来的神示，神命令他准备一条船以拯救他的家人与朋友，以及动物。得救后，船搁浅在亚美尼亚的一座山上。他拜过众神之后，与妻子、女儿以及船夫离开人类成为神祇。弗雷泽从科里的古代残卷中获得了贝罗萨斯所记述的洪水神话。其中也有放鸟儿探洪水、洪水后献祭等细节，并说这条船停留的地点是亚美尼亚。在科里残卷中还发现有另一个异文。

七、古希腊洪水神话

古希腊洪水神话流传很广，版本很多。主要情节是：宙斯看到世人的恶行，决定根除败坏的人类。他降下暴雨，让南风卷起乌云，让海神把所有河流召集起来，掀起狂澜，吞没房屋，冲垮堤坝。顷刻间，整个大地一片汪洋。只有丢卡利翁和他的妻子皮拉是善良的好人，他们事先得到普罗米修斯的警告，造了一条大船。当洪水到来时，他们驾船驶往帕耳那索斯山。洪水退去后，丢卡利翁询问先知忒弥斯如何才能使人类重生，先知回答说把他们的母亲的骨殖投向背后。丢卡利翁猜出母亲的骨殖指的是石头。他照着做了，投出的石头都变成

---

① 参见［秘鲁］丹尼尔·哈默利－迪普伊：《亚述－巴比伦和苏美尔洪水故事评述》，见［美］阿兰·邓迪斯编：《洪水神话》，陈建宪等译，谢国先校，陕西师范大学出版总社有限公司，2013年，第49—50页。弗雷泽《〈旧约〉中的民间传说》也提到这个版本，见童炜钢所译该书中译本《〈旧约〉中的民俗》第62—63页。

了男人，皮拉投出的石头都变成了女人。

八、《圣经》和《古兰经》中的洪水神话

关于古希伯来人《圣经·旧约》中的挪亚方舟故事，我们在前面已经介绍过。在《古兰经》中，有关穆萨、鲁脱、努海及其他先知的叙述，几乎重现《旧约全书》中的传说。据有关研究，《古兰经》中有关《旧约全书》中先知的记述，在很大程度上基于《塔木德》[①] 和《米德拉西》[②]，而不是直接基于《圣经》；穆斯林传承并加以种种细节。这些细节使它具有独特的、不同于犹太教的色彩。

美索不达米亚、古希腊罗马、希伯来、阿拉伯都有洪水神话流传，说明地中海周边的古老民族中，洪水神话一直富有活力地伴随着历史前行，这不啻是一个古老的文化奇迹。

第二节　印度故事圈

古印度是一块神秘的土地。大约七十万年前，印度河谷就有石器时代的定居点。公元前7000年已有用泥砖建造的小城，并能驯养牲畜和种植谷物。公元前2600年左右出现的哈拉帕文明，其城市具有高度发达的供水排水系统。公元前1800年至前600年间，印度教文化留下了《吠陀本集》和各种梵书、森林书、奥义书等古老文献。公元前500年以后，佛教兴起。公元前4世纪，印度进入孔雀王朝，建立幅员广大的统一国家。[③] 公元前400年至公元400年，是印度两大史诗《摩诃婆罗多》和《罗摩衍那》逐步定型和广泛流传的时代，同时，沿用史诗格律创作的《往世书》也很流行。目前所知古印度的洪水神话，一是

---

①《塔木德》（希伯来文 Talmūdh，原意为“教学”）是犹太教的主要经典，又称《托拉》。公元175年至210年（或200年），将口传资料加以汇集并编纂成书，称为《密西拿》；公元5世纪下半期，《革马拉》继而编成，为《密西拿》的释义和补编。两者合称《塔木德》。

②《米德拉西》（希伯来文 Midrash，原意为“解释”）是犹太教讲解《圣经》之作，包括布道词、诠释、箴言等；援用众多传说，借以表述有关自然界和社会的种种神秘观念以及有关温顺、忍让的规诫。此书为犹太教通俗性典籍，教徒自幼即须习读。

③ 关于印度早期历史，参见［美］布朗主编：《古印度：神秘的土地》，李旭影译，华夏出版社，2002年。

以摩奴创世为主题的古文献，二是一些非印度教部落的口头传说。重要文本有以下几种。

一、《百道梵书》（*Satapatha Brahmana*）[①]

据称是印度最早的洪水神话，产生于公元前10世纪前后。故事说摩奴在水池洗手，一条鱼忽然跳到他手中，开口对他说："好好照料我，我将保佑你。"并告诉他洪水将至。摩奴将鱼养在陶钵里，并随其长大而移至沟中，最后放入大海。后来在洪水来临时，摩奴登舟，将舟系于鱼角，鱼将其拉到北山，那里后来被称为"摩奴登陆处"。摩奴登陆后以黄油和牛奶、乳清、凝乳向神祭祀。祭品中出现一个女人，她自称是摩奴之女，后来与摩奴一起繁衍出他们的子孙。

二、《摩诃婆罗多·森林篇》第一百八十五章中的洪水神话[②]

该故事与上述文本不同的是，摩奴是太阳神毗婆薮的儿子，一个苦行者。洪水中与他同时登船的还有七位仙人，船上有各式各样的种子。摩奴拴船处后来得名"系船峰"。鱼儿的真实身份是大梵天，他告诉众仙，世界将由摩奴重新创造。摩奴靠苦修重新创造了各种生物。

三、《摩奴法典》

故事与《摩诃婆罗多·森林篇》中的故事基本一致。

四、《鱼往世书》[③]

古印度《摩诃往世书》中的一种，总计291章，内容是关于毗湿奴化身为鱼的故事。传为广博仙人作，通过其弟子斯塔得以流传。其中洪水神话的基本内容与上两个文本差别不大，但全书的基本框架为师徒对话式。人们认为这些《往世书》是行吟诗人世代流行的东西，斯塔则是其中代表人物之一。

---

① 参见［英］弗雷泽：《〈旧约〉中的民俗》，童炜钢译，复旦大学出版社，2010年，第95—96页。这里所引文字，是笔者据英文版直接译出的，与童译略有不同。

② 参见赵国华编写：《东方神话——印度古代神话》，知识出版社，1993年，第13—16页。

③ 参见［日］岩村忍等：《东方奇书55》，李涌泉、王宝荣、肖卫东译，三秦出版社，1989年，第86—95页。

五、穆里亚人创世故事[①]

上古时候，蚯蚓把大地吃掉了，世界只剩下水。很多人都淹死了，只有两个孩子幸存。神将他们藏在一个葫芦里，葫芦的蔓藤从水中长出一直伸到天上。蚯蚓排出泥土后，摩诃普卢勃摘下葫芦，发现了里面的孩子。他派乌鸦去找大地，看到林果与他的弟兄们正在海上推犁耙，犁过的地方都变成了陆地，这两个孩子于是被送到陆地生活。摩诃普卢勃要两个孩子结婚，但他们说二人是兄妹，拒绝了。天花女神又将二人分开，让他们得天花脸上布满疤痕，彼此不相识，他们这才结婚。但二人又不懂性事，后来神给二人吃了性药，他们才开始交媾，并在第二天早上就生出了孩子。由于女人吃药多，所以性欲比男人更强。

六、比尔人（Bhil）洪水神话之一[②]

巴格万（Bhagwān）用土创造了两个洗衣者，一男一女。人类就是这对兄妹生的。女孩每次去提水都带些饭喂鱼。很长一段时间后，一条叫罗（Ro）的鱼告诉她："水要把地球颠倒过来。你带上点儿南瓜籽，做一个箱子，然后和你哥哥一定要躲进箱子里，别忘了还要带上一只公鸡。"后来果然大雨如注，天地连成一片。巴格万知道因为泄密还有人在洪水中存活，于是割掉了鱼的舌头，割下的舌头变成了蚂蟥。巴格万把女孩的脸转向西方，把男孩的脸转向东方，又让他们转过身来面对面。他问男孩："这是谁?"男孩答道："她是我的妻子。"又问女孩："这是谁?"女孩答道："他是我的丈夫。"于是神让他们成了夫妻。就这样，他们成了人类的祖先。

---

① 穆里亚是印度中部孟买和加尔各答之间巴斯塔尔的一个部落。参见［美］雷蒙德·范·奥弗编：《太阳之歌——世界各地创世神话》，毛天祜译，中国人民大学出版社，1989 年，第 292—293 页。

② 比尔人住在印度中部西北方，温迪亚（Vindhya）山脉和萨特普拉（Satpura）山脉西支，约有一百万或一百五十万人，操印度雅利安语。参见［德］威廉·科珀斯：《中印度比尔人的大洪水神话》，见［美］阿兰·邓迪斯编：《洪水神话》，陈建宪等译，谢国先校，陕西师范大学出版总社有限公司，2013 年，第 247—249 页。

七、比尔人洪水神话之二[①]

很久以前，整个世界都在水底下，唯有两座山露在水面。一座叫帕万顿伽尔（Pāwan dungar），另一座叫马塔芬（Mata phen）。这两座山随着洪水的上涨而升高，更高的那座山上有一个竹篮。神看见这个篮子就走上前问道："你们是谁?"里面答道："我们是巴拉希斯人（Balahis），兄妹俩。"他们在与神说话时转过身来互相端详对方。神说："看着对方，再说一次你们是谁?"他们互相看着说："我们是男人和妻子。"故事结尾有两种说法：一种说他们都朝地上吐痰，从唾液中生出了另一个人。另一种说他俩把一点汗泥撮在一起，从中形成了另一个人。

第三节　东南亚故事圈

东南亚文化深受中印两大文明影响，其土著文化也有独特个性。大约一万年前冰川期结束时，海水上升使印度尼西亚与东南亚大陆分离，石器时代的人们就沿着新的海岸线在海边和丛林中寻找食物。许多研究表明：洪水神话是东南亚各国共同拥有的一个故事类型。这里举几个例子。

一、菲律宾伊富高人（Ifugaos）洪水神话[②]

有一次发生大旱灾，老人们建议挖掘河床底下，寻找河的精魂。挖了三天后，一股很大的泉水突然喷涌出来，将许多来不及从坑中逃出来的人淹死。伊富高人举行盛宴庆祝得到水，正当兴高采烈之时，天突然变黑，大雨倾盆，河水迅猛上涨。原来是河神发怒了。很多人都被淹死了，只剩下一对兄妹维甘（Wigan）和布甘（Bugan）幸存。他们分别住在阿穆嵝（Amuyao）和卡拉维坦

---

① 这个故事由威廉·科珀斯（Wilhelm Koppers，1886—1961）于1938年至1939年间在比尔人中采录。值得特别注意的是，这个故事是在婚礼仪式上由媒人庄重地讲述的，故事结束后他还要宣布如果谁提出离婚就必须拿出多少财物作为惩罚。参见［德］威廉·科珀斯：《中印度比尔人的大洪水神话》，见［美］阿兰·邓迪斯编：《洪水神话》，陈建宪等译，谢国先校，陕西师范大学出版总社有限公司，2013年，第250—251页。

② 参见弗兰西斯科·德米特里欧：《菲律宾神话中的洪水母题与再生的象征》，见［美］阿兰·邓迪斯编：《洪水神话》，陈建宪等译，谢国先校，陕西师范大学出版总社有限公司，2013年，第227页。

（Kalawitan）山顶。水将大地几乎全部淹没，仅剩下这两个山顶。洪水淹没了大地六个月。大水退后，兄妹重逢，住在一起。一天，布甘发现自己怀了孩子，羞愧之中，她离开了自己的屋子溯河而去。后来，马克龙甘神（Maknongan）以一个慈祥白胡子老人的形象出现在她面前，告诉她是神要通过他们重新繁衍人类。

二、马来西亚贝努阿－贾昆人（Benua-Jakun）洪水神话①

大地是覆盖在深渊之上的一张皮。很久很久以前，大神皮尔曼（Pirman）戳穿了这张皮，整个世界被大洪水淹没。但皮尔曼创造了一男一女，将他们放在一条以普拉伊（pulai）木做成的船上，木船四面密封。漂浮颠簸一段时间后，船终于停了下来。两人在船舷弄了个洞，来到陆地上。他们看到大地一片黑暗，既没有早晨也没有夜晚，因为太阳还未被创造出来。当有了光线后，他们看见七个杜鹃花灌木丛和七簇名叫桑巴乌的草。他们说："哎呀！我们没有儿子也没有孙子，这多不好！"但不久后，这女人的两条小腿都怀孕了，从她右腿中生出一个男孩，从左腿中生出一个女孩。这就是从同一个子宫生下来的后代不能结婚的原因。人类是这第一对男女的两个孩子的后裔。

三、缅甸钦帕人（Chingpaws）或辛帕人（Singphos）洪水神话②

洪水来到时，PawPaw Nan-chaung 和他的妹妹 Chang-hko 坐在一条大船中得救。他们随身带了九只公鸡和九根针。暴风雨过后，他们每天将一只公鸡和一根针扔出船外，看水是否退去。直到第九天，他们才听到了鸡的叫声和针落在岩石上的声响。不久，兄妹俩离开船，到处流浪。后来他们碰到两个住在岩洞中的精灵（nats，缅甸民间信奉的鬼），一男一女。他们邀请兄妹俩住下，让兄妹俩做些打扫、耕田、劈柴、汲水的活儿。不久，妹妹生了个孩子。每当孩子的父母出去干活时，孩子就由女精灵看护。这女精灵是个巫婆。有一天，孩子啼哭时，老巫婆在狂怒中攫住他，将他带到九条路的交叉路口，把他撕成了碎片。她将他的血泼掉，把他的碎尸撒播得到处都是，并把几块肉带回岩洞做成

① 参见［英］弗雷泽：《〈旧约〉中的民俗》，童炜钢译，复旦大学出版社，2010 年，第 100—101 页。
② 参见［英］弗雷泽：《〈旧约〉中的民俗》，童炜钢译，复旦大学出版社，2010 年，第 99—100 页。

了菜。晚上，孩子的母亲干完活儿回家，巫婆督促她吃完了菜。女人找不到孩子。巫婆恶毒地回答说："你把他吃了。"女人跑出屋外，在交叉路口号哭，呼唤大神。大神出现对她说："我无法用碎块重新做回你的孩子，但我将使你成为地上所有民族的人的母亲。"大神说完，从一条路上突然跳跃出了掸人（Shans），从另外的各条路上分别跳出了汉人、缅甸人、孟加拉人等。这位母亲将他们都称为自己的孩子，因为他们全都来自她那被杀的孩子被撒播的身体碎片。

四、越南巴纳族（Bahnars）洪水神话[①]

从前，鸢与蟹争吵起来。鸢猛啄蟹的甲壳，在上面啄出了个洞。蟹为了报仇，使大海和河流猛涨起来，一直涨到天上。很多生物都被淹死，只有兄妹俩在一个巨大的箱子中幸存。他们将每种动物都带一对放进箱子里，紧紧合上箱盖，在水面漂浮了七天七夜。后来哥哥听到一只公鸡在外面叫，这是神来让他们知道洪水已经退去，他们可以从箱子中走出来了。于是哥哥首先放出所有鸟，然后放出所有野兽，最后和他的妹妹一起来到地上。他们不知道靠什么维持生活，因为他们储存在箱子中的谷物已经被吃完了。不过，一只黑蚂蚁为他们送来了两颗谷粒。哥哥将谷粒种下，第二天早晨就收获了很多粮食。这样，兄妹俩就又得救了。

五、泰国西北部拉瓦人洪水神话[②]

世界之初，洪水淹没大地，只有一对兄妹活着。一只鸟告诉他们应该结为夫妻。妹妹起初不同意，考虑到人类要断子绝孙，才答应做了哥哥的妻子。后来妹妹怀孕十年，生下一个葫芦。有一天，妹妹用手指捅破了葫芦，从里面出来了拉瓦人，还有泰国人、中国人、欧洲人等。

---

① 参见［英］弗雷泽：《〈旧约〉中的民俗》，童炜钢译，复旦大学出版社，2010年，第100页。

② 日本学者大林太良和其助手桧垣1963年记录的文本。参见［日］大林太良：《神话学入门》，林相泰、贾福水译，中国民间文艺出版社，1989年，序言第1—2页。

六、泰国北部克穆人洪水神话[①]

有两兄妹想把一只竹鼠挖出来，竹鼠一个劲儿往深处钻。最后它回过身来说："嘿！你们挖我干什么呀？大水马上要涨起来淹没村子和土地，我们必须挖一个很深的洞，越深越好。你们也应该为自己准备一个好的藏身之处。"竹鼠教他们做一个木鼓，爬进去用蜡把鼓口封住。洪水来后，其他人统统被淹死了，整个大地上只剩下这兄妹俩。两人到处走，找不到一个人。一只绿嘴地鹃对他们唱起来："哥哥和妹妹，一起拥抱吧！"他们终于睡在一起并有了一个孩子。孩子怀了七年，生下来是个葫芦，他俩把它搁在屋子后头。过了很久，他们听见葫芦里有说话声。男的烧红一根铁棒，在葫芦上烙了一个洞。罗密特人（Rəmeet）[②] 出来了，随后出来的是克穆人、泰国人、西方人和中国人。故事后面还有他们学说话和文字，以及分香蕉、分甘蔗、分大象的情节。

东南亚地区洪水神话数量很大，它们与中国洪水神话之间存在着密切的关系，下面我们还将涉及这个问题。

第四节　美洲故事圈

洪水神话在地球东半球广为传播，在西半球同样大量存在。一般认为，西半球的第一批居民来自亚洲，他们在最后一个冰川期经过当时尚存的陆桥穿过白令海，来到美洲。到公元前 12000 年，他们的足迹已到达南美。[③] 15 世纪末哥伦布发现美洲后，西方国家大规模向美洲进行殖民扩张，土著印第安人遭到肆意掠夺和残害。他们保存完好的原始文化形态，受到西方人类学家仔细的调查

---

① 瑞典学者克里斯蒂娜·林德尔（Kristina Lindell）、哈克·兰德斯充（Hakan Lundström）、简－奥罗弗·斯宛特森（Jan-Ölof Svantesson）和达姆隆·泰安尼（Damrong Tayanin）在泰国记录了三个口头文本，这是其中第一个。见他们合著的"The Flood：Three Northern Kannu Versinlns of the Story of Creation,"*Acta Orientalia* 37，1976，pp. 183-200。中译本见［美］阿兰·邓迪斯编：《洪水神话》，陈建宪等译，谢国先校，陕西师范大学出版总社有限公司，2013 年，第 233—237 页。

② 罗密特人住在老挝北部紧靠克穆人的地方。他们的语言和克穆人的语言相近，但两种语言之间却不易交流。他们有一种观念：罗密特人的肤色之所以比其他人种黑，是因为他们擦掉了灼热铁棒留在洞口的很多烟灰。

③ 参见［美］戴尔·布朗主编：《北美洲：筑丘人和崖居者》，张黎新、周玲、吴冰译，广西人民出版社，2002 年；［美］戴尔·布朗主编：《印加人：黄金和荣耀的主人》，段长城译，广西人民出版社，2002 年。

与研究。

南北美洲土著都有大量的洪水神话。墨西哥人类学家费尔南多·赫卡斯塔斯（Fernando Horcasitas），在其 1953 年撰写的硕士论文《中美洲洪水神话分析》中，对 63 篇文本进行了分析，将其分为 5 个类型。[①] 这里介绍几篇比较重要的文本。

一、大约 1580 年在基多记录的南美洲文本[②]

洪水毁灭人类后，只有一对兄弟幸存。起初，他们只吃树根和野草，但过了段时间，他们每天干活回来都有人给他们准备好了食物。哥哥偷偷藏起来看那个神秘人是谁，他发现两只金刚鹦鹉进了屋子，脱掉它们的翅膀，开始料理家务。这个男人从藏身之处出来，把鹦鹉吓飞了。但他还是抓住了一只。他和这只雌鹦鹉结了婚，生了六个孩子，繁衍了人类。另一个记录于 1613 年至 1653 年间的异文在结尾处有点不同：两个鹦鹉姑娘都留了下来，成为兄弟俩的妻子。他们的子孙还在瓦卡依纳山上建了一座神庙，将鹦鹉敬奉为主神。[③]

二、中美洲惠乔尔人（Lumholtz）文本[④]

一个惠乔尔人发现他砍下的树一夜之间又长了出来。他发现原来是大地女神纳卡维（Nakawé）干的。她告诉他不久将有一场洪水毁灭世界。她指示他用树造一个箱子，装上谷粒、豆子和火具，还有五根瓜藤做燃料，还要带上一只黑母狗。箱子在洪水中漂了五年。洪水退后，箱子落在一座小山上。这个人像洪水来之前那样回去干活。每天他回到自己住的山洞时，都发现有人已经给他准备好了烤饼。他暗中察看才知道是母狗做的。她脱下狗皮变成女人给他磨谷子。他把她的狗皮扔进火里，于是她悲号不止。他把面粉和水的混合物淋在她

① 参见 Fernando Horcasitas, “An Analysis of the Deluge Myth in Mesoamerica,” in Alan Dundes, ed., *The Flood Myth*, University of California Press, Berkeley, Los Angeles, London, 1988, pp. 183-220. 中译本见［美］阿兰·邓迪斯编：《洪水神话》，陈建宪等译，谢国先校，陕西师范大学出版总社有限公司，2013 年，第 158—192 页。

② 参见 Cristobal de Molina, *Ritos y Fabulas de Los Incas*, Futuro, 1947, pp. 31-33.

③ 参见贝尔纳贝·科波：《新大陆的历史》，转引自《印第安神话和传说》，阿平译，中国民间文艺出版社，1985 年，第 128—129 页。

④ 参见［英］弗雷泽：《〈旧约〉中的民俗》，童炜钢译，复旦大学出版社，2010 年，第 128—129 页。

头上，她从此永远成为一个女人。二人重新繁衍出了人类。

三、加拿大印第安人文本[①]

很久以前，由于人太多，不同部落的人为争夺狩猎地盘争吵不休。一些先知梦到洪水将淹没世界，他们商量将独木舟连在一起，形成一个巨大的木排。洪水来后，不相信梦的人被淹死，先知和他们的家人在木排上幸存下来。水退后，他们只得重建家园。后来人数又多起来，他们最终决定分开，迁徙到世界各地。

四、太平洋西北岸印第安人文本[②]

大神对塔克荷玛山上的人和动物相互算计很恼怒，他叫一个好人往云端射了一箭，然后再向这箭的箭杆底部射第二箭，就这样一箭一箭地连成一条箭绳。大神叫好人与他的妻儿带着好动物爬上箭绳，登上云端。当看到许多坏动物也爬上箭绳时，好人就取下离他最近的箭，使坏动物跌到地上。大神开始不断下雨，洪水上涨一直淹到塔克荷玛山最高的雪线，所有坏人和坏动物都被淹死了。大神于是将好人和他的家人及好动物重新放回地面。

第五节　大洋洲、非洲及其他故事圈

除上述地区外，世界其他地方，如大洋洲、非洲，也有许多洪水神话发现。下面列举几个非常有意思的文本。

一、新几内亚瓦曼斯人（Valmans）文本[③]

一天，有个大善人的妻子见到一条大鱼游进港湾，告诉了她的丈夫。大善人嘱咐自己的一个儿子和两个女儿不要捕食这条鱼。其他人捉住这条鱼拖到岸上，大善人劝大家不要吃这鱼，大家不听，将鱼分吃了。大善人忙将各种动物都挑选一对赶到树上，自己与家人也一起爬上了椰子树。洪水从地下迅猛而至，

---

① 参见 Ella Elizabeth Clark, *Indian Legends of Canada*, McClelland and Stewart Limited, 1960.

② 参见 Ella E. Clark, *Indian Legends of the Pacific Northwest*, University of California Press, 1953, pp. 31-32.

③ 参见［英］弗雷泽：《〈旧约〉中的民俗》，童炜钢译，复旦大学出版社，2010 年，第 108 页。

其他人和动物皆被淹死。水退后，大善人一家从树上下来，重建家园。

二、澳大利亚文本之一①

伊奈提纳在海边用鱼叉刺伤了一个蛤蜊人，蛤蜊人与他争吵，他一气之下用一大块珊瑚将蛤蜊人砸得粉碎。蛤蜊人的血不断喷出，将海水染红，变为雾状，漫向陆地，淹死了很多人与动物，只有两兄妹活了下来。神要他们结婚，以免整个部落灭绝。于是他们结为夫妻，成为强大的尤德瓦德雅部落的祖先。

三、澳大利亚文本之二②

远古时候，地球上住的是些老迈的神。大洪水来了，这些神大多数被淹死，少数被卷上天空变成星星。水退后，大神庞德吉尔的儿子贝沃兰德和女儿卡拉罗克返回世间，成为人类的始祖。

四、非洲喀麦隆雅温得（Yaoundé）卡卡族（Kaka）文本③

一天下午，某个村庄只有一个小女孩和她哥哥在家。女孩在屋外磨磨，一只公羊跑来舔她磨的粉。她赶走了它，但它很快又回来了。女孩于是让它吃个够。它吃饱后对女孩说："我要告诉你一件重要的事。今天将有一场大洪水，因为你对我很好，所以我建议你和你哥哥赶快跑到另一个地方去。"兄妹俩于是收拾了一些能带走的东西逃出村子。他们逃跑时，回头看到一片洪水淹没了他们的村庄。他们到了一个地方，住了好多年，也没有找到其他人。后来羊又出现了，告诉他们可以结婚，尽管他们是兄妹。不过，他们必须打破一个陶罐底，并把它挂在屋顶的尖顶部位，而且还得在它上面安一个没头的锄柄，这表示他们曾是亲戚。这就是现在近亲结婚的时候，夫妇要在屋顶上挂一个破底罐和一个锄柄的原因。

遍览世界各地的洪水神话文本后，我们发现其带来了一系列令人饶有兴味

---

① 参见［澳］A. W. 里德等编：《澳洲土著神话传说》，史昆选译，中国民间文艺出版社，1988 年，第 11—12 页。

② 参见［澳］A. W. 里德等编：《澳洲土著神话传说》，史昆选译，中国民间文艺出版社，1988 年，第 21—22 页。

③ 参见埃米・凯勒－梅耶：《喀麦隆草原洪水故事的神话母题》，见［美］阿兰・邓迪斯编：《洪水神话》，陈建宪等译，谢国先校，陕西师范大学出版总社有限公司，2013 年，第 218—219 页。

的问题，比如：为什么古代许多民族都讲述洪水神话？世界真的被大洪水淹没过吗？遍及全球的大洪水神话，究竟是出自一源还是出自多源呢？或者，哪些洪水神话出自一源，哪些洪水神话出自独创呢？从不同民族洪水神话的相似中能够发现这些民族的历史关系吗？不同民族不同时代的人们不厌其烦地重述着洪水神话，究竟是想告诉后人一些什么样的经验教训呢？这些经验教训具有普世性吗？为什么生活在高铁和手机时代的现代人，仍然讲述着祖传的洪水神话，甚至连好莱坞都有大量的电影（如《2012》《未来水世界》等）来重述这个神话呢？人类有机会逃过另一次大洪水吗？在未来的毁灭性灾难到来之前，人类可以从古老的洪水神话中学到什么样的智慧呢？带着这些问题，笔者像许多研究者一样，踏上了一条通向迷宫的艰难征途。

第三章　中国不是伊甸园

一个民族，追寻他的文化来源，由文字记载以前至于邃古之初，时代愈悠远，故事愈神秘，神秘至于不可再追寻的阶段，便断之以洪水。

——丁山

几百年来，西方学者围绕洪水神话展开热烈的搜寻，中国却从未进入他们的视野。对西方来说，中国是个谜一样的国度。由于封建政权的闭关锁国和中文的复杂难学等因素，外国人很难走进中国奇妙的民俗文化和汗牛充栋的典籍之中。直到20世纪初，基督教传教士深入中国西南少数民族聚居地区，这才惊讶地发现中国也流传着大量的洪水神话。

第一节　不断展现的神话世界

对国际学界来说，中国洪水神话及其研究是一个巨大的缺环。

1918年，素以善于搜集资料著称的弗雷泽，在《〈旧约〉中的民间传说》第四章中用了近100页的篇幅摘要介绍世界各地洪水神话。然而，对于中国，他不无遗憾地说：

特别令人注意的是，在亚洲东部那些非常开化的民族，例如中国人和日本人中，据我目前所知，在他们卷帙浩繁的古老文献里，竟然没有发现我们这里讨论的这类大洪水的任何当地传说，即整个人类或大部分人被淹死的世界性洪水泛滥的传说。[①]

1932 年，世界著名民间文艺学家斯蒂斯·汤普森（Stith Thompson，1885—1976）出版了《民间文学母题索引》，这本书至今仍是国际通用的权威分类标准。在其中“A1010 洪水”条目下，他列举了几十个国家和民族的资料，中国却只有两篇异文。就这可怜的两篇，还被认为是从印度传入的。[②]

1988 年，美国加州大学阿兰·邓迪斯教授，汇集西方一百多年来有关研究成果，编成《洪水神话》[③] 一书。其中不仅介绍了关于《圣经》及巴比伦、印度、希腊等古代洪水神话的经典研究，还选载了研究美洲、非洲、澳大利亚、东南亚、中亚等广大地区的洪水神话的新成果。可是，这本书中，有关中国洪水神话的研究，仍是一片空白。

2002 年，马克·埃萨克在网上发布的《世界各地洪水神话》[④]，摘要介绍了世界上 180 多个国家和地区的洪水神话。其中有 8 篇来自中国，除古文献中的共工女娲传说外，仅搜罗到了云南、贵州和台湾的几篇文本。

在国际上这些总结性的洪水神话研究著作中，中国的材料从无到有，说明随着互联网的普及和中外学术交流的加快，西方学界已开始越来越多地接触到来自中国的洪水神话。但要解开世界洪水神话之谜，中国显然仍是一个巨大的缺环。

解开洪水神话之谜远非易事，不谈这个问题所涉及的历史、哲学、宗教、科学等问题，仅洪水神话在世界上究竟是一种怎样的分布，它们在什么地方存在，在什么地方不存在，在各个地区的具体形态是什么样子，就不是短时间可以弄清楚的问题。许多学者退而求其次，将精力集中在对某个国家、地区或民族的洪水神话的调查研究上，希望像打造一条项链一样，先造好各个链环，再逐个将它们拼接起来。学者们的这种努力卓有成效，现在我们对世界许多地方

---

① James George Frazer, *Folk-lore in the Old Testament: Studies in Comparative Religion, Legend and Law*, Macmillan and Co., London, 1923, p. 131. 此处引文由笔者译出。亦参见童炜钢所译该书中译本第 155 页。

② Stith Thompson, *Motif-Index of Folk-Literature: A Classification of Narrative Elements in Folktales, Ballads, Myths, Fables, Mediaeval Romances, Exempla, Fabliaux, Jest-Books, and Local Legends*, Helsinki, 1932, p. 136.

③ Alan Dundes, ed., *The Flood Myth*, University of California Press, Berkeley, Los Angeles, London, 1988.

④ Mark Isaak, *Flood Stories from around the World*, 1996-2002. http://www.talkorigins.org/faqs/flood-myths.html.

的洪水神话，已经有了相当深入的了解。

对世界洪水神话这条链环来说，中国的重要性是不言而喻的。国际知名故事学家、美籍华人学者丁乃通教授二十多年前在华中师范大学讲学时，就从学理上分析过这种重要性之所在：第一，中国的地理位置西接中亚大陆桥，东至太平洋海岸，属于故事学“波浪理论”中的边缘地带。按照这个理论，一个故事从传播中心向外扩散，其原型往往保留在边缘地区。假若洪水神话真的是从美索不达米亚发源，向四周传播，那么其东面的边缘正是中国。第二，中国有56个民族，不少民族没有文字，主要靠口头传述来传承自己的历史与文化，其口头故事从远古一直传到今天，其中保留了许多原始文化的因子。这对于故事的溯源来说，当然是难得的口述史料。第三，中国有悠久的书写传统，从甲骨文到大量古籍（包括少数民族文字古籍），有意无意地记录和保留下了许多不同历史时期的故事文本，这为追寻故事的传承与变异提供了线索。

20世纪以来，中国的历史文化语境发生了翻天覆地的变化。随着民族解放斗争的胜利和现代化进程的开启，民间文学作为下层文化的主体和民族意识的代表，越来越受到政府和学术界的关注。有关中国洪水神话的采录与研究，也从零星涉及发展为一个十分活跃的学术领域，为打造洪水神话的中国链环提供了机遇。

第二节　从书本到田野

一、古籍梳理

20世纪20年代，随着西学东渐，中国学者已注意到洪水神话的世界性，开始将视线投向中国丰富繁多的古代文献，希望找到与西方类似的洪水神话。人们最早注意到的中国洪水神话，是古文献中的女娲补天、大禹治水等故事。这时期较有代表性的研究者，主要是梁启超和顾颉刚。

1922年，梁启超在《太古及三代载记》“古代传疑章第一”及其附录“洪水考”中指出，中国古籍上有关洪水的记载有三：一是女娲积芦灰止淫水；二是共工振滔洪水；三是鲧禹治水。他从比较神话学的角度出发，将这些神话与《旧约·创世记》及印度、希腊、北欧、南太平洋群岛的洪水神话加以比较，指出这些地方不约而同地出现这类神话，必是当初整个地球都经历了同一场大洪水，并认为这场洪水是由地球与其他行星或彗星相错而形成的。他指出中国洪水神话有自己的民族特点，例如中国人没有上帝惩罚的宗教观念，“故不言干天怒而水发，乃言得天佑而水平”，并且女娲、共工和鲧禹，皆不屈服于自然，表现了“常欲以人力抗制自然”的理想。他还指出洪水在中国历史研究上的重要意义，认为中国新疆的大沙漠由洪水形成，此前这里“俨为东方之小地中海，或遂为我国文化最初发荣之地”。[①]

顾颉刚先生是“古史辨”学派的旗手，这个学派通过考证中国古籍资料上的一些主要人物与事迹，提出了中国古史是层累而成的观点。顾先生研究中国古史的突破点，正是大禹治水传说。1923 年，他在《与钱玄同先生论古史书》《讨论古史答刘胡二先生》中，提出了“古史辨”派的基本观点与方法，指出在周代人心目中，并没有一个许多民族公认的始祖，那时候，人们所知道的最古的人是禹，到孔子时才有尧舜，战国时才有黄帝、神农，秦代才有三皇，汉代才有盘古。越是后起的传说，其中心人物越是被放大。他重点研究了关于禹的记载，指出禹是神而非人，他是上帝派下凡间来平治洪水的山川之神，是“南方民族的神话中的人物”。用他自己的话概括是：“商、周间，南方的新民族有平水土的需要，酝酿为禹的神话。这个神话的中心点在越（会稽）；越人奉禹为祖先。自越传至群舒（涂山）；自群舒传至楚；自楚传至中原。流播的地域既广，遂看得禹的平水土是极普遍的；进而至于说土地是禹铺填的，山川是禹陈列的，对于禹有了一个‘地王’的观念。中原民族自周昭王以后，因封建交战而渐渐与南方民族交通，故穆王以来始有禹名见于《诗》、《书》，又特设后土之祀，得与周人的祖先后稷立于对等的地位。”[②] 顾颉刚先生后来还发表过《鲧禹的传说》（1939）和《息壤考》（1957），可见他对大禹治水的神话始终耿耿于怀，希望揭开它的真相。

二、转向口述文本

20 世纪 30 年代，人类学方法引入中国，人们开始注意到口头传说的研究价

① 参见马昌仪编：《中国神话学文论选萃》上编，中国广播电视出版社，1994 年，第 56—60 页。

②《讨论古史答刘胡二先生》，见顾颉刚：《顾颉刚古史论文集》第 1 册，中华书局，1988 年，第 151—152 页。

值，把视线从典籍转向田野。

1931 年，钟敬文发表《中国的水灾传说》，不仅搜罗了古籍中的陷湖传说，还引用了现代口传故事中的陷湖传说和人类毁灭再造神话。这种对当代口述资料的重视，是“五四”歌谣学运动以来中国学术转型的重要成就。钟先生首次将与文献记载不同的口传洪水故事，纳入中国洪水神话的系统，在研究资料的使用上是一个重大突破。同时，这篇文章也将中国洪水神话与希伯来神话进行了比较，认为中国洪水神话是一个与希伯来神话和西方其他民族神话相异的“系统”，还对传说中的几个原始文化因素（梦应、预兆）进行了探讨。①

1937 年，芮逸夫在湖南湘西考察，从当地苗族人民中搜集到几篇口传洪水故事，还得到两篇讲唱文学资料。他在长篇论文《苗族的洪水故事与伏羲女娲的传说》中，引用了 10 多篇中国文本。还从一些西方学者的田野笔记中，发现了几篇极为珍贵的南方少数民族异文。这篇论文将故事中的兄妹与古籍中的伏羲、女娲做比较，认为苗族故事中的主角 Bu-i 即汉族故事中的伏羲，在苗语中意为“始祖”。他对伏羲、女娲的族属进行了推测，认为古代汉族文献上所载的伏羲、女娲故事是苗族的洪水遗民故事，汉人误用以为己有。他参照巴林高尔德的印欧民间故事分型的方法，将所有这类故事归纳为一个类型，命名为“兄妹（兼指姊弟）配偶型”洪水神话。推断“这种型式的洪水神话的地理分布，大约北自中国本部，南至南洋群岛，西起印度中部，东迄台湾岛”。他建议将这一区域称为“东南亚洲文化区”。认为该文化区的中心在中国西南，并推测：“兄妹配偶型的洪水神话或即起源于中国的西南，由此而传播到四方。”②这篇文章的资料发现与惊世之论，对于中国洪水神话研究来说，具有划时代的意义。

20 世纪 40 年代，闻一多利用新发现的少数民族口传故事，将洪水神话研究推向新的高度。他从 1942 年起，连续写作了一系列论文，遇害后由朱自清整理为《伏羲考》，收入《闻一多全集》。闻一多在该文中将 48 篇中国西南少数民族洪水遗民神话异文与中国古代文献、相关考古资料等结合起来进行考证和比较。他论证了中国古代的人首蛇身像以及双头蛇、二龙之神等均与伏羲、女娲有着

① 钟敬文：《中国的水灾传说》，原题为《中国的水灾传说及其他》，载《民众教育季刊》1931 年第 1 卷第 2 号，后收入钟敬文：《钟敬文民间文学论集》下册，上海文艺出版社，1985 年，第 163—191 页。

② 芮逸夫：《苗族的洪水故事与伏羲女娲的传说》，载《人类学集刊》1938 年第 1 卷第 1 期，第 155—194 页。

共同的神话源，认为龙是一种因部落兼并而产生的混合的图腾，龙图腾在中华文化中占有优势地位，如夏族、共工、祝融、黄帝、匈奴等，都属于龙图腾。他指出洪水常与战争相关，并指出洪水神话的核心是造人，造人的核心是葫芦，而伏羲、女娲的原型都是葫芦。他对洪水造人神话做了这样的评价："这是原始智慧的宝藏，原始生活经验的结晶，举凡与民族全体休戚相关，而足以加强他们团结意识的记忆，如人种来源，天灾经验，与夫民族仇恨等等，都被象征式的糅合在这里。"[①]

在 20 世纪 30 年代和 40 年代，一批民族学家通过实地田野作业，对中国西南少数民族的一些口传神话进行了科学的记录，他们发表的一批文章[②]，如《苗族中祖先来历的传说》（吴泽霖，1938）、《苗瑶之起源神话》（马长寿，1940）、《生苗的人祖神话》（陈国钧，1941）、《云南土民的神话》（马学良，1941）、《碧罗雪山之栗粟族》（陶云逵，1948）等，为后来的研究提供了宝贵的第一手资料。特别值得一提的是，几个外国学者较早记录了中国少数民族的洪水神话，如保罗（Paul Vial）1898 年在彝族记录的文本，日本学人鸟居龙藏和法国人萨费那（F. M. Savina）、英国人克拉克（Samuel R. Clarke）对西南少数民族异文的记述等，都是不可多得的研究资料。[③]

三、不断升温的学术热点

1949 年以后，洪水神话研究逐渐升温，出现了许多重要论文，如李卉《台湾及东南亚的同胞配偶型洪水传说》（1955）、李霖灿《么些族的洪水故事》（1957）、李子贤《试论云南少数民族的洪水神话》（1980）、乌丙安《洪水故事中的非血缘婚姻观》（1982）、陈炳良《广西瑶族洪水故事研究》（1983）、宋兆麟《洪水神话与胡芦崇拜》（1988）、张振犁《中原洪水神话管窥》（1989）、钟敬文《洪水后兄妹再殖人类神话》（1991）、鹿忆鹿《洪水后兄妹婚神话新探》（1993）、傅光宇《"难题求婚"故事与"天女婚配型"洪水遗民神话》（1995）、

① 闻一多：《伏羲考》，见朱自清、郭沫若、吴晗等编辑：《闻一多全集》（一）甲集"神话与诗"，开明书店，1948 年，第 3—68 页。

② 参见马昌仪编：《中国神话学文论选萃》，中国广播电视出版社，1994 年。

③ 参见芮逸夫：《苗族的洪水故事与伏羲女娲的传说》，载《人类学集刊》1938 年第 1 卷第 1 期，第 155—194 页。

吕微《中国洪水神话结构分析》（1986）和《楚地帛书敦煌残卷与佛教伪经中的伏羲女娲故事》（1996）、王孝廉《西南族群的洪水神话与水神信仰》（2002）等等。另外，有一些专著，如杨利慧博士的《女娲的神话与信仰》（1997）和《女娲溯源》（1999）等，也有相当篇幅涉及这个故事。[①] 有学者统计，1905 年至 1998 年间，仅中国学者发表的有关洪水神话研究的论文，已达 401 篇（部）之多。[②]

随着文本的不断发现，人们越来越希望对这个故事进行系统性的阐释。有关专著顺理成章地出现了。笔者所见到的有 3 部：一部是台湾东吴大学中文系教授鹿忆鹿女士的《洪水神话——以中国南方民族与台湾原住民为中心》[③]，一部是扬州大学曹柯平先生的博士论文《中国洪水后人类再生神话类型学研究》，第三部是尹荣方的《洪水神话的文化阐释》[④]。

鹿忆鹿教授的《洪水神话——以中国南方民族与台湾原住民为中心》出版于 2002 年，共分 5 章：①“洪水神话及其研究概述”；②“南方民族的洪水神话”；③“台湾原住民的洪水神话”；④“中原洪水神话”；⑤“洪水神话的比较与意涵”。她在第一章中首先检视了中外洪水神话的流布与研究概况，然后分 3 章细致考察了中国南方民族、台湾少数民族和大陆中原地区的洪水神话形态，对其中的重要情节进行了描述与解读，最后一章对各族洪水神话的意涵进行了比较。

鹿著对中国洪水神话研究成果进行了系统的归纳。如有关中原地区的洪水神话研究成果，鹿著指出：“洪水后兄妹婚型神话，至少在汉代民间已形成了完整的洪水神话文本。此类型神话中的伏羲女娲二神，最初很可能分属不同的个别神话文本，而洪水与生人两个母题也是后来才拼接起来的。经历过漫长的时间和风尘，其原始思维铸造而成的洪水故事仍然富于生命力，至今不衰，仍然在从南到北以黄河流域为中心的大半个中国许多地区里流传着。”[⑤] 这个结论看上去简单明了，其中却包含着近百年来不知多少学人的心血。

---

① 上述论著的原出处均见书末的“参考文献”。

② 曹柯平：《中国洪水后人类再生神话类型学研究》，扬州大学，博士论文未刊稿，2003 年，第 26 页。

③ 鹿忆鹿：《洪水神话——以中国南方民族与台湾原住民为中心》，里仁书局，2002 年。

④ 尹荣方：《洪水神话的文化阐释》，上海人民出版社，2016 年。

⑤ 鹿忆鹿：《洪水神话——以中国南方民族与台湾原住民为中心》，里仁书局，2002 年，第 338 页。

鹿教授将台湾少数民族洪水神话分为洪水后兄妹婚神话和蛇鳗引起洪水神话等不同支系，对其中的高山避水母题、木臼避水母题、取火母题等，联系人类学资料进行了考察，对天女婚洪水神话中有关一目人、直目人等眼睛神话母题进行了探讨。她认为洪水神话的一个普遍性象征意涵是死与再生的通过仪式，“不管是兄妹血亲婚中的人类毁灭与再生，或天女婚神话中的衰老再年轻情节，或是原住民神话的火种失而复得、土地可耕种、谷物鱼虾的起源，或汉族洪水神话中有宇宙秩序的破坏与重建，都有死而再生的象征意涵”。[①]

洪水神话研究的另一部专著，是扬州大学博士生曹柯平的学位论文《中国洪水后人类再生神话类型学研究》。曹著相较于鹿著更具有理论色彩，作者希冀从洪水神话研究中，为神话类型学建构一套“类似考古地层学一样的结论检验机制和排比参照系统”，为中国神话学的科学规范化做出贡献。不过这种良好的愿望，在论文中似乎并未实现。

曹著在神话分类方面大大加强了民族语言学的作用，将神话文本与所属语系、语族甚至语支相对应，以此为对洪水神话口传文本进行科学分类的平台，将中国洪水神话文本分为藏缅族群、苗瑶族群、壮侗族群及其他族群文本。他继承和改良了传统的母题分析方法，将“母题”界定为“从它们（即故事）之中提炼出来的，并在特定的神话里具有组织和构成情节能力的故事要素”[②]，希望通过“母题组合”来把握各族群中的洪水神话的特质。他以 151 篇中国各族洪水后人类再生神话为对象，将中国洪水神话分为七型五式，即藏缅族群的 A 型（含 AⅠ、AⅡ、AⅢ式）、B 型、C 型，苗瑶族群和壮侗族群的 A 型（含AⅠ、AⅡ式），此外还有阿尔泰民族、南岛民族、汉族各一型。遗憾的是，论文中仅对藏缅族群部分进行了完整分析，看上去是一部尚未完成的作品。

曹著在界定神话的时间深度方面做了相当大的努力。他在对藏缅族群洪水神话的研究中，广泛征引语言学、考古学、民族学和历史地理学相关成果，推断这个族群中流传的 AⅠ、AⅡ、AⅢ三种型式的洪水神话，分别流行于商代晚期、春秋战国时期和汉晋时期，为解决中国洪水神话的发生学问题做了可贵尝试。不过，曹著显然忽视了民间口头传统中故事的变异性，他对所引洪水故事

---

① 鹿忆鹿：《洪水神话——以中国南方民族与台湾原住民为中心》，里仁书局，2002 年，绪论第 5 页。

② 曹柯平：《中国洪水后人类再生神话类型学研究》，扬州大学，博士论文未刊稿，2003 年，第 76 页。

文本的采录时间未做详辨，甚至连采录时间都未著录，这就忽视了洪水神话在产生传播过程中由简单到复杂、不同母题的黏合过程。此外，将讲述者的族属等同于故事族属也存在问题。

第三部专著是尹荣方的《洪水神话的文化阐释》。作者核心观点见于该书第二章“洪水神话与葫芦避水”。作者认为，洪水象征着历法的缺失与生活的混乱，而葫芦在上古月令系统中有指时的功能，宇宙山和世界树皆是神圣中心的象征，葫芦也与生育和求子习俗有关，因此洪水神话中的葫芦、宇宙山和世界树都是一种象征表达。该书作者在后记中这样论述他的基本观点：“在本书中，我将各民族的洪水神话、传说置于象征、隐喻的框架来理解。所谓史前时代的‘大洪水’，乃是无序的‘混沌’时代的象征，这是一种具象化的表述。造成史前时代无序和混沌现象的主要因素是历法的缺失或者错乱。洪水的克服或获得治理，意味着混沌的被克服，世界秩序的重新建立。”[①]相比前两本专著来说，这本书的重点在于用历法制度解释上古文化，洪水神话只是其中的个案。

洪水神话研究专著的不断涌现，发出了一个清晰的信号：由于新资料的大量发现和理论的不断拓展，对中国洪水神话进行系统研究的时机已经到来。

第三节　几个有代表性的形态学描述

近几十年来，人们在洪水神话研究中运用了多种方法，有学者将其归纳为四个角度：一是历史学；二是神话学；三是民俗学；四是文化人类学。[②] 实际上，中国洪水神话研究远不止这几个视角。不过，与书面文学不同的是，口头叙事在漫长历史和广阔地域中具有变异性，存在着许多异文，所以苏联著名学者普罗普（Vladimir Propp）指出：在研究一个口头故事时，首先要回答的是“它是什么”的问题。

从一个故事的不同异文中提取共同要素进行描述的工作，称为形态研究。学术史上，人们对中国洪水神话的故事形态，有下述具有代表性的表述。

---

① 尹荣方：《洪水神话的文化阐释》，上海人民出版社，2016 年，第 326 页。

② 柳莉、贾征：《20 世纪中国洪水神话研究综述》，载《武汉水利电力大学学报》（社会科学版）1999 年第 2 期。

一、艾伯华《中国民间故事类型》

1937 年，德国学者艾伯华（Wolfram Eberhard）在其《中国民间故事类型》中，将洪水故事分列了 3 个类型，分别是：

47. 洪水 1

（1）一男人或一妇人行善。［好事是：将捕到的鲤鱼（海龙王的儿子）放生、不吃神鱼（海龙王的孩子）、给石狮或石龟喂食、对商人或精怪态度友善］

（2）作为报答，他获知洪水暴发的征兆。［征兆是：石狮的眼睛变红或流血、石狮的嘴上有血迹、石龟的眼睛变红、门上有血、水从臼里（或灶里?）流出来、青蛙从臼里（或灶里?）跳出来、锅台上长出竹笋］

（3）其他人开玩笑，仿制出这些征兆。［捣乱者是：屠夫、守卫城门者、官吏、小孩子、女人、街上的人、没有指明身份的捣乱者］

（4）洪水果然暴发。［逃难方式是：乘船、步行、逃到动物身体中］

（5）只有这个男人和他的家属在洪水中幸免于难。

历史渊源：这个故事似乎早已为人所知；出处 F 在公元前 3 世纪；O 在公元 1 至 2 世纪，[①] 随后的各个世纪都有记载。

流传地区：可能遍布全中国。

…………

48. 人类最初的兄妹

（1）在世界上或在他们的住地只有兄妹两个人。

（2）他们请来先知，询问他们的婚姻能否被允准。

（3）从两座山向下滚动磨盘；它们互相重叠在一起。

（4）结为婚姻。

（5）生下肉团或葫芦；通过分割全都成了人。

① 这里的 F 和 O 是该书中所引故事文本的编号。F 指《吕氏春秋》等，O 指《淮南子》（高诱注）和《论衡》等。

历史渊源：通过H说明在纪元后最初几个世纪已有记载。这是跟洪水传说有关的一个典型的非汉族原始居民的故事，通过H说明这些原始居民早已存在。①

流传地区：非汉族的原始居民（苗族，彝族，瑶族）和中国南部非汉族人的势力范围内。

49. 从肉团里诞生

(1) 最初的人是从一个肉团或者从一个蛋里生出来的。

历史渊源：参见“兄妹结婚”，跟这个故事有非常相似的地方。②

流传地区：非汉族的原始居民，以及中国南部非汉族人的势力范围内。

艾伯华没有把中国洪水神话作为一个故事类型来看待。这也难怪，因为1937年以前，中国还没有开展系统的采风作业，对少数民族口头传统的研究更少。艾伯华既没有民间口头记录的文本，也没有少数民族的口头文本，局限于少数汉文古籍材料，只看到了这个故事类型的一鳞半爪。

二、丁乃通《中国民间故事类型索引》

1978年，美籍华人学者丁乃通的《中国民间故事类型索引》出版，其中的第825A型为“怀疑的人促使预言中的洪水到来”。其中对洪水故事做了如下描述：

Ⅰ.〔警告〕(a) 一个老太婆（老头子）(b) 一个有名的孝子 (c) 一个小孩子 (d) 一个女佣 (e) 一个渔人 (e^1) 一个屠夫(f) 一个男孩和一个女孩 (f^1) 村民们从 (g) 一个神祇或者预知将来的人 (h) 儿歌 (i) 石狮子 (j) 一条龙 (j^1) 石龟那里得到警告。他（她）得到通知说，因为 (k) 吃了一只巨大的神鱼 (k^1) 别的罪行，一场大洪水（很少是别种灾难）在下列的东西变成红色的时候就会来临：(m) 一只石龟 (m^1) 石狮子 (m^2) 人塑的龙 (n) 城门等等的眼睛或它们其他部位。有时候只要厨房的石臼里 (o) 有水（潮湿）或 (o^1)

---

① 这里的H指《后汉书》。

② 这里的“兄妹结婚”应该是指第48型“人类最初的兄妹”，该书中并无其他“兄妹结婚”故事类型。

有青蛙的时候。

Ⅱ.〔洪水的来因〕这人注意着这个警告并且每天都去看有何变化。下列的人物因开玩笑或恶作剧，将这项东西涂上红色：（a）一个顽童（b）一个守城卫士（b^1）一个更夫（c）一个屠夫（d）多疑的青年（d^1）一个妇人。或者，（e）没有什么理由能说明红色或洪水的出现。无论如何，一场大洪水真的来到了。

Ⅲ.〔结果〕（a）得到警告者一发现这个凶兆马上就离开，往往是上山或乘船，（b）由神指引守护着（c）和他全家（c^1）母亲（c^2）她的主人的全家（c^3）他的妹妹（c^4）她的孩子和邻人们在一起。这城市不久就被水淹没，而且所有别的人全都丧生。或者，（d）难民们躲在石狮子里面，有时因而得以逃到海边等等。那时全世界都已经淹没在洪水中。或者，在有的说法中，结果是：（e）为了使地球上重新住人，幸存者虽为兄妹，也得结婚。①

丁乃通的《中国民间故事类型索引》是严格按照 AT 分类法②的体系进行的。这样做虽便于与世界各地民间故事资料相对照，但不得不牺牲中国民间故事的特殊之处。尤其是 AT 分类法只对狭义民间故事分类，神话传说则被排斥在外，而在现实生活中，其实并不存在这样的界限，所以许多洪水神话资料未被纳入这本索引中。从丁乃通对第 825A 型的情节梗概描述中不难看出，它只是洪水神话在汉族地区流传较广的一个亚型。即便这个亚型，也未将难题求婚、人类再殖这些重要的母题著录进去。这种削足适履的做法，使读者不能从这本工具书中获得这个故事类型的全貌。

三、其他相关形态研究

2003 年，扬州大学博士生曹柯平在其学位论文《中国洪水后人类冉生神话类型学研究》中，将中国洪水再殖型神话分为六大族群：藏缅族群类型、苗瑶壮侗族群类型、阿尔泰民族类型、南岛民族类型、南亚民族类型、汉族类型。

---

① 丁乃通编著：《中国民间故事类型索引》，郑建成、李倞、商孟可等译，中国民间文艺出版社，1986 年，第 243—244 页。

② AT 分类法，即由芬兰学者阿尔奈（Antti Aarne，1867—1925）首创、汤普森增订的《民间故事的类型》（*The Types of Folktale*）一书所用分类方法的简称，是国际通行的一种民间故事类型分析法。

但他在论文中，只是对第一个类型做了比较详细的考辨。他的研究，不是以所有异文为对象，而是选择几篇他认为重要的异文，“提取了五组比较有规律的母题组合，并将它们分属为三个型别”，这样归纳出的故事形态，显然有其局限性。曹柯平的论文题目虽是类型学，但其实际上的用力所在，还是从史学角度探寻藏缅族群洪水故事的时间深度。

鹿忆鹿教授在其著作中，分“南方民族”“台湾原住民”和“中原”三部分，描述了许多洪水故事的母题，并从直觉上对洪水故事的分布做出评估：“而在翻检过程中，可以隐约见出洪水神话的分布有其区域性，洪水后兄妹婚，似乎多集中在湘、桂、黔三省交界处的苗蛮族群及百越族群中，而洪水后天女婚神话，则似乎较多流传于氐羌族群中。”①不过，她没有尝试对不同故事形态的深层结构进行形态学意义上的比较与分类。

1996 年，笔者发表了《中国洪水神话的类型与分布——对 433 篇异文的初步宏观分析》②。这篇论文将中国洪水再殖型神话分为：①神谕奇兆亚型；②雷公报仇亚型；③寻天女亚型；④兄弟开荒亚型；⑤其他亚型。这篇文章既受到同人的夸赞，也被指出不足。③正是从此次尝试中，笔者意识到对这个异文数量如此多、流传地域如此广泛、历史渊源如此悠久的故事类型，靠以前那种以卡片加表格分析素材的方法描述，必然会有许多疏漏。2005 年，笔者的博士论文《论中国洪水故事圈——关于 568 篇异文的结构分析》，开始使用电脑数据库 Access，对所有故事文本中的可变母题进行著录和统计，试探划分出这个庞大故事类型的主要亚型。现在，在经过十四年的沉淀之后，笔者进一步改进和扩充了数据库，增加了地图标示，对这个故事类型的时间深度、空间分布和文本形态进行了更为精确的描述。

经过一个多世纪好几代学人的努力，中国洪水神话的全貌已经比较完整地展现出来，对其进行系统性描述的时机已经成熟了。

---

① 鹿忆鹿：《洪水神话——以中国南方民族与台湾原住民为中心》，里仁书局，2002 年，第 27 页。

② 载《民间文学论坛》1996 年第 3 期，第 2—10 页。

③ 如鹿忆鹿言笔者的分类是目前最完整的（前引书第 17 页），曹柯平说笔者是用力洪水神话最勤的学者之一（博士论文第 1 页）。同时，他们二人及刘锡诚先生等也对笔者的分类提出了不同意见。

第四章　口头叙事研究方法

为了认识个别方面（或世界现象总画面的细节），我们不得不把它们从自然的或历史的联系中抽出来，从它们的特性、它们的特殊的原因和结果方面逐个地加以研究。

——恩格斯

洪水神话在世界各地的记录已成千上万。面对这种复杂的文本形态，仅用研究书面文学的方法显然不够。笔者多年来一直探寻口头文学的研究方法，① 这里将有关方法术语做系统梳理，既用来研究洪水神话，也期望对民间文艺学科的建设有所裨益。

第一节　口头叙事的特殊性

一、口头叙事的文本特点

口头叙事，主要指人类共同体口头创作和传承的叙事性作品，包括神话、史诗、民间传说、民间故事、民间说唱和民间戏曲等。属于民间文艺学研究的

① 二十多年来，笔者陆续发表过一些有关民间文学方法论的论著，如《从信息革命看资料工作的紧迫性》（载《民间文学论坛》1984 年第 3 期）、《神话解读——母题分析方法探索》（湖北教育出版社，1997 年）、《论比较神话学的“母题”概念》［载《华中师范大学学报》（人文社会科学版）2000 年第 1 期］、《略论民间文学研究中的几个关系》（载《民族文学研究》2004 年第 3 期）、《故事类型的不变母题与可变母题——以中国洪水再殖型故事为例》［载《广西民族大学学报》（哲学社会科学版）2016 年第 3 期］、《元故事的构拟与激活——从民间叙事法则到“好莱坞圣经”》［载《华中师范大学学报》（人文社会科学版）2019 年第 2 期］等。

范围。

长期以来，民间文艺界存在着两种不同取向。一种取向是将口头文学看作民俗现象，强调必须在田野中研究其展演过程，用它来增进对民间文化的理解。另一种取向，是将民间文学文本作为主要研究对象，强调口头文学的艺术特性与审美价值。

民间文学兼有民间性和文学性，其研究当然需要多种视角和方法。不过笔者以为：无论哪种视角，首先都应研究故事文本。因为口头叙事的本体是故事内容，不是表演形式。故事内容本身具有自足性，是一个可供阐释的信息系统。一个故事可以用各种形式来表现。但是，“一个人读到的是文字，看见的是形象，辨认的是姿势，而通过这些，了解到的却是一个故事，而且可能是同一个故事”①。

什么是文本？所谓文本（text），指以物化的符号形式呈现出来的作品。口头叙事文本，是以口语为媒介来创作和传播的故事作品。口头文学与书面文学不同，其原始形式是在生活中面对面的即时表演。这种表演只有用影像或文字记录下来，才能保存和传播。由于影像技术近几年才普及，所以我们用以研究的故事，基本上都是文字文本。故事在生活中以口语媒介不断复制，不可避免会生变异，原因除记忆不可靠外，还有故事学家常说的因人而变、因时而变、因地而变等。此外，基于前人故事的新创作也在不断发生。

如果以研究书面文学的方式来研究口头叙事，会出现下面的困难。

第一，书面文学一面世就是完整形态，在传播过程中形态不变。一个口头叙事却会随着时光推移由简单向复杂、由单一情节向复合情节发展。在一个具有两个以上情节的口头故事中，各情节发生的时间常常有先有后。以孟姜女故事为例，据顾颉刚先生考证，战国时只有一个“杞梁妻”之名，汉代有了“善哭”的核心情节，唐代才有“女子之体不得再见丈夫”和“滴血认骨”的完整故事，明代又发展出孟姜女投海、秦始皇赶山鞭和龙女化身孟姜女与秦始皇结婚生项羽等复杂情节，整个故事从萌芽到完成经历了一千多年，这与书面文学的创作过程完全不同。因此，研究口头叙事，首先须搜求尽可能多的异文，通

---

①［法］布雷蒙：《叙述信息》，转引自王先霈、王又平主编：《文学批评术语词典》，上海文艺出版社，1999 年，第 195 页。

过文本比较，展现故事的生命史与地理分布图。书面文学研究则无须这个环节。

第二，追踪书面文本的版本主要靠文献，由此产生了文献学、目录学和校雠学等考据方法。但进入口头叙事领域，文献对确定故事源流的作用大打折扣。因为一个口传故事何时何地被何人记录下来，是件偶然的事。一个作品实际产生的时间，与它被记录下来的时间，往往存在巨大时差。例如，盘古神话的最早记录在三国时期，但显然不能证明盘古神话是三国时才产生的。

第三，知人论世的研究法，在书面文学研究中极为重要，但在民间故事中却无用武之地。故事在广大时空中口头传播，根本不知道谁是它的作者，甚至它是哪个民族的作品也不易确定。此外，书面文学中的故事主人公个性鲜明，而民间故事中的角色往往是类概念，如小姐、渔夫、打柴的、员外等，没有个性化，所以角色姓名会随着故事流动而发生改变。例如中国家喻户晓的白娘子，在古希腊同类故事中叫拉弥亚。这样，追踪一个口传故事的生命史时，人物姓名也没有太重要的意义。

第四，口头叙事的审美过程与书面文学完全不同。书面文学是单向的，作者创作时无须与读者互动，每个读者按自己的方式解读文本。口头叙事却必须在讲述者与受众的互动中展开，现场的语境、受众的情感回应等，对讲述者有直接制约作用。故事是祖传下来的，讲述者不能有太多创新，若想别出心裁，常常会被听众（观众）纠正。所以，书面文学强调创新，口头叙事更看重传承。

口头叙事在不同时空中复制越多，文本数量也越庞大。为了把握一个民间故事的全貌，研究者不得不花费巨大精力去搜集它的大量异文。这样，口头叙事研究自然成为一种典型的互文性研究。

互文性（intertextuality）概念，20 世纪 60 年代由法国批评家朱丽娅·克里斯蒂娃在《符号学：意义分析研究》中率先提出。她的互文性定义是："任何作品的本文都像许多行文的镶嵌品那样构成的，任何本文都是其他本文的吸收和转化。"[①] 互文性内涵是，每一文本都是对其他文本的吸收与转化，文本之间相互参照，彼此牵连，形成一个潜力无限的开放网络，以此构成文本过去、现在、将来的开放体系，追溯文本间的复杂联系，可以追溯文学符号的演变过程。

---

①［法］朱丽娅·克里斯蒂娃：《符号学：意义分析研究》，转引自朱立元主编：《现代西方美学史》，上海文艺出版社，1993 年，第 947 页。

口头叙事研究尤需互文批评。因为不同讲述者讲的故事之间，存在着一条传承链。讲述者从别人那里听到一个文本，自己的讲述又形成一个新文本。文本连着文本，成为一个不断扩展的网络。研究者须把同一故事众多文本的异同做细致比较，找关系，建坐标，从时间轴关注故事发展的轨迹，从空间轴观察故事的传承与变异，再结合具体文化语境，还原这个作品的生命史。

实际上，早在朱丽娅·克里斯蒂娃之前，民间文艺学家就发现了互文性的奥秘，还形成了一个影响深远的学派——历史地理学派。

二、历史地理学派

历史地理学派 19 世纪末 20 世纪初兴起于芬兰，也称芬兰学派。创立者是民俗学家尤里乌斯·科隆（J. Krohn，1835—1888）及其子卡尔·科隆（K. Krohn，1863—1933）。后者最先运用历史地理方法研究了一组《熊与狐狸》的故事，他的学生阿尔奈继承其方法，于 1910 年出版了《故事类型索引》一书。该书开创了对大量民间故事异文做分类和索引的编制工作，成为这一学派的标志性著作。阿尔奈的学生汤普森 1932 年至 1936 年间出版的《民间文学母题索引》和 1946 年出版的《民间故事论》，进一步发展了该学派的方法。

历史地理学派的理论基础是进化论和实证论。他们认为，每个能在传统中独立存在的故事类型，都有像其他有机体一样的生命进化史，有最初的发生时间和发祥地。他们通过对不同地区民间故事异文的比较，确定其形成时间和流布的地理范围，希望再现这个故事类型的原型（或构拟原型）及其流播和变异过程。为了这个目的，他们提出了一系列概念术语，并编制了《民间故事的类型》和《民间文学母题索引》这样的专业工具书。

下面介绍历史地理学派创立和界定的主要术语，以及术语间的关联。

1. 故事类型（type）。汤普森在《民间故事论》中对故事类型所下的定义是："一种类型是一个独立存在的传统故事，可以把它作为完整的叙事作品来讲述，其意义不依赖于其他任何故事。"① 民间口头流传的叙事作品，大多是对文化传统中已有故事的重述。一些故事经过长期积淀，形成了情节、角色和主题

① Stith Thompson, *The Folktale*, Holt, Rinehart and Winston, 1946. 该书中译本改名为《世界民间故事分类学》，郑海、郑凡、刘薇琳等译，上海文艺出版社，1991 年，第 499 页。

相对固定的组合，如《灰姑娘》《白雪公主》等，成为一个独立的完整故事，即是一个故事类型。故事类型是历史地理学派最重要的概念，自阿尔奈首创、汤普森补充修订的《民间故事的类型》出版以来，世界各国学者争相仿效，编制的同类工具书达百十余种。中国也出版了艾伯华、丁乃通、金荣华等人编制的好几种民间故事类型索引。①

2. 母题（motif）。1932 年，汤普森出版了《民间文学母题索引》，将母题用作整个索引的分类单位。1946 年，他在《民间故事论》中对母题的定义做了经典阐述："母题是故事中的最小要素，它具备在传统中持续存在的能力。要具备这种能力，它自身必须具有某种非同寻常和引人注目的东西。"② 他还指出母题分三类：第一类是故事中的人物——神、罕见的动物、女巫、吃人妖怪或狠毒的后母等。第二类是行动的背景——魔法物、少见的习俗、奇怪的信仰等。第三类是单独的事件。

3. 异文（version）。一个故事类型在不同时空语境中的每一次重述，都会产生一个新的文本。这些文本中的每一篇都是这个故事类型的异文。

4. 原型（archetype）。原型指一个故事类型的原始形式，是出现时间最早、形态最原始、情节结构最富代表性的那一个或几个文本。在历史地理学派的研究中，找到故事原型是一个最重要的研究目的。

5. 构拟原型（hypothetical prototype）。人们在长期实践中发现要找到一个故事类型的原型很难，所以发明了"构拟原型"概念。所谓构拟原型，指人们对一个故事类型详加研究后，推测或假设的一个接近于原型的故事。

6. 亚型（subtype）。同一故事类型的不同异文中，有些异文之间由于种种原因（例如民族、地区、文化传播关系等），其中的母题链更相似，在整个故事类型中形成了具有特色的子系统，这些子系统就称作亚型。

7. 变体（redaction）。民间文学文本流传到某地区后，由于母题变异而发生改变，在一个相对稳定的区域中以这种改变后的方式传承，称为变体。

---

① 参见艾伯华《中国民间故事类型》修订版（商务印书馆，2017 年），丁乃通《中国民间故事类型索引》（华中师范大学出版社，2008 年），金荣华《民间故事类型索引》（三民书店，2007 年）、《中国民间故事集成类型索引》（中国口传文学学会，2000 年）和《中国历代笔记故事类型索引》（中国口传文学学会，2019 年）。

② Stith Thompson, *The Folktale*, Holt, Rinehart and Winston, 1946, p. 415.

上述术语构成的原理是：一个在传统中独立存在的故事类型，在传承和传播中会形成许多异文，每篇异文都是一个独立的故事文本。构成故事文本的最小元素是母题，它非同寻常、引人注目，在传统中持续存在。将同一故事类型的异文集中起来，从历史和地理角度进行比较，可以找到它的原型或构拟原型，分辨出它的亚型和变体，最终复现它的形成和传播过程，即该故事的生命史。

方法论有三个层次：一是世界观性质的方法论，如唯物论；二是各学科通用的归纳法、演绎法、历史考据法、比较法等；三是用于某种特定研究对象的专门方法。从这个角度看，历史地理学派运用的是一种针对口头叙事特点的专用研究法。

第二节　母题分析法

历史地理学派之后，各国研究者继续丰富和完善口头叙事研究方法，如普罗普的故事形态学、列维－斯特劳斯的结构主义、阿兰·邓迪斯的母题素组合、刘魁立的“故事树”等。多年来，笔者在前人成果的基础上，也试图归纳出一种以母题为逻辑起点的分析方法。①

一、母题：故事的细胞

无论多复杂的事物，总是由简单元素组合而成的。五彩缤纷的图画，可以分解为红、黄、蓝三原色。形形色色的物质世界，只有一百零几个基本元素。一部复杂的音乐作品，也只有七个基本音符。同理，丰富多彩的文学作品中，也有一些基本的文学元素，比较文学将这类元素称作“母题”。

“母题”一词是英文“motif”的音译，其词根为“moti”，意为运动、能动。歌德曾将母题定义为“人类过去不断重复，今后还会继续重复的精神现象”。②历史地理学派对母题概念给予前所未有的重视，对其内涵做了重新界定。AT 分类法中，母题被用来描述每个故事类型的内容。汤普森还编制了规模巨大的

---

① 参见陈建宪：《神话解读——母题分析方法探索》，湖北教育出版社，1997 年。

②［美］乌尔利希·韦斯坦因：《比较文学与文学理论》，刘象愚译，辽宁人民出版社，1987 年，第 138 页。又见［美］丹·本·阿姆斯：《民俗学中母题的概念》，张举文译，见《民间文学论集》第 2 册，中国民间文艺家协会辽宁分会编印，1984 年。

《民间文学母题索引》。可惜的是，这个学派只是将母题用作一个方便的分类工具，并未将其上升到研究方法论的高度。

马克思在《资本论》第一版序言中，开篇就谈社会科学的方法问题，他说："分析经济形式，既不能用显微镜，也不能用化学试剂。二者都必须用抽象力来代替。"[①] 在他看来，研究一个事物，必须根据研究对象的特殊性，首先抽象出它的元素形式（即它的"细胞"），从这个逻辑起点出发，逐步展开对该事物的层层剖析。他在《资本论》中紧紧抓住"商品"这个概念，作为分析整个资本主义社会制度的逻辑起点，使其宏伟的理论大厦建立在坚实的方法论基础上，他的研究为我们树立了经典范例。

口头叙事的细胞是什么呢？汤普森对母题的界定启发了笔者，他不是说"母题是故事中的最小要素"嘛，既然是最小元素，当然能够通过一定的结构方式，建构出口头叙事的整个大厦。换句话说，母题不仅是口头叙事的分类单位，也应成为研究的逻辑起点。

笔者在汤普森定义的基础上，对母题做了进一步界定，强调了母题的结构功能：母题是构成口头叙事的基本元素。这些元素在文化传统中独立存在，不断复制，引人注目。它们数量有限，通过不同组合来置换出无数叙事作品。作为人类共同体的故事基因，母题常常成为所在群体的文化标识，并能组合入各种不同的文化形态之中。

母题作为口头叙事研究的逻辑起点，基于其内在的三个重要特质：

一是独立性。母题独立存在，能从各个具体作品中分解出来。例如，"肉卵生人"（T542）[②] 在许多神话中都曾出现：周人始祖后稷生于肉卵，朝鲜族始祖朱蒙也生于肉卵，徐偃王生于肉卵，哪吒也生于肉卵。这个母题既是各故事的组成部分，又不为任何一个故事所独占。母题的独立性还表现在它的易于识别上，它们往往具有很强的刺激力，如补天、射日、杀父娶母等，令人过目难忘。

二是亲和性。母题很容易与另外的母题连接。如上面的肉卵生人，为何很容易进入不同故事呢？因为故事中的英雄都需要神奇出生的情节，肉卵生人母题作为一个传统的表达，易于记忆，也易于传播和传承。

① 马克思：《资本论》第1卷，人民出版社，1975年，第8页。

② 母题后面括号里的编码，是汤普森《民间文学母题索引》中的编号。

三是符号性。母题以鲜明形象概括出某种文化的精神特质，例如龙、九头鸟、垂死化身等母题，经过不断复制，跨越了代际和时空，成为一种具有张力的文化符号。追踪母题的形成与传播过程，自然而然会把我们导向文化传统的核心。

通过母题这个口头叙事的细胞，我们可以将前人的研究成果串联起来，建构起一套新的术语系统。

二、以母题为中心的术语群

以母题为中心的口头叙事研究术语有两类：一类是对母题本身进行更细致的区分，如角色母题、事件母题、背景母题、不变母题与可变母题、主要母题与次要母题、在位母题与非位母题、母题群与母题链等。另一类是以母题的组合方式来界定的术语，如文本、故事类型、异文、情节段、情节主干、故事树、故事原型、故事亚型、故事变体、故事圈、故事层等。在此，笔者对这些术语做基本界定，以便应用于洪水再殖型神话的研究之中。

1. 角色母题

角色母题是以口头叙事中的角色为标识的母题。既有人类也有动植物，既有神灵也有妖怪，他们是故事中的行动主体。如青蛙王子、白雪公主之类。

2. 事件母题

事件母题是由固定组合的情节元素构成的描述一件事情过程的母题。如婴儿迫害、难题考验、学样失败、逃亡与追杀等。

3. 背景母题

背景母题是由特定文化或民俗背景的标志物构成的母题。如乱伦婚姻、巫术、迷宫、宝物等。

4. 不变母题与可变母题

不变母题指一个故事类型必需的结构性情节单元，可变母题指在相同结构位置上可以置换的情节单元。以洪水再殖型神话为例：洪水灭世是不变母题，什么原因引起大洪水则是可变母题；人类再繁衍是不变母题，通过什么方式繁衍是可变母题。任何一个故事类型，其文本集合中都含有不变母题和可变母题。

5. 主要母题与次要母题

主要母题是一个故事类型的情节推进逻辑中不可缺失的情节单元，次要母题是其中可有可无的情节单元。仍以洪水再殖型神话为例，洪水灭世、遗民逃脱、人类再造是主要母题，缺了任何一环就构不成这个故事类型。至于是什么原因引发洪水、遗民怎样逃脱、人类如何再造，就是故事类型中可有可无的次要母题。主要母题保证故事类型的完整性，次要母题决定故事异文的丰富性与复杂程度。

6. 在位母题与非位母题

一个故事类型的同一结构位置，存在着相当数量供讲述者自由选择的可变母题。比如洪水起因，可以是天灾、天神打架、人神相斗或其他原因。在一篇异文中，讲述者只能在这些原因中选择一个。被选入文本的这个母题，叫作在位母题。没有被选入文本，但可以用来置换的母题，叫作非位母题。在位母题一般取决于讲述者所在群体的固有传统，非位母题则意味着多个传统的同时存在。

7. 母题群

在一个故事类型中，同一结构位置的所有非位母题的集合，称为母题群。母题群在研究上具有统计学价值。任何一个故事，理论上可以千变万化，母题群中的数量其实是有限的。

8. 母题链

母题链是由若干存在内在逻辑关系的母题，按一定结构形式排列的相对固定的组合。母题链的两端有强大的嫁接能力，能与其他母题链黏合起来，推进故事的发展。母题链的嫁接不是唯一和单向的，而是多选项和多方向的，讲述者可以做出不同选择，这为民间故事在漫长传承中不断变化留出了空间。

9. 文本

一个完整的口头叙事文本，至少包含一个母题，大多数是若干母题的组合。

10. 故事类型

故事类型是传统中独立存在的完整故事，是由一些大致相同（或相似）的母题，按照基本一致的顺序连接而成的故事文本的集合。

11. 异文

同属一个故事类型的所有文本，母题大同小异，相互之间称为异文。

12. 情节段

若干母题链组合起来，描述一件事情的完整经过，称为情节段。情节段有起点和终点，两点之间由叙事逻辑来关联。每个情节段，至少有一个母题链，故事越复杂，情节段中的母题链越多。如《圣经》中的挪亚方舟故事，可以分为如下情节段：

↑（因为）耶和华见人在地上罪恶很大，（所以）要将人、兽、虫、鸟都从地上除灭。↓

↑（因为）挪亚是个义人，（所以）上帝告诉他造方舟避水。↓

↑（因为）挪亚遵照了上帝的吩咐，（所以）他和物种在大洪水中幸存下来。↓

↑（因为）挪亚在洪水后给耶和华献祭，（所以）上帝赐福给他和他的后代。↓

上述概括中，↑表示情节段的起点，↓表示情节段的终点。

13. 情节主干

把同一故事类型中的所有情节段连接起来，形成一个有头有尾的故事，称作情节主干。情节主干的各段之间具有逻辑关系，如禁忌/破禁、难题/破解、迫害/逃脱、挑战/成功或失败等等。一篇异文含有情节主干中的情节段越多，越接近这个故事类型的完整形态。

14. 故事树

故事树是刘魁立先生提出的民间故事分析概念。关于这个概念，需要多花点笔墨来介绍。

2001 年，刘魁立先生在“中日民间叙事文学情节类型专题研讨会”上，发表了《民间叙事的生命树——浙江当代“狗耕田”故事情节类型的形态结构分析》一文。在这篇文章中，他提出了一个富有想象力的民间故事分析模型。①

他找到 33 篇浙江省记录的“狗耕田”型故事文本，发现这些故事的情节都是直线发展的，每个故事都可以用这样的图式来表达：兄弟分家，弟弟得狗→狗为弟弟耕田→哥哥借狗耕田→狗不耕→哥哥打死狗→狗坟上长植物→植物给弟弟落金银→哥哥占有植物→植物落毒蛇咬死哥哥。

---

① 刘魁立：《民间叙事的生命树——浙江当代“狗耕田”故事情节类型的形态结构分析》，载《民族艺术》2001 年第 1 期，第 63—77 页。

这样，33 篇文本就有 33 条线。他把这 33 条线立起来，加以重叠，出现了一幅树形的示意图，好像一棵树生出来许多枝丫：

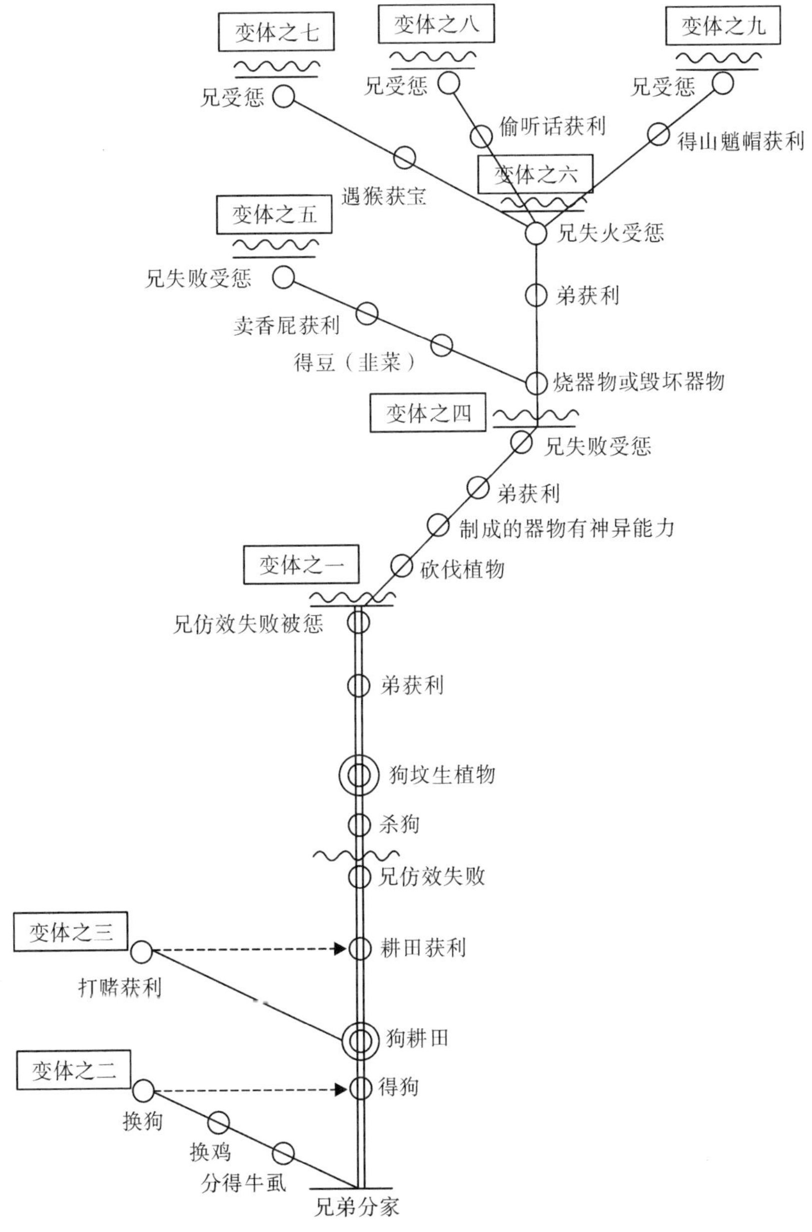

图 2　刘魁立的“狗耕田”故事树

刘魁立先生将上述图形称为故事树。这一形象概括，为描述拥有大量异文的口头叙事提供了一个方便而实用的模型，受到中国学术界的极大好评。

以母题为中心来界定，故事树可定义为：一个包含某故事类型中全部母题及其结构关系的树状模型。

15. 故事原型

故事原型指在一个故事类型中，最早出现情节主干的全部情节段的文本。

16. 故事亚型

故事亚型指在同一故事类型中，由某些特色母题按特定内在逻辑组合而成的一批相似异文。

17. 故事圈

故事圈指故事类型或亚型传播的地域范围。要确立一个故事圈，首先要找出所有异文中那些特点鲜明的母题所出现的区域。在时间深度上，它应该有相当长时期的稳定传承；在族属方面，这些异文群应该与特定的族群联系比较紧密，有代表性的核心文本；在数量上，这些异文也应达到相当规模。故事圈有中心区和边缘区。在边缘区，一个故事类型的亚型若与同类型中另外的亚型相碰撞，会出现某些变体，其传播规律有如水中波浪圈边缘碰撞的形状。有时候，故事圈外也会发现因迁徙、商旅或其他原因而跳跃传播的少数异文。

18. 故事层

故事层指特定故事类型的不同亚型在特定空间交叉而形成的不同层面。理论上说，故事层在时间上应该有先后次序，但由于口头故事在流传上的变异现象，故事层多由来自不同亚型的特殊母题叠加出现的形式表现出来。

19. 故事变体

故事变体指在不同故事圈和故事层叠加的区域，由不同亚型中的特色母题叠加而形成的变异故事。

综上所述，口头叙事的解构和整合过程是：一个口头叙事文本的基本元素是母题；母题黏合为母题链；母题链组合为情节段；情节段串联为情节主干；情节主干叠加母题链的所有变体形成故事树。把故事树上不同亚型的流传地域标在地图上，会出现故事圈。几个故事圈的交叠区，存在着故事层和故事变体。将一个故事类型所有异文的母题、记录时间、地点、族属等要素结合起来进行辨析，就能再现这个故事类型的生命史和传播圈。

第三节　资料来源与母题数据库

一、洪水再殖型神话的定义与资料采集

科学研究首先必须明确其客观对象与研究目标。本书所研究的洪水神话，不是所有含有洪水情节的神话，而是指一个故事类型。前人称其为“洪水遗民神话”“洪水后再殖人类神话”或“同胞配偶型洪水传说”等。本书统一为“洪水再殖型神话”。

洪水再殖型神话以人类的毁灭与再繁衍为主题。大多数文本中，毁灭人类的是大洪水，个别情况下大洪水被其他毁灭性灾难置换，如天地相合、世界大火、天崩地裂等，但结果仍是世界的毁灭和人类的再繁衍。

笔者将洪水再殖型神话归纳为四个情节段：

①因为 A 原因，天神发洪水毁灭了人类。

②因为 B 原因，C 得到神的护佑或其他帮助，用 D 法在洪水中幸免于难。

③因为神的护佑或帮助，C 通过 E 考验而结成家庭。

④因为 C 以 F 方式使人类得到再繁衍，这个事件成为 G 事物的由来。

四个情节段串联起来，就是洪水再殖型神话的情节主干。其中的大写英文字母，代表着故事中的七个可变母题。

洪水再殖型神话的文本形态，包含了口头叙事的所有体裁，其中有神话，也有传说和民间故事，有散文体，也有韵文体。笔者发现，少数民族中较古老的文本多为韵文体，如苗族的古歌、彝族的《阿细的先基》和《梅葛》、纳西族的《人类迁徙记》等，散文体文本多是对韵文古歌中叙事情节的转述，这种现象可能与少数民族的歌谣传统有关。少数民族中较古朴的韵文文本，往往是体系神话的一部分，开头多有创世的情节。这类韵文体且具有体系神话性质的异文，往往是特别重要的传承文本。

按照历史地理学派的标准做法，笔者首先尽可能多地搜寻中国各民族洪水再殖型神话的异文。笔者的数据库中，总共收录中国洪水再殖型神话文本 682 篇。具体来源为：阿昌族（2）、白族（6）、布朗族（3）、保安族（2）、布依族（18）、傣族（2）、德昂族（8）、侗族（11）、独龙族（11）、鄂温克族（1）、

仡佬族（11）、高山族（36）、汉族（191）、哈尼族（12）、回族（6）、赫哲族（1）、基诺族（3）、景颇族（4）、柯尔克孜族（1）、珞巴族（5）、拉祜族（14）、黎族（17）、傈僳族（17）、满族（2）、蒙古族（4）、苗族（87）、仫佬族（2）、毛南族（6）、怒族（14）、纳西族（12）、鄂伦春族（2）、普米族（4）、羌族（7）、畲族（4）、撒拉族（1）、水族（8）、土家族（15）、佤族（8）、瑶族（32）、彝族（60）、藏族（10）、壮族（22）。这些文本的记录区域涵盖安徽、北京、福建、甘肃、广东、广西、贵州、海南、河北、河南、黑龙江、湖北、湖南、吉林、江苏、江西、辽宁、内蒙古、宁夏、青海、山东、山西、陕西、上海、四川、台湾、西藏、新疆、云南、浙江等30个省（区、市）。其中1900年前的13篇，1900年至1949年间的65篇，1949年至2000年间发表的文本559篇。① 从这些统计数据可以看出，这个故事类型有着越来越快的扩散趋势。

仅笔者个人眼界所及，这些洪水再殖型神话的异文，只是已发表文本中的一部分。从上述数据看，洪水再殖型神话是中国流传地域最广、涉及民族最多的故事之一，是毋庸置疑的客观事实。

二、母题数据库建设

口头叙事的细胞既然是母题，那么，将洪水再殖型神话所有异文中的每个母题解析出来，就是一个必要的步骤。这项极其琐细的工作常常耗尽笔者的耐心，以致这个研究断断续续地进行了近三十年。弗雷泽早在1918年就提出：在寻找洪水传说的源头时，“无疑可以分析每一个故事直到它们的各种组成元素，把这些元素进行分类，计算出各种不同故事中共有元素的总数，并根据某个故事中发现的共有元素的总和判断出它可能是派生的还是原生的”②。但他却没有这样做。显然，在没有计算机数据库的时代，面对有成百上千篇异文的洪水神话，这是一项不可能完成的工程。二十多年前，计算机尚未普及，笔者曾用传

---

① 笔者的数据库中文本时间的著录方式是：1. 近500篇原文中有采录时间的照录。2. 180多篇没有标明文本记录时间的，按收有该文本的书籍出版的时间著录。这样做虽不准确，但至少标示出了该文本记录时间的下限。

②［英］弗雷泽：《〈旧约〉中的民俗》，童炜钢译，复旦大学出版社，2010年，第156页。

统的卡片加表格方式做过尝试，体验过处理几百篇异文的困难。①

为了处理中国洪水再殖型神话数量庞大的文本与母题，笔者在2005年写作博士学位论文时尝试出一种方法，即运用电脑办公软件Office中的数据库Access，② 对这个故事类型的异文和母题做既简明又能无限深入的描述。

笔者发现故事类型的文本集合中，都有常量和变量两种因素，可以称其为不变母题和可变母题。在洪水再殖型神话中，洪水、遗民和再殖，是这个故事类型不可缺少的三个不变母题。至于可变母题，笔者研究后，确定为七个，即：A洪水起因；B获救原因；C遗民身份；D避水方式；E难题求婚；F再殖方式；G事物由来。每个可变母题的变化值，以该母题的代码加阿拉伯数字来表示。如在“A洪水起因”中，有原始之水、天灾、天神相争、人神不和、过失降洪等变化值，就分别以A1、A2、A3、A4、A5等来表示。如果在这一级变量中还有变化值，如A2的天灾，还可以分为暴雨、地下水、地震、海啸等等，则仿照美国国会图书馆分类法，在上一级代码之后，再以不同数字层累为：A21、A22、A23……。这样，就形成了如下这个可以无限展开的主题词表：

A 洪水起因

A0 无

A1 原始之水

A2 天灾（A21 暴雨　A22 地下水　A23 地震或天崩地裂　A24 大火　A25 海啸　A26 河水　A29 其他天灾）

A3 天神相争

A4 人神不和（A41 不敬神　A45 不好客　A46 吃鱼　A47 恶行　A48 雷公报复　A49 其他人神不和）

A5 过失降洪

A6 动植物致洪（A61 树　A62 鱼　A63 螃蟹　A64 青蛙　A69 其他动植物致洪）

---

① 笔者曾发表过《中国洪水神话的类型与分布——对433篇异文的初步宏观分析》（载《民间文学论坛》1996年第3期）一文，得到一些前辈与同人满怀热情的鼓励和批评，促使笔者在很长时间内，一直思索如何解决对这种异文众多、形态复杂的故事类型进行叙事元素的解析与把握的难题，希望找到一种办法，使民间故事研究具有更强的科学性与操作性，尽量减少主观因素。直到2005年写作博士学位论文时，终于使用数据库解决了这个难题。

② 在这次修改过程中，笔者将Access数据库转换为电子表格Excel，统计功能不变，更为方便普及。

A9 其他

B 获救原因

B0 无

B1 神助（B11 神直接告诉或救助　B12 梦　B13 鱼　B14 童谣　B15 臼生蛙　B16 城门出血　B17 石龟、石狮、石人眼红　B18 动植物　B19 其他）

B2 好心得报（B21 不食神物　B22 好客　B23 救雷公　B24 给石人、石狮、石龟、道士等送饭　B25 救人、孝顺、善良等美德）

B3 无意获得

B4 偶然遭遇

B5 自己的神奇本领

B6 劳而无功（B61 耕地平复　B69 其他）

B9 其他

C 遗民身份

C0 无

C1 神（动植物）

C2 乱伦血亲（C21 兄妹　C22 姐弟　C23 母子　C24 父女　C25 姑侄　C26 兄弟　C29 其他）

C3 家庭（C31 一家人　C32 以非乱伦方式再殖　C33 夫妻）

C4 非家庭关系（C41 一人　C42 多人）

C5 人与动物（C51 牛　C52 鸟　C53 狗　C54 物种　C59 其他）

C9 其他

D 避水方式

D0 无

D1 神（动物）救助（D11 神　D12 龟　D13 石狮或狮　D14 石人　D15 鱼　D19 其他）

D2 植物救助（D21 瓜类　D22 树　D23 葫芦　D29 其他）

D3 家具（D31 木箱　D32 木房子　D33 木桶　D34 木槽、木臼　D39 其他）

D4 船类（D41 方舟　D42 船　D43 独木舟　D44 木筏　D49 其他）

D5 高处

D6 皮袋、皮筏

D7 鼓

D9 其他

E 难题求婚

E0 无

E1 神示（E11 滚磨、簸箕、竹块　E12 扔针线　E13 烧烟　E14 绕山走、追、躲　E15 动植物帮助　E16 变化与异兆　E17 血在水中融　E18 砍竹　E19 其他）

E2 体力技能智慧（E21 农耕　E22 渔猎　E23 杀妖　E29 其他）

E9 其他

F 再殖方式

F0 无

F1 神造（F11 造人　F12 泥、灰造人　F13 多次造人）

F2 植物生人（F21 葫芦生人　F22 树生人　F23 茅草人　F24 种地生人　F25 瓜生人　F29 其他）

F3 矿物生人（F31 捏泥人　F39 其他）

F4 动物生人（F41 生人　F42 动物与人婚配　F49 其他）

F5 妇女生殖（F51 畸形子切碎变人　F52 生子不会说话　F53 正常生育　F54 奇孕　F59 其他）

F6 撒血肉

F7 天女生人（F71 生子不会说话　F72 正常生育　F73 畸形切碎　F79 其他）

F9 其他

G 事物由来

G0 无

G1 人类由来（G11 多族一源　G12 多姓一源　G13 残疾人与汗泥　G19 其他）

G2 人物由来（G21 不死之人、祖先由来　G22 杰出的人　G29 其他）

G3 地名由来

G4 风物由来（G41 哭姊妹　G42 结扇、红布遮面　G43 庙会或祭祖　G44 动植物特点　G45 天象　G46 舞狮　G49 其他）

G5 文化事象由来（G51 种子　G52 火　G59 其他）

G9 其他

理论上说，我们可以用这个代码系统将洪水再殖型神话中所有异文的所有变量都统计出来。笔者所做的数据库，对每篇异文中七个可变母题的代码做了标识。此外，对每篇异文的相关元素，如国家、民族、地区、篇名、讲述者、记录者、翻译者、记录时间、出版项、文本形式等，尽可能做了全面著录。

黑格尔在《小逻辑》中指出：作为客观对象的“存在”必须以质、量、度来加以规定。口头叙事研究要获得科学基础，首先当对作为对象的“存在”予以规定。现在，笔者通过建立这个数据库，终于可以对洪水再殖型神话的文本和母题数量做出客观描述，这就为下一步研究异文之间的关系、确定亚型和变体、标示故事圈打下了基础。至于度（即质的定量）的问题，下面各章节将对洪水再殖型神话的母题进行统计，以使这个故事类型的度逐步得以展现。

本研究的愿景是：通过对中国洪水再殖型神话的异文做定量和定性分析，从空间上描述该故事的流传区域，在时间上追溯该故事的生命历程，从形态学上描述该类型的不同亚型与分布，基本上勾画出中国洪水再殖型神话的整体面貌。同时，通过对这一典型个案的研究，对母题分析方法的有效性进行检验，揭开这个故事类型几千年传承不衰的秘密。

第五章　生命史追溯

曰遂古之初，谁传道之？
上下未形，何由考之？

——屈原《天问》

口头叙事的历史追溯方式与书面文学有根本差异。书面文学一次成型，版本有限。口传故事则是在漫长历史中渐次出现单个母题，由这些母题慢慢黏合成一个完整故事。因此，追溯洪水再殖型神话的生命史，必须找出该类型中各母题出现的时间、地点及其整合过程。

第一节　先秦神话的滥觞

中国有文字的历史可以追溯到三千多年前，留下的典籍浩如烟海。在先秦文献中，有不少关于洪水神话的记载。其中，影响最大的是大禹治水和女娲补天。

图 3　遂公盨铭文拓片

一、大禹治水

大禹治水是中国家喻户晓的故事。这个故事的最早记载，目前见于西周时期的遂公盨铭文。

遂公盨铭文开篇就言：“天命禹敷土，随山浚川，乃差地设征。”这句话与西周传世文献可以互证互释，如《诗经·商颂·长发》所载“洪水芒芒，禹敷下土方”，《诗经·小雅·信南山》所载“信彼南山，维禹甸之”，《尚书·禹贡》所载“禹敷土，随山刊木，奠高山大川”，《尚书·益稷》所载“禹曰：洪水滔天，浩浩怀山襄陵，下民昏垫。予乘四载，随山刊木”，等等。遂公盨铭文与文献记载相互印证，表明至少在西周时期，大禹治水的传说已经广为人知。遂公盨成为大禹治水传说记录的最早物证。

春秋战国时代的文献对大禹治水传说的记载更多，如《左传》中有鲧殛禹兴、开辟九州、禹大会诸侯于涂山等事迹，《国语》有禹平水土的描述。孔子、孟子、墨子等人的著述中，都提到大禹治水事，其中《孟子》载大禹治水“三过家门而不入”，为历代津津乐道。大约写于战国时期的《山海经·海内经》记载：“洪水滔天，鲧窃帝之息壤以堙洪水，不待帝命。帝令祝融杀鲧于羽郊。鲧复生禹，帝乃命禹卒布土以定九州。”

某种意义上说，大禹治水是中华文明由原始部落群走向国家的起点。禹的儿子启，在战国前的著述中都称为“夏启”或“夏后启”，表明至少在启时，夏王朝就已建立。中国的夏商周断代工程，将夏王朝建立的时间估定在公元前2070年左右。大禹治水当然应该发生在此之前，所以，这个传说距今至少四千年了。

巧合的是，考古学家证实，在淮河流域、黄河流域以及海河流域，都发现了距今约四千年的异常洪水事件的地质记录。“发现在二里头遗址之下的阶地堆积（生土层）面上普遍分布有一层由灰色细砂和灰褐色黏土层组成的洪水堆积，厚约30—50cm。这层洪水堆积覆盖在龙山时期的灰坑之上，并与一级阶地堆积物上部的洪水堆积相连，年代在距今4000年左右，说明距今4000年前后的伊洛河曾发生过异常洪水”①。

大禹治水传说流传到秦汉之后，由司马迁在《史记·夏本纪》中写定，在官方话语中从此定型。在民间，此后仍有不少口头传说产生，这些传说多与各地风物粘连在一起。如大禹锁水怪无支祁的传说，就在许多地区都有流传。

值得指出的是，有关大禹治水的传说，由于锁定了主人公身份与事件性质，事关正史和道统，因此并未发展成洪水再殖型神话。尽管这个传说中有关滔天洪水的母题在中国民间影响深远，但大禹治水传说自成体系，不属于本书研究范围。

---

① 夏正楷、张俊娜：《黄河流域华夏文明起源与史前大洪水》，见《北京论坛（2013）文明的和谐与共同繁荣——回顾与展望》，2013年，第18页。

二、女娲补天

在先秦有关洪水神话的记载中，另一个影响巨大的神话是女娲补天。

女娲之名，最早见于屈原《天问》："女娲有体，孰制匠之?"关于女娲治水的神话，比较完整的记述，见于汉代《淮南子·览冥训》："往古之时，四极废，九州裂，天不兼覆，地不周载，火爁炎而不灭，水浩洋而不息，猛兽食颛民，鸷鸟攫老弱。于是女娲炼五色石以补苍天，断鳌足以立四极，杀黑龙以济冀州，积芦灰以止淫水。苍天补，四极正，淫水涸，冀州平，狡虫死，颛民生。"这个神话特别提到了往古之时"水浩洋而不息"。

有关女娲与洪水的最早记载，可以追溯到战国时期的楚帛书中。

战国楚帛书是 1942 年在湖南长沙子弹库楚墓中出土的。该帛书出土后，几经辗转，现存美国华盛顿赛克勒美术馆。帛书分三篇，经过几十年的研究，学界公认这是有关中国天文知识和创世神话的最重要文献。

图 4　长沙子弹库楚墓出土的战国楚帛书摹本

在战国楚帛书中，有一段关于宇宙起源的文字：

> 曰古□熊雹戏（伏羲），出自□霆，居于鼷□。氒田渔渔，□□□女，梦梦墨墨（茫茫昧昧），亡章弼弼，□□水□，风雨是於，乃娶虞遅□子之子曰女皇，是生子四□是襄，天践是格，参化法兆，为禹为万（契）以司堵（土），襄晷天步，□乃上下朕断，山陵不斌，乃名山川四海，□熏气魄气，以为其斌，以涉山陵，泷汨渊漫，未有日月，四神相代，乃步以为岁，是为四时。①

帛书全文共250多字，其断句和释义诸家有所不同。② 据神话学家吕微先生的解读，该文字大意是：创世之初，天地混沌无形，风雨大水，伏羲乃娶虞遅氏之子女皇（女娲?），生四子，协助禹和契平水土。其时风雨震晦，洪水泛滥，九州不平，世界乱作，且尚未有日、月，四子（四神）乃立四至（四极）以承天覆，并以步测时。后来还有炎帝、祝融、帝夋、共工等人多次治理，才最终完成创世工作。

帛书的文字虽然不多，但出现了许多在后世影响巨大的神话因子，如天地混沌，伏羲、女娲夫妻，洪水和大禹治水，立四极，测时授历，等等。其中最有意思的，是说伏羲、女娲的四个神奇儿子协助大禹治水，这样就将两个过去分开的神话传说连接了起来。而伏羲和女娲，正是后世大多数洪水再殖型神话中的主角。在这个创世神话中，可以看到一种将中国各地神话连缀起来，加以系统化的努力。这种努力，显然也是战国时期各诸侯国在文化上为国家统一所做的努力之一。

伏羲之名在文献中最早见于战国时期的《易·系辞》，伏羲、女娲二名连称见于《世本》和《列子》。《路史后记》注引《风俗通》：“女娲，伏希之妹。”西汉壁画上开始出现伏羲、女娲像。东汉王延寿在《鲁灵光殿赋》中说：“伏羲鳞身，女娲蛇躯。”可见汉代殿堂壁画有伏羲、女娲像。对两汉画像石做过深入

---

① 楚帛书的释读无定本，其中以饶宗颐、李零、董楚平等家影响较大。此处引用的文字，出自吕微：《神话何为——神圣叙事的传承与阐释》，社会科学文献出版社，2001年，第325页。

② 参见吕微《神话何为——神圣叙事的传承与阐释》（社会科学文献出版社，2001年）一书第345—346页注⑲中有关不同释读意见的介绍，以及陆思贤《神话考古》（文物出版社，1995年）第193—194页的相关部分。

研究的陈履生先生言：西汉前期伏羲、女娲二神形象为并列而未交尾，“东汉以后，伏羲、女娲的形象大量出现于绘画之中，且常作交尾之状，比较明确地反映了他们对偶神的关系”。①

综上所述，从中华民族的文献与考古资料看，洪水和治水的主题是中国上古神话的主体部分。有关洪水的故事主要有两个来源：一个是大禹治水的传说，这是黄河中下游的华夏族与洪水一代代斗争的艺术写照，也是中国文明立足的基础。一个是伏羲、女娲创世的神话，这个神话可能来自南方民族。春秋战国时期，中国各地不同民族间的神话开始交流融合。战国时期，大禹和伏羲、女娲神话已合流，洪水和人类繁殖两个母题都已出现，为后来发展为独特的洪水再殖型神话，以及后世的衍生和传播提供了深厚的集体心理土壤。

在上古时代，洪水再殖型神话的许多细节都未出现。口传故事正如婴儿，一旦受胎着床，需要不断吸收文化母体的营养，逐渐成长。

第二节　中古时期出现故事原型

汉代以后，有关洪水的故事在汉籍中仍不时出现，其中有几个母题，在后世得到了不断复制。如兄妹婚、难题考验、陷湖、好人得好报等等。

一、兄妹婚母题

伏羲、女娲夫妻的事迹，后世不断传承。唐人李冗《独异志》中有这样一段故事：“昔宇宙初开之时，只有女娲兄妹二人在昆仑山，而天下未有人民。议以为夫妻，又自羞耻，兄即与其妹上昆仑，咒曰：‘天若遣我兄妹二人为夫妻，而烟悉合；若不，使烟散。’于是烟即合。其妹即来就兄，乃结草为扇，以障其面。今时人取妇执扇，象其事也。”

这个故事并没提到洪水，但将创世神话中的伏羲、女娲夫妻与《路史后记》注引《风俗通》中的伏羲、女娲兄妹关系联系在一起，并在细节上加以发挥，与唐时的婚姻习俗结合了起来。特别是故事中“议以为夫妻，又自羞耻”的观念，为上古神话所无。上昆仑山求神示的难题考验情节，也成为后来这个故事

① 陈履生：《神画主神研究》，紫禁城出版社，1987 年，第 17 页。

类型的一个不可缺少的母题。

一个故事类型中的某个母题，以独立故事的形式出现是常见的。直到今天，兄妹婚母题仍能构成独立故事。如陕西的《华胥国》，讲华胥氏踩了大脚印而孕，生下一男一女，即伏羲和女娲，兄妹通过扔石磨的考验而结婚，从此传下一个部落，就是华胥国。[①] 这个故事里也是只有人类繁衍而没有洪水灭世的情节。

二、故事原型的最早记录

完整的洪水再殖型神话，出现于晚唐五代。抄写于五代后汉时期的敦煌遗书残卷《天地开辟已来帝王纪》，有三处提到伏羲、女娲兄妹于洪水后婚配传人类：

> 复至（迳）百劫，人民转多，食不可足，遂相欺夺，强者得多，弱者得少……人民饥国（困），递相食啖，天之（知）此恶，即卜（不：布）共（洪）水，汤（荡）除万人殆尽，唯有伏羲、女娲有得（德）存命，遂称天皇。（伯 4016、伯 2652、斯 5505）
>
> 尔时人民死（尽），维（唯）有伏羲、女娲兄妹二人，衣龙上天，得布（存）其命，恐绝人种，即为夫妇。（伯 4016、伯 2652）
>
> 伏羲、女娲……人民死尽，兄妹二人，［衣龙］上天，得在（存）其命，见天下荒乱，唯金岗天神，教言可行阴阳，遂相羞耻，即入昆仑山藏身，伏羲在左巡行，女娲在右巡行，契许相逢，则为夫妇，天遣和合，亦尔相知，伏羲用树叶覆面，女娲用芦花遮面，共为夫妻，今人交礼，□昌妆花，目此而起，怀娠日月充满，遂生一百二十子，各认一姓，六十子恭慈孝顺，见今日天汉也，六十子不孝义，走入□野之中，羌故六巴蜀是也，故曰：得续人位（伦?）……（伯 4016）[②]

伯 4016 号卷尾有“维大唐乾祐三年庚戌岁□月贰拾伍日写此一卷终”字样，有学者考证《天地开辟已来帝王纪》一卷撰写于六朝时期，作者为宗略、

---

①《华胥国》，见中国民间文学集成全国编辑委员会、中国民间文学集成陕西卷编辑委员会编：《中国民间故事集成·陕西卷》，中国 ISBN 中心，1996 年，第 6 页。

② 刘惠萍：《伏羲神话传说与信仰研究》，陕西师范大学出版总社有限公司，2013 年，第 48—49 页。

宗显二人。[①] 而敦煌遗书中的唐代写本《老子化胡经》卷十中，也有“洪水滔天到月支，选擢种民留伏羲”之语，联系唐代李冗《独异志》中对伏羲、女娲兄妹结婚的细节描述可知，唐代以伏羲、女娲为主角的洪水故事已有广泛流传。

敦煌遗书的这三段记述，表明至少在公元947年至950年的后汉时期，洪水再殖型神话的故事原型就已出现。故事整合了上古神话的一些元素，加上一些不知创作于何时的新母题，构成了一个完整的故事。这个故事包含如下母题：

①洪水起因：人多食少，相互欺夺，强者得多，弱者得少。天知此恶，布洪水灭世。

②遗民：人类被洪水灭亡殆尽，唯有伏羲、女娲兄妹因德行而存命。

③避洪方式：衣龙上天。

④难题考验：兄妹在昆仑山向不同方向行进，若能相逢，即结为夫妻。

⑤人类再殖：生一百二十子，汉族和少数民族同源的由来。

上述故事原型与母题，成为中国洪水再殖型神话的主线。此后一千多年，中国出现了这个原型的不同变体，但上述母题在各亚型中显示了强大的传承性。

晚唐之时，伏羲、女娲神话已附会具体风物而传说化。五代杜光庭《录异记》卷八云：“房州上庸界，有伏羲、女娲庙，云是抟土为人民之所，古迹在焉。”宋代文献中，以伏羲、女娲为主角的洪水故事中的情节，也已与地方风物相关联。如《太平寰宇记》卷一百四十一“山南西道·金州”条曰：“金州安康郡，今理西城县……伏羲山，按《十道要录》云，抛铰之山，焚香气必合于此山。”这些零散的记载说明，洪水再殖型神话在唐代以后已广泛传播，并且出现了不少异文。

吕微先生认为：“伏羲、女娲兄妹婚洪水故事作为世界性洪水神话的中国生成方式，首先完善于中国本部的中原地区，还是较为谨慎的结论。”[②] 目前采录到的口传洪水故事，主要分布于汉族和古代曾居住在中原地区的苗瑶语族、壮侗语族，也支持这一论断。

---

① 郭锋：《敦煌写本〈天地开辟以来帝王纪〉成书年代诸问题》，载《敦煌学辑刊》1988年第1、2期，第102—113页。

② 吕微：《神话何为——神圣叙事的传承与阐释》，社会科学文献出版社，2001年，第342页。

第三节　近古时期的孳衍

洪水再殖型神话在传承中不断变异，细节不断丰富，情节日趋复杂。故事原型在晚唐五代出现后，并没有定型，而是不断孳衍出新的母题，为后来的多线发展创造条件。其中在汉族地区影响较大的有陷湖母题、乌龟（石龟或石狮）救助母题与葫芦避水和葫芦造人母题。

一、陷湖母题

上古时代大洪水的发生时间，一说是创世之初，一说是大禹时代。洪水规模虽没具体指明，但显然都属于全局性的。但汉文献中，又一个关于洪水的故事——陷湖——开始出现，并与一些地方的真实历史相结合，越来越广泛地传播开来。

陷湖传说的源头也很久远。屈原的《楚辞·天问》提出过一个没头没脑的问题："成汤东巡，有莘爰极。何乞彼小臣，而吉妃是得？水滨之木，得彼小子。夫何恶之，媵有莘之妇？"汉代王逸为其作注，用一个传说揭开了谜底："伊尹母妊身，梦神女告之曰：'臼灶生蛙，亟去无顾。'居无几何，臼灶中生蛙，母去，东走，顾视其邑，尽为大水。母因溺死，化为空桑之木。水干之后，有小儿啼水涯，人取养之。既长大，有殊才，有莘恶伊尹从木中出，因以送女也。"

这个传说讲的是商汤王重臣伊尹的身世。伊尹母亲怀孕时，被突如其来的洪水溺死，变为一棵桑树。水干之后，伊尹出生，在水边啼哭，被人收养长大后，成为有莘氏的陪嫁奴隶。但他有一手好厨艺，借给商汤王送餐的机会，为其分析天下大势，得到重用，辅助商汤王灭夏兴商。这是一个下层平民逆袭成为文化英雄的典型故事，这类在婴儿时受难长大后成功的文化英雄传说，发生在中外许多伟大人物如摩西和周人始祖后稷等人的身上。①

东汉时的高诱，在为《淮南子·俶真训》"夫历阳之都，一夕反而为湖，勇

① 参见萧兵：《中国文化的精英——太阳神话英雄比较研究》，上海文艺出版社，1989 年。汇有大量类似个案。

力圣知与罢怯不肖者同命”作注时，也讲了一个陷湖传说：“昔有老妪，常行仁义，有二诸生过之，谓曰：‘此国当没为湖。’谓妪视东城门阃有血，便走上北山，勿顾也。自此，妪便往视门阃。阍者问之，妪对曰如是。其暮，门吏故杀鸡，血涂门阃。明旦，老妪早往视门，见血，便上北山，国没为湖。与门吏言其事，适一宿耳。一夕旦而为湖也。勇怯同命，无遗脱也。”①

在这个传说中，洪水预兆由“臼灶生蛙”变成了“东城门阃有血”，增加了门吏的恶作剧，弄假成真，极富戏剧性。

到了晋代，陷湖故事显然很流行，光是干宝《搜神记》中就记有好几篇异文。鲁迅《古小说钩沉》中所辑梁刘之遴《神录》，也记有一则陷湖传说：

> 由拳县，秦时长水县也。始皇时，县有童谣曰：“城门当有血，城陷没为湖。”有妪闻之忧惧，每旦往窥城；门侍欲缚之，妪言其故。妪去后，门侍杀犬，以血涂门。妪又往，见血走去，不敢顾。忽有大水，长欲没县，主簿令干入白令。令见干曰：“何忽作鱼？”干又曰：“明府亦作鱼！”遂乃沦陷为谷。老母牵狗北走六十里，移至伊莱山得免。②

马昌仪指出，从中国东南沿海，主要是江浙一带的河汉湖海地区，经安徽、河南、山东，一直到辽宁、吉林的沿海地区，广泛流传着陆地突然沉陷而为湖泊的传说。这个传说的情节大致呈现出两种模式，其共同的核心是预告和陆沉。③陆沉为湖情节与兄妹婚情节二者连缀起来，就变成一个典型的洪水遗民神话。刘锡诚称其为复合型的陆沉神话。他还指出并分析了血在洪水灾难中所具有的模拟巫术作用。④鹿忆鹿认为：“吴语文化圈以北的中原地区，如河南、山东、东北，包括与吴语文化圈毗邻的安徽等，都是洪水后兄妹婚故事情节的流传地，在这些地区搜集到的城陷为湖的传说所以与兄妹婚情节母题黏合，应与女娲神话信仰大部分流传于北方或西北方有关。”⑤

---

① 参见刘守华：《〈淮南子〉中的“地陷为湖”及其演变》，见刘守华：《中国民间故事史》，湖北教育出版社，1999 年，第 71—82 页。又参见刘锡诚：《陆沉传说再探》，载《民间文学论坛》1997 年第 1 期，第 50—57 页。

② 鲁迅校录：《古小说钩沉》，齐鲁书社，1997 年，第 137 页。

③ 马昌仪：《石狮子的象征与陆沉神话》，载《首都师范大学学报》（社会科学版）1993 年第 4 期，第 76—82 页。

④ 刘锡诚：《陆沉传说再探》，载《民间文学论坛》1997 年第 1 期，第 50—57 页。

⑤ 鹿忆鹿：《洪水神话——以中国南方民族与台湾原住民为中心》，里仁书局，2002 年，第 317 页。

二、乌龟（石龟或石狮）救助母题

动物对遗民的救助，也是后世洪水再殖型神话中的常用母题。这类母题中的主角，经历了从乌龟到石龟再到石狮的演变。

记载乌龟（石龟）预告洪水的情节的文献，笔者所知最早为三国时期吴地康居人康僧会所编译的《六度集经》：

> 昔者菩萨，为大理家，积财巨亿，常奉三尊，慈向众生。观市睹鳖，心悼之焉。问价贵贱，鳖主知菩萨有普慈之德，尚济众生，财富难数，贵贱无违。答曰："百万。能取者善，不者吾当烹之。"菩萨答曰："大善。"即雇如直，持鳖归家，澡护其伤，临水放之。……鳖后夜来龁其门，怪门有声，使出睹鳖，还如事云。菩萨视之，鳖人语曰："吾受重润，身体获全，无以答润。虫水居物，知水盈虚，洪水将至，必为巨害矣。愿速严舟，临时相迎。"答曰："大善。"……时至鳖来，曰："洪水至，可速下载，寻吾所之，可获无患。"船寻其后，有蛇趣船，菩萨曰："取之。"鳖云："大善。"又睹漂狐，曰："取之。"鳖亦云："善。"又睹漂人，搏颊呼天，哀济吾命，曰："取之。"鳖曰："慎无取也，凡人心伪，鲜有终信，背恩追势，好为凶逆。"菩萨曰："虫类尔济，人类吾贱，岂是仁哉？吾不忍也。"于是取之，……遂之丰土……①

在这个故事中，摩奴故事中的鱼被改为中国人更信其灵性的龟。《六度集经》是一本以印度古代寓言为主体的经书，佛教寺庙做俗讲时，比较方便百姓理解，因此影响很大。其中不仅乌龟的报信与救助后来在民间流传，"可以救动物不能救人"的母题也为后世中国民间故事所习用。

晋代干宝《搜神记》和南朝梁任昉的《述异记》中，真实的乌龟被石龟所代替：

> 历阳湖，在（和）州西治，（含山）县东治，距六十里，悉为湖。……传闻……古有老姥，遇两书生，谓之曰："此地当为湖，视东门石龟目赤，其期也，急上山勿反顾。"自此姥数往视龟。门吏久觉之，诈

① 蒲正信注：《六度集经》，巴蜀书社，2012 年，第 117—118 页。

涂鸡血于龟目。姥一见，遽走，地已为湖矣。[①]

历阳在今安徽和县。在这篇故事中，佛经中在洪水中救护遗民的乌龟，被成为洪水预兆的石龟代替，这显然是故事在口头流传过程中发生的一种变异。在封建时代，驮碑的石龟到处可见，人们以身边的风物替代故事中的类似情节，是故事变化的一种常见方式。今天，乌龟直接救护遗民的洪水故事，在中原地区尚有流传。20 世纪 80 年代，河南大学的张振犁教授等人，在河南省一些市县搜集到不少这类故事异文。其中，乌龟不仅是遗民兄妹的救助者，而且常常是他俩的媒人。

龟为媒的情节，笔者所知的最早记载为《异苑》中的《武昌三魅》，但这个故事与洪水没有任何关系：

> 高祖永初中，张春为武昌太守。时人有嫁女，未及升车，女忽然失怪，出外欧击人，乃自云已不乐嫁俗人。巫云是邪魅。将女至江际，遂击鼓以术咒辽。春以为欺惑百姓，刻期须得妖魅。翼日有一青蛇来到坐所，所即以大钉钉其头。至日中时，复见大龟从江来，伏于巫前，巫以朱书龟背作符，更遣入江。至暮，有大白鼍从江中出，乍沉乍浮，龟随后催逼，鼍自分死，冒来先入慢（幔）与女辞诀。女遂痛哭云：失其姻好，于是渐差。或问巫曰："魅者归于一物，今安得有三?"巫云："蛇是传通，龟是媒人，鼍是其对。"所获三物，悉以示春，春始知灵验，皆杀之。[②]

这个故事中，由蛇牵线，龟做媒，将一只大白鼍与一女子撮合，后来它们被巫以法术捉得并现形，被太守处死。故事中大白鼍与女子感情很好，临死前还来与她诀别，令人同情。这个故事中，龟就充当了媒人的角色。中原地区洪水故事中的龟为媒，应该是继承了这个传统的母题。

随着时间推移，乌龟和石龟又被石狮子所替换。在汉籍中，明代著名公案小说《包公案》中，就有一篇《石狮子》。故事说，从前登州市头镇有位崔长者，为人乐善好施，生有一子，亦聪明勤奋。有天一位老僧来家，告诉他此地有洪水之灾，要他早做准备，并告诉他：看到东街宝积坊下的石狮子眼中流血，

① 陈梦雷编纂：《古今图书集成·职方典》卷八百三十九，中华书局，1985 年，第 15225 页。
② 刘敬叔：《异苑》，中华书局，1996 年，第 77 页。

就收拾上路。后来一屠夫得知此事，以血涂石狮眼，崔长者一家即登船，果然洪水大作。崔长者在船上救了黑猿、稚鸦和屠夫之子。后来，崔长者梦神人告之东京国母失落之玉印的所在，让他叫儿子去揭榜找印得官。但崔家不舍独生子，乃叫自荐的屠夫之子去。后者出门时说倘得一官半职就与崔氏子分享。屠夫之子到京城招了驸马后，反将前来看他的崔氏子毒打监禁。这时，黑猿和稚鸦都来报恩救助，崔长者知道信息后到京城投诉于包老爷，终于善恶昭彰，坏人受罚，好人得官。

《古今图书集成·职方典》卷一百四十八引《东明县志》亦言："明洪武初，东明县有老妪，遇异人，指县治前石狮曰：'此狮之目若赤，则水患至矣；汝于其时亟去可免也。'妪日视其狮甚数。人问之，知其故，阴以脂涂狮目。妪见其赤，不知其伪也，遂亟走焉。不数日而邑城遂揜没。"东明县在宋代时位于河南兰考县东北，金初移至山东东明县东南，明代移于今址。今天洪水再殖型神话中石狮母题分布，正是以中原地区为中心向四周辐射。

从上引文献可以看出的演变轨迹是：三国时期因佛教而传入的洪水故事，以鳖代替了印度洪水神话中的鱼。后来与中国民间传说中石龟眼红预兆洪水的母题相融混，到明代，故事中的石龟又演变为石狮。钟敬文先生在《洪水后兄妹再殖人类神话——对这类神话中二三问题的考察，并以之就商于伊藤清司、大林太良两教授》中，对这个过程进行了详尽的论证。[①]

三、葫芦避水和葫芦造人母题

在中国洪水再殖型神话中，还有一个普遍流行的母题：葫芦。葫芦在这类故事中往往有两种作用：一是避水，二是造人。

对于洪水再殖型神话中葫芦避水母题的源流，学人们已做过许多考证。许多学者曾指出，葫芦母题与先民们在生活中对葫芦的依赖有关。早在农业发明以前，中国南方的先民们在原始采集生活中，就以葫芦为他们的主要食品之一。葫芦也是最早的天然容器，许多陶器的形状显然是对葫芦外形的模仿。更特别的是，葫芦可以用来做泅水工具，古代称为"腰舟"。直到近现代，中国南方少数民族仍普遍使用葫芦。闻一多在《伏羲考》中甚至认为：伏羲、女娲的原型

① 参见钟敬文：《民俗文化学：梗概与兴起》，中华书局，1996 年，第 220—247 页。

都是葫芦。

关于葫芦避水母题的时间深度，笔者现在尚无法测定。彝族史诗《梅葛》中有这样的唱词："大汉元年七月二，姊妹动手杀魔王。尸体丢入河，脑袋顺水淌，淌入东洋海，塞住入水洞，水就淹起来，恶风暴雨猛，越淹越厉害，淹到南天门，万物都淹死，海鱼吃了天上星，麂子也在天上跑，万物都淹死。只剩两兄妹，任其水来淌，随着葫芦漂，漂了七十七昼夜。"这里的"大汉元年"，姑且存疑。在瑶族长歌《发习冬奶》中，也有这样的唱词："景定元年四月八，逢着圣王改换天，改换山源向水口，淹没天下淹没人；只留伏牺两兄妹，结为夫妻万千年。"[①] 这首长歌所说的"景定元年"，是南宋时期宋理宗的年号，即公元1260年。查《宋史》，宋理宗景定年间的确常发洪灾，如景定二年"诏近畿水灾，安吉为甚""诏湖、秀二郡水灾"，景定三年"临安、安吉、嘉兴属邑水，民溺死者众"等。这首长歌里的时间，是歌师随口演绎还是真正的历史记忆，不好判定，权当参考。

葫芦（瓜）籽飞速长大的情节，晋代干宝《搜神记》中已出现。书中《徐光》讲：三国吴时有个叫徐光的人，在街市向一个卖瓜人乞瓜，遭到拒绝。于是用手杖在地上戳了个洞，向人要了颗瓜籽种下，立刻发芽生蔓开花，长出许多瓜来。徐光不仅将瓜摘下来吃，还送给周围看热闹的观众。等到卖瓜的人回过神来，才发现自己瓜摊上的瓜一个不剩了。

到了唐代，葫芦避水的母题也出现了。在唐代卢肇的《逸史》中，笔者读到一篇《太阴夫人》，里面说：唐德宗时宰相卢杞，少时贫穷，租住在一个废宅中，暴病月余，幸亏邻居孤老麻婆以羹粥照料才得康复。后来有天晚上，卢杞从外面归来，看见麻婆门外停着一辆黄金装饰的牛车。他探头一看，里面坐着一个十四五岁天仙般的美女。第二天，卢杞去麻婆家，问那个美女是何人。麻婆说："你想与她通婚姻吗？"卢杞说："我这么贫贱，怎敢有此意！"麻婆说："有什么关系呢？"过了一夜，麻婆对卢杞说："事成了。你斋戒三天，到城东废观相会。"后来，卢杞果然见到了那个美女，并得到她赐的仙药。于是，"麻婆与杞归，清斋七日，劚地种药。才种已蔓生，未顷刻，二葫芦生于蔓上，渐大

---

① 盘绍元、盘土旺演唱，李本贤、郑德宏整理翻译：《发习冬奶》，载《楚风》1982年第2期，第32页。"发习冬奶"系瑶语，意思是"很久以前"。

如两斛瓮。麻婆以刀刳其中，麻婆与杞各处其一。乃令具油衣三领。风雷忽起，腾上碧霄，满耳只闻波涛之声。久之觉寒，令着油衫，如在冰雪中，复令着至三重，甚暖。麻婆曰：‘去洛已八万里。’长久，葫芦止息。遂见宫阙楼台，皆以水晶为墙垣，被甲伏戈者数百人”。

故事中，卢杞与麻婆坐葫芦渡过天河，“满耳只闻波涛之声”，见了那美女，原来她是月宫中的太阴夫人。太阴夫人问卢杞是选择留在天上还是回人间做官。卢杞选择了后者，于是又坐葫芦从天上渡过天河回到人间，后来果然官至宰相。

近年来在湖北神农架地区搜集到一些汉族古歌《黑暗传》，其中部分手抄本上有时间记录，可以作为葫芦避水母题的下限时间。如抄于清光绪十四年（1888）的《黑暗传》资料之五[①]：

> 昆仑山中岩石缝，忽生一根葫芦藤，藤子牵有千丈余，无有叶子只有藤，结了一个大葫芦，见了我俩把话明，叫我钻进它肚内，里面天宽地又平，马上洪水要泡天，藏在里头躲难星。我俩钻进葫芦内，不知过了几年春。当时天昏地也暗，洪水滔滔如雷鸣。(CNha123)[②]

据现有汉语文献，我们还难以弄清葫芦避水母题的根源。因为这个母题多见于西南少数民族，而不是中原地区。苗蛮集团远古时期在中原居住过，汉族《黑暗传》究竟源头何在，还有许多未解之谜。例如道教中葫芦母题与中国洪水神话中葫芦母题的关系问题，还有季羡林先生曾指出的世界各地葫芦母题间的关系问题[③]，皆有待于将来的研究。

不过，上述问题并不妨碍我们做出这样的推断：洪水再殖型神话在中国发展为一个拥有众多亚型的巨大故事圈，虽不排除外来影响（如印度的摩奴神话和基督教、伊斯兰教经典等），但主要的母题都是从中国传统文化资源中汲取故事元素，不断茁壮起来的。

---

①《黑暗传》是神农架地区的丧葬歌，当地称为“孝歌”。见中国民间文艺研究会湖北分会编：《汉族长篇创世纪史诗神农架〈黑暗传〉多种版本汇编》，1986 年。

② 为了节省篇幅，本书凡引述故事文本，只在引文后注明其在数据库中的代码，不做出处注解。详细出处，可根据代码查阅“附录 3　中国洪水再殖型神话文本索引”。例如这段引文标注 CNha123，对照附录 3 可知，其出处是中国民间文艺研究会湖北分会 1986 年编《汉族长篇创世纪史诗神农架〈黑暗传〉多种版本汇编》。此处的 CNha123，是笔者自己数据库中每篇文本的唯一著录名。CN 表示中国，ha 表示汉族，123 表示这是数据库中的第 123 篇来自汉族的异文。以下出现这类编号，不再说明。

③ 季羡林：《关于葫芦神话》，见季羡林：《比较文学与民间文学》，北京大学出版社，1991 年，第 168 页。

回顾中国洪水再殖型神话在汉语文献中的蛛丝马迹，我们可以得到这样的印象：虽然这个故事类型早在四千多年前就出现于苏美尔人史诗《吉尔伽什美》中，三千多年前见于希腊神话，公元前8世纪见于印度史诗，公元前5世纪见于《圣经·旧约》，但中国这类故事却似乎不是源于其他文明的输入，而是在本土传统中渐次生成一些核心母题，再由这些母题融合定型的。早在殷商时代，就有大洪水和鲧禹治水的故事流传。公元前5世纪至前3世纪的战国时代，中国南方已有伏羲、女娲兄妹结婚和生子协助大禹治理洪水的神话。汉代以降，陷湖、乌龟（石龟或石狮）救护兄妹遗民、神奇的速生避水葫芦等母题不断产生。至迟在晚唐五代时期，敦煌遗书《天地开辟已来帝王纪》表明：以伏羲、女娲兄妹为主角的洪水再殖型神话已经完整成型。此后，又进入不同亚型的发展时期。当然，中国洪水再殖型神话后来与世界上其他同类神话也有交流，这方面的情况后面将会涉及。

第六章　洪水起因

原先，世界上人多得要命，哪里都住满完，各有土地各看守，要不，别人就抢占了，喔哟！时常为争夺一块土地打死人的事，哪里都有嘞，人间没个安静得。天神们看倒起烦，一个就说："天下人间这样乱法，咋个要得嘛！就是人太多了，一个巴不得吃掉一个才安逸；这一世人心肠太坏，让他们都死绝了好！"

——陈发贵（苗族）

洪水再殖型神话的第一个情节段是洪水起因，即：由于 A 原因，大洪水毁灭了人类。主要有下列母题：A0 无洪水起因，A1 原始之水，A2 天灾，A3 天神相争，A4 人神不和，A5 过失降洪，A6 动植物致洪，A9 其他原因。在全部 682 篇异文中，提到洪水起因的有 385 篇，主要是人神不和、人与动植物的矛盾、天神争战、无意中犯下过失而降洪等。

第一节　雷公报复

毁灭性的大洪水由人神不和引起，是世界洪水再殖型神话中最常见也最古老的母题。美索不达米亚的《阿特拉哈西斯史诗》中就讲：神不愿做工，用泥土和一个被杀死的神的血肉创造出人类来替代。但人类增长很快，又喜欢吵闹，使众神无法入睡。众神发动瘟疫，遣来旱灾、饥荒和土壤盐碱，都不能解决问题。最后，他们决定发动洪水摧毁人类。

数据库中，有关"A4 人神不和"母题的共有 170 篇，情节都是由于人类的某种恶行或是对神灵不敬，神灵降下大洪水毁灭世界。其中，有关“A48 雷公报复”的有 107 篇。说明雷公报复致洪是中国这类故事中数量最大、特色最鲜明的母题。

一、雷公与人类的恩怨

雷公之所以发洪水灭绝人类，主要是因为下面的事件。

1. 神奇兄弟之间争大小引起人神争斗

这类异文开头大多有一段创世神话，讲从一棵枫树中生出的蝴蝶妈妈[①]，在与水上的泡沫交游后怀孕，生下十二个蛋，蛋里孵出各种动物、雷公、人类祖先姜央和精怪。如《苗族古歌》的《洪水朝天》篇之前，有《十二个蛋》篇讲述万物的来历：

> 最初最初的时候，最古最古的时候，枫香树干上生出妹榜，枫香树干上生出妹留。那个时候只有她一人，世上还没有夫妇，寨上还没有青年玩耍，没有同班同辈的青年和她讲恋爱。五月初五，六月初六，妹榜和谁玩耍？妹留找谁作伴？五月初五，六月初六，妹榜和水泡沫玩耍，妹留找水泡作伴。
>
> 妹榜和水泡沫玩耍，妹留找水泡沫作伴，他们玩了多少个热天？他们玩了多少个冷天？他们玩了三个春天，他们玩了三个冬天，妹榜得了一肚子的胎儿，妹留得了一身子的崽崽。[②]

蝴蝶妈妈生了十二个蛋，孵了三年，没有孵出来。就在她准备放弃，叫别的鸟来代替她孵时，蛋里面最聪明的人类祖先姜央开口了：

> 阿央命运好，阿央很聪明，在蛋里忙答话：“再抱三晚吧妈妈，再孵三夜吧妈妈，我们就成人了妈妈，我们就成伴了妈妈。你叫喜鹊来抱，你叫老鹰来孵，喜鹊抱了喜鹊吃，老鹰孵了老鹰喝。”
>
> 真的再抱三夜，再孵三晚，一个成了阿央，一个成了雷公，一个

① 据李炳泽介绍，“蝴蝶妈妈”是苗语 Mais Bangx Mais Lief 的意译，本义指“名字叫做 Bangx/Lief 的妈妈”，即苗族的女性始祖，“蝴蝶妈妈”是误译。见其为吴晓东《苗族图腾与神话》（社会科学文献出版社，2002 年）一书所写的序言。

②《民间文学资料》第 4 集《黔东南苗族古歌（一）》，中国作家协会贵州分会筹委会编印，1958 年，中国民间文艺研究会贵州分会翻印，1985 年，第 195 页。

成了蛟龙，一个成了老虎，一个成了野狗，一个成了该荣，一个成了老蛇，还有一个寡蛋，还有一个坏卵，抛一个往上，变成了丰保防（鬼），丢一个往下，变成了丰保德（鬼）。（CNmi73）

这类异文中，神奇兄弟们出生之后，聪明的姜央用夹子夹住了母亲，逼她说出父亲的真姓名，原来是个官名。“于是他们就来争这个官姓，来抢这个官名。争得打起来，抢得捶起来。”（CNmi73）经过几番争斗，姜央最后用火赶走了其他兄弟，自己留在地上。雷公被赶上了天，老虎被赶上了山，龙被赶下了水。雷公在争斗中失败，于是以漫天洪水相报复。

神奇兄弟争大小的母题，主要见于贵州、湖南和广西的苗族、瑶族、壮族、侗族之中。

2. 神奇兄弟之间破禁招致人神争斗

1933 年，芮逸夫在湘西凤凰县采录的一个故事，是这样讲的：

古时有一个苗人名叫［a˦ p‘əɤ˩ ko˦ p‘ei˦］①，年五十，父逝已久，仅有老母尚在，年已七十余岁了，不幸染了重病；求神服药，都不见效。一日，他的母亲说：“我的寿命将终，恐不能有救了！”他听了，大哭不止。母亲止住道：“我儿要母病愈，只有一法：若得天上雷公［ko˦ so˩］的心来吞服，便可痊愈；不然，命在旦夕，母子就将永别了！”他听罢，满心欢喜，忻然对母亲道：“母亲放心，待儿设法取雷公的心来给你服就是。”他便一面煮了许多米饭，一面叫人去到山上剥得许多椿树皮，盖在瓦上；盖好之后，就将煮成的饭撒在污秽之处。即刻阴霾四布，大雨骤至；忽然霹雳一声，雷公从屋顶上跌落在地。［a˦ p‘əɤ˩ ko˦ p‘ei˦］就双手把雷公捉住，用绳绑缚在屋柱上。（CNmi76）

他同时还采录到另外一篇异文：

雷，苗名［ko˦ so˩］，与［ko˦ peŋ˦］是很好的朋友。他们是时常来往的。有一天，［ko˦ so˩］到［ko˦ peŋ˦］的家里来；［ko˦ peŋ˦］整备酒饭给他吃，吃完了，［ko˦ so˩］道：“我平素最恨生长在鸡屎上的菜，所以绝不吃的。”［ko˦ peŋ˦］答称：“是是。”没有多久，［ko˦ so˩］

---

① 这括入方括弧［　］内的乃是用国际音标所记的音，其记声调之符号则系赵元任先生式，以下仿此。——原注。见芮逸夫：《苗族的洪水故事与伏羲女娲的传说》，载《人类学集刊》1938 年第 1 卷第 1 期，第 157 页。

又到[koꜜ peŋꜜ]家来了。[koꜜ peŋꜜ]就悄悄的吩咐他的儿女专摘取生长在鸡屎上的菜来，请[koꜜ soꜜ]同吃；吃完之后，才对他说道："你说最恨的菜，今天我们已经吃了！"[koꜜ soꜜ]听了，气忿已极，恶狠狠的说道："我必定要劈死你！"[koꜜ peŋꜜ]问道："你要劈我，从什么地方走来？""我从屋顶上来；在某日某时，你可要当心！"答罢，去了。(CNmi76)

这两个故事，都是讲人类触犯了雷公的禁忌，招致雷公惩罚，以洪水相报复。后来采录的异文中，人神相争母题与传统的神奇兄弟母题结合了起来：

古时候，雷公山下住着一个阿妈，她有八个儿女，除了小儿子布索、小女儿雍妮外，六个儿子都长大成人了。大儿子是个铁汉子，脸乌黑乌黑的；二儿子是个铜汉子，脸金黄金黄的；三儿子手长过膝，脸青蓝青蓝的；四儿子腿长一丈，脸上象涂了朱砂；五儿子长有顺风耳，两耳垂肩；六儿子长有千里眼，眼珠好象铜铃。他们力大无比。六个儿子都很孝敬母亲，凡是天底下好吃的东西，都要想方设法找来给她吃。……母亲想尝尝雷公肉。八兄妹商量了一阵，想出一个逗引雷公下地的办法。他们舂好三斗三升小米，蒸熟以后，把它倒在天井里。又把小米饭当做泥巴，一边用脚踩，一边高声唱：

蒸了小米三斗三升，
一古脑儿倒进天井。
搂手搂脚踩了起来，
我们哪怕五雷轰顶！(CNtj06)

民间故事中常保留一些非常原始的信仰。像雷公不吃长在鸡屎上的菜这样的情节，有可能是古老图腾崇拜的遗留。因为雷公的传统形象是鸡形。按原始思维互渗律，鸡形的雷公若吃鸡屎上长的菜，等于吃自己的屎，自然是严格的禁忌。

3. 分家引起人神争斗

在第三种变体中，人类与雷公争斗是因为分家。如克拉克1911年发表的黑苗《洪水歌》中就讲：

"A-F'o（即雷）与A-Zie兄弟二人，因争分财产不睦。雷居天上，A-Zie居地上。雷用洪水来毁灭陆地时，A-Zie就挖空一个大葫芦藏身；

同时搜集了几千百种的种子，装在另一个较小的葫芦里面。”（CNmi58）

由于兄弟分家常见于另一个故事类型“狗耕田”中，有的异文很自然地粘连上了这个情节：

央用狗犁田，央用狗耙塘，用饭逗狗，用饭哄狗。丢一口饭，狗走一步，丢两口饭，狗走两步。

雷公在天上瞧，雷公在天上看，雷公就说：“你用狗犁田，用狗耙塘，做得不好看，做得不好瞧。你来，我给你牛去犁田；给你牛去耙塘。你拿去犁完了田，就退我的牛来，你拿去耙完了塘，就退我的牛来。”

央要得雷公的牛来，拿来犁田，拿来耙塘。耙完了塘，犁完了田，反而起歪心在胸，生恶意在肚，杀雷公的牛吃肉，宰雷公的牛喝汤。剩条尾巴，拿去插在石缝缝，插在岩脚。（CNmi34）

杀牛然后将尾巴插入地里，告诉牛的主人牛钻到地底下去了，这是中国民间故事的另一个常见母题，它常常出现在杰出人物（如朱元璋）的逸事中。威廉·格林曾提出，故事是神话的蜕化形式。洪水神话中人神分占天地的宇宙起源论，在后世为老百姓生活中更习见的兄弟分家矛盾所取代，可看作神话蜕化为故事之一例。

4. 干旱求雨引起人神争斗

这类异文多见于壮族。如著名古歌《卜伯》的众多异文，都对干旱和卜伯（有的记为布伯）求雨不成、上天与雷王搏斗做了细致的描画：

给你到天上去当雷王以后，连续三年吹干风，不下雨，连续三年只刮风，不下雨，连续六年只见到岸边吹风吹旌旗动。那些在田里的禾苗望天下雨，那些在园里的青菜望天落雨；田里的禾苗没有水不结穗，园中的青菜没有水就枯焦，狗饿得不能吠了，鸡饿得不能啼了，青菜禾苗都枯死了，猿猴口干饿得在崖下哭起来，人饿得不能走路，龙王在海里也到处乱旋。（CNzh11）

父老请来了布伯，他到庙里念雷文。打发功曹去传奏，第一张状求要水，第二张状求要雨，第三张状求玉帝，下凡到处乱纷纷。第一天求雨天还有云，第二天求雨天高起来，第三天求雨太阳更大，晒得满地放红光。人间父老哈哈笑，现在布伯法不灵。布伯马上大发怒，气得满面红通通。传说布伯法术狠，腾云驾雾上天空。（CNzh02）

布伯上天后，与雷王相斗。此处连上了巫师斗法情节，采用的是“连续变化”母题：

雷王第一就变化，变成红冠的公鸡，布伯计上心，拿来谷子给雷王吃。雷王连时又变化，变成母猪奶头两边摆，布伯开言叫伏依，拿潲水来给猪吃。雷王连时又变化，变成一匹马鬃毛长长，布伯连时计上心，拿来马鞍背上装。雷王第四又变化，变成牯牛角弯弯，布伯便叫伏依儿，拿条绳子穿牛鼻子。你变成牛我也杀，你变成马我也剮。（CNzh02）

含有巫师求雨、雷公报复的异文集中于壮族。在22篇壮族异文中，有9篇为干旱求雨，巫师求雨不灵与雷公相斗，雷公失败而以洪水报复。主人公名字多为“卜伯”“布伯”，有2篇是“太白”。神话仪式学派认为，神话是对仪式过程的解释，而仪式是要满足某种现实需要。上述变体中，神话与仪式结合得非常紧密。虽然壮族的故事采录者没有记下演唱这些古歌的仪式，但故事文本中已经给出了这一过程。《卜伯》（《布伯》）的文本几乎都是从壮族师公那里采得的，并且有手抄本，应是师公们在求雨仪式中的唱词。人们用歌中巫师对雷公的胜利象征战胜旱情，通过故事与现实的互渗来解除困境。

5. 雷王收租引起人神争斗

这类变体出现较晚。如：

雷王住在天上，专门管雨。大圣住在地下，想种庄稼。大圣问雷王：“我种庄稼，你保证风调雨顺，行吗？”

雷王答：“行，但我要收租。”

“收多少？”

“你一半，我一半。”（CNya17）

壮族长篇洪水故事《布伯》的采录者蓝鸿恩，是一位有深厚民间文学素养的学者。他在附注中特地对雷王收租的情节做了这样的说明：“收租是阶级社会的产物，这里显然是后人为了说明布伯和雷王发生矛盾而把阶级社会的现象加进去的。民间流传如此，并非整理者所加。为了故事的完整性，所以没有删去。”[①] 从这个注解，一方面可以看出，民间故事的采录者并不像有些人（特别是国外学者）以为的那样，为服从当时政治的需要而对故事胡编乱改；另一方面可以看到，民间故事的讲述者是有能动性的，他们并不是消极被动地像留声机一样复述祖先传承的故事，而是会针对采录语境，改变故事情节以满足采录者的喜好。这个事例给了我们一个关于田野作业的重要启示：识别讲述者是否“作伪”，既需要大量异文的比较，又需要研究者具有良好的学术素养及对讲述语境、讲述者本身情况的深入了解。

二、雷公报复母题源流

鹿忆鹿认为：“雷神是中国大陆南方民族洪水神话中洪水起因的关键角色。”[②] 的确，如果找到雷公母题的源头，对追溯中国洪水再殖型神话的源头会有很大帮助。

雷公致洪母题在文献上被记录，笔者所知最早是汉代《淮南子·览冥训》：“庶女叫天，雷电下击，景公台陨，支体伤折，海水大出。”对这个由雷击引起的海啸事件，高诱注云：“庶贱之女，齐之寡妇，无子不嫁，事姑谨敬。姑无男有女，女利母财，令母嫁妇，妇益不肯。女杀母以诬寡妇，妇不能自明，冤结叫天，天为作雷电，下击景公之台。陨，坏也。毁景公之支体，海水为之大溢出也。”从这个注释看，它与后来成为关汉卿名著《窦娥冤》素材来源的《东海孝妇》，为同一传说的异文。

雷神形象在汉籍中几乎与汉字产生的历史同样悠久。殷墟卜辞中有“癸酉，余卜贞，雷妇又（佑）子”、“帝其令雷”（南辅15）等记述。约或书于战国时期的《山海经·海内东经》载：“雷泽中有雷神，龙身而人头，鼓其腹，在吴西。”屈原《离骚》言：“鸾皇为余先戒兮，雷师告余以未具。”《楚辞·远游》则言：“左雨师使径待兮，右雷公以为卫。”这些记载都说明中华文明中很早就盛行雷神崇拜。

有关雷神惩罚恶人的职掌，最早记录大约是汉代《吕氏春秋·仲春纪》：“仲春之月，日在奎，……是月也，日夜分，雷乃发声，始电，蛰虫咸动，开户始出。先雷三日，奋铎以令于兆民曰：雷且发声，有不戒其容止者，生子不备，

---

① 蓝鸿恩编：《壮族民间故事选》，上海文艺出版社，1984年，第25页。

② 鹿忆鹿：《洪水神话——以中国南方民族与台湾原住民为中心》，里仁书局，2002年，第43页。

必有凶灾。”这里说的是雷对“不戒其容止者”的惩罚。

关于人与雷搏斗的文献记录，笔者所见最早的是唐传奇中陈鸾凤搏雷的传说：

唐元和中，有陈鸾凤者，海康人也，负气义，不畏鬼神，乡党咸呼为“后来周处”。

海康者，有雷公庙，邑人虔洁祭祀。祷祝既淫，妖妄亦作。邑人每岁闻新雷日，记某甲子；一旬，复值斯日，百工不敢动作。犯者不信宿必震死，其应如响。

时海康大旱，邑人祷而无应。鸾凤大怒曰：“我之乡，乃雷乡也。为神不福，况受人奠酹如斯！稼穑既焦，陂池已涸，牲牢飨尽，焉用庙为？”遂秉炬爇之。其风俗，不得以黄鱼彘肉，相和食之，亦必震死。是日，鸾凤持竹炭刀，于野田中，以所忌物相和啖之，将有所伺。果怪云生，恶风起，迅雷急雨震之。鸾凤乃以刃上挥，果中雷左股而断。雷堕地，状类熊、猪，毛角，肉翼青色，手执短柄刚石斧，流血注然。云雨尽灭。鸾凤知雷无神，遂驰赴家，告其血属曰：“吾断雷之股矣，请观之！”亲爱愕骇，共往视之，果见雷折股而已。又持刀欲断其颈，啮其肉，为群众共执之。曰：“霆是上天灵物，尔为下界庸人，辄害雷公，必我一乡受祸！”众捉衣袂，使鸾凤奋击不得。逡巡，复有云雷，裹其伤者和断股而去。沛然云雨，自午及酉，涸苗皆立矣。

遂被长幼共斥之，不许还舍。于是持刀行二十里，诣舅兄家。及夜，又遭霆震，天火焚其室。复持刀立于庭，雷终不能害。旋有人告其舅兄向来事，又为逐出。复往僧室，亦为霆震，焚爇如前。知无容身处，乃夜秉炬，入于乳穴嵌孔之处，后雷不复能震矣。三暝，然后返舍。

自后海康每有旱，邑人即醵金与鸾凤，请依前调二物食之，持刀如前。皆有云雨滂沱，终不能震。如此二十余年，俗号鸾凤为“雨师”。至大和中，刺史林绪知其事，召至州，诘其端倪。鸾凤云：“少壮之时，心如铁石，鬼神雷电，视之若无当者。愿杀一身，请苏万姓，即上玄焉能使雷鬼敢骋其凶臆也。”遂献其刀于绪，厚酬其直。①

① 李昉等编：《太平广记》卷三百九十四“陈鸾凤”条，中华书局，1961 年，第 3145—3146 页。

高国藩曾系统考察汉籍中雷公形象的演变：先秦时为龙身而人首，主要见于《山海经》；汉代为力士打鼓的形象；从晋代起，民间将雷神猴化，但其形象对后世影响不大；唐代则猪化；在近代才鸡化。①王三庆将雷的形象归纳为六种：鸟形、龙形、猴头形、猪首形、雷鬼形、人形。②这些形象各有其根源，流行于不同时代与地区。不同民族神话中的雷公，各有其渊源。王孝廉指出："雷神在神话中是主雷雨的水神，在神话中常是具有善恶两面至上神的性格，如此在中国汉族神话中的雷神多半是善神，而在少数民族的神话中出现的雷神，通常是破坏天地原有秩序的恶神。"③

汉族有发达的文献系统和浩繁的文献史料，就洪水再殖型神话而言，古籍中却不见雷公报复母题，这表明雷公报复母题不是发源自汉族。就笔者所知，少数民族聚居地区盛行雷神崇拜的地方，一是广东的雷州半岛，一是黔东南的雷公山。

雷州半岛因多雷而得名，古代是百越民族的聚居地。西汉时在雷州半岛设徐闻县，从此大批中原移民迁入，形成越汉杂处的局面。东汉时雷州的土著被称作"俚人"，唐代后称为"黎人"。

雷州半岛盛行雷公崇拜。唐沈既济《雷民传》载："雷州之西雷公庙，百姓每岁配连鼓雷车，具酒殽奠焉。"宋周去非《岭外代答》"天神"条载："广右敬事雷神，谓之天神，其祭曰祭天。盖雷州有雷庙，威灵甚盛，一路之民敬畏之，钦人尤畏。圃中一木枯死，野外片地草木萎死，悉曰天神降也。许祭天以禳之。苟雷震其地，则又甚也。其祭之也，六畜必具，多至百牲。祭之必三年，初年薄祭，中年稍丰，末年盛祭。每祭则养牲三年，而后克盛祭。其祭也极谨，虽同里巷，亦有惧心。一或不祭，而家偶有疾病、官事，则邻里亲戚众尤之，以为天神实为之灾。"徐松石《粤江流域人民史》载："雷州英榜山有雷神庙，神有十二躯，相传雷应十二方位。"④

与雷州半岛毗邻的海南岛，是黎族的主要聚居地。在黎族神话中，他们的

① 高国藩：《雷公神话略谈》，载《民间文学研究》1984 年第 3、4 期合刊，第 1—5 页。

② 转引自鹿忆鹿：《洪水神话——以中国南方民族与台湾原住民为中心》，里仁书局，2002 年，第 47 页。

③ 王孝廉：《水与水神》，学苑出版社，1994 年，第 114 页。

④ 徐松石：《粤江流域人民史》，中华书局，1941 年，第 244 页。

祖先是雷公从五指山上的一个蛇卵中轰出来的。至今，方言中“黎”“雷”发音相同。说明百越的后裔黎人盛行雷公崇拜。然而，就笔者目前所看到的文本，雷公报复母题在海南岛极少发现，当地流传的洪水再殖型神话异文，似乎是几个亚型的交杂。所以，这里不大可能是雷公报复母题的起源地。

再来看黔东南的雷公山。

雷公山盛行雷公崇拜。《民间文学资料》第 51 集收有一篇《雷公山的来历》，说开天辟地时姜央和雷公是兄弟，为争父名，雷公被姜央赶上了天。雷公为了报复，发大水淹没大地。但姜央和妹妹坐着葫芦上天，狠狠整治了雷公。后来姜央回到地上，找不到人传宗接代，一个蛤蟆精变为姑娘来与姜央玩，想吃掉他。雷公念在兄弟情分，将蛤蟆精劈死，并把蛤蟆精所在的高山劈成六瓣。为了不让妖精的子孙再来害人，雷公答应帮姜央守这座山。于是，这座山就得名雷公山。苗语中这座山叫“方薅”“别勒”，意为雷公居住的地方。（CNmi40）从这个故事看，雷公山的得名，就出自洪水再殖型神话。

据李廷贵《雷公山上的苗家》介绍，雷公山系苗岭山脉主峰，海拔 2000 多米，山高谷深，气候寒冷。20 世纪 50 年代前，生活在这里的少数民族与外界几乎隔绝，人们称他们“生界”，叫他们“野人”。在这里生活的苗族，吴泽霖称其“短裙黑苗”，李廷贵则称其“超短裙苗族”，属于“敢闹支”，操汉藏语系苗瑶语族苗语支黔东方言。雷公山苗族妇女所穿的“超短裙”，成为这个民族的标识。在民间歌谣中，超短裙的来历也与雷公有关：

过去我们穿长裙，
沾鸡屎来家，
弄脏了饭锅，
雷公打我爸爸；
现在我们穿短裙，
穿短前短后，
人家称我们是“高坡傻”。[①]

调查者李廷贵介绍：“把穿短裙的原因归结为‘雷公打’，显然是不合乎道理，但这却是他们自己普遍的说法。笔者小时也听到如此之说，但怀疑是对

---

① 李廷贵：《雷公山上的苗家》，贵州民族出版社，1991 年，第 5 页。

‘超短裙’同胞的贬抑之词，所以非常谨慎。而他们所介绍的多少雷同，我们在加勇、岩寨、掌雷、南梦所得材料一样，所以只好‘立此存照’了。”①雷公山的雷公崇拜资料来自当地学者的第一手调查材料，应是相当可信的。

根据目前所见异文，由人神不和引起雷公报复致洪的母题，主要流行于苗瑶语族和壮侗语族之中，在228篇有洪水起因的异文中，占了107篇。异文数量最多的是苗族，有37篇；其次为壮族17篇；再次为瑶族12篇，布依族11篇。从图5“雷公报复母题分布示意图”来看，基本上集中于黔（42）、桂（28）、湘（14），正好集中在以黔东南雷公山为中心的黔、桂、湘交界地区。从故事文本形式来看，雷公报复母题的第Ⅰ式以雷公山地区为中心，大多为成体系的长篇古歌，十分古朴。古歌的情节相当一致，并与特定的民俗形式相结合，显示出内在的体系性。如《苗族焚巾曲》（CNmi42），就是黔东南苗族的丧葬歌，由巫师在老人寿终正寝后埋葬的当夜演唱，是一种具有很强传承性的民俗。②

综上所述，根据现有异文的分布状态，我们推断：雷公报复母题可能发源于黔、桂、湘边界的属苗瑶语族和壮侗语族的民族之中，以雷公山为中心向四周辐射，在不同民族和地区发生细节上的变异，形成不同变体，但万变不离其宗，都将洪水的起因归结为人与雷公的矛盾冲突。至于这个母题究竟起源于何时，我们还不得而知。

---

① 李廷贵：《雷公山上的苗家》，贵州民族出版社，1991年，第5页。

② 参见《民间文学资料》第48集《苗族焚巾曲》，中国民研会贵州分会、贵州民族学院编印，1982年，“译者的话”第3页。

图5　雷公报复母题分布示意图

第二节 动物致洪

在洪水起因母题中，由某种动物引发大洪水也比较引人注目。下面是几个常见母题。

一、吃鱼致洪

涉及鱼或吃鱼致洪母题的文本，笔者总共发现了7篇，其中哈尼族有3篇，汉族有2篇。这个母题的最早文献记述，见于晋代干宝《搜神记》卷二十：

古巢，一日江水暴涨，寻复故道。港有巨鱼，重万斤，三日乃死。合郡皆食之。一老姥独不食。忽有老叟曰："此吾子也，不幸罹此祸。汝独不食，吾厚报汝。若东门石龟目赤，城当陷。"姥日往视。有稚子讶之，姥以实告。稚子欺之，以朱傅龟目。姥见，急出城。有青衣童子曰："吾龙之子。"乃引姥登山，而城陷为湖。

故事中的"古巢"，即今天的安徽省巢湖市。

吃鱼致洪母题也见于哈尼族：

有一年天大旱，田里颗粒无收，日子实在难熬下去。为了度日活命，人们到老林里找猎，剥树皮。眼看树皮快剥尽，野兽快打光了，人们又下龙潭打鱼。龙潭快干了，经不住几天的捕捞。鱼快捕完了，人们又去捞虾子。有一天，人们在龙潭里捞到一条大鲤鱼，九个人用九条绳子弄了半天，才把它拖上岸来。这一下，全寨人可高兴啦！大家饱饱地吃了一顿。夜晚，天上出现了几朵乌云，眼看要下雨了。久旱逢雨，一寨人喜得发狂，他们在寨边烧起了篝火，老老少少围着火塘，唱起了"哈巴"，互相祝福着。伙子们弹起三弦，姑娘们吹着"巴乌"，弹着响篾，唱起了"阿其"。人们吹啊，弹啊，唱啊，狂欢了一整夜。第二天，天上下起了人们从来没见过的暴雨。(CNhn08)

哈尼族还有一篇异文，与民间故事中常见的"异类婚"母题结合，说一个女孩嫁了龙太子，后来回娘家探亲，把她背上的孩子放在木盆中，就出去办事了。她走后，故事突然逆转：

三妹走远了，阿妈急忙到木盆边掀开背巾一看："哦唷唷，好胖的一条大鲤鱼!”把鱼抱起颠了两下说:“三妹呀三妹,我正愁你没背来粑粑送亲朋四邻,失了规矩哩,谁料想你背着大鱼来了。”心想这么大的鱼,寨里人难得吃到,何不把它煮锅稀饭让全寨人都尝尝。阿妈立即动手煮大鱼稀饭。

…………

三妹忙问:“阿妈,娃娃哪里去了?”阿妈笑着说:“憨囡,你背来的不是娃娃,是条大鲤鱼,我把它煮稀饭啦。”

“稀饭呢?”三妹急问。

“没啦!全寨七十七家,每家都分吃了一碗,我给你……”不等阿妈说完,三妹反身出门去了,她挨家盘问,除了有兄妹两人因没在家没有吃到大鱼稀饭外,全村人都吃了稀饭。三妹便告诉大家:“我阿妈闯了大祸,把龙子当大鱼煮了稀饭,让大家吃了,龙王将要怪罪,人畜将要遭殃。”三妹说完,就无影无踪了。

顷刻,满天乌云,电闪雷鸣,暴雨倾盆,洪水漫山,陆地变成了汪洋大海,人都快淹死完了。只有那没有吃大鱼稀饭的兄妹二人幸存,便把人种传了下来。

从此,祖先传下龙是不能得罪的,并传下了祭龙的习俗。(CNhn03)

吃鱼致洪母题很容易使人联想到印度洪水故事中的鱼母题。但《摩奴法典》和《摩诃婆罗多》中的鱼并非致洪原因,而是遗民的消息提供者与救助者,与中国中原地区的龟、石狮等角色的功能相同。季羡林先生提到过印度有葫芦生子母题①,叶舒宪先生甚至断定中国洪水神话来自印度②。笔者以为,中印两大洪水故事圈的关系非常值得研究,但从少数个别母题的相似来断言印度是中国洪水故事的源头,证据尚不充分。从方法论角度看,至少在故事类型的情节主干层面相同或相似,才有直接传播的可能性。

令人惊奇的是,大洋洲新几内亚瓦曼斯人中,居然流传着一个与《搜神记》

---

① 季羡林:《关于葫芦神话》,见中国民间文艺研究会上海分会编:《民间文艺集刊》第5集,上海文艺出版社,1984年,第103—104页。

② 叶舒宪、王海龙:《从中印洪水神话的源流看文化的传播与异变》,载《学习与探索》1990年第5期,第4—11页。

记载极相似的洪水故事：一天，有个大善人的妻子见到一条大鱼游进港湾，告诉了她的丈夫。大善人嘱咐自己的一个儿子和两个女儿不要捕食这条鱼。其他人捉住这条鱼拖到岸上，大善人劝大家不要吃这鱼，大家不听，将鱼分吃了。大善人忙将各种动物都挑选一对赶到树上，自己与家人也一起爬上了椰子树。洪水从地下迅猛而至，其他人和动物皆被淹死。水退后，大善人一家从树上下来，重建家园。①

中美洲波波卢卡人也有吃鱼受惩罚的洪水故事，不过这一母题发生在大洪水之后：基督命令一个人制造一只方舟，并把有用的动物都带一对在上面，然后洪水就冲毁了世界。洪水退后，幸存者开始煮鱼，而鱼是世界上其他居民变的。基督派美洲红头鹫去看看发生了什么事，可美洲红头鹫也留在那里吃鱼。后来又派下鹰和蜂鸟。最后基督亲自下凡把人们倒立过来，使他们变成了猴子。美洲红头鹫被罚从此永吃死动物。基督把死鱼变回人，使世界重新有了人。②

洪水再殖型神话中吃鱼致洪母题在世界各地的出现，引发了学者们的极大兴趣，至今尚无令人信服的理论阐释。

二、蛇、鳗或螃蟹致洪

蛇致洪水母题，最早记录出自晋代干宝《搜神记》卷二十，是一个典型的陷湖传说：

> 邛都县下，有一老姥，家贫孤独，每食，辄有小蛇，头上戴角，在床间，姥怜而饴之食。后稍长大，遂长丈余。令有骏马，蛇遂吸杀之。令因大忿恨，责姥出蛇。姥云："在床下。"令即掘地，愈深愈大，而无所见。令又迁怒，杀姥。蛇乃感人以灵，言："瞋令，何杀我母？当为母报仇！"此后每夜，辄闻若雷若风，四十许日，百姓相见，咸惊语："汝头那忽戴鱼？"是夜，方四十里，与城一时俱陷为湖。土人谓之为"陷湖"。唯姥宅无恙，讫今犹存。

邛都在今四川省西昌市东南。有人怀疑这个故事受印度故事影响，如胡万川先生说："邛都老姥故事既以大蛇与洪水为主要内涵，而此大蛇又由小而越养

---

①［英］弗雷泽：《〈旧约〉中的民俗》，童炜钢译，复旦大学出版社，2010 年，第 108 页。

②［美］阿兰·邓迪斯编：《洪水神话》，陈建宪等译，谢国先校，陕西师范大学出版总社有限公司，2013 年，第 171 页。

越大，以至于极大。这故事似乎与印度神话中曼奴王（Manu）养鱼，由小以至极大，然后告诉曼奴洪水将至，载之而逃事颇有相似者。而邛都地属西南边境，与印度颇为接近，是否受印度故事影响？”①

因一个故事中的某个母题与他国他族他时他地相似，就怀疑其有交流关系，是一种在民间故事研究中并不少见的论证方法。这种方法是比较不可靠的，原因是口承故事中的许多母题，作为情节构件具有很强的黏合力和巨大流动性。以母题相似为怀疑线索无可厚非，但要做出两个故事间是否有实际交流关系的论断，尚需更多证据，如整个故事的基本结构是否相同、有无过渡性的中间异文、有无确凿的交流关系记载等等。

由蛇、鳗或螃蟹导致大洪水母题，是南岛语系诸民族洪水再殖型神话的一个特色母题。鹿忆鹿教授对此做了细致的研究，她指出，在台湾少数民族中，布农人和邹人中较多流传这一母题：“布农族洪水神话中的洪水起因是大蛇堵住河流，而邹族洪水神话中则是鳗鱼引起洪水。”② 如布农人的一篇异文讲：

> 古时侯大蛇堵河流，引起洪水泛滥，人和动物都跑上玉山（或译为新高山），由于没有火，先派蟾蜍去取火，失败，xaxapis 鸟去取火才成功。后来螃蟹咬死大蛇，大水退了，人们回到原来地方，用石斧耕种。③

在台湾邹人洪水神话中，引发洪水的多为巨鳗。如下面这篇异文：

> 古时候有一条巨鳗横卧溪中，溪水为之堵塞到处泛滥，大地变成汪洋，人们纷纷逃上玉山。但水势继续上升，快到达玉山顶，使人们忧心忡忡，此时有只大螃蟹跑来，向人们要礼物说它可以使洪水退。人们问它要什么，它看了看正在烤火的妇女的下阴，妇女弄懂它的意思，拔下几根阴毛交给它，螃蟹就高兴的走开。它找到鳗鱼之后，用螯抓住鳗鱼的肚子，鳗鱼惊慌之下转身，水渐退，大地再现。④

在属于南亚语系的德昂族和佤族洪水神话中，也有动物致洪母题，其主角

---

① 胡万川：《邛都老姥与历阳妪故事之研究》，转引自鹿忆鹿：《洪水神话——以中国南方民族与台湾原住民为中心》，里仁书局，2002 年，第 298 页。

② 鹿忆鹿：《洪水神话——以中国南方民族与台湾原住民为中心》，里仁书局，2002 年，第 196 页。

③ 鹿忆鹿：《洪水神话——以中国南方民族与台湾原住民为中心》，里仁书局，2002 年，第 196 页。

④ 鹿忆鹿：《洪水神话——以中国南方民族与台湾原住民为中心》，里仁书局，2002 年，第 201 页。

却是螃蟹：

据说螃蟹是水的娘，她走到哪里，哪里就要发洪水。有一年，螃蟹发了一次大洪水，一下子把大地上的人和动物都淹没了。幸好，在螃蟹发洪水的时候，释迦佛祖给人间放下一只大葫芦，一部分男人躲进葫芦里，一些动物也躲进葫芦里。

洪水过后，人和动物从葫芦里走出来。走出来的人是崩龙人，有葫芦才有崩龙人，可是，这些崩龙人都是男的，没有女的，怎么繁衍人类呢？这时，从天上飞下来一个女的。她帮助男人做活，做完就飞回天上去了。后来男人就想了一个办法，用藤子做了个项圈、腰箍、手镯把她拴起来。从此，女的再也飞不走了，便和崩龙男人生活在一起，从此就到了人类。（CNde06）

在海南岛黎族洪水神话中，也有螃蟹致洪母题，却与雷公发生了关系：

雷公与螃蟹精奋战了七个昼夜，弄得螃蟹精精疲力竭，逃到海底躲了起来。雷公那肯罢手，最后用尽平生之力，劈开海水，把螃蟹精抓了起来，拿上天廷去审问。雷公怒视着螃蟹精，警告它说："你这个妖精真该死，以后再伤害黎民百姓，莫怪我用雷火烧死你。"但是螃蟹精并不服气，它眯缝着眼睛，乘雷公不提防，用大螯狠狠钳住了雷公的脚，痛得雷公"哎哟""哎哟"直叫。这一来，激得雷公大发雷霆，顺手拿起一根大铁锤，把螃蟹精打死了。这一下又生事了。螃蟹精一肚子黄水，足足流了七天七夜，它泻向人间，便变成了倾盆大雨，造成了人间一次大水灾。（CNli09）

弗雷泽的《〈旧约〉中的民间传说》收有一个越南巴纳族的异文：

从前，鸢与蟹争吵起来。鸢猛啄蟹的甲壳，在上面啄出了个洞。蟹为了报仇，使大海和河流猛涨起来，一直涨到天上。很多生物都被淹死，只有兄妹俩在一个巨大的箱子中幸存。他们将每种动物都带一对进箱子里，紧紧合上箱盖，在水面漂浮了七天七夜。后来哥哥听到一只公鸡在外面叫，这是神来让他们知道洪水已经退去，他们可以从箱子中走出来了。于是哥哥首先放出所有鸟，然后放出所有野兽，最后和他的妹妹一起来到地上。他们不知道靠什么维持生活，因为他们储存在箱子中的谷物已经被吃完了。不过，一只黑蚂蚁为他们送来了两颗谷粒。哥哥将谷粒种下，第二天早晨就收获了很多粮食。这样，兄妹俩就又得救了。[①]

从巨蛇、巨鳗、螃蟹致洪母题的分布地来看，它可能是东南亚沿海地区的一个特殊母题，在内陆民族中较为少见。

第三节　其他洪水起因

除雷公报复和动物致洪母题外，其他洪水起因母题都比较零散，下面列举一些。

一、天神争战

天神争战母题发现于21篇异文中，其中汉族4篇，苗族4篇，彝族3篇，景颇族3篇，纳西族、傣族、哈尼族、毛南族、水族、藏族、壮族各1篇。

纳西族《创世古歌》讲，三兄弟开荒，总是被一个青蛙平复，两个哥哥要杀青蛙，心慈面善的老三走过去为青蛙求情：

奉劝两位哥哥别动怒，他为青蛙向哥哥求情："这青蛙或许是神灵，需问清原因明真情。"只听青蛙忽然开了口："我是善神派来的神蛙，人类已面临着灭绝的灾祸，要解救人类躲避灾，天神地神正在争夺地盘，已打了三年又三个月的仗，分不出谁高谁低，也看不出谁输谁赢。天神为惩治地神，三天之后要放一场洪水，使大地淹没，使人类灭绝。你们用不着再耕田犁地，应赶快想办法逃生。"（CNnx10）

哈尼族有篇异文，讲到众神造好天地后：

不幸，这时神们竟为天地由谁来管发生了争吵。你说你来管，我说我来管，谁也不相让。个个争得面红耳赤，人人吵得怒目圆睁。烟沙神和沙拉神一气之下，便搭起天灶，采来大石，炼制火球，想把天地烧毁。经过七七四十九天，他们炼出了九个火球。九个火球把天烧得通红，把地上的岩石烧得象蜡一样熔化。咪戳神一看，叫道："哎

① James George Frazer, *Folk-lore in the Old Testament: Studies in Comparative Religion, Legend and Low*, Macmillan and co., London, 1923, p.131. 此处引文由笔者译出。

呀，不好！”便连忙约了其他诸神一起发大水去浇灭火球。他们白天发三股冷水，晚上发三股热水。火球终于被大水浇灭了，但是地球却被大水淹没了，人类只有佐罗和佐卑兄妹躲进葫芦，才没有被淹死，幸存下来。（CNhn02）

在景颇族的一篇异文中，天神争斗的结果不是洪水，而是烈火：天上的黄龙和陆上的黑龙打起仗来。打来打去，谁也不服谁。黄龙就请雷神来帮助。雷神把炽热的火焰喷到地上，整个大地燃起了熊熊的大火。大火烧了七天七夜。智桐瓦急忙请水神来帮忙，才扑灭了大火。这时，大地已被烧焦，人也烧死了许多，只有一对兄妹被智桐瓦放在金鼓里才没有被烧死。（CNjp01）

天神争战是一个泛神论思维的母题，形态较为原始，世界其他地方的早期异文中出现得较多，但中国比较少见，且分布零散。

二、过失降洪

这个母题存在于23篇异文中，分布情况是：汉族6篇，苗族3篇，布依族3篇，土家族3篇，羌族2篇，布朗族、仡佬族、佤族、瑶族、藏族、壮族各1篇。其中一个非常有意思的版本，是见于羌、汉、仡佬、土家等民族中的猴子通过马桑树上天，打翻金盆造成大洪水的说法。如一篇羌族异文说：

很早以前，有个猴子爬到一棵很高的马桑树上，顺着树尖到了天上。它在天上东翻翻西搞搞。天神警告它，天国里的水打倒了就会把白眉赤眼的人淹死完。它不听，偏偏翻弄金盆，结果，把金盆掀翻了，水倒了出来，引起地上黄水潮天。（CNqi01）

布依族的一篇异文，则是说风神、雨神几个仙人打牌，整整打了三天三夜，后来雷公来提醒地面都干得裂大口了，雨神想到“天上三天，地上三年”，就把杯子里的水全部倒了下来。于是地上洪水翻天，除了两兄妹，其他生物都被淹死了。（CNby12）

苗族的一篇异文讲：有年天旱，地神到天上求雨，他想多下点，结果倒水倒得太多。等回到半空一看，地上一片汪洋，田土房屋早被冲光，没有一处可落脚。地神无可奈何，在半空中游来游去，痛哭着唱道：“回到半空朝下望啊，地下一片水汪洋，田坝处处变龙塘。只恨当初心太贪呀，想把天上水泼尽，害得人类又遭殃。”（CNmi61）

布朗族的《兄妹成婚衍人类》讲：古时万物都能与人对话。有一年，天上出了七个太阳，人们推举白猴王上天找掌管雨水的天神。白猴王到了天上，见天神守在桌上的一口水缸前，只是偶尔向地上洒几滴水，不禁怒火中烧，上去将桌子掀翻，结果水缸里的水倾泻到人间，将整个世界都淹没了。(CNbl02)

中国民间“天上一日，地上一年”的时间观由来已久，同时又有“天上一滴，地下一尺”的观念，这两种信仰是过失降洪母题的心理基础。故事中上天造成过失降洪的多为猴子，这是由现实生活中猴子会攀缘而引起的联想。

三、其他洪水起因母题

除异文较多的上述母题外，还有不少五花八门的洪水起因，如：

古时，天与地连，浑浑噩噩。人们背着柴走路，一不小心，柴便会碰着天。有一个妇女深为不满，对天骂道：“天啊！你要么再高一些，要么你干脆没有！”该妇女的这一咒骂激怒了上天，忽然天降大雨，九天九夜不停。大雨过后，人世间一片汪洋。(CNls15)

当“布兰”的王被猎人射死，尸体被抛入到江中以后，奇怪的事发生了：“布兰”王的尸体在江中突然发胀，越胀越大，竟将江水全给堵住了。这一来，江水暴涨了，滔天的洪水，向四面八方倾泻，把地上的一切都给淹没了。(CNdr11)

因为鬼不停地残害人，吸血吃肉，人不能发展，鬼却发展了。地上人少了，鬼多了起来。格蒙知道以后，很不高兴，认为人是他创造的，怎么都给鬼吃掉呢？不能让鬼灭亡了人类，地上不能没有人。于是，格蒙就用发洪水的办法把人和鬼分开，并且保留下人和动物的种子。(CNdr04)

白蚂蚁什么没得到，就去吃树根，树根被吃空了，一股大水冲出来；一天冷水出三回，一天热水出三回，大地淹没了，人死光了。(CNlh10)

有一年，有人把“玉皇大帝”写成“王皇犬帝”，玉帝晓得后大发脾气，命雨神下了七七四十九天大雨，水一直涨到南天门。玉帝站在南天门上能伸腿摆脚（洗脚）才叫住点（一点雨也不下了）。(CNha062)

有一年，寨子里突然发了大水，房屋被冲毁了，许多人畜淹死了。洪水落了以后，人畜又遭瘟疫，谷子长不好。牙董把这个情况报告了莫伟。莫伟亲自下来调查，发现是因为雷神达赛和虹神牙远兄妹通奸乱伦降下的灾祸。(CNva03)

综上所述，洪水起因是洪水再殖型神话的第一个情节段。在中国的文本中，约一半异文没有特别说明洪水起因，或者只笼统地说是某种天灾（暴雨、地震、天崩地裂、天火等)，表明这个母题在故事类型中属于可有可无的次要母题。这种现象说明：比起国外同类神话来，中国人并不特别看重洪水再殖型神话的宗教训诫作用。相反，中国文本中的人神冲突，只有雷公报复母题的异文数量大，而雷公与人却是兄弟关系，展现了更多的世俗性，其思维方式似比《圣经》一类宗教性神话更为原始。

第七章　遗民获救

温柔的人有福了，因为他们必承受地土。

——《圣经》太 5：5

滔天洪水中总有少数人幸存下来，这些人称为“遗民”。描述遗民如何事先得知洪水灭世秘密，以及他们如何从洪水中逃生，是洪水再殖型神话的第二个情节段。

这个情节段的故事是：由于 B 原因，C 得到神的护佑或其他帮助，用 D 法在洪水中幸免于难。数据库的“获救原因”栏中，神助 141 篇，好心得报 173 篇。由于后者主角多数为雷公，上文已讨论过，这里主要分析动物救助母题和器具避水母题。

第一节　动物救助

在中国洪水再殖型神话中，救助遗民逃脱洪水的往往不是神灵，而是动物（如乌龟、石狮、鹰和鱼等）。据统计，光是乌龟（石龟或石狮）救助的文本就达 65 篇，其中汉族占 60 篇，显然形成了一个独具特色的亚型。

一、从乌龟到石龟

许多异文中都出现了乌龟（或金龟、金龟道长、石龟），正像钟敬文指出的那样，它至少在三个方面承担了重要角色。在灾难预知环节，是它告诉兄妹俩洪水将临的信息；在避水环节，它将遗民放在自己腹中或背上使其幸免于难；

在卜婚环节，它帮助兄妹解难题，或直接劝导他们结婚以繁衍人类。①

前面引用过《六度集经》中乌龟预告洪水的故事，它很可能是印度洪水神话中的鱼的变体。晋代干宝《搜神记》和南朝梁任昉的《述异记》中，救助者乌龟，又变异为石龟，成为洪水到来的信号。今天，乌龟直接救护遗民的情节，在中原地区仍有流传。20世纪80年代，河南大学的张振犁教授等人，在河南省一些市县搜集到不少这样的异文。下面是其中一例：

人祖爷去上学，离家很远，中午得捎一顿馍，没头搁，搁哪儿哩？路旁有一座碑，碑底下压个龟，时间长了，乌龟成精了。人祖爷回回把馍搁乌龟嘴里头，乌龟一回给他扣搂起来一个。有一回，他问乌龟："为啥回回我的馍子不够数儿哩？我捎这三个馍，你回回都给我吃一个掉两个？"乌龟说："我没有吃，我给你保存着哩。地壳快变化了，十万八千年一变化，一混沌。""那咋办哩？""你回回都给我捎点馍，我给你保存着，到混沌的时候，地球都变成水了，你好跟我走。我是个乌龟，泥里水里都不怕。"（CNha020）

后来，乌龟眼珠一红，地球果然一片大洪水，人祖爷姐弟俩就跳到乌龟口中，躲过了洪水，经过滚磨卜婚后捏泥人再造了人类。

龟成为洪水的预言者，与中国远古的龟崇拜心理密切相关。中国早有新石器时代的玉龟出土。在上古神话中，龟以玄冥、鼋等名称出现，作为水神，一向被认为具有治水的能力。《天问》中有"鸱龟曳衔，鲧何听焉"，晋王嘉《拾遗记》中有"禹尽力沟洫，导川夷岳，黄龙曳尾于前，玄龟负青泥于后"。正是龟，成为鲧、禹治水的得力助手。殷商以来，龟被认为是四灵之一。人们用龟甲占卜，相信龟有预知的本领。《周礼·春官》载："龟人掌六龟之属，各有名物。天龟曰灵属，地龟曰绎属，东龟曰果属，西龟曰雷属，南龟曰猎属，北龟曰若属，各以其方之色与其体辨之。……若有祭事则奉龟以往，旅亦如之，丧亦如之。"《史记》中有《龟策列传》，近现代出土的甲骨文多为卜辞，说明龟为预知者的说法，在中国文化土壤中植根极深。至今在汉族、壮族和其他一些少数民族，都能见到以龟甲为占卜的用具。

乌龟是遗民的报信者与救助者，在更多的异文中又是遗民的媒人。如：

---

① 钟敬文：《从石龟到石狮子——〈洪水后兄妹再殖人类神话〉的一节》，载《民间文学论坛》1991年第2期，第4—6页。

走到山边，遇到了一只乌龟，他俩便问乌龟："世上还有没有人？"乌龟答道："天下人都被大水淹死，最好是你两兄妹自结为婚。"兄妹听了很生气，挥起铁棍把乌龟打碎，说："如果你能碎壳复合，死里复生，我们就结婚。"兄妹俩走了几天，在路上又遇见先前看见的乌龟，果然碎壳复合，慢慢爬行，只是背上多了一些碎片合成的痕迹。(CNya17)

芮逸夫1933年在湖南凤凰县采录的口传故事中，就有龟为媒的情节。而笔者所知最早记录洪水后龟为媒劝兄妹结婚的文献，是湖北神农架的民间长歌《黑暗传》。下面的引文，见于清光绪十四年的手抄本资料：

童女一听忙答话，"请听我来说原因，若要兄妹成婚配，要你的金龟把话应。"忽然金龟来说话，"叫声童女你是听，混沌初开有男子，世上哪有女子身？一来不绝洪水后，二来不绝世上人。"童女一听怒生嗔，石头拿在手中心，将石就把金龟打，打成八块命归阴。童男又把金龟凑，八块合拢用尿淋，金龟顿时又说了，开口又把话来明："叫声童女姑娘听，生也劝你为夫妻，死也劝你为婚姻。"童女这时心思量，难得逃躲这婚姻。二人成亲三十载，生下男女十个人。(CNha123)

鹿忆鹿指出："其实，石龟预告灾难来临或救助主人公的情节，通常在局部性地陷为湖的洪水神话中出现，劝导兄妹婚的情节则出现在全面性的毁灭性的洪水神话中。"① 她认为这二者是有区别的。笔者认为，口头故事的创作，常常由简单到复杂，把传统母题不断进行黏合，因此，从乌龟到石龟，从遗民救助者到洪水预言者，这种角色和功能的不断变化，正是口头文学有异于书面文学之处。

二、从石龟到石狮子

龟在中国文化中的命运，不知什么时候开始发生了逆转。虽然它在皇家背着沉重的石碑，象征着神圣的王权，但在民间却成了一个贬称。于是狮子这种外来吉兽悄悄取代了它的位置。现代流传的大多数口传故事中，狮（石狮）已取代乌龟成为主角。

明代著名公案小说《包公案》中的《石狮子》，是以石狮预兆洪水的文献记

① 鹿忆鹿：《洪水神话——以中国南方民族与台湾原住民为中心》，里仁书局，2002年，第76页。

录之一。《古今图书集成·职方典》卷一百四十八引《东明县志》中亦有类似记录。钟敬文20世纪30年代发表的《中国的水灾传说》一文，引用了好几篇当时采录的异文，其中也有石狮预兆洪水的母题。①

20世纪80年代以来的《中国民间文学集成》编纂工作中，更多带有石狮避水母题的异文发表。如下面这篇在辽宁省记录的文本：

从前，有一家，兄妹两人，从小在一个学堂念书。因为家离学堂远，天天带着干粮当晌饭。

上学要路过一个山头。在这山头有一个大石狮子，张着大嘴，蹲在那里，真威武！兄妹俩上学下学要碰到刮风下雨，就钻到石狮子的肚子里躲一躲，还天天把带的干粮拿出一点来搁在石狮子的嘴里边，第二天去看，那干粮没有了，准是石狮子吃了。

又过了几年，一天晚上，兄妹俩都睡着了，观了一个景，看见那个大石狮子活了，告诉他俩："明儿个天塌地陷，天下的生灵都得死，草木都得完。您兄妹俩在明儿个一大早，钻进我的肚子里，就能躲灾躲难。"兄妹两个一块醒了，都说观了个景，兄妹俩一核计，照着石狮子的话办吧！

第二天一大早，兄妹俩就跑到山头，钻进石狮子的肚子里。刚钻进去，就天塌地陷了，山也晃地也动，天也昏地也暗，天连着水水连着天，天上地下轰隆隆直响。那大石狮子把大嘴一闭，躲过了这场大灾大难。

过了一个时辰，石狮子张开大嘴，兄妹俩爬了出来，一看，普天下片瓦无存，除了他兄妹俩，再连个人影儿也找不到，花鸟禽兽都绝根了！

没吃的，没穿的，可把兄妹俩难住了。当天晚上，兄妹俩肚子饿得叽哩咕噜响，躺在石狮子旁边，似睡非睡，又观了一个景，石狮子对他俩说："要想有吃有穿，就得有人。你们俩应该配成夫妻，生儿育女。"兄妹俩说："俺俩是兄妹俩怎么能配成夫妻？这事儿办不到！"石狮子又说："这么地吧，明儿个，你们用两扇磨，一扇磨放在山底下，

① 钟敬文：《中国的水灾传说》，见钟敬文：《钟敬文民间文学论集》下册，上海文艺出版社，1985年，第163—191页。

一扇磨放在山顶上，从山顶上把那扇磨放下来，两扇磨要能合到一块儿，你俩就得配成夫妻。”这叫高山放磨。

兄妹俩一核计，寻思那么高的山，从山顶上往下放磨，怎么也不会合到一块儿，就照着石狮子说的办了。哥哥在山顶上把上扇磨往下一推，叽哩骨碌滚到山底下，一下子就和下扇磨合到一起了。兄妹俩你瞅我，我瞅你，妹妹摇了摇头，哥哥也摇了摇头，都说：“咱是亲兄妹俩，怎么能配成夫妻？这事儿办不到！”

晚上，兄妹俩又睡在石狮子旁边，刚睡着，又观了一个景，石狮子对他俩说：“这么办吧，再来个隔山纫针，你们俩一个在山北坡，拿着针；一个在山南坡，拿着线。拿线的从山南坡往山北坡扔，要是正好纫上了针，就得结为夫妻了。”这叫隔山纫针。

兄妹俩一核计，寻思这隔山纫针，怎么也纫不上，就照着石狮子的话办了。第二天，妹妹拿着针在山北坡，哥哥拿着线在山南坡。哥哥把线往空中一扔，那条线随着风儿飘起来，飘过山顶，飘过山南坡，正好穿进了妹妹拿着的那根针的针孔里。兄妹俩你瞅我我瞅你，妹妹摇了摇头，哥哥也摇了摇头。又核计了一阵，看起来这是老天爷非叫兄妹俩结成夫妻了，就在石狮子前面，拜了天地。

到了晚上，兄妹俩又为难了！不行，虽说拜了天地，也不能成为真正的夫妻。可生儿育女的事儿怎么办呢？核计了一大顿，想出了个主意：用泥做小泥人，放在太阳底下晒干，活了不就是人了吗？

第二天，就做起小泥人来。做得可象啦，有鼻子有眼，有胳膊有腿。做好了就放在太阳底下晒。也不知做了多少天，做了多少泥人。天下雨了，挨个儿拣不赶趟，就用扫帚往一块扫，用东西盖上。天晴了再晒。

后来，小泥人晒干了，个顶个都活了。可是，在用扫帚扫的时候，有的掉了胳膊，有的断了腿，有的掉了眼睛。这就是后来的“踱子”、瘸子、瞎子。

小泥人长大了，男女配成夫妻，生儿育女，人又多起来了。有的种地，有的织布，有的做买卖……。五行八业，干什么的都有。

后人感激这兄妹俩造人的功劳，就称哥哥高公，称妹妹高婆。高公和高婆就是人类的祖先。（CNha164）

在这篇异文中，石狮承担了预言者、救护者和神媒三重角色。

甚至少数民族中，石狮母题也有出现，如彝族的《洪水滔天史》中唱道：

> 玉朴笃慕他，吃的十二样，喝的十二种，样样拿齐全，木箱里面装。来到石崖下，槐荫树说话："来到槐树下，青石石狮子，它眼若红了，大水就要发。"玉朴笃慕他，早起去看看，狮眼还未红，有三个学生，过了两三天，磨三砚红石，染红石狮眼。笃慕去看看，青石石狮子，两眼红彤彤，玉朴笃慕他，吓得魂落地，赶快转回家。（CNyi51）

钟敬文说："我以为现在汉族流行的这种类型的神话，部分记录中石狮子及其预告灾难等情节，是从较早时代地陷传说中的石龟角色及其作用所蜕变而成的。而明代小说中的石狮子及其预兆作用的叙述，正是现在这种故事有关情节的较早形态。在现代同类型神话的另外记录里，那角色仍是乌龟，这是原始说法的遗留。它说明故事情节的演变并不是一刀切的。"① 这个结论是完全站得住脚的。

三、其他动物救助母题

1. 老鹰相救

洪水故事中的动物救助母题，较多见的角色还有鹰。芮逸夫 1938 年发表的文章中，引用了外国人赫微特和萨费那分别在中国西南地区所记的苗族文本，里面就有这个母题：

> 那挖空的树落在一个很危险的山崖上。适有一只母鹰在那里造了一个窠，孵了两只雏鹰。兄妹二人见了，兄就在头上拔取几根头发编成小绳，把雏鹰的翅膀扣了起来；所以那雏鹰虽然长了毛羽，仍是不能飞行。
>
> 母鹰看见雏鹰到了该飞的时候还是不能飞，心里非常奇怪，就去问神仙。神仙道："你可去问那靠近你造窠地方的树干，它能告诉你的。不过你要报答它，把它带到平地上去。"母鹰飞回窠中对树干道："我求你让我的雏鹰飞行。"树内的人答道："如果我让他们飞了，你可能把我带到平地吗？"母鹰自然应允，树内的人解了扣住雏鹰翅膀的发

① 钟敬文：《洪水后兄妹再殖人类神话——对这类神话中二三问题的考察，并以之就商于伊藤清司、大林太良两教授》，见钟敬文：《民俗文化学：梗概与兴起》，中华书局，1996 年，第 242 页。

绳，立即能飞行了。于是母鹰就负了内藏兄妹二人的树干飞到地面。(CNmi65)

有两对男女，藏身鼓中，以避水灾。一对藏在铁鼓内，不久就沉没了。另一对藏在很轻的木鼓内，所以能浮到天上。在鼓内有各种谷类的种子。木鼓内的一对是姊弟二人。天神问他们为什么上天来。姊弟齐声答道："水已淹没了全地面，世界上已不能住人了！"天神听了此言，立即遣龙下界退水。……有大鹰来到鼓边，用翅膀挟姊弟二人到一干燥的高处。后大鹰在地上觅不到食物，姊弟为要报它的恩，把皮肉喂它。各人给它三块肉：头后，腋下及腿弯各一块。这是人类的脑后，腋下及腿弯所以致凹的来源。(CNmi67)

鹰救助遗民母题，也出现在仡佬、哈尼、拉祜、普米等操藏缅语的民族中。如下面的仡佬族异文：

岩鹰在悬崖边转去转来地飞，妹妹对岩鹰说："岩鹰大哥，岩鹰大哥！你来把我背到岩脚下去，我拿小鸡给你吃。"

岩鹰想吃小鸡肉，就把妹妹背到平地上来。到了平地，岩鹰就要吃小鸡，兄妹二人又对岩鹰说："世上都没有鸡种啦，你留给我们喂来做种吧，二天又传下鸡崽来，再让你捉去吃。"

岩鹰不同意，兄妹二人就割胛孔的肉给岩鹰吃，所以，现在人们的胛孔，都有两个窝。

岩鹰还说："等以后你们孵出了鸡崽，我再来拿个把两个（一两个的意思）去吃。"所以，现在岩鹰要抓小鸡。(CNgl03)

老鹰救助母题多与木鼓避水母题相连，而木鼓母题也散见于苗瑶和藏缅两个语族的人群之中，它们的归属尚需研究。

2. 鱼的救助

鱼的救助母题比较少见，似乎是受佛教影响而产生。如哈尼族异文：

姐弟正悲泣，游来一条鱼。娥玛与俄竜，骑上鱼背脊。水涨到山顶，鱼游到山巅。水涨白云间，鱼游到云端。水涨到天上，鱼游到天际。到了月宫下，俄竜与娥玛，见到月桂树。(CNhn05)

3. 青蛙的帮助

青蛙的帮助母题见于傈僳、普米等族。如普米族史诗《巴米查列》载，洪水后只有老三幸存，却又被妖怪吞吃。后来青蛙强迫妖怪将他吐了出来，所以他很感激青蛙，说："世上最大不过舅舅，永远不得罪舅舅。"普米人至今还叫青蛙"阿克巴底"（舅舅），见着青蛙要让路，遇着青蛙要把它请到上面。这个老规矩从那时一直传到现在。（CNpm01）

如图6所示，我们将数量最多的龟、石龟和石狮救助母题在地图上标示后发现：出自河南省的这类异文达50多篇，在辽宁流传的有10多篇，其他散见于中原地区周边的汉族之中。由于汉族聚居地外的少数民族中都没有发现这样的母题，结合汉文古籍记载，我们将该母题确定为一个独特的汉族亚型。至于其他动物救助母题，如鹰和鱼等的救助母题，由于异文数量太少，暂时难以视为确定亚型的证据。

图6 龟、石龟、石狮救助母题分布示意图

第二节 葫芦避水

一、地域分布

葫芦避水母题在682篇文本中有256篇，占总数的三分之一以上，它显然是中国洪水再殖型神话最重要的特征之一。在这256篇中，有97篇异文是与雷公报复母题同时出现的，表明二者之间存在着逻辑关联：救雷公是因，赠送葫芦避水是果。

从地理分布上看，葫芦避水母题集中于中国南方，主要是黔（73）、桂（52）、滇（56）、湘（21）以及毗邻的粤、赣、川、鄂等省（区）。黔、桂、滇交界处是其中心，与雷公报复母题的分布基本一致，且范围更大，异文数量更多，显然构成了一个巨大的亚型。

葫芦避水母题，笔者所见最早记录为唐代卢肇《逸史》中的《太阴夫人》，但那个故事与洪水再殖型神话毫无关系。葫芦充当大洪水中的避水工具，笔者所见最早的是清光绪十四年的《黑暗传》手抄本。近现代口传异文中，最早的是芮逸夫1933年在湘西凤凰县所见的《傩神起源歌》：

> 趁着禾壁商店去，雷公闪光闹沉沉；禾壁子女亲眼见，即到仓边看个真。雷公一见开言道："要火要水是真情。"二人那知其中意，急忙转步就去寻。水火二人都送到，雷公吩咐听原因："赐你两颗仙瓜种，好好保存放在身。后遇狂风下大雨，忙把仙瓜种完成；若是洪水滔滔涨，可到瓜内去藏身。"（CNmi68）

多数异文讲述的葫芦避水情节是：雷公仇家的两个孩子（兄妹），出于怜悯或无意中帮助雷公从笼中逃脱，因此雷公告诉他们洪水的信息，并送给他们神奇的葫芦种子，让他们种下后钻入葫芦中逃避洪水。但在不同民族中有些细微变化。如在壮族异文中，有好几篇讲到雷公送给遗民兄妹的不是葫芦（瓜）种，而是他自己的牙齿：

> 雷王对伏依说，你们给潲水我吃，用什么来报答，雷王摸摸身上无一物，又摸咀里有牙齿，他拔出了一根门牙，你们两兄妹拿去种。别人到田里种谷，你们到塘边种瓜，一更种下地，二更藤长一丈多，

三更开花结葫芦，四更葫芦大如钟，五更葫芦大如房。你们拿刀挖去瓤，挖去了瓤如岩洞，你两兄妹在里面站，你两兄妹在里面住，肚不会饿身不湿。我雷王心难平，造出洪水淹良民，父亲进去站你们莫给，母亲进去坐你们莫分。(CNzh02)

有些异文中，葫芦除救人外，还保留了地上的物种。这个细节似乎与基督教影响有关。如下面的异文：

央把各种草收进葫芦，央把谷种收进葫芦，央把各种树种收进葫芦，没有把“引三囊”叫到葫芦，没有把“余皮方”叫到葫芦，只叫妹妹“吾密”到葫芦。(CNmi04)

鸡鸭鹅与鸟，牛马猪狗猫，苍蝇与蚊子，葫芦争做巢。葫芦要封口，蜂王有蜡胶，公众都出力，瓜口封得牢。刚刚封密口，天转地咆哮，满天风加雨，山摇水也摇。哗哗大浪叫，叮咚大雨敲，幸得瓜壳硬，顶住大风涛。瓜里装得饱，吵吵乱嘈嘈，你踏我又咬，争持不相饶。(CNli11)

雷公报复与葫芦避水两个母题的固定搭配，以及这种搭配的异文在地理上的分布、在语族上的关系，足以划分出一个以黔东南为中心、以操苗瑶语和壮侗语的民族为传承主体的亚型。对此，后面还有详析。

有心理分析学派的民间故事研究者认为，植物的飞速长大，与青春期男子睡眠中由尿涨引起的生殖器勃起相关，有些故事正是此种情形下的梦境。[①] 洪水再殖型神话中葫芦飞速增长的情节，应该也是精神分析学家研究的极好素材。不过，笔者以为这一情节主要还是出自叙事艺术的需要。故事中的情节必须与现实生活有一定距离，即陌生化，才容易引起惊奇，产生艺术效果。飞速长大的葫芦在那些熟悉植物栽培的故事受众中，一定会引起非常形象的联想，使故事在传讲时不易遗忘。

二、母题源流

日本植物学家中尾佐助和佐佐木高明提出了“照叶树林文化论”，这是一种

---

① 参见［美］阿兰·邓迪斯所编《世界民俗学》(*The Study of the Folklore*，陈建宪、彭海斌译，上海文艺出版社，1990 年）中有关《杰克与豆茎》的 3 篇论文。

综合植物生态学和民族学成果的文化类型理论，他们称这种文化为“东亚半月弧”，并认为这种文化的中心在云南。①台湾学者王孝廉认为：葫芦生人神话，乃是照叶树林文化圈的人类族源神话之一。他说，西南各民族的洪水神话是世界性箱舟型洪水神话的一环，都是隐喻一种原始宇宙秩序经过浩劫破坏之后的重建与回归。②

中国学者对于葫芦母题的解释主要有四：一是图腾崇拜，二是中华民族的母体崇拜，三是葫芦指山洞，四是葫芦为子宫的象征。③但宋兆麟先生根据古文献记载和民族学调查指出，葫芦是最好的泅水器材，南方少数民族很早就用葫芦做成腰舟来泅水，因此，“洪水传说中的兄妹坐葫芦以求生存的事实还是可信的，是远古人类用葫芦战胜洪水的真实记录”。宋先生指出，《诗经·匏有苦叶》《国语·晋语》《庄子·逍遥游》等文献中，都有以瓠为交通工具的记载。《物原》中说：“燧人以瓠济水”。《鹖冠子·学问篇》中说：“中河失船，一壶千斤，贵贱无常，时使物然。”陆佃注：“壶，瓠也，佩之可济涉，南人谓腰舟。”中国西南地区非常适宜葫芦的生长，樊绰《蛮书》卷二载古代西南地区的一种大葫芦：“瓠长丈余，冬瓜亦然，皆三尺围。”这么大的葫芦，当然应该是可以用来浮水的。宋先生还发现，广东沿海、海南岛黎族聚居区、云南哀牢山彝族聚居区等地，至今仍有以葫芦泅水的习俗。④他说，有一次他在海南保亭县毛道乡听老人讲洪水故事时，老人从房梁上取下一个外边套着竹篾、上方开口的大葫芦，说：“这是葫芦船，当年就用它渡河，兄妹坐在里边是不可能的，但是我们可以抱着葫芦浮水，葫芦里还能装衣服。”据当场测量，葫芦船有 70 多厘米。⑤

关于葫芦避水母题与葫芦生人母题的关系问题，学界存在争论。闻一多在《伏羲考》中提出，这两者之间存在着逻辑上的统一。他认为：“没有造人素材

---

①［日］佐佐木高明：《照叶树林文化之路——自不丹、云南至日本》，刘愚山译，张正军审校，云南大学出版社，1998 年。

② 王孝廉：《中国的神话世界》（上），时报文化出版企业有限公司，1987 年。

③ 参见下列二书中的相关论述：宋兆麟《巫与民间信仰》，中国华侨出版公司，1990 年。鹿忆鹿《洪水神话——以中国南方民族与台湾原住民为中心》，里仁书局，2002 年。

④ 此段资料均引自宋兆麟：《巫与民间信仰》，中国华侨出版公司，1990 年，第 5—9 页。

⑤ 转引自鹿忆鹿：《洪水神话——以中国南方民族与台湾原住民为中心》，里仁书局，2002 年，第 55 页。

的葫芦，便没有避水工具的葫芦”①。然而在他所统计的49个洪水神话中，以葫芦当避水工具的为17例，做造人素材的却只有1例。如果将与葫芦类似的瓜也算进来，则葫芦（瓜）为避水工具的有26例，做造人素材的有2例。这与他自己提出的理论正相矛盾。王孝廉与鹿忆鹿则认为二者之间并无联系。鹿忆鹿认为：“葫芦生人和葫芦避水应分别来看，当避水工具还是和它原先的自然性、俗性的避水功能有关，后来才有神圣信仰的出现。”②

笔者统计，在682篇异文中，以葫芦（瓜）避水的共256例，葫芦（瓜）生人的为17例，而同时具有葫芦避水与葫芦生人母题的只有3例，即哈尼族1例，瑶族2例。从民族属性看，葫芦避水母题主要见于苗瑶语系和壮侗语系的民族中，葫芦生人母题则主要见于藏缅语系的民族中。这些证据表明，葫芦避水母题与葫芦生人母题之间不存在逻辑关联，闻一多所做的推断是不成立的。从地理分布看，葫芦生人母题，主要见于云南弥勒市、路南彝族自治县和西盟佤族自治区、沧源佤族自治县，以及德宏傣族景颇族自治州、西双版纳傣族自治州，流传范围要比葫芦避水小得多，也说明了两者间没有必然的联系。

鹿忆鹿教授推测：“如果说，苗蛮族群、百越族群的神话中以木鼓与葫芦当作避水工具是比较古老的话，那么，氐羌族群神话中的避水工具则可能是较为晚出的，也比较多样性，金、银、铜、铁全有，不必然是葫芦，甚至以葫芦当避水工具较少。苗蛮族群、百越族群的洪水神话中以葫芦当避水工具，应是早期农耕社会型态的一种反映，洪水神话与葫芦的联系是比较早的。另外，值得思考的是，不管是葫芦避水或木鼓避水，我们可以见到，南方民族的避水工具似乎都具备舟船的漂浮功能，原先可能也无所谓信仰崇拜，葫芦、木鼓变成神圣物应是后来才有的。”③ 这种推测从社会性质角度上看，应该是合理的。

第三节　器具避水

除葫芦避水外，使用某种器具在洪水中逃生的情节也较多。这些器物多为

① 闻一多：《伏羲考》，见朱自清、郭沫若、吴晗等编辑：《闻一多全集》（一）甲集“神话与诗”，开明书店，1948年，第59页。

② 鹿忆鹿：《洪水神话——以中国南方民族与台湾原住民为中心》，里仁书局，2002年，第67页。

③ 鹿忆鹿：《洪水神话——以中国南方民族与台湾原住民为中心》，里仁书局，2002年，第72页。

木箱、木桶、木槽、木臼、木鼓、皮袋等等。下面分析一下这个母题较集中的族属与地理分布。

一、木柜（木箱、木桶）

涉及木柜（木箱、木桶）避水母题的共33篇，其中彝族占24篇，以《阿细的先基》为典型代表。从数量和集中度看，这是一个有彝族特色的母题。

在1959年出版的彝族史诗《阿细的先基》中，当吉罗涅底泼和吉罗涅底摩的四个儿子捉住将他们白天开的荒地平复的白胡子老倌时，三个哥哥都要打他，只有最小的弟弟劝阻大家，让老头先说几句话。白胡子老倌就告诉他们："我是天上的金龙神，水要淹上天了，水要连到天了。你们弟兄四个，不能做活计了，不能盘庄稼了。"白胡子老倌叫三个哥哥分别做银柜子、铜柜子、锡柜子，"小儿子和小姑娘，做个木柜子，把饭搁在柜子里面，把火烧在柜子里面，把锁锁在柜子里面。小儿子坐在木柜里，小姑娘也坐在木柜里。马装在木柜里，牛装在木柜里，猪装在木柜里，鸡装在木柜里"。(CNyi18)

有的异文中，木柜变异为木桶，如：

> 天神来指点：赶快去做桶，桶浮洪水上，人类得逃生。人们返回地，有的做瓦桶，有的做铜桶，有的做木桶。洪水往上涨，瓦桶被撞烂，铜桶落水底，木桶浮水上。就在木桶里，藏着两兄妹，木桶漂呀漂，一直漂上天。(CNyi37)

普罗普认为，民间故事中的同一功能可由不同角色承担。彝族异文中的木柜、木船、木桶互相置换，因为它们在故事的同一结构位置中，发挥的是同样的功能。

有学者指出，彝族现实生活中的确存在着出自洪水神话的木桶崇拜。直到近年，彝族仍有刳木桶置于岩洞中定期祭祀的风俗，他们认为木桶即祖灵，可以庇佑子孙。彝族人死后，经家祭数年，即将死者名单放入木桶中，以祈永受祖先的庇护。①

① 李力主编：《彝族文学史》，四川民族出版社，1994年，第12页。

二、鼓（木鼓）

笔者所见涉及鼓中避水母题的共24篇，其中苗族10篇，纳西族4篇，景颇族3篇，基诺族3篇，白族2篇。苗族故事中的情节如下：

一日，有兄弟二人同犁了一丘田，到次日去看时，只见犁过的田已经复原，且更平坦，就像没有动过一样。这样经过四次，他们很奇怪，决定再犁一次，以便坐观其变。等到半夜，见一老妇从天而降，手里持一木板，先把田土拨使还原，再用板压平。兄大声唤弟，叫帮他把毁坏田土的老妇杀死。但弟的意思却要先问明这老妇，究竟为什么要来这样恶作剧。所以他们就问那老妇，为什么要这样使他们徒费辛苦。她告诉他们道："洪水快要泛滥世界，犁田是没有用的，不过徒费光阴罢了。"她并劝那弟弟预备一个大木鼓，以避水灾；因为他曾阻止他的哥哥杀她。他就砍一段树，挖空中心，口上钉上一张皮。她又劝那哥哥做一个铁鼓；因为他是要杀她的。洪水来时，兄弟二人各到他们的鼓里安身去了。

当水涨时，弟弟请他的妹妹同到鼓内去避难，妹妹便跟他爬入鼓中。哥哥在铁鼓内已为水淹殁，弟妹在木鼓内则安然无恙。（CNmi65）

有两对男女，藏身鼓中，以避水灾。一对藏在铁鼓内，不久就沉没了。另一对藏在很轻的木鼓内，所以能浮到天上。在鼓内有各种谷类的种子。木鼓内的一对是姊弟二人。天神问他们为什么上天来。姊弟齐声答道："水已淹没了全地面，世界上已不能住人了！"天神听了此言，立即遣龙下界退水。（CNmi67）

这两个苗族洪水神话中的木鼓避水母题，都是外国学者在中国所记，时间在20世纪初，内容比较可信。但是这里出现的问题是，除苗族外，木鼓避水母题流传的其他几个民族，皆属于藏缅语族。这里显示出了一种故事圈交叠的现象，后面还将专门论述。

中国洪水再殖神话中，兄妹因帮助雷公而获救，是典型的苗族特色。但这里兄妹获救，是由于心地善良，放过了平复耕地的老太婆。这种兄妹开荒复原的情节，在异文中经常出现，统计结果使我们大吃一惊：58篇。除救雷公得报的91篇外，这要算是数量最大的一种获救原因了。

兄妹开荒平复的母题，主要见于藏缅语族，特别是彝族（27）和纳西族（7）。而在87篇苗族异文的获救原因中，救雷公有27篇，开荒平复只有11篇。这些数据表明，在以彝族为代表的藏缅语族和以苗族为代表的苗瑶语族之间，存在着两种亚型交叉的现象。我们后面划分故事圈时会予以特别的注意。

引人注目的是，纳西族中的木鼓避水母题，都与洪水后仅存的男子上天寻妻相关，如著名创世史诗《人类迁徙记》：

> 崇仁丽恩呀，又向阳神老公公处去请教。阳神老公公说道："丽恩好男儿，心境你善良，嘴也说好话，手也做好事，我不会忘你！你去宰杀公牦牛，剥了牦皮先抽拉，拉干制成革，革皮擦上油，制成大皮鼓，要用细针粗线来缝合；皮鼓拉上九股牛皮绳，三股系在柏树上，三股系在杉树上，三股拉向天和地；金山羊和金小狗，金小鸡和金火链，还有上好的九样五谷种子，统统都要放进皮鼓里面去！"崇仁丽恩呀，完全按照阳神老公公的指点去执行。（CNnx08）

在基诺族洪水故事中，讲述者的语言具有很强的原始思维特点：

> 于是爸爸妈妈赶快就去砍树造鼓。可是走到第一棵树面前，刚砍了第一斧，那树马上叫起来："哎喽！太疼了呀！"走到第二棵树面前，刚砍了第一斧，那棵树又叫起来："哎喽！太疼了呀！"……一直砍了九十九棵树，棵棵都叫疼。最后，他们来到寨子中间，那里生长着一棵苦果树。玛黑玛妞的父母就哀求说："苦果树呵苦果树，大水就要淹上来了，请你救救我们的孩子，让我们把你砍来做个鼓吧！"苦果树点点头答应了。于是，玛黑玛妞就把树掏空，做成一个大木鼓。（CNjn03）

在西南一些少数民族中，鼓是受到格外尊崇的灵物。秦序《谈西南洪水神话中的木鼓》① 和鹿忆鹿《洪水神话——以中国南方民族与台湾原住民为中心》中，都列举了不少例子。这里以基诺族《阿嫫腰白造天地》的采录者的附记为例，可以看出木鼓与该民族集体意识之间的紧密关系：

> 《阿嫫腰白造天地》传说中所说的玛黑玛妞得以生存的大木鼓，是基诺族古老而又神圣的崇拜物，是基诺族村寨的象征。大鼓放置在卓

① 秦序：《谈西南洪水神话中的木鼓》，载《山茶》1986年第2期，第19—22页。

巴、卓色（基诺村寨的长老）家上楼梯进门的第一间房屋里，平时任何人不能动，只有在特定的场合才能动用；如基诺族过“打铁节”时要祭鼓并跳大鼓舞；基诺族的巫师“白腊泡”在祭祀“胎罗蒙莫”时可以动用；卓巴、卓色盖新房时可以移动；以及卓巴、卓色死了，断气时必须把大鼓转斜，面朝门外，待新卓巴或卓色上任后，大鼓移至新卓巴、卓色家。在大鼓的制作上也有很多讲究，首先要选好树木，择吉日砍伐、杀公鸡祭树神、由巫师念祷告词，砍树在夜间进行，不能给女人和动物看见，凿好的鼓桶也要等太阳落山后方能抬进寨子放入专门准备的小草棚中。蒙鼓皮时不能有光线，怕人影落入鼓腔。一般是在启明星刚落，太阳还未出来这一段时间里蒙，蒙时要按传说中说的那样，放入两团糯米饭，一对铜铃，一把带鞘的小刀，一对贝壳。蒙鼓前要杀鸡祭祀。蒙好鼓皮后要把竹篾编制的各种家禽牲畜挂在鼓沿的长木钉上，然后进行祭鼓仪式并欢跳大鼓舞。因此，围绕大鼓的各种活动，都与古老的传说故事、原始宗教信仰、社会组织活动、民间风俗习惯、民间音乐舞蹈等，有着非常密切的联系。①

在西南许多少数民族的生活中，木鼓占有极其重要的位置。因此他们以木鼓为避水器具，是一种理所当然的选择。

三、木臼、木槽

这个母题多见于台湾少数民族中，主要是阿美人和卑南人。台湾学者鹿忆鹿女士介绍：“阿美族、卑南族以木臼当避水工具，或许与其木臼似船形有关，因此其他族群罕见有木臼当避水工具，而木臼当避水工具独独普遍流传于阿美族、卑南族洪水神话中。”她还说：“木臼当工具似乎不只流传于阿美族、卑南族，也习见于菲律宾、婆罗洲等地的原始民族中，木臼避水或许是南岛语族特殊的避水工具。”②

如阿美人太巴塱社的祖先传说：太古时，有以日月为双亲的兄妹，下凡到 Cilangasan 山麓结为夫妇。他们的女儿 Tiyamacan 如花似玉，被海神恋慕。一天

① 刘怡、陈平编：《基诺族民间文学集成》，云南人民出版社，1989 年，第 21—22 页。

② 鹿忆鹿：《洪水神话——以中国南方民族与台湾原住民为中心》，里仁书局，2002 年，第 217、220 页。

夜里，海神发动大海啸，将这对夫妇和 Tiyamacan 掳走，只有她的哥姐二人，乘木臼逃脱，漂流到 Cilangasan 山顶。二人结为夫妇，生二男一女。后来下山居住，其子女又结为夫妇，繁衍成一大部族。①

以臼避水的母题，最早在汉族的伊尹传说中就已出现，以后的异文中却被龙衣、乌龟和石狮替代。壮族洪水神话中有主人公骑臼杆浮于水上，上天找雷公的情节（CNzh02，CNzh20），还有天太低妇女舂米头撞天的情节（CNzh07），这个情节也与南岛语族的神话母题相似。臼避水成为台湾洪水再殖型神话的一个特色母题，它们与汉族、壮族的这类母题有什么联系，尚需研究。

四、其他方式

1. 织布机避水

在台湾泰雅人、赛夏人的异文中，一个奇特的母题是织布机避水。据鹿忆鹿介绍，这两类人中女子最善织布，猎首之风也盛。“赛夏族洪水神话中以织布机当避水工具，应与他们是善于织布的族群有关。”②

非常有意思的是，在大陆，虽然没有发现以织布机为避水工具的异文，但怒族却有好几篇异文，讲在兄妹难题求婚的过程中通过射织布机脚而结合，姑存疑备案。

2. 高山避水

这个母题比较一般化，在大陆和台湾都有。鹿忆鹿在讨论台湾少数民族多为高山避水时，认为这个情节单元应与台湾的地理环境有关，也许有道理。但因为太一般，所以对亚型的辨识来说，没有太大意义。

3. 岩洞避水

下面这篇怒族异文，讲的是岩洞避水。有意思的是，其中保存物种的细节，似有《旧约》洪水故事的融入：

> 兄妹俩眼见洪水一浪高过一浪，浪尖已经淹到讷雅门四龙山腰了。兄妹俩看见在离讷雅门四龙山顶不远的地方，有一个大岩洞，但要爬上岩洞，的确很不容易。哥哥看见不远处有棵又高又大的树，把它砍

---

① “中央研究院”民族学研究所编译：《番族惯习调查报告书》第 2 卷《阿美族·卑南族》，2000 年，第 13 页。

② 鹿忆鹿：《洪水神话——以中国南方民族与台湾原住民为中心》，里仁书局，2002 年，第 221 页。

下来足够做一架二十几排长的云梯，于是跑过去砍了起来。花了九牛二虎之力把大树砍倒了，兄妹俩匆匆忙忙做成木梯搭在大岩洞旁的台坎上，他们刚想进洞躲避，突然不知从哪里窜出来一群动物，只见每一种动物都是成对成双的，既有老虎、豹子、老熊等猛兽，也有麂子、马鹿、野牛、羚羊、獐子，既有箐鸡、孔雀、野雉、百鸟等飞禽，也有苍蝇、蚂蚁、蚊子、蛇类等讨厌的东西。所有的动物都进洞了，兄妹俩刚想抬脚爬木梯，不料从旁边走来一对大腹便便、披头散发的鬼男女。哥哥拔刀意欲灭鬼，鬼急忙摇手说："哎哎哎，请别、别误会，我俩也是讷拉格波天神召来的呀。你可不能触犯天法呀。再说，你杀了我们鬼种，使鬼断代绝孙，你们人类也不得安生的。话又说回来，在这次大洪水中，你为天下所有动物的生存拱了这个木梯，大伙都会感谢你们人类，而不会随意伤害人类的。"说完，拉着鬼女一起爬上木梯进洞了。(CNnu01)

4. 偶然逃脱

下面这篇独龙族异文可为例子：

雨后天晴，满山遍野长满了各种各样的菌子，人们都到山上拣菌子。拣了一会儿，人们的竹篮拣满了，陆续回家去。山上只有两个兄妹拣呀拣，他们的篮子怎么也拣不满。兄妹俩不知不觉地爬到了卡娃卡普山顶。

兄妹俩爬到卡娃卡普以后，回过头来往山下一看，他们俩惊呆了，山下的村寨已无影无踪了，眼前只是一片汪洋大海，而且洪水还不断地继续往上涨。(CNdr10)

从上述有关避水母题的展示来看，同一类型故事各个母题的变体中，有些是比较特殊的，如葫芦、乌龟、木柜和木臼等，有些则比较一般。在辨析亚型时，那些特殊母题往往具有标识性符号的作用。

综上所述，遗民获救是中国洪水再殖型神话的第二个情节段。根据获救的原因与方式，可以大略判断出一些不同亚型来。如流传于中原地区及其周边的乌龟、石狮救助母题，流传于黔、桂、滇及周边地区的葫芦避水母题，流传于滇、川交界地区的兄妹开荒平复母题，流传于台湾及东南亚地区的木臼、织布机避水母题，等等。通过标记这些特色母题的地理分布，中国洪水再殖型神话的基本形态，开始慢慢浮现出来。

第八章　难题求婚

唱起洪水淹天事，
一天一夜唱不清，
提起兄妹结婚时，
吓着多少老年人。

——彝族古歌

中国洪水再殖型神话的第三个情节段，是遗民的婚配，即：在神的护佑或帮助下，C 通过 E 考验而结成家庭。其中，C 指遗民身份，如神、乱伦血亲、人与动物等；E 指难题考验，总体上分为占卜神意和体力技能智慧两大类。

难题考验是整个故事发展的高潮。这一高潮由于遗民身份的不同而使故事树产生了两大分支：血亲婚（多为兄妹）和寻天女婚，从而使这个故事类型明显出现不同的亚型。

第一节　伏羲、女娲兄妹婚

人类不仅在现实生活中严禁乱伦，甚至在语言层面对“乱伦”一词也谈虎色变。奇怪的是，中国传承的洪水再殖型神话中，乱伦婚却最为常见。数据库所收 682 篇异文中，血亲乱伦婚姻占 472 篇。从民族分布来看，主要为汉族（146）、苗族（58）、瑶族（26）、彝族（30）、壮族（18），其他异文也多见于与这五族杂居的民族之中。汉族、苗族和瑶族的异文中，乱伦婚主角的名字大多叫伏羲、女娲。

一、中原神话的传承

根据目前所知文献，有关伏羲、女娲对偶神的记录，可以追溯到战国中晚期的长沙子弹库楚墓帛书。西汉《淮南子・览冥训》中将二人并列，同时期壁画上出现了伏羲、女娲像。

曹柯平先生认为：伏羲、女娲两人长尾勾缠一起，应该是象征阴阳参合、男女交配，暗示伏羲、女娲是一对夫妇。他特别提到河南南阳唐河针织厂发掘的西汉晚期墓中出土的一幅伏羲、女娲画像，画面上一个巨人紧紧搂抱着伏羲、女娲的身躯，伏羲、女娲的两条纤长蛇尾，则分别缠绕在巨人的胯下，他们手中各执一扇叶状物遮住自己的脸面。这使人们不由自主地联想到唐人李冗《独异志》上所记伏羲、女娲兄妹结亲时，"结草为扇，以障其面"的情景。曹的推论是："总之，可以这样推测：在西汉晚期至东汉流传的有关伏羲和女娲的故事，其中的最重要的故事要素，大概包括了伏羲女娲既是一对人首蛇身的兄妹夫妻，亦是人类的始祖。他们的结合是在若干特殊外力的作用下发生的，特殊的外力当中应该有洪水的因素。这就是说，今天在汉族中间仍然广泛传播的伏羲女娲洪水神话故事的基本结构和主要母题，起码在西汉晚期就已经十分流行了。"[①]曹先生如果看到长沙子弹库楚墓帛书，就当知道这个神话其实远在战国时期，就已经存在了。

图 7　山东武氏祠堂东汉画像石伏羲、女娲交尾像

① 曹柯平：《中国洪水后人类再生神话类型学研究》，扬州大学，博士论文未刊稿，2003 年，第 22—24 页。

伏羲、女娲兄妹结婚传人种的故事，五代后汉时期的敦煌遗书残卷《天地开辟已来帝王纪》多次提到，成为这个故事类型现存最早的原型。现代流传的异文中，伏羲、女娲兄妹作为难题求婚的主角，大多见于汉族和古代曾居住在中原地区的苗瑶语族中，表现出强大的传承力量。不过，有关伏羲、女娲的族属以及古代汉苗关系、当代中原洪水神话与西南苗瑶壮侗洪水神话的关系等问题，现在还难有确切结论。

二、《娄景书》

20 世纪 80 年代，湖北神农架林区房县一带发现了一些清代以来的手抄本，以及作为“孝歌”传唱的《黑暗传》，其中有伏羲、女娲相关情节。在一本称作《娄景书》的民国石印本中，就有下面的描述：

洪水淹漫，人民尽皆淹死，并无一人在世。只有姊妹二人在葫芦之中。洪水淹天七日七夜，并无一人出世。伏羲与妹言之曰：“我姊妹二人作为夫妇立在一所，鳌乾坤造作世界，但妹不知心下如何?”当时有妹心中暗想别无处治，只得依从成婚。姊妹二人同往须眉山，焚香祝告天地神祇得知。妹叫哥哥：“你往南山脚下焚起香烟。二人把香烟为定，两处香烟聚彻相合，方可成婚。”伏羲见之，便叫妹妹下山而来成婚结配。女娲乃见香烟相合，便藏于西眉山畔松枝树下。伏羲见妹不下山中来，自上去寻，不见。旋绕数此，跟寻无踪，说要下山。下山而来，忽然路途遇着一个金龟道人，不问自言：“你妹松树下藏躲。”伏羲得知，往松树下去寻，果然在松树下。伏羲得见为婚，阴阳相合。成婚之后，不却有孕在身，怀了十二月，生下一皮袋，内有五十个童儿童女，口中自言。就把松枝看为父母，以此号各指为姓，生兄美女，才置下五谷人烟。其妹从向其夫：“我在松树下躲，谁人说与你知?”伏羲说：“我在须眉山畔，有二石洞之中，乃是金龟道人不问自言向我。”妻叫丈夫：我二人去拜此人。伏羲引妹去看，女娲上须眉山畔，有一石洞中乃是金龟道人，就在洞前捡得一块明石，将金龟掘出洞门，挞碎便尿淋之。伏羲见之不忍，将那挞碎金龟捡来斗起。伏羲与妻下山（上）。北方有一天神往西眉山过，忽见一龟在西眉山，作人言说被女娲妇人将金龟挞碎命存，伏羲见之不忍，捡来斗起，自然成圆，命根不断，身子难动。此人乃是真武，手取丹砂一颗，放在金龟口中，自然成圆，命得存世而去。要缠五色难蛇，永为北方镇武上将。(CNha178)

这个手抄本是一本阴阳甲子之书。书中除有伏羲、女娲兄妹结婚的情节外，还有葫芦避水、金龟帮助和被女娲捣碎死而复活的细节，这些细节与西南苗瑶语族、壮侗语族当代流传的异文相同。虽然抄本上没有时间记录，但它文辞古朴，同时又较口语化，显然经历了相当长的传承过程。这对考察汉族异文与苗瑶语族和壮侗语族异文的联系，是一个很有价值的线索。

第二节　卜婚与神示

难题求婚是世界口头文学传统中非常普遍的母题。据周北川统计，在丁乃通《中国民间故事类型索引》的 843 个类型和次类型中，约有 120 个含有这一母题。汤普森《民间文学母题索引》中列为“H”的考验母题共设有 1599 个条目。在普罗普的 31 种功能中，“难题”和“解难”都在其中。李扬的博士论文借用普罗普理论将中国民间故事分为四类：考验型、难题型、战斗型和违禁型。难题和考验分别占了两个大类。①

难题考验母题在故事传统中的流行，当然不是偶然因素造成的，而是因为这类母题具有独特的艺术魅力，给故事情节发展以有力的推动，给接受者造成强烈的悬念效果和一波三折的审美节奏感，并且唤醒了集体无意识中的深层心理经验与情感经验，增加了审美快感的强度。

难题求婚母题在洪水再殖型神话中分为两类：一类遗民是血亲，他们用难题祈求神示；一类遗民是孤身孑遗，他在异域求婚时需要经受未来岳父的难题考验。

一、洪水后的世界

血亲婚是异于常理的，只有特殊情境下才能为人接受，因此不少异文中都

① 周北川在硕士论文《“解难题”——一个著名故事母题的解析》中，对这个母题的形态表现、叙事艺术与人类学内涵做了很好的分析。该论文的一部分后来以《“解难题”母题的文化人类学溯源》为题公开发表，载《民间文学论坛》1998 年第 4 期，第 57—61 页。

着力描述洪水后的惨状。如彝族神话《洪水滔天史》中唱到兄妹回乡时所见：

三年的路程，不见一棵树；六年的路途，不见一棵草。九年的路程，不见一个人；十年的路途，不闻鸡犬声。（CNyi51）

一些异文特别强调，洪水之后地上除兄妹再没有任何人，其中特别会提到兄妹千辛万苦到处找人却找不到的细节：

央从山坡下来，吾密从山脚上去，俩人在草地相逢，俩人在山坡相遇："你到那里去哥哥？""我去找个终生的伴侣。""你到那里去妹妹？""我也去找个终生的伴侣。"（CNmi03）

坡头坡脚找，整个世界找过来，没有找到伴。又找了一年也找不着，找了两年也找不到，找了三年也找不着。（CNyi18）

兄妹俩各自带了一根木棒，四处去找人。可是，他俩走了不知多少天，走遍了天下，也找不到一个人，最后又碰在一块了。（CNdr09）

经过上述铺垫，血亲婚的必要性顺理成章地产生，但这却与婚姻制度中的乱伦禁止发生了矛盾。为了解决这一矛盾，故事选择了神判，将人的选择转化为神的选择，将世俗生活中无法解决的矛盾交给神圣世界。这种方式正是现实生活中遇到困难时通常采取的方式，对于受众来说，接受这样的情节毫无心理障碍，他们更关心的是即将到来的占卜方式和占卜结果。

从卜婚母题的形态来看，不同民族的异文中体现出深层结构的一致性与表现形式的多样性。正如周北川指出的那样，其深层结构主要有四个共同特征：难题是有意设置的，难题具有超常性，难题带有考验性质，常常使用三迭式结构。[①]而表层的形式，则在不同民族、不同地区有着不同的选择与变化。

二、滚磨相合

这个母题在数据库中有287篇，流传于26个民族，在卜婚形式中居于首位，且在多次占卜过程中为第一卜。芮逸夫所引克拉克1911年的记录及他自己1933年所搜集到的文本中，都有滚磨情节。其中要求结婚的是妹妹而不是哥哥，她在占卜中还做了手脚：

① 周北川：《"解难题"——一个著名故事母题的解析》，华中师范大学，硕士论文油印本，1998年，第1页。

那时兄妹二人也已漂落地面，因见世上无人，妹拟与兄结婚，以传人类；便对兄道："现在世上只剩你我兄妹二人，不若兄妹婚配，以免人类绝种。"

兄惊讶道："兄妹婚配，有违天意，万难依从。"妹便心生一计，忙对兄道："你既不肯，我们且看天意如何。今将磨子一副，从山巅滚下；如到山麓合在一起，你我即应顺从天意，结为夫妻。"兄想磨从山巅滚下，决无再合之理，便即应允。妹却另取一副磨子，预先摆在山麓。(CNmi76)

滚磨母题在长期流传中与一些风物相关联，变成了传说。如在河南采录到的一篇异文讲：

盘古山北半坡有个村子叫盘古村。再往北走三里地还有个村子叫大磨村。大磨村里有一扇大磨，据传是当年盘古爷、盘古奶兄妹婚时从山上滚下来的。这一带遇旱天，只要把这扇磨支起来，不过三天，准能下一场雨。[①]

图 8　2006 年笔者在河南盘古山考察洪水神话时，与村民在传说中的石磨前合影

---

① 马卉欣：《盘古庙习俗》，见张振犁、程健君编：《中原神话专题资料》，中国民间文艺家协会河南分会印，1987 年，第 47 页。

流传时间一久，从滚磨母题衍生出滚其他东西，如簸箕、筛子、石头、鞋子、树叶等：

哥哥先摘一片水冬瓜叶子，轻轻丢进河水里；妹妹也摘片水冬瓜叶子，跟着哥哥丢进河水里。两片叶子翻上翻下漂，顺着河水淌下去，哥哥追着树叶跑，妹妹追着树叶跑，叶子淌到河尾沙滩上，两片叶子合拢沾在一起了；哥哥的叶子在上面，妹妹的叶子在下面。（CNhn07）

不少学者已经指出：滚磨母题乃是性行为的象征。从上面的引文中可以看出，民间讲述者对此是认同的，有的异文甚至讲得更为露骨。

三、烧烟相缠

这个母题在文献上是目前所知出现最早的，但当时未与洪水再殖型神话相黏合。唐人李冗《独异志》载：

昔宇宙初开之时，只有女娲兄妹二人在昆仑山，而天下未有人民。议以为夫妻，又自羞耻。兄即与其妹上昆仑山，咒曰："天若遣我兄妹二人为夫妻，而烟悉合；若不，使烟散。"于是烟即合。其妹即来就兄，乃结草为扇，以障其面。今时人取妇执扇，象其事也。

这个母题在当代异文中仍很常见，数据库中有43篇，主要见于汉族和苗瑶壮侗语族之中，以汉族和瑶族较为集中。

四、针线相穿

这个母题有55例，主要集中在汉、苗、彝、仡佬、傈僳等族中。例如：

石狮子想了想，又说道："你们都到两个山头上，哥哥拿一根线，妹妹拿一根针，把线和针往一起扔，线头穿进针鼻儿里，你们就结成两口家。"……这一次，兄妹二人事先核计好，都藏了个小心眼儿，都别使大劲儿，往脚下一扔就算了。针没有腿，线也没有脚，绝不能跑到一起去。哪里料到，他们把针线往脚下一扔，忽然刮起了一阵风，把针线给刮到山底下，线头正好穿在针鼻儿里去了。（CNha173）

五、绕山相遇

这个母题共56例，主要见于汉、苗、瑶、土家等族中。如：

乌龟又出个主意说："你们俩围着古王界转，如果相遇了，你们俩就成亲。"雍妮想：那怎么会相遇呢？就又答应了。两兄妹就绕着古王界转起来，转呀转，转了七天七夜，转得头晕脑胀，不知南北西东，老乌龟叫布所回头转，两兄妹在槐树下相遇了，雍妮没有话说了，终于在槐树下成了亲。（CNtj02）

兄妹绕山转相追，兄在动物帮助下回头遇妹而成婚，是一个比较特殊的母题。在日本神话《古事记》中，也有兄妹神在结婚前绕山相追的母题。为什么会在两个相距遥远的地方产生完全一样的母题，我们也不得而知。

六、问竹

这个母题的传播范围也较广，共有36例，主要分布在苗瑶壮侗语族中。试举一例：

实在没法，他俩就去问竹子："竹子啊，告诉我们世界上哪里还有人？我们要配对，我们要成双。"

竹子说："洪水满天下，世人都死光，你们要成双，只有兄妹来配上。"

姜妹听了，羞得满面通红，很生气，就挥起砍刀砍竹子，边砍边骂："竹子顺口胡乱讲，哪有兄妹配成双！把你砍成一节节，看你以后还敢再乱讲！"

竹子说了实话，反挨骂、砍伤，委屈地申辩："实话对你讲，你反把我伤，若是找不着别的伴，你要把我来接上。"后来姜良、姜妹找不到配偶，兄妹结了婚，只好来把砍断的竹子接上。所以现在竹子长成一节一节的。（CNdo03）

中国西南地区盛产竹子。有人认为南方存在着竹图腾，虽未必成立，但民俗中竹子的作用处处可见仍是事实。如苗族以竹为家神，瑶族生育风俗中生女门楣插竹，水族以竹求子，等等。[①]鹿忆鹿总结了竹子在洪水故事中的作用后说："从以上所述可见，除了教人说话、生火、保护避水葫芦、当天梯、当神器、寨界几个孤例外，竹子几乎都扮演了洪水后兄妹婚中的媒介角色，而媒介角色也是千篇一律，是为了说明竹子特有的竹节，是一种解释性神话。竹子的媒介角色又常与龟并列，同是在强调它们的占卜功能。从这些神话中可见苗瑶族群以龟竹为占卜工具的传统，由来已久。"[②]不过她推测说："还有一个值得思考的问题，除了海南岛黎族，我们约略发现一个轮廓，竹子作媒的神话流传地区集中在湘西、黔南及广西北部的交界处，以苗族为主，瑶族次之。是否洪水神话真的集中于苗族地区？是否竹子作媒的神话是从苗族往外传播的？"[③]似乎还难以证实。

七、其他考验

洪水故事除上面出现较多的神占母题外，还有其他相关变体。如：

在昔洪水滔天，人类尽为所灭，只剩得兄妹二人，居一屋中。长大，不知不觉中自相交合，后觉此事颇不合礼，乃以竹筒，中盛水，置于河边。二人在水筒之旁交合，同祷于天曰："如我二人交合时，竹筒不倒，水不流出，则是老天示意准我们成婚生育。如水筒倒，水流出，则是不准。"如此三昼夜，水筒都未倒。于是乃继续交合，而生子女。共为九对，男女各半，分居九地，而成九族。（CNdr06）

他们首先去找螃蟹。兄妹俩来到河边，正好碰到一公一母两只螃蟹在互相追逐、嬉戏。

"大哥大嫂，我们是一对兄妹，洪水把人类毁灭了。为了繁育人类，我们想成婚，可以吗？"哥哥走到螃蟹旁边问。

螃蟹说："有什么不可以呢？我们原来也是一对兄妹，我们的同类也被洪水淹死了，为了繁育后代，我们已经结成了夫妻，而且有了自

① 鹿忆鹿在《洪水神话——以中国南方民族与台湾原住民为中心》第二章"竹崇拜信仰"中对此做了很好的归纳，详见该书第81—86页。

② 鹿忆鹿：《洪水神话——以中国南方民族与台湾原住民为中心》，里仁书局，2002年，第80页。

③ 鹿忆鹿：《洪水神话——以中国南方民族与台湾原住民为中心》，里仁书局，2002年，第80—81页。

已的孩子。”螃蟹说完，领兄妹俩到自己的家。在这里，兄妹俩看到了一群小螃蟹。

兄妹俩又去找猴子。他们来到一座大山，正巧碰见一公一母两只猴子在互相拥抱、亲吻。

“大哥大嫂，我们是一对兄妹，洪水把我们人类都淹死了。为了繁育人类，我们想成婚，你们看可以吗?”妹妹走到猴子旁边问道。

猴子说：“当然可以。我们本来也是一对兄妹，我们猴类也被洪水淹死了，为了繁育后代，我们已经结成了夫妻，而且有了自己的孩子。”猴子说完，领着兄妹俩来到自己的家。在这里，兄妹俩看到了一群小猴子。(CNbl01)

据说在很早很早以前，洪水把地面上的一切都淹没了，只有兄妹两人背着弩弓和织布机逃进一个蜂窝里躲避。他们就在蜂窝内随水漂流。洪水退后，地面上什么也没有了，只剩他们兄妹二人。开头两个人都不知道怎办才好，后来妹妹想了个办法，向哥哥说：“我们把织布机放在山脚下，你爬到山顶上去。如果你能用弩弓射着我的织布机，我们二人就可以结为夫妇；如果射不着，那么我们只有各走各的路了。”哥哥答应了。他爬到山顶上，举起弩弓，一箭就射中了织布机，他们两个人就结婚了。后来生了许多小孩，这些小孩就是各个民族的祖先，其中有一个是怒族的祖先。(CNnu04)

据统计，在436篇有难题考验情节的异文中，卜婚母题占了412篇。洪水再殖型神话中以神示来达成血亲婚，是这个故事的一个华彩情节。其中包含许多须要研究的问题，如文化史问题、神话与仪式的关系问题、叙事模式问题等。

关于文化史，主要涉及历史上有无真实的乱伦血亲婚阶段，以及这个阶段消亡的原因和对当代讲述者的影响。李卉认为：洪水神话或可证明兄妹婚制度是东南亚地区古代婚姻制度的一种阶段。何廷瑞则认为有关近亲结合有两种情形：洪水后兄妹婚（或姊弟婚）和母子婚，而兄妹婚流传在菲律宾、越南北部、中印度、中国西南部及海南岛等地民族间。他进一步提出：从地理上观察，这个主题出现于亚洲，特别集中于东南亚与其边缘地带；从结构特色和分布状态来看，将所有的异文推论出单一的源头是可行的，而中国的心脏地带可能就是源头位置。何廷瑞认为四川苗族是这个故事的源头，与芮逸夫意见相同。[①]

乌丙安先生认为，洪水故事中存在着一种非血缘婚姻观。他认为这种抵制血缘婚的证据，一是兄妹婚的被迫性质，二是对妹妹拒婚的强调，三是兄妹婚后的怪胎。“从大量兄妹婚姻型神话传说的调查资料看，它们所显示出的非血缘婚姻观念，足以证明它们主要并不是反映了血缘家族的兄妹婚制，恰是反映了从血缘家族的兄弟姊妹婚姻到排除兄弟姊妹婚姻的氏族组织的过渡。”[②]但另一些学者对此持不同意见。[③]关于血缘婚制，学界争论甚多，这里不拟展开。不过，乱伦禁忌问题，后面还会讨论。

鹿忆鹿女士在《洪水神话——以中国南方民族与台湾原住民为中心》中提出了一个有趣的问题：“为何总要选定兄妹（或姊弟）来婚配，而遭致他们的拒绝，又得经过连番的占卜仪式，为何神不选定毫无血缘关系的男女?”她发现对此问题的回答多是民俗学角度的，如万建中、孟慧英、蔡大成、张铭远等。[④]这个问题的确非常尖锐，若从叙事学的角度看，之所以选定血亲婚配而不选择没有血缘关系的男女，主要是陌生化的需要。血亲乱伦与现实生活形成巨大的反差，造成强大的心理冲击力量，同时也为想象力展开了更大空间。乱伦在生活中是第一禁忌，洪水后只留下血亲，为人类的再殖设置了难以逾越的障碍，也为故事情节的发展留下了悬念，使受众对故事的结果产生焦虑。正是在不断释放这种焦虑的过程中，人们才获得了心理宣泄和审美快感。一旦故事中没有了矛盾，这个故事也就结束了。正是血亲婚与现存婚姻制度的尖锐矛盾，成为故事继续发展的动力。

血亲婚中的三次占卜天意，除满足口头故事重复三次的律则外，笔者怀疑，有可能在早期的神话展演中，故事是与象征性的仪式互相配合的。不过这一猜测还未得到来自田野的验证。

---

① 上述观点转引自鹿忆鹿：《洪水神话——以中国南方民族与台湾原住民为中心》，里仁书局，2002年，第235—236页。

② 乌丙安：《洪水故事中的非血缘婚姻观》，见中国民间文艺研究会研究部编：《民间文学论文选》，湖南人民出版社，1982年，第45—46页。

③ 李景江：《试论中国洪水神话——与乌丙安等先生商榷》，见中国少数民族文学学会编：《神话新探》，贵州人民出版社，1986年，第241—254页。

④ 鹿忆鹿：《洪水神话——以中国南方民族与台湾原住民为中心》，里仁书局，2002年，第87—89页。

血亲婚母题同样也是具有世界性的。如在非洲喀麦隆北部卡卡人中采录的同类型神话中，就也有兄妹婚情节。好心的男孩让羊吃弗弗粉，羊告诉他洪水的消息。大水淹死了其他人，他和他妹妹获救。一天，他梦见上帝给他启示，让他打碎瓦罐的底部，娶了他妹妹，并把破底罐挂在屋顶。该文本调查者指出，近亲通婚在卡卡人中相当普遍："如果一个男人娶了属于他母亲农庄的女孩，他就得打破一个罐子的罐底，并将其放在屋顶上。比方说，如果我母亲与岳母同属一个大农庄，为了避邪，我就要这么做。这样的婚姻是被允许的。如果我娶了父亲家族的女孩，我也得这么做。亲属之间结婚都得这么做。这种婚姻在这里是常有的。"直到今天，人们还保留着在屋顶上挂破底罐的风俗。[①]

第三节　孑遗的难题考验

中国洪水再殖型神话中的难题考验情节，在血亲婚和寻天女婚中的性质完全不同：前者是神圣的，后者是世俗的。[②]血亲婚中的难题是人出给神的，考验内容是现实生活中少见而无实用价值的，性质相当于神判，支配这一过程的核心价值是对神灵意志的揣测与服从。寻天女婚中的难题则相反：难题是神出给人的，考验内容是生活中习见且实用的，表达的观念是只有在体力、智力、道德方面极其优秀的人，才能成为神的选民。

一、寻天女结婚

在中国西南部，洪水再殖型神话发生了一个较大变异：大洪水后，剩下的遗民只有一个男子，在这种情况下，他只能到天上去寻天女为妻。这就使得故事产生了一个较大的分支：天女婚。

数据库中含天女婚母题的异文有25篇，如图9所示，主要分布在藏缅语族，如纳西族、彝族、藏族、普米族、独龙族等。流传地域为云南与四川的接合部。

① 参见埃米·凯勒－梅耶：《喀麦隆草原洪水故事的神话母题》，见［美］阿兰·邓迪斯编：《洪水神话》，陈建宪等译，谢国先校，陕西师范大学出版总社有限公司，2013年，第219—221页。

② 周北川在硕士论文《"解难题"——一个著名故事母题的解析》中注意到了这种不同，他将解难题母题分为两大类：神奇类和世俗类。此外，他查出丁乃通的《中国民间故事类型索引》中有80个类型或次类型含有神奇类难题，40个类型或次类型含有世俗类难题。

图9 天女婚母题分布示意图

许多研究者发现，民间故事中的英雄似乎有着千篇一律的经历：他的出生经过是神奇的，他年轻时曾遭受迫害，他长大后去远方冒险并经历了许多考验，他在克服巨大危险后赢得了少女，最后与妻子一起回到自己的国家。[①]洪水故事后剩下的唯一男性，其一生经历正好也是如此。

天女婚洪水再殖型神话的情节模式相当稳定，甚少变异，分成纳西、彝、普米几个主要变体。在纳西族中，这类故事以东巴经《人类迁徙记》[②] 为基本文献，主角叫崇仁丽恩。在纳西族摩梭人中，这类故事以古歌形式传承，主角叫曹治鲁衣若。在彝族中，以大小凉山地区流传的彝族创世史诗《勒俄特依》为蓝本，主角叫居木吾吾。

在《人类迁徙记》中，崇仁丽恩在洪水后造木人失败，与直眼睛天女结合生人也失败，于是来到天地交界的地方，要到天上去找妻子：

> 崇仁丽恩呀，好男无情伴，找伴去上天！册恒布白命，好女无爱侣，寻侣来下凡。黑白交界地，盛开白梅花；梅花开两季，两花争吐艳！两缘共相遇，两愿互相逢；有缘互愿来结伴，情同意合成配偶。崇仁丽恩呀，变一朵白花；册恒布白命，变一支白鹤；那朵白花呀，寄在鹤翅上，飞到上天十八层，来到住着天神的国度。（CNnx08）

在云南彝族彝文古籍《洪水泛滥史》中，则是天神将仙女送到人间：

> 天神沙生若，邀约三仙女，驾着彩云飞，来到人世间。望见一个人，英俊又年轻。看看他的头，头发黑黝黝。看看他的身，全身着缎袍；看看他的眼，就象星闪烁。看看他的鼻，就象小剪刀。看看他的脸，皮肤桃花色。看看他的嘴，就象小贝壳；看看他一笑，嘴里露白牙。看看他的手，手上戴金镯；看看他的脚，脚上穿绿鞋。
>
> 这位太阳女，见了笃阿慕，爱从心中起；这位月亮女，见了笃阿慕，心中情浪漂；这位星星女，见了笃阿慕，心中翻情滔。（CNyi52）

在彝族、普米族古歌中，有时天女就像人间的少女一样，通过对歌来择偶：

---

① 参见洛德·拉格伦《传统的英雄》及阿兰·邓迪斯为其所写的按语，见［美］阿兰·邓迪斯编：《世界民俗学》，陈建宪、彭海斌译，上海文艺出版社，1990 年，第199—222 页。又见［美］约瑟夫·坎贝尔：《千面英雄》，张承谟译，上海文艺出版社，2000 年。

② 这部东巴经文在各种不同的介绍中有不同译法，有的音译为《崇搬图》或《崇邦统》，有的意译为《创世纪》或《人类迁徙记》。本书中除引用者沿用原译外，统一称其为《人类迁徙记》。

到了第二天，天君策耿苴，制订好了呀，歌舞的规矩；地神暑丰呢，也给宣讲了，择偶的礼节。正在这时候，额构吹起笙，撮拟使舞中，撮兹执火把，洛恩点燃它；点燃了火把，进入歌舞场，歌舞便开场。(CNyi24)

姻缘谁来系？白发仙翁系。歌场设在哪？古优白布山。三女对一男，满天是歌声，唱到日头落，对到月亮升，星星光闪闪，白云也来听。仙翁回月宫，留下三天女，天女与笃慕，成了一家人。(CNyi38)

在普米族的《帕米查哩》史诗中，幸存的老三是通过向天女学习箭术杀死海中的魔王，从而获得天女爱情的。(CNpm03) 这样的变异，既显示了与纳西族等民族的交流关系，又展示了普米族的特色。

还有一种寻天女方式是动物帮助。英雄在洪水中救了几种动物，它们帮助他娶得天女。这个母题主要见于四川峨边彝族。天女婚还有另外两种连接方式：一种是在故事开头时的创世活动中。如云南弥勒搜集到的《创世记》古歌，最初是天女下凡，要在地上繁衍神的后代。她先后与蟋蟀、蚱蜢、狐狸一起生活，后来与狐狸生下四男一女，洪水后最小的兄妹留存传下人类。(CNyi23) 另一种是在洪水后。洪水后只有孑遗，他首先与地上的两个天女（横眼睛与竖眼睛）中一个长得漂亮的结合，结果生下的都不是人，而是妖怪、动物等。然后他才上天寻天女。如纳西族的《人类迁徙记》。不过，这两种连接方式都没有影响到洪水再殖型神话的基本结构，只是在细节上使这个故事更为丰满。

总之，洪水后的孑遗，只有从天上才能得到配偶。这自然使故事情节获得一种新的发展动力，将故事进一步推向高潮。

二、羽衣仙女

1960 年云南人民出版社出版的《纳西族民间史诗　创世纪》中，有非常典型的羽衣仙女母题：

利恩白天出去挖草根，棚中无粮不生烟；可是棚里呀，茅杆粗的烟子冲上天。利恩挖好草根转回来，闻到棚里米饭香；利恩高兴又奇怪，接连两天都这样。第三天利恩出外转回来，躲在棚子外面看：一只白鹤飞来了，停在棚子边。白鹤脱衣裳，抖一抖，挂棚上；白鹤不

见了，只见一个美丽的姑娘，在棚里烧火煮饭。(CNnx02)

由于在这个故事出版的年代，人们对民间文学的处理尚不够科学严谨，对公开出版的作品允许一定程度的加工，证之以在此前此后搜集的各种纳西族《创世纪》资料本，都没有这样的细节，笔者有些怀疑这些典型的细节出自整理出版者的加工。但这一故事各种异文中，仙女化为一只白鹤下凡，与利恩相恋，并将其放在翅膀下带他上天，却是共有的情节。即使说整理者有所加工，也不是毫无根据的胡编。白鹤仙女母题存在于纳西族创世纪故事中，应该是无可置疑的。

在纳西族摩梭人的《创世古歌》中，有偷窥林中仙女沐浴的传统母题出现：曹治鲁衣若来到圣水湖岸，从白天等到夜晚降临，湖面顿时吹起三股冷风，只听野鸭在水面上悲鸣，湖面又刮起三股热风，只听鱼儿发出呼救声。天上的白云在游动，在白云飘过的地方，顿时闪现出三张天女的脸庞，同时还传来一阵嬉笑声。只见三个姑娘手牵着手儿，平稳地停落在小岛上。姑娘头上的珠串闪着金光，手上的镯头晶晶透亮，那翩翩的长裙像彩霞，她们脱下衣裙沐在湖水里……曹治鲁衣若找到了地神，地神赐给他上天的翅膀。怀揣着天女所赠的戒指，他日夜不停朝天上飞腾。当听见风声呼呼响，当听见笑声阵阵飘来耳边，他已来到天宫门前。天女的仆人们在洗浴，嬉戏着水花好欢乐。曹治鲁衣若坐歇在一棵树下，猜测着送自己戒指的天女在何处，他暗暗打定主意，悄悄把戒指置入一只水桶里。使女背着那水桶回到屋里，只见一枚金戒指倒进水槽。吉增咪见了喜在心头，知道曹治鲁衣若已来到身边。她急忙带他藏进家中，恩恩爱爱度过几个夜晚。(CNnx10)①

在这个故事中，桶中的戒指母题我们似曾相识，应该是受佛教文化影响。

① 这篇文本附记中对这首古歌的传承方式做了非常好的介绍："这篇创世歌，摩梭语叫'子吐搓吐'，在演唱或讲述时，没有专门的仪式，是融汇在其他仪式中念唱的。传颂的形式有三种：其一为打巴口诵，口诵的创世经，较为简洁顺口，经文不长，简要地叙述曹治鲁衣若的经历。其二为民间歌手的传唱，调子较为深沉，旋律十分悲惨优美，一唱三叹，特别是唱到他独自一人活在世上时，调子缠绵低沉，凄恻动人。随着内容的不同，调子有些变化，以'玛达咪，我曹治鲁衣若呀'的方式进行，歌手以先祖的口气演唱，更有抒情效果，比打巴经更为形象动听，内容也渐趋详细。其三是民间故事家的讲述，就是老人们茶余饭后摆古的形式，内容更为完整一些，有许多地方进行了生动逼真的描述，故事具有神话传说的特色，不带感情色彩，只作客观讲述。"

三、不同眼睛的人

在含有寻天女结婚母题的纳西族、彝族异文中，常常出现不同眼睛的人的母题：

崇仁丽恩呀，又向阳神老公公处去请教："千对好姻缘，我要结良缘；百对好伴侣！我要找情侣！"阳神老公公来回答说："天高星岩下，岩脚绿树丛，有一对天女：美女生直眼，丑女生横眼；不要去请直眼的美女，要把横眼良女请回来。"崇仁丽恩呀，身硬控制不住心，一心想着合心人；美貌阻挡不住眼，要找美貌的配偶。他不理睬貌丑横眼女，确把美貌的直眼女领了来，两个结缘做一家。生呀不该生，一胎生下蛇和蛙，一胎生下松和栗，一胎生下猪和熊，一胎生下猴和鸡。(CNnx08)

在纳西族摩梭人的《创世古歌》中，曹治鲁衣若在三位天女中选择，这三位天女的主要差别就是眼睛不同：

三位天女的心肠并不一样，三姐妹的相貌也不尽相同。大姐目米吉增咪，窄窄的脸上双眼竖着生；二姐目米念足美，宽宽的脸上眼睛斜着长；三妹目米年照美，团团的脸上双眼横着生。曹治鲁衣若看得早就傻眼了，看来看去看中了大姐。(CNnx10)

不同眼睛的人母题还常常出现在这类异文的开头。如彝文古籍《洪水泛滥》中，最初的几代人分别是独眼睛人、竖眼睛人和横眼睛人。在《梅葛》中，最初是天上撒下三把雪，每一把都变做一代人："头把撒下独脚人，只有一尺二寸长；独自一人不会走，两人手搂脖子快如飞；吃的饭是泥土，下饭菜是沙子。月亮照着活得下去，太阳晒着活不下去，这代人无法生存，这代人被晒死了。"第二代人也被晒死。天神将九个日月錾得只剩下一日一月，这才撒第三把雪，造出眼睛向上生的一代人。这代人心不好被洪水淹死而留下兄妹传人类。(CNyi30)

曹柯平和鹿忆鹿都将有关眼睛的神话母题，看作探测藏缅亚型时间深度的重要线索。鹿忆鹿将彝族的眼睛神话与《山海经》、三星堆出土文物相联系，认为它是古代氐羌人的族群标志。曹柯平将三星堆发现的青铜人面像与彝族的眼睛神话更直接地联系起来。

四、难题考验

在寻天女结婚的情节段中，最重要的当然是难题考验了。这也是民间故事中最为常见的情节模式。正如萧兵概括的那样："英雄神话里常见的一项为强形式竞赛或考验——'婚姻考试'，或称之为难题求婚。其主要模式是：英雄为了娶得某一身份高贵特殊的姑娘不得不去经历一系列常人难以想象的艰险，完成一系列人力所不能及的勋业。考验的倡导者和主持人往往是'圣处女'的长辈或保护人（常为父亲，即英雄未来的岳父）。他们和英雄之间通常要发生激烈的戏剧性的冲突，通常以英雄的胜利告终。"①

在纳西族《人类迁徙记》中，天神对女婿进行的难题考验有：a. 一天砍完九十九片森林；b. 一天完成九十九片地的烧荒工作；c. 一天撒完九十九片地的种子；d. 在一天之内将撒出的种子拣回；e. 寻回五颗被蚂蚁和斑鸠吃掉的种子；f. 企图在打岩羊时将其害死；g. 企图在打鱼时将其踢到江中；h. 挤三滴虎乳；i. 其他。

我们注意到，这些难题在生产、生活中都具有实用价值，都是世俗生活对男子体力、智力方面的能力要求。它们与兄妹婚中的难题具有本质区别。所以有的学者将这些难题与其生存环境联系起来考察。如鹿忆鹿就曾指出：天女婚神话之所以有砍树、烧荒、取谷种的情节，是因为其所属民族大多属于云南半月形刀耕火种地带的游耕民族。

在这种难题考验中，又包含着另一个母题：仙妻的帮助。这个母题普遍存在于相关异文的寻天女结婚情节中。如：

> 老三砍了三天三夜，只砍倒了大树几根。那一片黑森森的老林，老三一辈子也砍不尽。小伙子丧失了信心，他去找三妹诉苦情。那片老林他砍不完，他只好孤儿地回凡尘。三妹笑着告诉他：克服困难要有耐心。叫他第二天再去砍，叫他把方法记分明。"九把斧头放九方，说声神斧帮我砍，斧头自己会砍树，你可抱手歇一旁。"老三按照三妹的话，带了九把斧子上山林。只一天老林全砍光，一把大火烧成灰。（CNpm03）

对以解难题为中心的天女婚母题群，学者们从民俗学和叙事学角度进行了

① 萧兵：《中国文化的精英——太阳英雄神话比较研究》，上海文艺出版社，1989年，第474页。

研究。关于这个母题的生活根源，主要有两个：一是成年礼，一是服务婚。如周北川曾说："在人生几大仪礼中，成年礼和结婚礼在时间上距离最近，所以二者常常联系在一起。未行成年礼之前，少年禁止与异性交往。只有通过了成年礼，男婚女嫁才被提上议事日程。成年是结婚的必备条件，结婚则是成年的一项重要内容和外在标志。通过了成丁礼，男子结婚也不是一帆风顺的，要接受女方家庭的一系列考验，服劳役是其中最重要的一项内容。"①

笔者在1994年出版的《神祇与英雄——中国古代神话的母题》中，就曾将这种难题考验的根源归结为服务婚习俗。这种习俗早在《汉书》中就有记载。②洪水再殖型神话的文本，对这种服务婚性质有直接的描述，如《人类迁徙记》中天神向崇仁丽恩讨聘礼：

> 崇仁丽恩又说道："天高星密布，不能背着金银来；地大路遥远，不能赶着牛羊来。过去时间里，砍了九十九座大森林，砍完又烧荒，烧完又播种，播完又收拣，结伴聘礼已送够，配偶身价已赎完！高岩猎岩羊，没跌死岩间；深水捉肥鱼，没淹死河底；挤三滴虎奶，没被虎咬死；所有这一切，还不能算结伴聘礼吗？还不能做配偶身价吗?!"(CNnx08)

鹿忆鹿也指出："无论是汉族或少数民族，无论是婚前或婚后，男子到女方家帮工做活是常见的生活现象；究其根源，也可以说是劳役婚习俗的遗留。"③

从叙事学角度来看，难题对人具有不同寻常的心理吸引力。按照英国著名历史学家汤因比的观点，一个民族的生存，有赖于在各种困境的挑战与应战中获得成功。从天性上说，人类对解难题有着特别的兴趣。普罗普概括出的民间故事的31项叙事功能中，难题和解难题就分别列为25M和26N，是民间故事的核心功能之一。证之以现代生活，只要一打开电视，就能看到各个电视剧层出不穷的各种难题测验。一进入电脑游戏，就知道其中最主要的设计手法是解难题。人们在解开一个个难题的过程中，升级成长，再沉醉于新一

① 周北川：《"解难题"——一个著名故事母题的解析》，华中师范大学，硕士论文油印本，1998年，第15页。

② 陈建宪：《神祇与英雄——中国古代神话的母题》，生活·读书·新知三联书店，1994年，第134—136页。

③ 鹿忆鹿：《洪水神话——以中国南方民族与台湾原住民为中心》，里仁书局，2002年，第107页。

轮的解难题之中。

从心理学角度来说，难题是一种特别能激发心理能量的挑战，能够激发人们全身心投入。这种注意力的高度集中，正是故事所希望达到的效果。考虑到洪水神话常常在宗教或世俗的仪式活动中讲述，解难题母题对营造现场氛围的作用，可想而知。对此，周北川有一段很不错的论析："难题次数的增加，层次的不断提高，人物的主要性格的主导面也就刻划得越生动，越有情趣。难题造成的悬念具有强烈的推动力，一连串的悬念增强了故事的曲折性和矛盾冲突的尖锐性，加重作品的紧张气氛，产生一种扣人心弦的艺术效果。结局却发生了出人意料之外的逆转，不管难题多刁多难，主角总能化险为夷，平平安安，使反角无可奈何，乃至搬起石头砸了自己的脚。情节展现的突兀与人物命运的起伏不已，母题结尾处却峰回路转，柳暗花明，以意外的手段将难题解决，带给人愉快幽默的大团圆结局。"①

综上所述，中国洪水再殖型神话第三个情节段，以一波三折的难题考验成就了婚姻，到达故事的高潮。这个情节段出现了故事树上的分岔，形成了一粗一细两个分支，使我们勾画中国洪水再殖型神话完整形态的工作，向前推进了一大步。

---

① 周北川：《"解难题"——一个著名故事母题的解析》，华中师范大学，硕士论文油印本，1998 年，第 12 页。

第九章　再殖与释源

每杯酒都献完了，
抹一抹你的嘴，
听我慢慢朗诵你的故事。

——《卜伯》请雷公辞

中国洪水再殖型神话的第四个情节段，是人类再繁衍和事物起源。人类再殖是前三段情节逻辑进程的必然结果。对事物起源的解释，则是这个故事实现族群认同功能的主要方式。丹麦学者阿克塞尔·奥尔里克（Axel Olrik）在《民间故事的叙事规律》中指出："叙事不突然开始也不仓猝收尾。这即是起始律和结束律。叙事是从平静向高潮的转换开始的，并且，在主要人物常有的大灾难结束之后，叙事又从高潮转向平静而结束。"①这个情节段，正是由高潮走向平静并过渡到结尾。

第一节　人类的重新繁衍

无论是血亲婚还是天女婚，遗民的存在都是为了重新繁衍人类。在不同民族不同地区，人类再殖的方式有很大差异，主要方式有以下几种。

一、捏泥人

捏泥人母题在中国出现的最早记录，可能是汉代《风俗通》中的记载：

---

①［丹麦］阿克塞尔·奥尔里克：《民间故事的叙事规律》，见［美］阿兰·邓迪斯编：《世界民俗学》，陈建宪、彭海斌译，上海文艺出版社，1990 年，第 185 页。

俗说天地开辟，未有人民。女娲抟黄土作人，剧务，力不暇供，乃引绳于泥中，举以为人。故富贵者，黄土人也；贫贱者，絙也。①

中国许多民族都有泥土造人的神话，如汉、壮、彝、独龙、佤、土家、蒙古、德昂、傣、哈萨克等族。泥土造人母题在数据库中共70例，其中汉族59例，可见这个母题主要流传在汉族地区。我们看一个例子：

二人成了亲以后，照常度日。可是，两个人生得太慢，生得快也不中。那得生多少人！二人干脆捏泥巴人算了。

两人在盘古山上面，捏了许多人，院子里晒下的都是人。整个山尖上到处都是泥巴人。突然刮大风，下大雨啦！开始没下雨，还是一个一个往里挪。这时挪来不及了，没法了，就用扫帚扫。一扫扫成堆。有的胳膊扫断了，有的眼睛扫瞎了，有的腿断了。现在的瞎子、瘸子等等都是扫的了。(CNha007)

在一篇彝族异文中，泥土造人与人的寿命结合了起来，颇有意思：

因此他们就拿起土来造成一个人，今日方造成，次日清晨来看时，他们发现这造成的人已粉碎了。他们再去重造，安置妥当，次晨来看时，又给人粉碎了。最后再来造第三次，妥为安置，并加以监视。结果一个大地之神出现了，他质问二神道：

"你们为什么要动用我的泥土呢？大地是属于我的，因为我是大地之王，为什么未得我的许可就这样做呢？"

二神回答道："因为大地之上，现在尚没有人，所以我们要借用你的泥土来制造一个人，好知道焚香供奉，让我们享受。等待些时，所借用的土壤总得归还你的。"

地神又问道："要到几年后才还我呢？"

二神答道："六十年就还你。"

人类生命至今只要有六十年就要告终，就是这个原故。(CNyi53)

在世界各地造人神话中，最常见的当属泥土造人，已经发现于希腊、印度、巴比伦、希伯来、波利尼西亚、澳大利亚、东南亚、非洲和南、北美洲等地。其中，《圣经·创世记》中的上帝造人神话影响最大。人们一般认为：泥土造人

① 李昉等：《太平御览》卷七十八《皇王部三》引《风俗通》，上海古籍出版社，2008年，第748页。

神话产生的文化母体是制陶文化，原始人常能从身上搓下汗泥来，是他们产生这种联想的生活经验基础；原始社会普遍流行的地母崇拜，以及人神混融的原始思维，是这一母题产生的心理根源。①

中国洪水再殖型神话中的泥土造人母题，以汉族最为集中，且大多流传于以中原为中心的汉族聚居区，显然与汉籍中女娲造人的传统有关。

二、葫芦生人

在人类再殖的种种方式中，葫芦生人也是一个引人注目的母题。有时葫芦出自自然界：

> 上古洪水滔天时，地上的人都死光了，只剩了兄妹二人，兄名 A-hang-p'a，妹名 A-hang-ma，带着一条狗，流落在一个岩洞内，因为大地为水淹，没有粮食，乃命狗到天神处，讨谷粮种籽。天神就将粮种纳入狗耳内，带回崖洞。狗一摇头，粮种自狗耳掉出，落入土里，随后乃生出各样粮种；其中有瓜秧一棵，结一大瓜。有一天，闻瓜内有叫喊声，两兄妹不由害怕，向天叩头求救。忽自天上，掉下一把刀来，他们两兄妹拿着刀割开瓜一看，由瓜内出来五个人，三个白的，一个黑的，一个生翅膀的。三个白的就变成了栗粟。一个黑的变成了那希，丽江的么些，有翅膀的那一个，在开瓜时一怕，飞跑到山崖上，变成鬼，世上有鬼，自此始。（CNls04）

更多异文中，葫芦是兄妹结婚后妹妹怀孕生下的。如：

> 哥哥把妹问，究竟是啥事情！妹妹这才讲："生下一个小女孩，谁知不成一个人，生下一个葫芦瓜，葫芦瓜不像人。把它摔在床底下。"这样说给哥哥听。哥用棍子橇葫芦，取出一刀分两半。汉族有了百家姓，彝族有了十二支。（CNyi23）

许多故事对葫芦出人的细节进行了有趣的描述，如下面这篇基诺族异文：

> 下午玛黑和玛妞一齐收工回来，路过葫芦旁，这回俩人都清清楚楚地听见里面有人在说话了。他俩大吃一惊，想了想，便在葫芦旁烧

---

① 参见陈建宪：《女人与土地——女娲泥土造人神话新解》，载《华中师范大学学报》（哲社版）1994 年第 2 期，第 77—80 页。

了一堆火，把烧火棍放在火中烤红，想在葫芦上烙个洞，让里面的人出来。可是烙上边，里面有人惊叫："会烙着我！"烙下边，里面也有人惊叫："会烙着我！"烙左边，里面也有人惊叫："会烙着我！"烙右边，里面也有人惊叫："会烙着我！"玛黑玛妞急得团团转。正在这时，葫芦忽然传出一个老婆婆苍老而和蔼的声音："你们从我这儿烙吧，我不怕烙，不然的话大家都出不去。但是，我死了以后，在天和地没有消灭之前，请你们不要忘记阿匹娱。"玛黑和玛妞难过地哭了。但是为了葫芦里的人出来，他俩只好横横心，用烧火棍朝阿匹娱那个方向烙去。葫芦冒出一股青烟，阿匹娱死了，但葫芦上通了一个洞，刚刚够一个人出来。（CNjn03）

闻一多先生在《伏羲考》中特别关注葫芦母题，他认为葫芦在故事中做避水与生人两用，起了联系作用。笔者从大量文本对比中，发现他的推论不能成立，葫芦避水和葫芦生人分属两个不同的亚型，前面已做过论证。

葫芦生人母题的产生与其种子多、生命力强且外形像母体有关，所以，不少学者以精神分析学说来分析这个母题，认为洪水故事象征了人类的生育过程。如陈炳良认为："那个大葫芦瓜无可怀疑的代表了母胎，而洪水则代表胎水。"① 笔者认为：纯粹从象征角度解释葫芦生人母题似乎不够。神话是先民生活经验的总结，之所以被反复传诵，是因为其中包含着祖先希望传承给后人的生存智慧。对初民来说，最重大的事情莫过于生存和繁衍。在多雨的南方，生活在山区和丘陵的先民们面临的最大威胁就是洪水，这是洪水神话一代代传承的根本原因。葫芦在生活中有食用、贮物、浮水等重要作用，这些实际生存经验应是它作为一个母题组合入这个故事的主要原因。1973 年和 1977 年考古工作者两次对浙江余姚河姆渡新石器时代遗址进行发掘，出土了被认为是我国最早的葫芦种子，说明六七千年前葫芦就已经被栽培了。葫芦是自然界为人类提供的一种现成器皿，正如刘尧汉先生所言："我们根据民族志资料可以推断：世界上凡是远古曾生长葫芦的地方，那里的原始先民，在使用陶容器之前，曾先使用天然

① 陈炳良：《广西瑶族洪水故事研究》，见陈炳良：《神话・礼仪・文学》，联经出版事业公司，1986 年，第 45 页。

容器——葫芦”①。

葫芦的强大繁殖力显然受到先民的注意。它多籽，能迅速增大，使先民由羡慕而生崇拜。由于互渗律的作用，先民认为葫芦的繁殖能力也能转移到人类身上，这大约是葫芦生人母题形成的心理基础。先民通过洪水再殖型神话传递给后人的信息是：洪水是可怕的，它能将整个氏族（先民心目中的全人类）毁于一旦。但是葫芦可以拯救我们，它能使我们在灭顶之灾中幸存，并迅速地繁衍起来。原始宗教中葫芦常为巫师的法器，具有通天地、连人神，沟通过去与未来的功能，又是人类始祖、氏族家庭祖灵的象征。

季羡林先生曾指出：印度史诗《摩诃婆罗多》中也有葫芦生人的情节，它与中国洪水神话中葫芦母题的关系值得研究。②葫芦在中国古代婚俗和生育民俗中的应用，从《礼记·昏义》《礼记·郊特牲》《诗经·大雅》等许多古籍上都可看到。在一些少数民族，如彝族等，至今尚有破葫成亲、供奉葫芦祖灵等习俗。③显然，葫芦生人母题绝不仅仅是象征意象，其深层文化意蕴需要进一步探究。

三、怪胎碎尸变人

与葫芦生人同样使人感到奇特的，是兄妹婚后所生的怪胎切碎后撒播到地里，变成了许许多多的人，例如：

> 一年以后，女娲生了一个肉球，以为是个怪物，叫伏羲拿宝剑劈破了肉球，里面是一百个婴儿，男女各五十个。宝剑刺死了一个男的，这是男少女多的缘故。伢子多为了好区别，他们轮个都编了姓号，所以这时起就有了《百家姓》。后来的人，你增他改，争着做首姓。最后到宋朝第一个皇帝赵匡胤确定赵姓为《百家姓》之首。夫妻死了一个，活着的就喊姊妹哭亲人，这是因为我们的祖先是姊妹成亲的缘故。（CNha158）

---

① 刘尧汉：《论中华葫芦文化》，见游琪、刘锡诚主编：《葫芦与象征》，商务印书馆，2001年，第56页。

② 季羡林：《关于葫芦神话》，见季羡林：《比较文学与民间文学》，北京大学出版社，1991年，第158页。

③ 参见普珍：《中华创世葫芦——彝族破壶成亲，魂归壶天》，云南人民出版社，1993年。

一年后，兄妹俩生了一男一女。红君老主前来祝贺，说："感谢你俩为地上造了人，只是象这样的生儿育女太慢，地上成个世界要到何年何月去了？这样吧，你们拿宝剑把这两个伢儿剁成千颗万颗撒到四面八方去，就会变成千上万个人，这些人再配成对，地上就成一个世界了。"伏羲兄妹不忍心，红君老主催促说："这一对伢儿是人种呀，赶快按我所讲的去做吧！"伏羲兄妹忍着痛苦把伢儿剁成细颗细颗的肉丁丁，东边撒几手，西边撒几手，南边撒几手，北边撒几手，其余的往中央撒。撒去的肉颗颗真的都变成了人，从此地上就有了人。(CNtj04)

结婚尚未得三朝，生个小孩象磨刀石。雷王知道生孩子，就拿大斧下来劈。劈成三百六十块，一块一姓一个人。飞到州内成了官，飞得崖下成猿猴。飞到水里成蚂蝗，飞到石上成黄蜂。三朝七天出去看，山上崖下都是人。(CNzh02)

姜央很聪明，走出雷公家，躲在马圈上，半夜，雷公婆婆说："姜央的孩子太难看，你有什么妙计？为什么不告诉他？"雷公说："拿一块厚厚的砧板，用一把薄薄的刀子，把那个丑娃娃，砍成了肉沫，撒在山坡上，就变成了人，姜央对我不好，我不告诉他。"姜央得妙计，回到地下来，拿一块厚厚的砧板，有一把薄薄的刀子，把那个丑娃娃，砍成了肉沫，撒在山坡上，过了三整天，又过三整夜，颗颗肉沫变成人。(CNmi07)

生肉团母题的源头，至迟可见《诗经》和《史记》中关于后稷出生的传说，此外还有《博物志》所载徐偃王从肉卵中孵出等传说。中国文学史上，肉团生人的母题屡见不绝：《封神演义》中的哪吒、《新编五代史平话·梁史平话》中的黄巢、《南游记》中的华光等，都出自肉卵。这个母题也有世界性，如日本神话《古事记》中，也有兄妹婚而生水蛭子的情节。

柳存仁认为生肉团母题来自佛教故事。他介绍了《佛国记》中的一条记载："恒水上流有一国王，王小夫人生一肉胎。大夫人妒之，言汝生不祥之征，即盛以木函掷恒水中不流。有国王游观，见水上木函开看，见千小儿端正殊特，王即取养之。遂便长大，甚勇健，所往征伐无不摧伏。”[①]

关于肉团生人的内涵，人们也有不同的意见。乌丙安先生将它看作非血缘婚观的证据：“只要注意一下数十个这类神话传说中兄妹婚后生下了肉球、肉块、肉团、肉瓜，无四肢、无五官、无颜面的怪胎等情节，就会衡量出故事中显示了多大的抵制血缘婚姻的力量。”[②]杨知勇先生认为原始初民观念中的“团”“圆”具有最大最多的意思。兄妹婚后生下非人形的物体，不能当成惩罚来解释，而是说明原始初民繁衍人类的强烈愿望怎样通过特殊情况下的特殊婚姻表现出来。[③]徐华龙先生认为洪水后弃怪胎情节，应与世界上普遍流传的弃子英雄故事结合起来考察。他认为：“这类弃子神话中所说的肉球，并非真的现实生活里的肉球，而是一种隐喻性的东西，犹如神话中所说及的葫芦、冬瓜孕育人类一样。在这里，肉球象征兄妹婚后所生的儿子。神话中说的剁肉球，是弃子最原始的消灭肉体方式之一。”[④]

从民俗学角度看，笔者认为在畸形子切碎变人母题中，可能包含着我们今天不易理解的建立在农耕生活方式基础上的原始思维，即：以块茎类作物播种方式为象征形式，表达对神奇繁殖力量的崇拜与模仿。笔者幼时在家乡种植过红薯和土豆，将作为种子的红薯块茎分切后埋入土中，会生长出许多幼苗，将苗枝剪下分插，能以很少种子种植比较大面积的土地。土豆块茎到播种时会生出许多幼芽，将块茎在幼芽出现处分切，种入地下，一块土豆亦能种不小面积。笔者猜想这种将种子切碎种植的高效率繁殖方式，可能会给初民带来如何以一种神奇方式快速繁衍人类的联想。

世界各地尸体化生型的植物起源母题，或许对这一思路有所启迪。如美洲印第安休伦人的创世神话中说：最初从天上掉下来的第一个妇女怀了双胞胎后，两个孩子一个善一个恶。那个恶的孩子冲破了母亲的肋部而出世，致使她死去。她被埋葬时，从她的身躯里长出各种植物。这些植物是新的大地所需要的，为

① 柳存仁：《毗沙门天王父子与中国小说之关系》，见郁龙余编：《中印文学关系源流》，湖南文艺出版社，1987 年，第 160—161 页。

② 乌丙安：《洪水故事中的非血缘婚姻观》，见中国民间文艺研究会研究部编：《民间文学论文选》，湖南人民出版社，1982 年，第 42 页。

③ 杨知勇：《洪水神话浅探》，载《民间文学论坛》1985 年第 2 期，第 59—66 页。

④ 徐华龙：《西南少数民族弃子神话研究》，见田兵、陈立浩编：《中国少数民族神话论文集》，广西民族出版社，1984 年，第 175 页。

的是使人们适于在其上居住。从她头上长出了南瓜秧子，从她的胸部长出了玉米，从她的四肢长出了豆子和其他有用的食用蔬菜。日本神话《古事记》中，风暴神速须佐之男命杀死了食物之神大气津比卖神。被杀的神身上生长出一些东西，头上生蚕，两眼生稻种，两耳生粟，鼻孔生小豆，阴部生麦，肛门生大豆。于是神产巢日御祖命让人拿去做种子。

中国也有尸体化生植物的神话。《山海经·海内经》载："西南黑水之间，有都广之野，后稷葬焉，爰有膏菽、膏稻、膏黍、膏稷，百谷自生"。后稷善于种植粮食作物，他恰好是从肉卵中出生的。他的葬身之地"百谷自生"，显示出他的尸体与植物化生的关系。

在原始思维中，植物的生产与人的生产常常是混融的，这从古代汉语的词汇中看得很清楚。大凡用于植物生长之字词，多可用于人类的生育，如种子、下种、生产、生长等。在现代人口述的故事中，讲述者有时也无意识地将二者相互转化，如：

> 兄妹结了婚，妹妹怀孕生育，但是生下来的不是小孩，而是一个象冬瓜般的肉团，没有眼睛，没有耳朵，也没有屁股，夫妻二人觉得太难看，便把肉团砍碎，放在晒棚上曝晒，经过七天七夜的曝晒，变成芝麻和青菜籽，夫妻俩拿到山上去撒，多数落下平地，平地火烟升腾，成了百家姓，变为汉人。少数散落在山上，落在河边茶林里的，成了茶山瑶……（CNya17）

鹿忆鹿女士指出："生肉球、肉块，当和反血缘婚无关，因为肉球、肉块被剁碎扬撒后，必定成为一个或多个民族的起源，异于常人的肉球、肉块，并非说明兄妹婚的不正常性，而是不平常性、神圣性。"①笔者赞同她的观点，畸形子切碎变人母题强调的是其神圣性。不过可以补充的是，这种神圣性在表达形式上的灵感，可能是来自块茎作物的播种形式。当然，这只是笔者所做的一种推测。

曹柯平先生认为：剁碎怪胎变人母题或许和从新石器晚期至商代，特别是商代晚期流行的用幼童做人牲的习俗有关。而当时关于人祭的方法，用得最多

① 鹿忆鹿：《洪水神话——以中国南方民族与台湾原住民为中心》，里仁书局，2002年，第91页。

的，即所谓的“伐祭”。[①]这个观点证之以台湾少数民族洪水故事中遗民身体切碎献祭，是完全正确的。但与苗瑶壮侗语族普遍流传的畸形子造人类故事有无直接关系，还需更多证据。

四、生子不会说话

人类再殖过程中还有一个常见的曲折是生子不会说话。如纳西族《人类迁徙记》：

崇仁丽恩、册恒布两人呀，养下三个好儿子；儿子成长满三年，还不会说话；母亲急得慌，恰似身上皮裂不能缝！再一次让金色蝙蝠上天去请教，让机敏的灰狗上天去呼喊。天地互通情，善事又相知，岳祖给指点：要用母鸡下的第一个蛋，架在白杨木的叉口上，才能抵挡可罗可喜的祸害。三个好儿子，才能说出话，皮裂才能合。有一个早晨，三个儿子呀，来到门口蔓菁田里玩；突然跑来一匹马，拼命吃蔓菁；三个儿子着了急：

长子说一句：“达尼芋吗早！”次子说一句：“软尼阿肯开！”幼子说一句：“满尼左各由！”（都是“马吃蔓菁”之意）一母之子变成三种人，一坛泡酒酿成三样味，一匹好布织成三个色！穿衣三个样，骑马三个样，住也住到三个不同的地方。（CNnx08）

在其他异文中，孩子开口说话的原因也有不同说法，如彝族、苗族一些异文中是烧竹子：

姑娘和老三成婚以后，生下三个儿子都是哑巴，扎实奇怪，又上天去问：“爹，咋个我家三个儿子都是哑巴？”尔体古子还在气，问死也不说。女儿劝来劝去，最后他才说：“你家房背后有一窝竹子，里头有三根笋子。把三根笋子砍来烧爆，就各说各的话了。”（CNyi02）

向萤火虫取火，烧掉七万根金竹，竹子烧得咚咚响，孩子哇哇说出话，就成有手脚的人，就成有耳目的人，儿子会说话了，孩子会走路了。（CNmi03）

---

① 曹柯平：《中国洪水后人类再生神话类型学研究》，扬州大学，博士论文未刊稿，2003 年，第 112 页。

有时这个情节还会黏合“偷听话”母题，即夫妻派动物上天，偷听到神的对话，从而知道让孩子说话的方法。这使情节显得更加丰富。

鹿忆鹿认为：“彝族与纳西族天女婚神话中，人间男子与天女返回人间的过程类似，而生下的孩子同样不会说话，可见应同样是源自氐羌系统的神话情节。”① 据笔者现在的数据库，这个母题共出现在33篇异文中，其中彝族13篇，纳西族7篇，苗族10篇，占了大多数。地理分布上，云南、四川交界处的彝族、纳西族较集中，证实了鹿忆鹿的推断。但贵州地区的苗族异文中也有不少这个母题，可能是民族间交流传播的结果。

五、其他母题

除上面出现较多的造人母题外，还有一些其他值得注意的变化。

1. 多次造人

这个母题在故事中的两个地方可能出现。

一是在洪水母题出现之前，在故事开头的创世部分描写神灵多次造人。这种情况主要见于彝族及受其影响的相邻民族。如彝族以《阿细的先基》为底本的一些异文中，最初的几代人是以动物或眼睛来命名的。下面两篇分别来自仡佬族和傈僳族的异文，笔者怀疑亦是受了彝族的影响：

> 据说，世间上本来没有人烟，后来有了人烟，那是经过几翻几复的兴衰，才发展到今天这个样。从“风吹一曹，火烧二曹，水淹三曹”到现在，已经是第四曹人了。
>
> 原来，头一曹人是天神用泥巴捏的，遇着刮罡风，被风吹化了；第二曹人是天神用草扎成的，被天火烧光了；第三曹人是天上星宿下凡来投生发展的，遇着洪水朝天，淹死了无数，只剩下阿仰兄妹二人；洪水之后，天神彻略下凡来指点，阿仰兄妹成了婚，才传下现在的第四曹人。(CNgl01)
>
> 洪荒之世，分为三个时代。第一个时代名为 Chu-fulja。人身仅五寸许，所用的器皿，都细小。锅如鸡蛋壳，碗如栗壳。当时人的气力很小，所以不能有开发创造之功。第二个时代多为 mioushul-miou-

① 鹿忆鹿：《洪水神话——以中国南方民族与台湾原住民为中心》，里仁书局，2002年，第102页。

hsiengja。人身大约尺许，稍有进步。但不幸天灾流行，空中发现有七轮太阳，七轮月亮。晒得遍地生烟，草木尽枯，连旱三天，人民乃登山求雨。天乃降雨而连下三月不止。山洪暴发，泛滥天下。人类也灭绝。第三个时代名为 waëhsë-mei-ja，因为魔王 waë-hsë-mei 治世之故。此魔王身大无比。所有栗粟百姓织三年之布而不够裁其裤，吃七锅之饭而不饱。魔王所佩之箭包，可容一只大牛。人民不能供其食用，而魔王苛求食物，不堪其命，乃相率逃入山谷之中。不料后与猿结婚，而变为猿猴。魔王也就饿死。（CNls05）

二是洪水后，遗民在造人过程中开始几次失败，后来才取得成功。这种情况主要见于纳西族和台湾少数民族等族群。

2. 献祭造人

这个母题仅见于台湾少数民族，如：

在这万分危急的时候，部落里有个男人正好站在织布机旁，他仓忙地抓住身旁织布机的经线筒（经卷）。尽管洪水象猛兽般地将他和经线筒冲走，他还是双手紧紧地抓住经线筒，随波逐流，昏昏沉沉地被水流冲到西士比亚山上。后来，雨势逐渐地变小了，洪水也一寸一寸地退到河谷里。这幸运的男人死里逃生，无力地躺在山顶上。

……重造人类的希望涌上神的心头，他顺手抓起那个男人，把他的皮肉投入山脚下波涛滚滚的大海里。一种令人难以置信的奇迹发生了：男人的皮肉一碰到海水，就变成一个个活蹦乱跳的可爱人儿。（CNgs03）

3. 浑身怀孕

这个母题仅见于哈尼族。故事中的兄妹俩在洪水后成亲，妹妹莫佐佐梭全身上下都怀了孕，连手指、脚趾都怀了孕。不久，她就生下了许多孩子。大哥哈尼族从腹部生出来，常住森林边；二哥彝族从腰部生出来，常住半山腰；三哥汉族从手指生出来，常住平地；四哥傣族从脚板生出来，常住河坝；五哥瑶族从耳背后生出来，常住在森林里。（CNhn08）

4. 刻木或茅草造人

这个母题见于拉祜族和汉族。如拉祜族的异文：

但是，兄妹俩虽然成了夫妻，天神却说不能生儿育女。不能生儿育女，就没有世界。于是，兄妹俩就商量造人传人种的办法。他们想用木头刻，把木头变成人。这样，哥哥就进到深山刻木人，造人种，妹妹在家为哥哥煮饭。每天饭一煮熟，妹妹就背起饭进到深山给哥哥送去。(CNlh05)

5. 男人怀孕

这个母题仅见于拉祜族：

俩兄妹不能婚配成夫妻，人间就没有子孙后代，俩兄妹心里十分苦闷。后来，俩兄妹为了繁衍人类，便按照天神的安排，婚配成了夫妻。果然，第二年便怀孕了，但怀孕的不是妹妹，而是哥哥。哥哥怀孕的胎儿不是在肚子里，而是在脚腿上。哥哥每次怀孕。不但走不动路，连活路也不能去做，砍树挖地全由妹妹一个人。哥哥每次生下孩子后，妹妹都要杀牛给哥哥吃，慢慢地，牛也快杀绝了。

一次，哥哥又怀孕了，出家门时不注意脚踢在门坎上，怀在脚腿上的胎儿便流产了，顺着大脚趾头流在了地上，哥哥痛得死去活来。妹妹见了，十分同情哥哥。就对哥哥说："阿哥，你们男人怀孕在脚腿上，不但生产劳动不会做，生孩子更是困难。孩子生出来后还要杀牛给你们吃。把牛杀绝了，这么多的山地谁来犁。以后还是交给我们女人怀孕生孩子吧，我们女人怀孕在肚子里，一不影响走路，二不影响做活路，生孩子也没有你们男人困难，孩子生下后也不必杀牛吃，只杀鸡吃就行了！"

哥哥听了，觉得妹妹说的有道理。从此以后，怀孕生孩子就变成了妇女的事，妇女生孩子时要杀鸡给吃，就是那时传下来的习俗。(CNlh09)

6. 隔空怀孕

这个母题见于台湾少数民族和拉祜族：

兄妹虽然结婚了，可是羞于同居一起，便采九片野榆树皮来隔住，但榆皮怎么也隔不住。后来生了子女，这些子女就成为现在的苦聪岔满（即克木人）、苗、哈尼、佤、傣等民族的祖先。(CNlh02)

当太平洋还是一片陆地的时候，有一天，它忽然沉没了，居住在那里的人，除了五个兄弟姊妹以外，都淹死了。这五个兄弟姊妹攀登了一个木臼在海上漂流，到了晚上，他们在黑暗中不知道自己漂向何方，大家饿了一天，也不知道怎样才能弄到食物。经过一番讨论，他们决定把一男一女送上天去寻求指示。结果，上天的男的成了太阳，女的成了月亮。

天亮后，木臼上的三个人漂抵台湾，在如今台东县南部沿海的华源村登岸。……

…………

……太阳和月亮告诉他们说："以后你们不要同处一室，在你们的床铺之间要隔一道墙。"巴鲁哇和答巴答依照这话做了，结果生下了黑、白、红、黄等各种颜色的石头。他们试着把黑色的石头掰开，一掰就从石头里出来一个名叫狄那依的人——"狄那依"的意思是肠子——他的后裔就是现在的阿美族；接着又从黑色石头里出来一人，他的名字意思是"肚脐"，他的后裔则是我们的卑南族——我们知本村的"知本"就是肚脐的意思。从白色石头里也掰出了人来，那是日本人和大陆人。（CNgs02）

7. 人与动物婚配

这个母题见于佤族、怒族、白族等族：

达惹嘎木赶忙向天跪下磕头，就按老人的吩咐，去找小母牛商量，要和小母牛成一家人。小母牛非常乐意，高兴得直点头。

不知过了多少日子，小母牛怀孕了，肚子越来越大，大得叫人害怕。又过了一些日子，小母牛睡在地下不断打滚，哭得十分可怜，痛得直叫唤。经过一阵挣扎，生下了后代。奇怪的是，它生下的既不是人，也不是牛，而是一个拳头大的葫芦籽。（CNva04）

古时世上发生了一次称为"江水朝天"的洪水泛滥。大地上只幸存一位名叫茂英其汝咪的人，其它的东西全被洪水淹没了。茂英其汝咪独自一人生活在"加了块"（地名，在碧罗雪山的南端），过着狩猎采集的生活。后来茂英其汝咪与一只母鹿子相爱，结为夫妻，生了一个儿子，名叫其汝汪。这就是怒族麂氏族的来源。茂英其汝咪生了其汝汪以后，就离开了"加了块"迁移到普乐居住。在普乐居住了十一代以后，……大约到了十八世纪末期，麂氏族从普乐迁徙到豪打居住，……到今天已是第五代了，世系为：①玛华孬——②孬舍左——③左恒夏——④夏施培——⑤茶依华（现年十六岁）。（CNnu09）

综上所述，多种稀奇古怪的人类再殖方式，反映了人类顽强的生存意志。对人来说，宇宙是神奇而严酷的。然而，人类本身就是宇宙的造物。大地上没有任何一种生物像人类这样，对自身由来进行了如此之多异想天开的猜测，对改变自身的艰难处境有如此坚定的斗志和自信。大约这正是洪水再殖型神话能够如此广泛传播的内在原因吧。

第二节　事物的起源

口头叙事有头尾易变的规律，中国洪水再殖型神话正是这样，其最后一个母题——对事物起源的解释，变化最为多样。当然，这种变化也是有某些规律可循的。

一、多族一源

这个母题非常特别。在 682 篇异文中出现了 146 次，共流传于 29 个民族之中，可见其流传之广。其中彝族 31 篇，黎族 11 篇，苗族 10 篇，怒族 9 篇，傈僳族 9 篇，独龙族 8 篇，哈尼族、布依族和汉族各 6 篇，纳西族和土家族各 4 篇，其他族分别 1—3 篇不等。从采录时间看，笔者所知最早的记录，是陶云逵 1935 年在独龙族记录、1945 年发表的几个文本。[①] 还有芮逸夫 1937 年在傈僳族采录到的文本。然后是 20 世纪 50 年代在彝族和苗族等族中发现的文本。由于这个母题直接与民族认同相关，笔者曾怀疑它有可能是在特定政治背景下的讲述者和发表者的集体"作伪"，但从不少文献记录于 1949 年前，并且是由外国人所记来看，笔者否定了这种怀疑。

芮逸夫所引日本人鸟居龙藏 1905 年的《苗族调查报告》中，记有贵州安顺一青苗老人所述的故事：

太古之世，有兄妹二人，结为夫妇，生一树，是树复生桃，杨等

---

① 陶云逵：《几个云南藏缅语系土族的创世故事》，见金陵大学中国文化研究所编：《边疆研究论丛》（1942—1944 年度），1945 年。

树，各依其种类而附之以姓。桃树姓“桃”名 ché lá，杨树姓“杨”名 Gai yang，桃杨等后分为九种，此九种互为夫妇，遂产生如今日所有之多数苗族。比九种之祖先即 Munga chantai，Mun bān（花苗），Mun jan（青苗），Mun lō（黑苗），Mun lai（红苗），Mun la'I（白苗），Mun ahália，M'man，Mun anju 是也。（CNmi05）

这个故事中虽没有洪水灭世，却有兄妹结婚和同一民族不同支系由来的解释。由日本人所记，讲述者应该没有必要作伪。而芮逸夫本人也在 1937 年亲自听到多族一源的描述：

去年我们在云南西南边境耿马土司地，曾听大平石头寨的栗粟讲述一个洪水故事，说古时发洪水，有兄妹二人同入葫芦中避水。洪水退后，世上只剩兄妹二人，兄因找不到配偶，便与妹结婚；后生七子，遗传现在的栗粟、汉人、猍拉、猓黑、老亢、崩竜、摆夷等七种人。①

这个故事虽然复述得很简洁，但其中的情节甚为完整。尤其是关于多族一源的描述，真实性当无可怀疑。有意思的是，一些民族中的多族一源母题，还带有浓厚的图腾崇拜意味，如傈僳族的这篇文本中的描述：

两兄妹只好结为夫妻。也不知过了多长时间，他们生下了九个男孩和七个女孩，长大后各自出去对象。找着荞子为对象的，生的后代就姓荞，也就是今天的荞族；找狼为对象的，生下的后代就是狼族；找鼠为对象的，生下的后代就是鼠族；找鱼为对象的，生下的后代就是鱼族；找小岩羊为对象的，生下的后代就是小岩羊族；找羊为对象的，生下的后代就是羊族；找猪为对象的，生下的后代就是猪族；找牛为对象的，生下的后代就是牛族；找马为对象的，生下的后代就是马族；找绵羊为对象的，生下的后代就是绵羊族；找玉米为对象的，生下的后代就是玉米族；找毛虫为对象的，生下的后代就是毛虫族；找蛇为对象的，生下的后代就是蛇族；找青蛙为对象的，生下的后代就是青蛙族。（CNls10）

---

① 芮逸夫：《苗族的洪水故事与伏羲女娲的传说》，载《人类学集刊》1938 年第 1 卷第 1 期，第 189 页。

二、多姓一源

这个母题共有113例，主要出现在汉族和苗瑶壮侗语族群，其中汉族39篇，苗族20篇，其他如瑶族、壮族、仡佬族、布依族等，都有相当数量的分布。这个母题多数又称“百家姓”。如苗族的《傩公傩母歌》：

后来洪水都消了，葫芦走出一双人；只因天下人民绝，岳王与妹要配婚。心中思想无计较，去到灵山把香焚；你到东山去烧香，我去南山把香焚。若是香烟来结团，妹妹与你结为婚。祷告苍天齐发火，两边香烟结一团。看见香烟快结团，妹妹急忙躲藏身。伏羲看见妹妹走，随后追赶不稍停。伏羲行到中途上，巧遇金龟老道人；金龟开言从实讲，西眉山上去藏身。伏羲听得这句话，急忙前往寻妹身；果然寻见妹妹面，松树脚下拜为婚。妹妹开言问兄道：“谁人报告你真情?”伏羲从实回言答：“金龟老道报得真。”后生一个肉胞胎，无头无脑不分明。伏羲祷告天和地，将刀剖开看分明。见有十二童男子，又有十二童女人；就把儿女安名字，置了百家姓人名。(CNmi69)

这是芮逸夫1933年在湘西苗族搜集到的文本，他找到的另外三个文本，结尾也都是解释多姓一源的由来。

三、神或杰出人物的由来

这个母题虽然有52例，但分布得相当散，除台湾少数民族中的异文数为16篇外，其他民族都不超过10篇。下面是苗族的一例：

不久生了一个肉块，无头无脑又无足；二人就用刀剖割抛弃，每抛一块，必叫一声，叫的是什么声音，就是什么姓，所以有吴、龙、石、麻诸姓；到了最后一块，叫声无用，把它摺去，就成廖姓。兄妹二人割到天晚，回家就睡觉，到明晨起来一看，只见昨天抛弃肉块的地方，都有了人。问他们时，都不知来何处。后经兄妹俩说出来由，才都知道。因此世人奉祀为神，就是现在“还傩愿”时奉祀的傩公傩母。(CNmi76)

关于神话与仪式的关系，人们过去讨论甚多，已有不少论著出版。洪水再殖型神话也常常与仪式相关。湖北神农架地区的《黑暗传》，就是在丧礼上演唱的；湘西和贵州等地的还傩愿，也都是在祭祀傩神的仪式上演唱的。

四、其他文化事象的由来

洪水再殖型神话中关于事物来源的解释，可谓五花八门。这里罗列一些：

1. 向鸟学取火

弟弟发现了一头死鹿，但没有火又没有刀，怎么办？正踌躇间，忽然迎面飞来一只红嘴小鸟，他俩对它说："小鸟！请你找火来吧，我们煮熟了鹿肉给你一份！"小鸟一下子便把火拿来了。他俩又说："你找把刀来吧，我们煮熟了鹿肉给你一份。"同样，刀子一会儿又拿来了。于是他俩动手将死鹿切开一块一块用火攻熟来吃。吃完后，转瞬间原来放死鹿的地方涨起水来，就好象田水一样。(CNli03)

没有火吃生的哟！小鸟树上讲话了："墨寻坡（土家语，地名）的岩脚下，有火有火哟！你去看看吧！"我看什么也没有哟！小鸟又在叫了哟："有火有火哟！要打要取啊！取一个岩头哟，取一个铁皮皮哟！"体打体打（打火链时的声响。打火链是土家族取火的一种原始方法，即用一块铁皮与火链石摩擦生火，至今在土家族中仍保留着有这种取火方法）打火链罗，岩头眼眼出火了。(CNtj10)

这个母题共22 例，以台湾少数民族中为多。鹿忆鹿女士《洪水神话——以中国南方民族与台湾原住民为中心》一书中，对这个母题进行了比较全面的描述和研究。[①]

2. 文字的由来

这个母题多见于傈僳族：

列喜列刹叫孩子们把自己的语言书写下来，汉人写在白布上，所以至今尚保存汉文字；诺苏写在黑布上，成为老彝文；傈僳写在麂子皮上，后来麂子皮被狗咬吃了，所以傈僳族没有文字流传下来。(CNls15)

3."哭姊妹"的由来

① 鹿忆鹿：《洪水神话——以中国南方民族与台湾原住民为中心》第三章第五节，里仁书局，2002 年。

这个母题总共13例，湖北占9例。它与楚地方言和哭丧风俗有关。笔者是湖北人，幼时常目睹这个传统风俗：老人去世后，一般会停尸三天，等候远方家人和亲戚朋友赶来做最后告别。来了悼念的客人时，夫妻幸存的一方会来陪哭，边哭边数，声调悠长，颇似楚剧中的一种悲腔。这种歌哭有一定的程式，开头一句是："姊妹吔——"据笔者所知，湖北省大部地区的传统丧俗都是如此。这个风俗被自然地嵌入洪水再殖型神话：

伏羲对女娲说："妹呀，你看世上没有人了，我们俩成亲吧？"妹妹先是不同意，后来提出要媒人。伏羲说天下人都死光了，女娲说："没有媒人也行，这里有两根香，你在山东头点一根，我在山西头点一根，两股烟子要是在天上合拢了，就算是天作媒。"两股烟子在天上没有合拢，这时有个老乌龟向天上吹了口气，烟子就合拢了。

…………

兄妹成亲后，女娲生下一个肉球，伏羲用刀切开，里面有一百个孩子，一半是男，一半是女。伏羲、女娲给他们每人取了一姓，这就是百家姓的来历。

后来，夫妻死了哪一个，另一个就哭："我的亲人哪，我的姊妹啊……"（CNha150）

4. 黥面的由来

这个母题见于海南岛黎族和台湾少数民族。如刘咸《海南黎人文身之研究》一文，就记述了海南岛黎族的一个洪水故事，说上古时天翻地覆，世界生物尽被淹没，仅遗姊弟二人。雷公将姊面画黑，使姊弟结婚，遗传人类。（CNli05）另一篇黎族异文讲：

上古之时，天翻地覆，世界生物尽被淹埋，人类同遭此厄，仅遗一姐一弟，相依为命。然姐弟虽情亲手足，终不可婚媾，于是姐觅夫，弟觅妇，分道扬镳，各自东西，久之各无所遇，终乃姐弟相逢，如此者再。雷公知此事，化为人身，下凡谓弟曰："今予在此，汝二人可结夫妇。"弟曰："姐弟不可以婚姻，否则必遭雷公打。"雷公曰："我即雷公，决不打汝。"弟乃坚持不可，重出觅妻。于是雷公将姐之面划黑。无何，弟再遇姐，不识为谁，以为必非己姐，可以求婚。于是姐弟结婚，繁衍生殖，而得之今之黎人。（CNli04）

5. 猎首习俗的由来

这个母题见于台湾少数民族。如邹人洪水故事中讲：洪水来后，人们逃到玉山，因无谷类，故以野兽为食。一天，某人杀狗而食，并将狗头插在地上的竹竿上，觉得很好玩。当时正好有一个恶童危害该社，众人便将他杀死，将其头插在地上，群众大乐。后来洪水渐退，人们分别散去，就互相杀社人之头，从此有了猎首的习俗。①

中国西南地区有些民族，如佤族，过去也有猎首风俗，但他们没有将这个风俗与洪水故事关联在一起。从这里看，风俗与故事的关联可能是很偶然的。

6. 交税的由来

这个母题主要见于独龙族。如：

> 在远古之时，洪水滔天，人类死尽。惟在卡窝卡莆神之山上，有兄妹二人，兄名庞（Pang）、妹名孃（Nang），因虑人类绝种，乃自相交配而生九男九女，各儿女复自相配偶。大的一对，无名，成亲，为藏族人之祖先。第二对，男名京（Ging）、女名捻（Nion）成亲，为俅子之祖先。当时此四人赛射弩箭，以一块钱为目标。言明射中者向射不中者征税。第一对夫妇果射中，第二对未射中，故至今俅子纳税给藏人。（CNdr07）

7. 风物、风俗的由来

最后，洪水故事中的释源母题还会与各地形形色色的风物相联系，变成一个纯粹的传说。如结婚戴红盖头风俗、彝族的结婚破壶风俗、土家族的新婚带露水伞风俗等，据说都与洪水故事有关。这里再举一个比较特别的风俗：

> 在罗田县西北角，邻近麻城的木马岩李南冲，住着几十户姓“熊李”的人家。姓熊姓李不是两姓么！为么事扯到一起呢？
>
> 传说上古时候发洪水，只剩下一男一女没淹死，男的姓熊，是女的亲娘舅，女的姓李，是男的外甥女儿。
>
> …………
>
> 后来他们生下好多儿女，为了不让“熊李”二姓绝后，就让儿女们复姓“熊李”，可以同姓开亲。这乌泡刺沟，就是现在的李南冲。据

① 鹿忆鹿：《洪水神话——以中国南方民族与台湾原住民为中心》，里仁书局，2002 年，第 202 页。

说，这就是李南冲一带，一些人家复姓“熊李”和可以同姓开亲的来历。(CNha166)

故事的讲述者李少庭是个六十七岁的退休干部，记录整理者邱玉湖在1987年6月为该故事做了一个附记：“在麻城蔡店河乡梧桐岗村一带，有复姓‘熊李’居民百余家，约三百余人。相传自宋以后，‘熊李’姓有兄弟俩，遂各承一宗嗣，兄姓熊，弟姓李，但至今两姓的老者仍称‘我们又姓熊又姓李’。……据熊李姓村民讲，梧桐岗术蛋皮坳的牛形地有一座男女合墓，即为‘熊李’姓始祖墓，《熊氏宗谱》和《李氏宗谱》均有记载。”

从社会功能的角度看，民间故事结尾的事物起源解释，乃是最为值得注意的部分。因为越往远古，洪水神话与仪式的关系就越密切。它们一个是语言叙述，一个是行为实践，共同维系着传统社会的集体意识与生活秩序，正如英国著名人类学家马林诺夫斯基实地调查后指出的那样：“神话在原始文化中有不可必少的功用，那就是将信仰表现出来，提高了而加以制定；给道德以保障而加以执行：证明仪式的功效而有实用的规律以指导人群”。所以，神话“是原始信仰与道德智慧上实用的特许证书”。[①]关于洪水再殖型神话与共同体生活实践的关系问题，田野资料不太多，以后须更加注意。

综上所述，中国洪水再殖型神话中有关人类再殖的过程，无论捏泥人、葫芦生人、碎尸生人还是其他方式，都不是正常的妇女生殖，而是突出再殖过程的非正常性和神圣性。有关事物起源的解释，是有关共同体集体意识建构的事物。通过这种对重大事件的统一解释，神话就不仅停留在故事层面，而且发挥了一种整合群体意识形态的社会功能。

---

①［英］马林诺夫斯基：《原始心理与神话》，见［英］马林诺夫斯基：《巫术科学宗教与神话》，李安宅译，中国民间文艺出版社，1986年，第86页。

第十章　故事树与故事圈

在阐述故事是从何而来这个问题之前，必须先回答它是什么这个问题。

——普罗普

口头叙事与书面文学不同，它在时空中具有流动性与变异性，没有固定形态。因此，研究口头文学首先要回答的问题是它是什么，或者说，它在漫长时间和广阔地域里以怎样的方式存在。通过上面几章对中国洪水再殖型神话中数量最多、最引人注意的一些母题的分析，我们将对这个故事类型的形态做出系统回答。[①]

第一节　根深叶茂的故事树

前面介绍过刘魁立先生的故事树模型，比起他研究的 33 篇浙江“狗耕田”故事来，中国洪水再殖型神话时间跨度更大，流传地域更广，异文数量更多。为此，笔者在方法上做了改进：其一，建立数据库，将每篇异文中的母题解析出来，标上代码，方便统计，解决了异文数量大、母题多而难以把握的困难；其二，著录每篇异文的时间深度，以便追踪其生命史；其三，将故事亚型的流传地域在地图上做标记，呈现其传播圈。方法改进后，对洪水再殖型神话这样超大型故事的形态，也可做出深描了。

① 笔者只能在自己所见的 682 篇异文基础上进行统计归纳，鉴于笔者眼界所限，这里的结论只是暂时性的。后来者可以在这个数据库中不断添加新发现的文本，做出新的结论。

一、孕育和诞生

复杂故事类型在口头创作中需长期孕育，有三个阶段的演进：孕育期、诞生期、成长期。把中国洪水再殖型神话比作一个婴儿的话，那么，黄河中下游地区的洪荒记忆，是这个故事类型在中华文化中的结胎；大禹治水、捏泥人、石龟（石狮）眼红及伏羲、女娲兄妹婚等相关母题的出现，相当于这个故事婴儿的孕育期；故事原型《天地开辟已来帝王纪》的出现，是其诞生期；后来在中国大地上的广泛传播，是其成长期。

如果把中国洪水再殖型神话比作故事树，孕育期则相当于它的树根，埋在中华文化土壤里不断吸收营养，同时在历代洪灾的刺激下创作新的母题，汇入情节主干（原型），发育为一个完整的故事类型。

中国洪水再殖型神话的孕育过程，如下图所示：

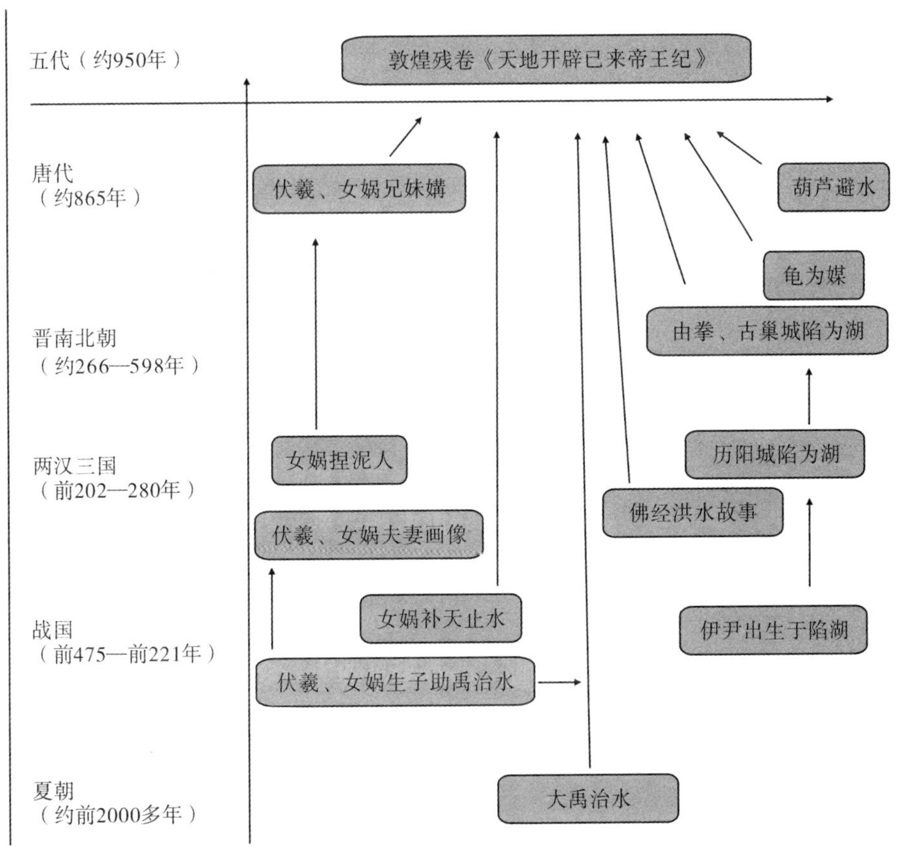

图10　中国洪水再殖型神话孕育期示意图

从上图可以看出：中国洪水再殖型神话的原型在公元10世纪出现之前，不少相关母题以单独出现的方式，在三千年的漫长时间中不断产生，形成发达的根系，最后终于形成合力，整合出这个故事类型的完型。

二、成长和发展

中国洪水再殖型神话在五代时出现原型，随着时间推移，不仅在汉族地区广泛传播，而且与少数民族聚居地区的其他同类神话相碰撞，情节不断丰富，母题不断增加，变化越来越复杂，亚型越来越多。

在保持情节主干情节不变的前提下，中国洪水再殖型神话的变体，发育为下面这样一棵枝繁叶茂的故事树。

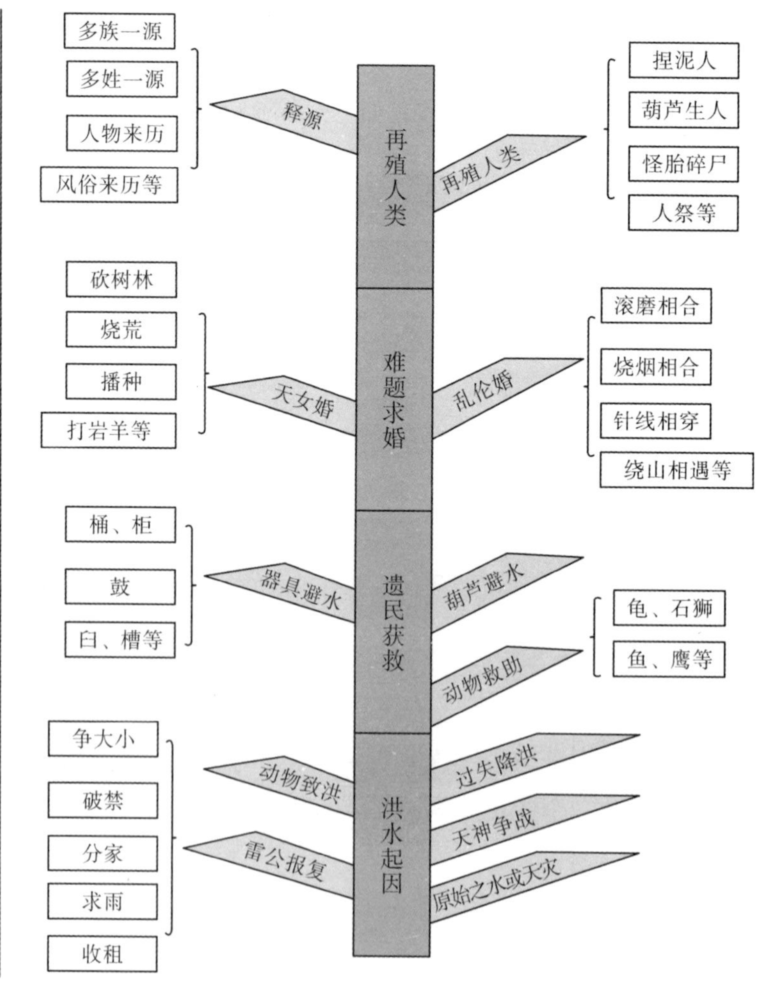

图11　中国洪水再殖型神话故事树

从上图看出：洪水再殖型神话的四个情节段——洪水起因、遗民获救、难题求婚和再殖人类——是故事树的主干。每个情节段中可供置换的母题群，就像伸展的枝叶，共同形成一棵枝叶繁茂的故事树。来自不同传统的讲述者，会选取他所习得的母题，组成他的故事。文化传统不同，讲述者的选择也不同，于是形成了众多的故事亚型。

第二节　丰富多彩的故事亚型

故事亚型，指在同一故事类型中，由某些特色母题按特定内在逻辑组合而成的一批相似异文。笔者划分中国洪水再殖型神话亚型的步骤是：①找出四个情节段中最富特色的母题，作为识别亚型的标记，统计其出现的频度。②考察特色母题的连接逻辑，划分出不同亚型，尽可能探查其时间深度。③根据各亚型中代表性文本的族属和地域，在地图上标示它们的故事圈。④审视各亚型的传播范围，考察不同故事圈的交叠形态。

研究结果显示，中国洪水再殖型神话可以分为以下几种亚型。

一、汉族亚型

洪水再殖型神话最早的母题皆为汉字记载，其原型《天地开辟已来帝王纪》出自敦煌残卷，因此，我们首先对191篇汉族文本中的母题进行了逐个统计：

第一段“洪水起因”：无（60），原始之水（9），天灾（65），恶行（10），雷公报复（7），其他1—6篇不等。很显然，汉族异文中绝大多数没有特别指出洪水起因。所以笔者将母题数量最多的“A0 无”和“A2 天灾”，作为汉族异文在第一情节段的代表母题。

第二段“遗民获救”：首先，遗民身份为“C2 乱伦血亲”的有145篇，其中“兄妹”占106篇。其次，获救原因中“B2 好心得报”有70篇，其中“B24 给石人、石狮、石龟、道士等送饭”有48篇，“B1 神助”有35篇。最后，避难方式中数量占绝对多数的是“D1 神（动物）救助”中在石龟、石狮、石人肚子中避难（55），然后是“D2 植物救助”中在葫芦或瓜类中避难（37）。这个情节段的汉族特色母题是：B1/B24，C2 和 D1/D2。

第三段“难题求婚”，主要有两类难题考验：一是“E1 神示”，二是“E2

体力技能智慧”。汉族异文中只有前者，E1 为汉族特色母题。

第四段“再殖人类”，主要有两个母题：再殖和释源。再殖母题中“F31 捏泥人”有 65 篇，数量最多。其次是“F53 正常生育”39 篇。再次是“F51 畸形子（肉球、葫芦或瓜）切碎变人”，共 38 篇。在释源部分，汉族异文中，“G12 多姓一源（百家姓）”和“G13 残疾人与汗泥”两类共 77 篇，显然是汉族的特色。

综上所述，汉族亚型的情节主干可以归纳为：天灾 + 石龟（石狮）避水 + 兄妹占卜结婚 + 捏泥人（或畸形子切碎）再殖人类 + 百家姓的由来。

用笔者数据库中的代码组合，得出如下故事模型：

A0/A2 + B1/B24 + C2 + D1/D2 + E1 + F31/F51 + G12/G13①

汉族亚型的文字概括如下：

①洪水一般是不明原因的地下水或天灾。

②由于兄妹心地善良，神向他们透露了洪水即将到来的消息，还告诉他们洪水的前兆：a. 石龟（石狮、石人）的眼睛出血（或发红）；b. 城门出血；c. 臼出水；d. 其他。兄妹发现前兆后，钻进石龟（石狮、石人）肚子里（或其他方式），在大洪水后幸存。

③为了重新繁衍人类，兄妹以一系列难题向神占卜天意。这些难题是：a. 分别从山头上滚下一扇石磨，两扇石磨重叠在一起；b. 分别在两座山上烧烟，烟柱在天上相缠；c. 分别从不同山上扔出针和线，哥哥的线穿过了妹妹的针；d. 其他。

④兄妹通过捏泥人（或生育）再造人类。这成为百家姓和残疾人的由来。

汉族亚型中特色母题的连接逻辑是：①因为遗民有好品德，所以神（石龟、石狮、石人）决定救助他们，让他们躲入肚子里避难。②因为幸存者存在乱伦禁忌，所以必须通过难题来占卜神意，得到神示后才能结婚。③因为再殖人类的方式是捏泥人，所以下雨会造出残疾人。因为泥人出自一源，所以天下姓氏都出自一源。

将数据库中几个最富汉族特色的母题进行筛选，数据分别是：

“B17 石龟、石狮、石人眼红”“B24 给石人、石狮、石龟、道士等送饭”

---

① 在这个公式中，笔者设定：“/”意为“或”，“ + ”意为前后两个母题的连接。

共64篇，其中汉族60篇。流传地域是河南30篇，辽宁8篇，浙江5篇，山西4篇，江西、福建各3篇，安徽、湖南、河北各2篇，其他有这个母题的省份各1篇。

D11（及D12、D13）在石龟、石狮、石人肚里避难共59篇，其中汉族55篇。流传地域是河南30篇，辽宁8篇，山西4篇，浙江、江西各3篇，安徽、河北各2篇，其他有这个母题的省份各1篇。

“F31捏泥人”共68篇，其中汉族57篇。流传地域为河南29篇，辽宁10篇，四川6篇，湖北、云南、广西各4篇，安徽、河北、江苏各2篇，其他有这个母题的省份各1篇。

我们将含有这三个母题的汉族文本筛选出来，总共27篇，它们属于汉族亚型的完整文本。流传地域是河南21篇，辽宁4篇，吉林1篇，安徽1篇。标示在地图上，就出现了汉族亚型的流布圈，或者叫故事圈。这是具有全部三个母题链的异文，不是汉族亚型的全部。从汉族亚型的异文分布看，如图12所示，其流布中心显然在中原地区，东北也较多。异文播布于豫、冀、晋、鲁、苏、浙、赣、皖、闽、鄂、湘、桂、川、辽、吉诸省（区），故事圈的边缘北至东北、南至湘桂、东达苏闽、西迄四川，主要流传于汉族居民区，亦见于故事圈中与汉人杂居的几个少数民族之中。

汉族亚型的原型，当是敦煌残卷中的《天地开辟已来帝王纪》。但是，为什么汉族神话中时间较早的伏羲、女娲生子助大禹治水，一变为伏羲、女娲穿龙衣上天避水，再变为一对普通兄妹在石龟或石狮肚中避水呢？不少学者认为，这一转变当与地陷传说的涌现和传播相关。钟敬文先生曾指出：“我以为现在汉族流行的这种类型的神话，部分记录中石狮子及其预告灾难等情节，是从较早时代地陷传说中的石龟角色及其作用所蜕变而成的。而明代小说中的石狮子及其预兆作用的叙述，正是现在这种故事有关情节的较早形态。在现代同类型神话的另外记录里，那角色仍是乌龟，这是原始说法的遗留。”① 有可能的是，通俗小说《龙图公案》中石狮子眼红预兆洪水到来的地陷故事，在汉族亚型演化和传播过程中也发挥了某些作用。

① 钟敬文：《洪水后兄妹再殖人类神话——对这类神话中二三问题的考察，并以之就商于伊藤清司、大林太良两教授》，见钟敬文：《民俗文化学：梗概与兴起》，中华书局，1996年，第242页。

图12 汉族亚型完整异文分布示意图

二、苗瑶壮侗亚型

笔者搜集的异文中，苗族异文数量仅次于汉族，有 87 篇。苗族异文中最引人注目的母题，一是洪水起因多为“A48 雷公报复”（37），二是获救原因为“B23 救雷公”（27），三是 D23 和 D21 雷公赠葫芦或瓜以避洪水（48），四是 F51 生子为畸形，切碎后化为新的人类（28）。

笔者以 A48、B23、D2、F51 四个特色母题为标的筛选，发现了 60 篇异文，分别是苗族 16 篇，壮族 10 篇，瑶族 8 篇，布依族和土家族各 6 篇，侗族和汉族各 5 篇，仫佬族 2 篇，畲族和黎族各 1 篇。除汉族和土家族外，其余属于苗瑶语族和壮侗语族，因此命名为苗瑶壮侗亚型。

苗瑶壮侗亚型的情节主干为：雷公报复发洪水 + 兄妹葫芦避水 + 兄妹占卜结婚 + 生畸形子切碎再殖人类 + 多族一源或多姓一源的由来。①

用笔者数据库中的代码组合，得出如下故事模型：

A48 + B23 + C21 + D23/D21 + E1 + F51 + G11/G12

苗瑶壮侗亚型的文字概括为：

①人类的始祖（姜央、卜伯、阿陪果本等）设计擒住雷公，雷公脱逃后为报仇而发大洪水。

②兄妹因救雷公而得到神奇的葫芦（或瓜）种子，洪水来时躲入葫芦（或瓜）中幸存。

③兄妹通过占卜神意结婚，占卜方式有：a. 滚磨；b. 烧烟；c. 问动植物（如龟、竹）；d. 其他方式。

④兄妹生下畸形子，剖割抛弃，肉末变化为人，成为多个民族或多个姓氏的祖先。

马学良、今旦译注的《苗族史诗》是这个亚型的代表性作品之一：姜央与雷公是亲兄弟，两人分家时雷公拿走了大部分财产。姜央借雷公的牛耕田，将牛杀死吃了。雷公前来劈姜央，却反被姜央捉住关在仓里。雷公逃走后发起大洪水，姜央躲入葫芦漂到天上。水退后，姜央回到地上，由于找不到配偶，他

---

① 这个亚型在释源部分分歧较大，此处取数量较多的“G11 多族一源”（11 例）和“G12 多姓一源”（15 例）。

通过问竹、滚磨、骑马相追等神卜和难题考验，与妹妹结婚。婚后生下一畸形子，切碎后变人，这些人成为多个民族的祖先。①

苗瑶壮侗亚型的60篇异文，空间分布如图13所示。从示意图上可以看出，苗瑶壮侗亚型主要见于黔、桂、湘三省（区）操苗瑶壮侗语的民族及与他们杂居的民族中。从形态上看，它以雷公报复母题与葫芦避水母题、怪胎切碎变人母题相复合为主要特点，但故事开头常有世界的起源（如十二个蛋）、神奇的兄弟等母题。在故事圈的中心区，主人公多以姜央兄妹为主。故事传播到不同地区后主人公或发生音变，或被当地传统中的文化英雄所置换。②

苗瑶壮侗亚型是中国洪水再殖型神话的主要亚型之一。鹿忆鹿指出："综观整个南方民族的洪水神话，除了彝族、纳西族较特别的天女婚神话外，洪水后兄妹婚神话似乎有集中在湘、桂、黔三省交界的现象，如苗蛮、百越族群的布依、水族、壮族、仫佬、毛南，氐羌族群的土家族。即使远在海南的黎族的洪水神话，洪水后传下的三个民族中也包括苗族，这应不是一种巧合。伊藤清司先生也说，在苗蛮族群地区，具有洪水后同胞婚神话要素的传承，分布得更深广。这就是说，洪水神话即使不是起源于苗蛮族群，我们也可以确定，苗蛮族群分布区域是中国境内洪水神话流传最普遍的。"③我们的数据库中，来自苗瑶语族和壮侗语族的异文总数有220篇，约占总数的三分之一，表明这个判断是符合现有分布状况的。

① 马学良、今旦译注：《苗族史诗》，中国民间文艺出版社，1983年。根据该书序言，这部史诗的原始资料是1952年在黔东清水江一带，为调查苗语而收集的。发表出来的版本"是在所记录的众多语言材料中选择出来，作为文学读物整理加工而成的"（第9页）。笔者对照了中国作家协会贵州分会筹委会1958年11月编印、中国民间文艺研究会贵州分会1985年4月翻印的《民间文学资料》第4集《黔东南苗族古歌（一）》，认为这个整理本是非常可信的，它的确是一个综合许多文本优点的、比较科学的版本，集中反映了雷公山和清水江一带苗族古歌的主要内容。

② 余文烈先生在采录苗族八十岁的牯脏头杨里当讲述的《姜炎斗雷公》后，在附记中做了这样的介绍："姜炎传说中有一系列的故事，诸如《姜炎斗雷公》、《姜炎斗老虎》、《姜炎斗蜈蚣》和《姜炎戏弄妈妈》（即《姜炎砍伐梭罗树》）等等。本篇仅系其中的一个，即《洪水故事》，这一系列的《姜炎故事》在黔东南地区流传很广，家喻户晓，在苗汉杂居区汉族人民中也流传，而讹脱为《张古老斗雷公》、《张古老斗老虎》和《张古老砍伐梭罗树》等等苗汉混同的神话故事。张古老即姜固娄的音变，音变为张，固娄（苗语系老、老头）音变为古老。"他从采录者的感性经验观察到了姜央作为主人公的故事传播出中心区后所发生的人物变化。见燕宝、张晓编：《贵州神话传说》，贵州人民出版社，1997年，第62页。

③ 鹿忆鹿：《洪水神话——以中国南方民族与台湾原住民为中心》，里仁书局，2002年，第39页。

图 13　苗瑶壮侗亚型分布示意图

关于苗瑶壮侗亚型的历史渊源，目前我们所知甚少。它的最早记录，目前所知为英国人克拉克 1911 年《在中国西南的部落中》一书中记述的《洪水歌》①。从这个亚型已经流传到十多个民族并在一些民族（如壮族、布依族、瑶族等）中形成了较稳定的变体来推测，它的历史一定非常古老。另一个重要线索是，苗族使用父子连名制，这是他们记忆族群历史的重要方式，也是追溯他们族源的重要依据。李廷贵《雷公山上的苗家》一书载：1980 年，雷山县桃江公社岩寨大队的李正龙（六十七岁）讲述，其祖先的世系为耶公→姜耶→双姜→木双……一直排列了二十七代，以每代三十年计，有八百多年。而当时丹寨县排调区加沛公社南梦大队的王夏耶（七十二岁）所背的世系，则是从伏羲、女娲算起，共三十七代：

> 伏羲（兄）、女娲（妹）、往羲（弟）→腊往→秀腊→旺秀→超旺→东超→洛东→亮洛→相亮→木相→免木→龙免→扭龙→细扭→雷细→你雷→兴你（侗你、有你、空你四兄弟）→富兴→果富→调果→公调→修公→闹修→金闹→往金→许往→芒许→绞芒→你绞→措你→帮措→干帮→颂干→王颂→兄王→耶兄（许兄）→夏耶。②

若按这个世系，雷公山苗族的族源就超过一千年了。我们注意到姜耶（央）的另一个名字为腊③，所以这两个世系间有着内在的联系。当然，上述线索对解开苗瑶壮侗亚型的时间深度之谜是远远不够的，还有待进一步研究。

三、藏缅亚型

在彝族、纳西族及其杂居族群中，洪水再殖型神话发生了特别的改变：大洪水后，遗民只剩一个男子，他不得不到天上去找仙女为妻。他在天上经历了岳父对他体力、智力的考验，最后带妻子下凡，重新繁衍出人类。这种变化导致了一个新亚型的形成，我们称其为藏缅亚型。

藏缅亚型的情节主干是：兄弟开荒 + 木柜避水 + 孑遗（唯一男子）+ 寻天女（对女婿的难题考验）+ 生子不会说话 + 多族一源的由来。代码组合：

---

① 参见芮逸夫：《苗族的洪水故事与伏羲女娲的传说》，载《人类学集刊》1938 年第 1 卷第 1 期，第 173 页。其情节与马学良、今旦译注的《苗族史诗》基本一致。

② 李廷贵：《雷公山上的苗家》，贵州民族出版社，1991 年，第 3—4 页。

③ 见李炳泽为吴晓东《苗族图腾与神话》（社会科学文献出版社，2002 年）一书所写的序。

$$A2 + B6 + C41 + D31 + E2 + F7 + G11$$

藏缅亚型的文字概括为：

①兄弟几个白天开荒夜晚被平复，他们发现是一老头（或其他人、动物）所为。老头告诉他们由于天神相争（或惩罚人类）即将发大洪水。

②最小的弟弟由于心肠好而在鼓（或木柜）中躲过洪水幸存。

③他被天女（羽衣仙女）带到天上，在天女帮助下通过了许多难题考验：a. 一天砍完九十九片森林；b. 一天完成九十九片地的烧荒工作；c. 一天撒完九十九片地的种子；d. 在一天之内将撒出的种子拣回；e. 寻回五颗被蚂蚁和斑鸠吃掉的种子；f. 挤母虎乳汁；等等。与天女结婚并带其回到地上。

④他们下凡时带回各种物种做嫁妆，他们的孩子成为多个民族的祖先。

纳西族史诗《创世纪》是这个亚型的典型代表。故事讲：人类第九代祖先从忍利恩有五兄弟和六姐妹，他们相互婚配，秽气污染了天地，天神决定放洪水毁灭人类。只有心肠好的从忍利恩得到神的忠告，知道洪水到来时，必须躲进牦牛皮制成的大鼓中。洪水后人类基本灭绝，只有从忍利恩在牛皮鼓中幸存。但他不听神的指点，与一个直眼睛的美丽天女结婚，结果生下了蛇、蛙、猪、猴、鸡等动物和松、栗等植物，没有繁衍出人类。后来一天女下凡来与从忍利恩相恋，并将他带到天上。天女之父对女婿进行了种种难题考验，从忍利恩在天女帮助下顺利通过考验，娶天女为妻。夫妻二人从天上迁到地下定居，天神以各种动物、植物及粮食种子为嫁妆。他们的三个儿子，分别成为三个民族（藏族、纳西族、白族）的祖先。[①]

根据前面绘制的“天女婚母题分布示意图”，藏缅亚型主要流传于云南丽江市、宁蒗彝族自治县与四川德昌县、木里藏族自治县和峨边彝族自治县一带交界的彝族、纳西族聚居区。故事的主人公，在纳西族中多称崇仁丽恩，在彝族中则有阿朴独摩、笃慕、支格阿龙、居木吾吾、觉莫惹牛、居木惹略等等。总的来看，纳西族异文变化很小，它们有完善的东巴文献记载，且只能由东巴在祭祀时诵读。彝族更多的是口传异文，所以容易发生变异。据曹柯平考证，纳

① 云南省民族民间文学丽江调查队搜集翻译整理：《纳西族民间史诗　创世纪》，云南人民出版社，1960 年。

西族和彝族存在着族源相同的关系[①]，那么，这个亚型有可能出自他们的共同祖先。

曹柯平和鹿忆鹿都将藏缅亚型中有关眼睛的神话母题，看作探测藏缅亚型时间深度的重要线索。鹿忆鹿将彝族的眼睛神话与《山海经》、三星堆出土文物相联系，认为它是古代氐羌人的族群标志。[②] 曹柯平将三星堆发现的青铜人面像与彝族的眼睛神话更直接地联系起来，他说："如果我们把纵目人面像，联系于洪水神话中的直眼人，把杏状大眼人面像和菱形眼形器，联系于洪水神话中的横眼人，而把只表现人的瞳孔的铜眼泡，联系于洪水神话中的独眼人。再加上能肯定那尊最高大的青铜立人手中所握的并不是玉琮，而就是彝族巫师'作斋'时用的'祖筒'。那么，我们就能有根据地推测，在商代晚期，蜀国的氐羌人巫师于祭祖大典上，应当讲述过'眼睛母题＋天女婚母题＋母体生人母题或葫芦出人母题'组合（即 AI 式）的洪水神话。"[③]他们的这些推断，还需更多证据和进一步论证。

令笔者惊讶的是，美洲印第安人的洪水神话竟与藏缅亚型非常相似。大约 1580 年在基多记录的一个南美洲文本[④]说：洪水毁灭人类后，只有一对兄弟幸存。起初，他们只吃树根和野草，但过了段时间，他们每天干活回来都有人给他们准备好了食物。哥哥偷偷藏起来看那个神秘人是谁，他发现两只金刚鹦鹉进了屋子，脱掉它们的翅膀，开始料理家务。这个男人从藏身之处出来，把鹦

---

① 曹柯平在研究彝族各支系的丧葬歌《指路经》和几部长篇史诗后指出："按照《西南彝志选》中《安氏世纪》的记载；并参证《爨文丛刻》中《帝王世纪》（亦曰《人类历史》），以及清道光《大定府志·安氏谱》可知：贵州土司水西安氏，自彝族之共同始祖'仲牟由'——四川凉山彝族称之'居木武吾'；云南彝族称之'笃木西'；'阿仆独姆'；贵州彝族称之'笃慕吾'、'笃慕俄'、'笃米'、'笃慕'、'祝明'等，至康熙三年（公元 1664）的水西宣慰使安坤，历传八十五代人。如果以平均每代二十五年计，则仲牟由其人生活的时代，应大约在公元前五世纪中叶，即相当于春秋战国之际。恰巧这一时期，也是早期蜀国的杜宇氏集团、开明氏集团的活跃时期。因贵州的水西安氏，世代相传其祖先由滇东北迁来。故尔，根据'杜宇娶朱提女利'的故事，我们推测春秋战国时期的杜宇氏集团，与活动于滇东北的朱提一带的仲牟由集团，有过通婚关系。由于在彝语支族群当中，较早分化成为单一民族的纳西族、傈僳族、拉祜族等，都要晚至魏晋后才见诸史书著录。所以又可推断：当时的仲牟由集团，既是后来的彝族各支系的直系祖先——如：贵州水西安氏的祖先，即出自仲牟由集团的六祖之一'默系'；同时，还可能是一个彝语支群族未分化之前的人们联合体——如：哈尼族等也以'仲牟由'为其洪水时代的共同始祖。"见曹柯平：《中国洪水后人类再生神话类型学研究》，扬州大学，博士论文未刊稿，2003 年，第 109—110 页。

② 鹿忆鹿：《洪水神话——以中国南方民族与台湾原住民为中心》第二章第五节，里仁书局，2002 年。

③ 曹柯平：《中国洪水后人类再生神话类型学研究》，扬州大学，博士论文未刊稿，2003 年，第 112 页。

④ Cristobal de Molina, *Ritos y Fabulas de Los Incas*, Futuro, 1947, pp. 31-33.

鹉吓飞了。但他还是抓住了一只。他和这只雌鹦鹉结了婚，生了六个孩子，繁衍了人类。另一个记录于1613年至1653年间的异文在结尾处有点不同：两个鹦鹉姑娘都留了下来，成为兄弟俩的妻子。他们的子孙还在瓦卡依纳山上建了一座神庙，将鹦鹉敬奉为主神。①

在中美洲惠乔尔人中流传的文本中，甚至连兄弟开荒劳而无功、以树造木箱的母题也一模一样：一个惠乔尔人发现他砍下的树一夜之间又长了出来。他发现原来是大地女神纳卡维干的。她告诉他不久将有一场洪水毁灭世界。她指示他用树造一个箱子，装上谷粒、豆子和火具，还有五根瓜藤做燃料，还要带上一只黑母狗。箱子在洪水中漂了五年。洪水退后，箱子落在一座小山上。这个人像洪水来之前那样回去干活。每天他回到自己住的山洞时，都发现有人已经给他准备好了烤饼。他暗中察看才知道是母狗做的。她脱下狗皮变成女人给他磨谷子。他把她的狗皮扔进火里，于是她悲号不止。他把面粉和水的混合物淋在她头上，她从此永远成为一个女人。二人重新繁衍出了人类。②

在相距如此遥远的地方，竟然有从故事整体结构到特殊母题都如此相似的洪水神话流传，实在让人匪夷所思。我们现在还不能解释其中奥秘③，这也正是引发我们的好奇心和探究兴趣之所在。

四、南岛亚型

南岛亚型主要见于台湾少数民族、海南岛和大陆沿海操南岛语的民族中。这个亚型可以分两个主要变体：

南岛亚型Ⅰ式：洪水（无起因）+木臼避水+血亲乱伦结婚+生动物（或残疾人）与人+多族一源的由来。代码组合为：

A0 + B4 + C2 + D34 + E0 + F54 + G11

这个变体主要见于阿美人、卑南人、鲁凯人、平埔人和排湾人。以阿美人

---

① 贝尔纳贝·科波：《新大陆的历史》，转引自《印第安神话和传说》，阿平译，中国民间文艺出版社，1985年，第128—129页。

②［英］弗雷泽：《〈旧约〉中的民俗》，童炜钢译，复旦大学出版社，2010年，第128—129页。

③ 有人以美洲印第安人乃亚洲人后裔来解释，这是非常粗略的论断。不仅美洲印第安人与亚洲人种及文化的关系尚有许多争议，即使他们真的历史上出自一源，也还需要大量的中间链环的故事文本为证据，才能证实上述两个类型间的同源关系。这方面的研究几乎还是空白，故事学应在这一领域做出自己独特的贡献。

的一篇异文为例：

> 传说太古时代，不知道从什么地方起了大洪水，洪水泛滥淹没了整个大地，所有的人类都死了。有一位名字叫作“督季”的女孩子，带着她的弟弟叫作“拉拉干”，跳上一个方形的木臼里逃生，随波逐流在水上漂了很久，后来漂到“奇拉雅善”，即今之丰滨的里牙津山登陆。两姊弟为了延续人类，所以结为夫妻，繁衍了许多子孙，就是今天的阿美族。（CNgs16）

南岛亚型Ⅱ式：洪水（无起因）+织布机避水+以遗民的身体切碎（或献祭）再殖人类+多族一源的由来。代码组合为：

A0 + B4 + C41/C21 + D39 + E0 + F9 + G11

这个变体主要见于赛夏人。我们看一个例子：

> 太古时代，忽然起了洪水。有一个男子乘织布机胴漂到吉路比亚山岗顶上，山上有一个叫欧支波也荷彭的神，突然把避洪水的男子捉住，原来是神恐怕人类因为洪水而灭绝，要用他来造人。神把这名幸存者杀死，并切碎他的肉，口念咒文，把肉块投入海中，结果它们都变成人类，他们就是赛夏人的祖先。神又把这个人的肠截断，投入海中，也成为人类，他们就是汉人的祖先；汉人为什么比较长寿？因为他们是肠变成的。神再把骨头投入海中，骨头变成凶猛而强悍的泰雅人。（CNgs23）

台湾少数民族洪水再殖型神话与大陆相较，有明显的原始性特征。表现为：①没有关于遗民品德的说明。西方和大陆文本中对遗民的品德多有说明，这些品德如义人、好客、同情老人乃至对动物友好等，都具有鲜明的道德训诫意义。南岛亚型中对道德意义的忽略，可能是一种更原始生活的映射。②没有为兄妹婚开脱。在大陆文本中，兄妹婚是一个受人非难的问题，一般都须以难题占卜神示来解决。南岛亚型中对兄妹婚的坦然接受，也是台湾文本比较原始的表现。③有大量与人祭相关的细节。台湾少数民族洪水再殖型神话中有不少涉及祭祀，特别是人祭的部分。有的是直接讲人祭和猎首，有的含有暗示，如通过祭祀才能正常生殖人类，或将遗民碎尸造人类，等等。这也是大陆文本中少见的。碎尸造人母题与大陆常见的切碎乱伦所生畸形子或葫芦不同，所碎者多是正常人，这个母题可能与台湾少数民族的人祭习俗相关。目前，我们对台湾少数民族洪水再殖型神话的时间深度，除从人类学角度推理外，尚无其他时间标尺。

凌纯声指出："东南亚同胞配偶型洪水传说的形成，由于各种传说的因素逐次结合。其结合的形成，亦即此一型式洪水传说之起源，似为古代居于中国长江中游的古印度尼西亚民族所完成，然后随民族之移动而传播于东南亚古文化各区。在传播与传递的过程中，遭遇种种变更，遂成为现在东南亚洪水传说的诸型式。"①他说的古印度尼西亚民族即百越族，这个推断是否成立，尚需更多证据。

五、其他洪水神话

中国境内还流传一些其他洪水再殖型神话，因异文数量较少而难以形成亚型。有些虽然可以看作亚型但明显源自外国的文本，如《圣经》和《古兰经》中的洪水神话，在中国也有流传，下节将会提及。

第三节　不同故事圈的交叠

中国洪水再殖型神话各亚型的流传地域存在交叠。这种故事圈之间的交叠，主要表现为两个不同亚型中的特色母题，通过嫁接或融合而形成一种非驴非马、亦驴亦马的变体。

一、交叠变体Ⅰ型

从地图上看，中国洪水再殖型神话的流布有明显的南北差异。以湖南为界，往北很少出现苗瑶壮侗亚型，往南很少出现汉族亚型。但是在这两个亚型的边缘区，却产生了一种合二而一的变体，我们称其为交叠变体Ⅰ型。

交叠变体Ⅰ型的母题链为：雷公报复 + 救雷公 + 葫芦避水 + 兄妹难题结婚 + 捏泥人 + 百家姓的由来。代码组合为：

A48 + B23 + C21 + D23 + E1 + F31 + G12

交叠变体Ⅰ型的文字概括为：

①雷公为报复人类而发大洪水。

① 凌纯声：《中国边疆民族与环太平洋文化》上册，联经出版事业公司，1979 年，第 407 页。

②兄妹由于救雷公而在他送的葫芦中躲过洪水幸存。

③兄妹通过占卜神意结婚。

④捏泥人或切碎畸形儿变人。这成为百家姓的由来。

芮逸夫 20 世纪 30 年代搜集到的苗族异文中，就有好几篇交叠变体 I 型。如石启贵所抄《傩神起源歌》（CNmi68），前半部分属于苗瑶壮侗亚型。从雷公与禾璧人神相争，到雷公赐兄妹仙瓜种子，到兄妹难题占卜结婚，生畸形子切碎变人，皆是苗瑶壮侗亚型的特色母题。但最后嫁接了一个百家姓的由来和“明晨四处烟火起，黄河流域尽是人”这样汉族亚型的典型母题。吴良佐所抄《傩公傩母歌》（CNmi69），与上一篇恰恰相反，它有着明显的汉文化特点。一开头为李王娶颜氏女久婚不育，得太白金星赐八豆而生八子。雷公受玉帝差遣，来劈后园桃树脚下的妖精，却被张良兄弟捉住。玉帝大怒，降雨淹死盘古一朝人。只留伏羲、女娲兄妹在葫芦中幸存。洪水消退后，伏羲、女娲兄妹通过焚香相合，松树下寻妹，得金龟道人帮助而成婚。以后是生畸形子切开中有十二对童男童女，然后是百家姓的由来。这个故事中人名皆属汉族，却又有雷公报复与畸形子造人等苗瑶壮侗亚型的常见母题。

芮逸夫在文章中解释上述现象时说：“苗人既受过汉人的教育，习闻汉族的历史传说，自然很容易把汉人附会到苗人的故事中去。这正是崔东壁所谓‘记忆失真之弥缝，本属事理之常，并不足怪，也不会损及故事的母题’。所以我们很可不用做那苗族故事中的汉族人名来源的考证，而简简单单的认为《傩公傩母歌》中的张良就是［ko˦ p‘ei˦］，［ko˦ peŋ˦］或禾璧之误，大概不致有错。”① 苗、汉两族文化交流对两族洪水再殖型神话的影响，从故事主人公的姓名就可以看出，有时是典型的汉族人物，如张良、张古老，有时是典型的苗族人物，如阿陪果本。特别是遗民兄妹，大多都叫伏羲、女娲。

壮族洪水再殖型神话中的汉族影响痕迹也非常清晰。1959 年记录的几个文本，都有鲜明的道教色彩。如求雨的方法，首先就是道教科仪中常见的“上表”：“父老请来了布伯，他到庙里念雷文。打发功曹去传奏，第一张状求要水，第二张状求要雨，第三张状求玉帝，下凡到处乱纷纷……”（CNzh02）故事中

---

① 芮逸夫：《苗族的洪水故事与伏羲女娲的传说》，载《人类学集刊》1938 年第 1 卷第 1 期，第 167 页。

出现的功曹、玉帝、太白金星和昆仑，以及作为遗民的伏依兄妹，显然都源自汉族文化。

我们检索“A48 雷公报复”加上“G12 多姓一源”的异文，发现这两个分别在苗瑶壮侗亚型和汉族亚型具有代表性的特色母题，同时出现在 27 篇异文中，其中苗族6 篇，壮族 5 篇，瑶族和土家族各 4 篇，汉族 3 篇，主要流传在湘、黔、桂交界地区。

二、交叠变体 II 型

苗瑶壮侗亚型与藏缅亚型也有交叠。它们的融合产生了交叠变体 II 型。情节主干为：兄妹开荒 + 木柜（葫芦）避水 + 兄妹占卜结婚 + 葫芦生人（或生畸形子切碎）再殖人类 + 多族一源的由来。代码组合为：

A2 + B61 + C21 + D31/D23 + E1 + F21/F51 + G11

交叠变体Ⅱ型的文字概括是：

①兄妹几个白天开荒夜晚被平复，他们发现是一老头（或其他人、动物）所为。老头告诉他们即将发大洪水。

②最小的兄妹由于心肠好而在天神送的木柜（或葫芦）中躲过洪水幸存。

③兄妹通过占卜神意结婚，占卜方式有：a. 滚磨；b. 烧烟；c. 其他方式。

④妹妹生下葫芦或畸形儿，或从葫芦中出人，或切碎畸形儿后变人。这成为各族祖先的由来。

彝族著名长篇史诗《阿细的先基》是这个变体的典型代表。内容为：兄弟五人开荒被平复，他们发现是两个白胡子老头干的。几个哥哥要打他们，最小的弟弟妹妹阻拦。原来这是两个神，他们告诉说洪水要淹天了。叫几个哥哥分别躲入金、银、铜、铁柜，最小的弟弟妹妹躲入木柜。洪水后，兄妹找不到其他人，通过滚磨、滚筛、丢针线来占卜成婚。婚后妹妹生下一个葫芦，剖开葫芦，里面走出了汉族和彝族的祖先。①

交叠变体 II 型是一个很特别的类型。正如曹柯平所言：“从表面上看，‘兄妹开荒母题’和‘兄弟开荒母题’几乎毫无差别。但假如认真地考察藏缅族群

①《阿细的先基》，毕有才讲述，段志明、段文新翻译，杨瑞冰、尹龙书记录，1953 年9 月 15 日—10 月 2 日记录，又名《阿细先鸡》，见中国作家协会昆明分会民间文学工作部编：《云南民族文学资料》第 18 集，1963 年，第 305—352 页。

洪水神话的所有细节，就能注意到：‘兄妹开荒’这个母题，往往只跟‘兄妹婚母题’相衔接；惟如此，‘妹妹’的出场，也才符合逻辑。”① 故事前半截是藏缅亚型中常见的几兄弟犁地被平复的母题，后半截却是苗瑶壮侗亚型常见的兄妹结婚再传人类母题。

用“B6 劳而无功”“C21 兄妹”“F21 葫芦生人/F51 畸形子切碎变人”这几个母题检索，搜出 15 篇文本，其中彝族 9 篇，苗族 4 篇，怒族和仡佬族各 1 篇。流传地域在云南、四川和贵州交界之处。

从时间深度看，交叠变体Ⅱ型的历史也十分久远。芮逸夫 1938 年论文中所引赫微特 1911 年转述的异文，主要母题有兄妹开荒劳而无功、兄妹藏木鼓、向鸟学生火、兄妹婚、滚磨、扔针线、畸形子切碎、百家姓，可见这个变体早就存在。尤其是彝族几个著名创世史诗，如《阿细的先基》《梅葛》等中的洪水神话部分，都属于这个变体，而这些史诗规模巨大，内容宏富，描述了从世界创造到文化由来的整个过程，属于典型的体系神话，绝非短时间内可以形成的。

三、复合交叠变体

除由两个亚型融合而成的变体外，中国洪水再殖型神话还有更为复杂的形态，融合了好几个亚型中的母题，使故事变得非常复杂。我们称其为复合交叠变体。

例如陶云逵在 20 世纪 40 年代在彝族聚居区采录到的一篇异文，就颇为复杂：

> 獐子族——昔日洪水为灾，人类死光，只剩下一人名 Ap‘udamu（简称 Ap‘u）。后来天神（mumi）遣三仙女下凡与 Ap‘u 相配，七年后，第二仙女怀孕，生下一个葫芦，阿普（Ap‘u）将其剖为四瓣，跳出一儿，大的为汉人之祖，二的为黑夷之祖，三的为哈尼之祖，四的为摆夷（傣族）之祖，第三女生了两对孪生，均是女儿，四男与四女因是兄妹关系，不能成亲，后来天神示意，每对各取两扇磨盘，抛往山下，如两盘吻合即可成婚，果然一一吻合。于是四对兄妹相配为偶，

---

① 曹柯平：《中国洪水后人类再生神话类型学研究》，扬州大学，博士论文未刊稿，2003 年，第 92 页。

大三四儿女成为夫妇后迁移他处，第二对儿女，即黑夷之祖，婚后仍住原处。但后因繁殖众多，同族互相残杀。一日一对夫妇为另一对夫妇逐杀，乃逃向森林，另一对夫妇在后面追赶不舍，忽然有一只獐子走出林来，拦住去路，于是追者不敢前进，头一对夫妇因此得救。以后此对夫妇及其后代乃奉獐子为祖先而姓獐子。盖獐子为老祖公所变，以保护子孙者。①（CNyi12）

这个故事的母题链为：洪水 + 天女婚 + 葫芦生人 + 多族一源 + 滚磨占卜 + 兄妹婚 + 祖先的起源。这一例子显然是几个亚型的叠加状态。其中既有天女婚，又有兄妹婚，既有葫芦生人，也有正常生殖。这种重叠并非孤证，云南彝文古籍《洪水泛滥史》（CNyi52）中，也是这样的母题链。

贵州省西部仡佬族中流传的一首古歌《泡筒歌》，也是这种交叠的产物。其主要情节是：古代有一家兄妹三人。有一次，他们白天开好的地到第二天就平复了，他们夜里躲起来看是怎么回事，发现是个白胡子老头干的。原来这老头是太白金星，他告诉这三兄妹马上要发洪水了，叫老大躲进石柜里，老二和他妹妹躲进葫芦里。大洪水后，幸存的兄妹经过三个难题考验来测天意：①隔河来滚磨；②隔河丢簸箕；③丢针来穿线。得到确认后，兄妹成亲。婚后生下一个儿子。天神后来派仙女下凡与其婚配，再造了新的人类。（CNgl09）与上面那个故事相反，这里的母题系列是：洪水 + 占卜兄妹婚 + 正常生子 + 天女婚。这是又一种亚型叠加的形式。

上述两篇异文，是中国洪水再殖型神话中几个亚型交叠的例子。还有一种情况是：一个处于不同亚型传播圈中的民族，自己没有独特的洪水神话传统，因此异文数量虽不少，却没有任何统一性。例如傈僳族有 17 篇异文，却没形成独立的亚型。

四、中外洪水再殖型神话的交叠

外来洪水神话在中国流传，往往会与当地亚型相融合。这里举两个例子。第一个例子是在彝族中记录的挪亚方舟故事：

① 陶云逵：《大寨黑夷之宗族与图腾制》，原载《边疆人文》1943 年第 1 卷第 1 期，转引自马学良：《云南彝族礼俗研究文集》，四川民族出版社，1983 年，第 2—3 页。

相传，从前洪水将要淹世的时候，只有那亚的一家避免洪水之祸，听说幸亏是那亚的神算，预知洪水之祸的到来。

那亚知道天将降祸人间（洪水的到来），于是就造了三年四十八日的船，预备上最高山顶去，在船造好的当天，真的就下起大雨来，这时那亚的船已被水冲至山顶，整整下了四十五天雨，把全世界都淹没了，那亚的船在水面上漂泊，他们一家八口就过着海洋生活，任命运的支配。

后来水退了，那亚就做了世界上的主人，因为全世界的人均被水淹死了，那亚那三对子女，就无人配婚，后来那亚想出一个妙计，教他的长子长女，各负一扇磨，到那对峙着的斜坡上，两方面各把一扇磨向山麓滚下，如果能够把二扇磨合而为一就可使他们成为夫妻，真是天不绝人，磨滚下时在一棵梅树下果然合而为一，于是那亚就把三对儿女，配成三对夫妻，并且在那棵梅树下成婚，叫梅树作他们的媒人，所以直到今日男女配婚，都要媒人，这媒字，还是“梅”字的变相。

后来那亚造一八卦图，象征他家的人口，作为纪念他家在洪水以后的记载，所制定的八卦，以他自己夫妻为主，即乾与坤，“乾”表示男的，是代表“天”；“坤”表示女的，代表“地”，即今所传之八卦。

传说那亚的八卦可以避免祸患，所以至今一般迷信的人仍用八卦贴在门上，以消灾避难，因此那亚的八口，延续了现在人类的生命。(CNyi11)

马学良评论说：“这个神话是由旧约创世纪，上帝命那亚造方舟的故事演变而来，在创世纪里记载洪水消落之后，上帝说：‘我与你们（指那亚和他的儿子）并你们这里的各样活物所立的永约，是有记号的，我把虹放在云彩中，这就可作我与地立约的记号了’，而夷区里传那亚作八卦为纪念，这分明改变了原形，增加上本地色彩。我们知道外国耶稣教士在夷区里传教的历史很长，而且深得夷人的信仰，据说很多夷民受了洗礼，吃饭与睡觉以前，都要祈祷的，这个神话，也很得他们的信仰，所以现在很多夷民，相信八卦可以消灾免难，往往在门或墙壁上贴着八卦，深入民心的情形，也可想而知了。”①

① 马学良：《云南彝族礼俗研究文集》，四川民族出版社，1983 年，第 132—133 页。

第二个例子是来自回族的故事：

在很久很久以前，地上没得人类。天上的天仙用各种地方不同颜色的泥巴，堆了一个人，这个人名叫阿诞。就在这个时候，从开天圣人的肋腔里出来一个女人，名字叫哈娃。天仙对阿诞、哈娃说："天堂里各种仙果都能吃，就是不能吃'麦果'。"他两个呢，反起干，偏偏把麦果偷来吃了，阿诞吃的还没吞下去就被天仙捏来卡在喉头里，变成了现在的喉儿包；哈娃吃了后，每月有了月经。由于阿诞、哈娃偷吃了"麦果"，被天仙赶出了天宫，来到凡间。

那时，地上还是混沌不明的。他俩在大地上摸索很久，一直到大地光明时，才相见在一起。阿诞向哈娃提出："地上无人烟，我俩结婚，繁衍人烟吧！"哈娃不肯。最后哈娃在阿诞再三要求下，才同意各人抱块圆石头到东山和南山顶上滚下，要是合在一起就结婚。结果，两块圆石头，从东山、南山滚下，正好合在一起，哈娃和阿诞就结婚了，人类从此开始繁衍下来了。由于阿诞是各色泥巴堆成的，所以各色皮肤的人都有了。（CNhu02）

除宗教性的文本外，东南亚一些国家流传的洪水再殖型神话，也与中国的藏缅、苗瑶壮侗、南岛等亚型有颇多相似之处。读者只要回头看看本书第一章中提到的那些东南亚文本，例如缅甸、泰国、越南、马来西亚等地的文本，就不难看出其中的共有母题，如木箱避水、兄妹结婚、葫芦生人、腿肚子生人等等。由于我们搜集到的外国异文不多，因此有关中外洪水故事的交流问题，只有留待今后再议了。

五、中国洪水再殖型神话流布全貌

最后，我们用一幅示意图，即图 14，对中国洪水再殖型神话四大亚型两大变体的流布格局做一个系统总结：

图14 中国洪水再殖型神话流布示意图

综上所述，根据对682篇异文中特色母题的数量统计、流传地域，特别是母题连接逻辑的研究，我们可以从中国洪水再殖型神话中划分四个亚型。其中，汉族亚型异文数量最多，有动物救助、捏泥人和百家姓等独特的母题，主要流传于中原地区及其周边省（区、市）的汉族之中。其次是苗瑶壮侗亚型，异文数量不少，有雷公报复发洪水、兄妹救雷公得葫芦藏身、兄妹生畸形子切碎变人、多族一源等独特母题，主要流传于中国西南地区的黔、桂、湘、滇等省（区、市），以贵州雷公山苗族聚居区为流传的中心区。此外，在云南、四川交界处的彝族和纳西族等民族中，流传着一种寻天女的藏缅亚型，有兄弟开荒平复、木柜避水、寻天女为妻、体力与智力考验和生子不会说话等独特母题。在中国东南的台湾、海南等地，流传的是与东南亚其他地区有一定渊源关系的南岛亚型。这个亚型形态较为原始，有乘木臼或织布机筒避水、以人祭再殖人类等独特母题。除这四个亚型外，还有汉族与苗瑶壮侗两个亚型交叠的变体I型、藏缅与苗瑶壮侗两个亚型交叠的变体II型。此外还有一些复合交叠变体，以及基督教和伊斯兰教圣书中洪水神话与中国相关故事交叠的变体。这就是中国洪水再殖型神话的总体形态。

第十一章 “元故事”的永恒魅力

> 人类其实只有那么两三个故事，它们不断地重复，就好像它们从未被重复过一样。
>
> ——薇拉·凯瑟

我们对中国洪水再殖型神话的特色母题进行了分析与统计，根据其连接逻辑、异文数量与地区分布，划定了不同亚型与变体。但我们的目的不止于分析，还要对拆得七零八落的母题重新按其深层结构做出归纳，目的是发现具有普遍意义的口头叙事艺术规律。

探寻口头叙事艺术的工作，百多年来大多局限于民间文学界。直到近二十多年，好莱坞剧作家将这种叙事技巧公之于世，在创作实践中取得了巨大成绩。

第一节 “元故事”的构拟

早在19世纪，欧洲民间故事研究者就发现许多古代英雄的传说十分相似。1876年，德国学者约翰·乔治·冯·哈恩（Johann Georg Von Hahn）指出，在北欧民间叙事诗中，存在着一个“雅利安人被逐和返回”的故事模式。他从14个著名英雄的故事中，归纳出这个模式的16个情节：①英雄是一个私生子；②他的母亲是这个国家的公主；③他的父亲是神或外国人；④有一些迹象预示他的非凡能力；⑤因此他被抛弃；⑥他被动物哺乳；⑦他被一对没有孩子的牧羊人夫妇收养；⑧他成长为一个气质非凡的青年；⑨他去外国寻求荣誉；⑩他胜利归来，回到了外国；⑪他杀死了以前迫害过他的人，同意治理这个国家，并使他的母亲自由；⑫他建立了城市；⑬他死的方式很离奇；⑭他由于乱伦而遭人辱骂并短命而死；⑮他死于一个被辱仆人的报复；⑯他杀死了他的弟弟。哈恩将这些情节划分为4个阶段：出生（①—③），青春期（④—⑨），返回（⑩—⑬），意外事件（⑭—⑯）。他的这种尝试，可以说是寻找“元故事”的一个开端。[①]

哈恩之后，又有一些学者进行了这种寻找故事模型的实验。其中最有影响的是奥地利心理学家奥托·兰克（Otto Rank）于1909年出版的《英雄诞生的神话》和英国学者拉格兰（Fitzroy Richard Somerset，Fourth Baron Raglan）于1934年发表的《传统的英雄》。历史地理学派的研究方法，实际上也是从许多故事的相似情节中，归纳出故事模型来，再将这些故事模型（他们称作“类型”）编制成索引。

1908年，丹麦学者阿克塞尔·奥尔里克提出一个天才的理论设想：“我们试图将这些普遍化的相似性归纳在一起，以便不仅能建立一个故事的生物学，或者神话的分类学，而是建立一个更加综合性的范畴——叙事的系统科学。这个范畴包括神话、民歌、英雄故事和地方传说。所有这些叙事形式组合而形成的一般规则，我们称之为‘民间叙事作品的叙事规律’。”他指出：“我们称这些原则为‘规律’，因为，与书面文学相比，它们以更为不同和更加严格的方式，限制了口头文学的创作自由。”[②] 奥尔里克归纳出了13条口头叙事的法则，它们是：开头和结尾的法则、重复的法则、三的法则、同场出现两个人物的法则、对比的法则、孪生法则、船尾法则、单线法则、模式化的法则、动人场面的使用、萨迦的逻辑、情节的统一、注意力集中在主要角色身上。后来，汤普森在《民间故事论》中，又将其归纳为更简要明晰的9条法则。[③]

1928年，苏联学者普罗普出版了著名的《故事形态学》，从100篇俄罗斯童话中提取出了7种角色和31种功能，结果发现，功能是民间故事的不变因素，数量是有限的，排列次序是不变的，最后他得出了惊人结论：“所有神奇故事按

---

①“元故事”是笔者创用的概念，指一个揭示民间叙事深层结构的故事模型。关于这个概念及学术史研究，见陈建宪：《元故事的构拟与激活——从民间叙事法则到“好莱坞圣经”》，载《华中师范大学学报》（人文社会科学版）2019年第2期，第91—96页。对哈恩的介绍，见［美］阿兰·邓迪斯编：《世界民俗学》，陈建宪、彭海斌译，上海文艺出版社，1990年，第200页。

②［丹麦］阿克塞尔·奥尔里克：《民间故事的叙事规律》，见［美］阿兰·邓迪斯编：《世界民俗学》，陈建宪、彭海斌译，上海文艺出版社，1990年，第185页。

③参见丁晓辉：《荒谬与合理：民间叙事的文本、语境与叙事逻辑》，载《民俗研究》2012年第6期，第36—46页。

其构成都是同一类型。”[①] 1946 年，普罗普在《神奇故事的历史根源》中，考证了民间故事背后的风俗与历史，明确提出了两个故事模型：成年礼模型和死亡模型。[②]

1949 年，美国学者约瑟夫·坎贝尔（Joseph Campbell）的《千面英雄》出版，其中构建了一个更为通俗也更为实用的“元故事”模型。坎贝尔在他天马行空的著作中，摘引了世界各地大量的神话传说，把这些故事解构后重组为一个“英雄的旅程”。这个旅行故事主要包括几个阶段：第一阶段是启程，英雄从当下处境中进入历险的场域。第二阶段是启蒙，英雄获得某种以象征性方式表达出来的领悟。第三阶段是考验，英雄陷入险境，与强大的敌人或命运搏斗。第四个阶段是归来，英雄再度回到正常生活的场域。坎贝尔强调：这是神话中每一位英雄的必经之路，而我们每个人都是人生旅程中接受考验的潜在英雄。为了方便读者理解他的英雄故事模型，坎贝尔还做了个环形的示意图[③]：

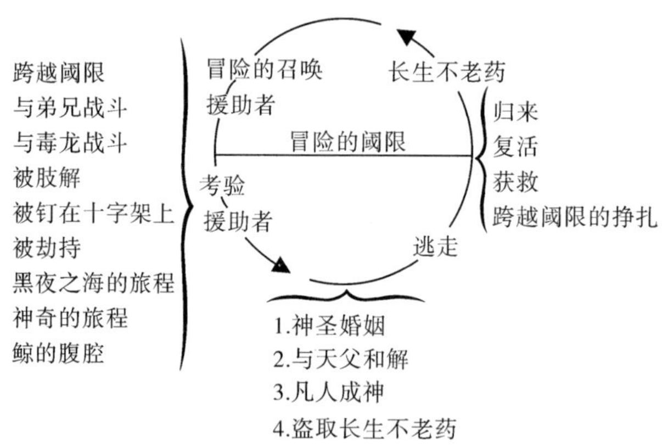

图 15　坎贝尔的“千面英雄”故事模型

坎贝尔的著作出版后，对民间文艺学界并无太大影响。但在三十多年后，却被迪斯尼影业公司的一个故事分析师克里斯托弗·沃格勒（Christopher Vogler）发现了。这位剧作家读了《千面英雄》后，如获至宝，相见恨晚，说自己

① [苏] 弗·雅·普罗普：《故事形态学》，贾放译，中华书局，2006 年，第 20 页。
② [苏] 弗·雅·普罗普：《神奇故事的历史根源》，贾放译，中华书局，2006 年，第 465—466 页。
③ [美] 约瑟夫·坎贝尔：《千面英雄》，张承谟译，上海文艺出版社，2000 年，第 255 页。

像全身过电一般，从此重构了自己的人生和思想。他将从坎贝尔著作中提炼出的编剧思路，用7页备忘录写了下来，发给他的朋友和迪斯尼负责人，没想到在好莱坞产生了巨大影响。1992年，沃格勒将这个备忘录发展为一本专著《作家之旅——故事讲述者和剧作家的神话结构》，此后一版再版，被誉为好莱坞编剧的“圣经”。①

《作家之旅——故事讲述者和剧作家的神话结构》综合运用了普罗普的故事形态学、荣格的集体无意识与原型、坎贝尔的千面英雄等民间故事理论，在坎贝尔的故事模型上做了深化、细化和实用化处理。在该书上部，沃格勒集中分析了英雄故事中的8类主要角色：英雄、导师、边界护卫、信使、变形者、阴影、伙伴、骗徒。在下部中，则描述了英雄之旅的12个阶段。这12个阶段是：①正常世界；②冒险召唤；③拒斥召唤；④见导师；⑤越过第一道边界；⑥考验、伙伴、敌人；⑦接近最深的洞穴；⑧磨难；⑨报酬；⑩返回的路；⑪复活；⑫携万能药回归。他以一些著名电影如《泰坦尼克号》《狮子王》《星球大战》等为例，对这个故事模型进行了应用分析，为好莱坞编剧们提供了一个简单实用又变化无穷的写作指南。

沃格勒像坎贝尔一样，为“英雄之旅”建构了一个直观的模型：

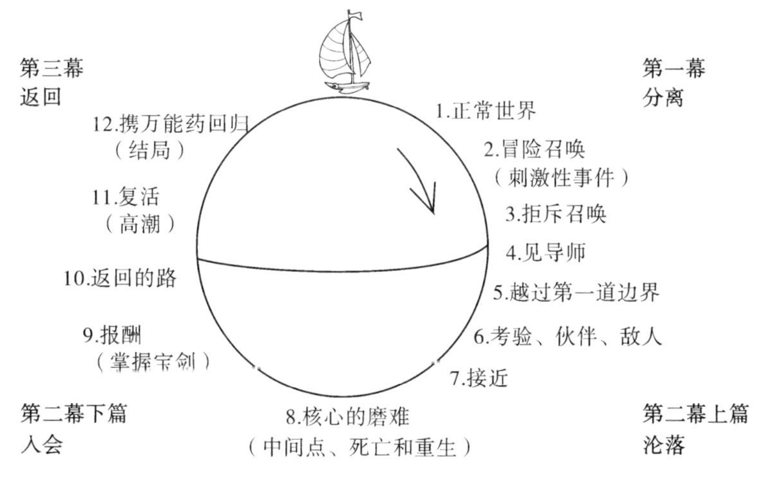

图16　沃格勒的“英雄之旅”故事模型

① 沃格勒原著初版书名为 *The Writer's Journey: Mythic Structure for Storytellers and Screenwriters*，后来的版本改为 *The Writer's Journey: Mythic Structure for Writers*。中译本为［美］沃格勒：《作家之旅——源自神话的写作要义》第3版，王翀译，电子工业出版社，2011年。

沃格勒认为，我们每个人一生的历程，都是“英雄之旅”：出生是故事的开始。这个世界就是我的异域。我们经历各种危机，走向成功或失败的结局。在这个过程中，我们的情感不断受到冲击，有时哭有时笑。在看电影时，我们其实是在唤醒自己的回忆。感动我们的不是故事里的英雄，而是我们自己。

沃格勒将口头叙事的理论成果带进了实践领域，成了文学创作的利器。现在，我们也可以借助他的理论，来再现中国洪水再殖型神话的深层结构。

第二节　作为“元故事”的洪水再殖型神话

如同坎贝尔和沃格勒一样，不少艺术家都发现：人类的所有故事其实大同小异。阿根廷著名作家博尔赫斯（Jorge Luis Borges）就曾说，世界上一共只有4个故事：一个讲的是进攻和保卫城池(《伊利亚特》)；一个是回归(《奥德赛》)；一个是追求(《金羊毛》)；最后一个是神灵牺牲(《阿提斯》)。他说：“我们在有生之年还将继续讲述这些故事，不过会经过改动。”①

虽然人类的故事可能不止4个，但真正称得上“元故事”的，的确不多。其中洪水再殖型神话，也是一个当之无愧的“元故事”。这个神话的深层结构，如下图所示：

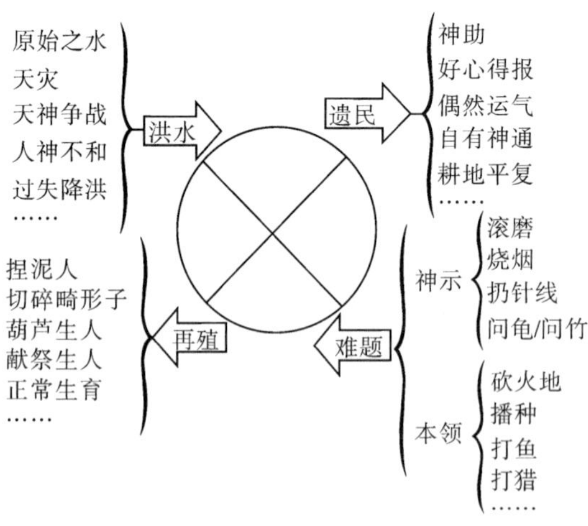

图17　中国洪水再殖型神话结构图

①［阿根廷］博尔赫斯：《老虎的金黄》，林之木译，上海译文出版社，2016年，第99页。

在这个图示中，“洪水”代表着正常世界的颠覆；“遗民”是跨过阈限去寻求恢复正常世界的英雄；“难题”是对遗民品德和能力的考验，成婚是他们在异域得到的回报；“再殖”是正常世界的恢复。

按普罗普的故事 7 种角色设置，洪水再殖型神话的主角是逃脱了灭顶之灾的遗民（兄妹、孑遗或人与动物）；反角是洪水的制造者（天帝、雷公）；捐助者是雷公或天使（老人、乌龟、石狮等）；助手是帮助遗民脱险并劝导他们结婚的龟与竹；被寻求者是他们将要创造的新人类；差遣者是向遗民预告洪水的那些天使；故事中没有出现假主角。

按照沃格勒的角色设置，英雄指的是遗民兄妹、孑遗或人与动物；导师是前来预告洪水并告之逃避方法的天使；遗民在进入异域时并没有遇见边界护卫；信使与导师常由同一个角色兼任；如果说有阴影的话，那就是故事中明显暴露出来的乱伦情结；遗民自己互为伙伴；骗徒则是骗遗民兄妹取水的雷公和让恶人躲在金、银柜中避水的天使。

美国剧作家兼编剧教练罗伯特·麦基（Robert McKee），在他的名著《故事》一书中，总结了一个可称为“元故事”的模型：“一个事件打破人物生活的平衡，使之或变好或变坏，在他内心激发起一个自觉和/或不自觉的欲望，意欲恢复平衡，于是把他送上了一条追寻欲望对象的求索之路，一路上他必须与各种（内心的、个人的、个人外的）对抗力量抗衡。他也许能也许不能达成欲望。这便是亘古不变的故事要义。”①

如果我们将洪水再殖型神话看作一个“元故事”，也可以比附麦基的方式，提炼出这样的深层结构：一个事件打破了人类生活的平衡，使之变得不可维系原状。试图恢复平衡的意愿，把人类送上了一条历险之路。途中，他们与各种力量对抗，多次功败垂成。由于他们的美德、智慧或得到神助，生活的平衡终于重新恢复了。

在这个故事模型中，最重要的变量是事件主角。在一般英雄传说中，日常世界的平衡被打破，前往异域探险的是个人，他们舍生忘死追求的是个人的自我平衡与自我实现。洪水再殖型神话却不同，跨入异域的不仅是个体，而且是

---

①［美］罗伯特·麦基：《故事——材质、结构、风格和银幕剧作的原理》，周铁东译，天津人民出版社，2014 年，第 224 页。

仅存的人类，因此其代表的是一个物种，追求的也不是个人目标，而且是对整个物种的恢复。他们承担的不仅是个体命运，而且是整个人类的命运。这样一种角色和主题的改变，使得这个神话有别于其他英雄故事，成为一个独立的故事范型。

作为“元故事”的洪水再殖型神话，表现了口头叙事艺术的许多基本规律。

第一是头尾易变律。通过对洪水再殖型神话的主要母题进行统计和分析，我们发现这个故事类型的变异中，变化最多、最不统一的是故事开头和结尾。在故事开头处，关于洪水起因和遗民得救的理由，存在着许多种说法。这些说法的趋同之处，如雷公报复、喂石狮饭和耕地平复等，构成了划分亚型的重要依据。在故事的结尾，对事物起源的解释五花八门，其中数量较多的多族一源和多姓一源，对划分亚型也有价值。但在故事的主体部分，遗民的难题求婚却很少变化，只有两个选项：神示或岳父考验。异文中所出的难题，也基本上一模一样：滚磨、烧烟、扔针线、绕山追。

第二是重复律。洪水再殖型神话中的难题考验，大多符合这一规律，一般是三次。

第三是情节统一律。洪水再殖型神话在变异过程中，始终遵循前后情节统一的规律。比如在耕地平复母题中，如果故事中开荒的是三兄妹，那么后面的情节必然是最小的兄妹成为遗民，然后乱伦婚配。如果故事中开荒的是三兄弟，那么遗民就只剩最小的弟弟了，他只有到天上找天女结婚。前后情节逻辑一致。

第四是同类转换律。在故事的特定情节段，所有供选择的非位母题，都必须具有相同的功能。比如避水器具船、方舟、葫芦、木柜、鼓、牛皮筏、木槽、木臼、织布机筒、石狮肚子等，都是能浮水或防水的容器。

“一开始，上帝就给了每个民族一个陶杯，他们从中饮入了自己的生活。”本尼迪克特把这句印第安人箴言写在她的代表作《文化模式》扉页上。但是，尽管人类文明已形成了许多不同模式，但人之为人，存在着共同的人性和困境。因此，无论是在各民族口头叙事传统中，还是在电影、小说这类当代的叙事体裁中，人类都在不断复述洪水再殖型神话。关于这个问题，我们在下一章还将做较详细的分析。

第三节　有限变异与无穷变化

前面考察了洪水再殖型神话中四个情节段的主要变化，现在我们要问：神话在口头传承过程中，存在着无数变化的可能吗？

如果不是对洪水再殖型神话几百篇异文的可变母题进行了统计，我们会不假思索地说：当然，口头叙事会因时而变，因地而变，因人而变，这种变化就像万花筒一样，有着无限的可能性。

但是且慢，口头叙事的确千变万化，但这是就整体而言的。如果聚焦于某个故事类型，就要另当别论。以洪水再殖型神话而言，它的变化虽不能说不丰富，但却限定在一个不大的范围。

在对682篇中国洪水再殖型神话进行分析后，笔者得出了一个可变母题范围表：

可变母题	变异范围	小计
洪水起因	无、原始之水、天灾、天神相争、人神不和、过失降洪、动植物致洪	7
获救原因	无、神助、好心得报、无意获得、偶然遭遇、自己的神奇本领、劳而无功	7
遗民身份	无、神（动植物）、乱伦血亲（兄妹、姐弟、母子、父女、姑侄、兄弟）、家庭、非家庭关系（一人、多人）、人与动物	6
避水方式	无、神（动物）救助、植物救助、家具、船类、高处、皮袋或皮筏、鼓	8
难题求婚	无、神示（滚磨或簸箕、扔针线、烧烟、绕山追或躲、动植物帮助、变化与异兆、血在水中融、砍竹）、体力技能智慧（农耕、渔猎、杀妖）	3
再殖方式	无、神造、植物生人（葫芦生人、树生人、茅草人、种地生人、瓜生人）、矿物生人、动物生人、妇女生殖（畸形子切碎变人、生子不会说话、正常生育、奇孕）、撒血肉、天女生人	8

续表

可变母题	变异范围	小计
事物由来	无、人类由来（多族一源、多姓一源、残疾人与汗泥）、人物由来（不死之人或祖先由来、杰出的人）、地名由来、风物由来（哭姊妹、结扇或红布遮面、庙会或祭祖、动植物特点、天象、舞狮）、文化事象由来（种子、火）	6

为什么一个故事类型的各情节段只有不多的变化呢？笔者思考，主要有两个原因。

第一个原因是传统的力量。口头叙事在不同人群之间传播，讲述者并非原创者，只是众多的复述者之一。故事讲述者在复述一个故事的过程中，不能随心所欲，他必须忠于祖先传承下来的文本。如果讲述者扯得太远，听众会纠正他。故事学家称这种现象为自我修正律。采录者也观察到这种现象，一位记录苗族古歌的采风者写道：

> 总之，万变不离其宗，这是每一个歌手唱古歌时必须注意的原则。在歌唱时，或由于一时激情，或由于想出奇制胜，歌手临时增加一些情节，这是可以的，但以不离主题为限，否则，对方可以不予解答，停止歌唱来争论。在旁听众也可以提出意见，帮助歌手把歌从“叉路”上拉回到“正路”上来。①

第二个原因，笔者称其为有限变异律。马林诺夫斯基曾在《文化论》中介绍过哥登卫舍（Goldenweiser）的有限变异论，他说：“有一文化的需要，满足这需要的方法的变异是有限的，于是由这需要而引起的文化结构是被决定于极少可能变异的程度之中。”② 满足需要的文化形态有限，很容易找到证据，如婚姻，除一夫一妻、一夫多妻、一妻多夫、多夫多妻外，即使加上在现代一些国家中合法的同性家庭，变化的形式也不太多。更典型的民俗事项例子是吃饭方式，世界上民族虽多，可是也只有筷子、刀叉和手抓三种饮食文化。

①《民间文学资料》第4集《黔东南苗族古歌（一）》，中国作家协会贵州分会筹委会编印，1958年，中国民间文艺研究会贵州分会翻印，1985年，第8页。

②［英］马林诺夫斯基：《文化论》，费孝通等译，中国民间文艺出版社，1987年，第18页。

一般来说，故事讲述者在讲述他听来的故事时，很难原封不动地重述。在大多数情况下，这种变化只是词语改变，不会改动情节。但在经过较长时间的口头传承后，也会出现情节变异。比如说，遗民乘坐的方舟，可以被更简洁地说成船，或某个地方人们更熟知的避水工具，如独木舟、皮筏，或者葫芦（古代称作“腰舟”）。同样，人们很容易用山顶代替树顶，用木柜代替织布机筒。这种即兴性的母题置换，对故事情节的发展不会带来根本影响。

但故事讲述者对母题的置换是有条件的。因为在一个叙事作品中，每个母题都是故事发展中的一个链环，处于同一结构位置的非位母题，都必须满足这个位置所要求的功能。比如说，在避水这个情节段中，无论是选择方舟、木柜、葫芦还是石狮肚子，都必须实现在水中保存遗民的功能。再如人类再殖，葫芦生人也好，畸形子切碎也好，捏泥人也好，总之它得实现人类的快速增殖。

故事具有传承性，不同时代、不同民族与地区的口承传统中，都有独特的表达习惯。一旦某个母题在某个传统中被选定，很难发生变化。特别是涉及故事发展内在逻辑链，或者是与特定民族的特性紧密相关的母题，讲述者更不能随心所欲地置换了。当这类母题通过一代代强化，成为不易改变的传统，就成了神话的民族符号或地域符号，也成了研究者亚型划分的醒目标记。

从洪水再殖型神话变异范围有限的事实来看，一个口头传承的故事类型的在位母题的变异是有限的，因此所产生的亚型也自然有限了。这就是可变母题的有限变异律。

基于这样一个故事变异律则，我们只要抓住洪水再殖型神话中那些对故事发展逻辑产生关键变化的特殊母题，再结合这些母题流传的地理范围与族属，就有可能划分出这个故事类型的亚型，描述出它的形态特征与地理分布状态了。

话又说回来，即使是传统中相对稳定的故事类型，也还是存在着无限变化的可能性，一旦语境发生重大改变，故事仍有强大的适应力。这种无穷变化的力量，来自母题链两端的开放性质。

以洪水再殖型神话第一个情节段为例。这段情节的逻辑结构是：由于A原因，大洪水毁灭了人类。这里的A，是一个完全开放的母题。无论讲述者采用什么母题，只要最后结果是人类大毁灭，就不会影响故事发展的轨迹。我们不妨打开脑洞想象一下，除了已经出现在我们数据库中的已有母题——原始之水、天灾、天神相争、人神不和、过失降洪、动植物致洪，有没有其他人类毁灭的可能原因呢？当然有！难道人类活动引起的全球气温升高不能导致大洪水吗？难道人类核大战不足以毁灭地球吗？难道外星人不能毁灭地球吗？难道现代瘟疫不能毁灭人类吗？我们可以对这个 A 展开无穷的想象，由于这些想象贴近现代人的生活，洪水再殖型神话永远不会过时。

综上所述，口头叙事如何解决变与不变的问题呢？从洪水再殖型神话的结构中，我们发现故事类型由不变母题与可变母题组成。不变母题是它独立存在的质的规定，承载着传统。可变母题是不同语境中讲述者的自主适应。不变母题与可变母题的结合，使民间故事中不变的质（不变母题）与变动的量（可变母题）之间有了张力，因此口头叙事既统一又多样，既保证了传统延续又与时俱进，从而使那些反映了人类生活基本经验的“元故事”，能够代代传承，永远拥有不朽的魅力。

第十二章　几个文化密码

制造神话是人类的天性。

——毛姆

洪水再殖型神话是人类历史上传承最久和最广的故事，也是最有活力的故事。今天，这类故事以灾难片的形式，在全球仍有无数粉丝和巨额票房。之所以如此，背后推手不仅有叙事艺术，更有强大的文化力量。故事中所表达的末日焦虑、报应观与惩罚观、集体无意识原型等，是人类文明所共有的心理基础。

第一节　人类的末日焦虑

末日观念在原始宗教和当代宗教中普遍存在。汤普森《民间文学母题索引》中著录的"A1000—A1099 世界性灾难"，见于埃及、希腊、北欧、印度、巴比伦、中国、南北美洲等地。如北欧《诸神的黄昏》、中国《女娲补天》和基督教《圣经》中的千禧年末日审判等，皆是广为流传的作品。

末日神话并非空穴来风，它有着现实基础。以洪水为例，人类的生活离不开水，古人多近水而居，大洪水不期而至，就会造成灭顶之灾。即便科技高度发达的今天，人类对大洪水仍无法控制。前些年的东南亚海啸和日本海啸，一刹那就夺去几十万人的性命。中国黄河下游的农民所遭水患之惨烈，历代史书时有记载。更不要说冰河期结束时大洪水对原始人的肆虐了。人与水的矛盾贯穿全部人类史，那些经历过洪水泛滥的幸存者，将他们看到的惨状描绘为世界末日，一点也不为过。洪水再殖型神话中人与洪水的对立，代表着人与自然的矛盾。洪水的毁灭性与人类的生存意志发生直接的、不可调和的冲突，不能不引起人们的高度关切。

今天，人与自然的矛盾有增无减。科技越发达，对自然了解越多，集体无意识中的末日焦虑越强烈。在当代，导致末日焦虑的因素不仅未因人类进步而减少，相反在不断增加。近年流行的灾难影片中，不只有大洪水，还有更多毁灭地球的诱因：

大洪水——《2012》《后天》《未来水世界》《末日崩塌》……

地球磁场变化——《地心抢险记》……

地球环境破坏——《末日危途》《末世殖民地》《星际穿越》《全球风暴》《迷雾》……

当代科技失误——《人工智能：灭绝危机》《末日病毒》《寂静的地球》……

太阳变化——《神秘代码》《太阳浩劫》《2016：夜之尽头》……

外星人——《世界大战》《独立日》《火星异种》……

其他——《天地大冲撞》……

有关世界末日的灾难片，已经成为影视片中独立的门类，数量越来越多。这种现象说明：人类并未因科技进步和物质文明的发展而减少了末日恐惧，而是恰恰相反。正如著名心理分析学家荣格所指出的那样："现代人已经失去了他中世纪的同胞所拥有的形而上的安全感和确定性，他建立起物质保障的理想、普遍福利的理想和人道主义的理想来取代先前的确信。然而要毫不动摇地保持住这些理想，他就得给自己注射更大剂量的乐观主义。因为，就连物质上的保障现在也已经完全落空；现代人已经看到：物质上的每一'进步'，都可以使一个更大的灾难如虎添翼。这一景象使关于进步的想象在恐惧中收敛了羽翼。"①

人类社会的飞速发展非但未给人类提供安全感，反而带来一个悖论：物质文明越进步，人类欲望就越难满足。创造物质文明的科技知识越拓展，人类未知的世界就越大。结果是人类胜利地走向失败，他们的安全感越来越少。特别是以核武器为代表的新式武器大量出现，世界各个国家、民族和文化之间的冲突越演越烈，成为现代人挥之不去的梦魇。

矛盾是人类生活的常态，既有人与自然的矛盾，也有人与人之间的矛盾。列维-斯特劳斯在《神话的结构研究》一文中，就以俄狄浦斯神话为例做过很

---

①［瑞士］荣格：《荣格文集》，冯川、苏克译，改革出版社，1997 年，第 106 页。

好的论证。[①] 他认为这个神话中人与自然的矛盾，表现为人离不开大地（瘸子），同时又不断与大地长出的妖魔做斗争（杀死斯芬克斯）。在当代，人与自然的矛盾没有解决，人与人之间的冲突又空前尖锐起来，增加了人类社会发展的不确定性，使得末日焦虑大大增加，这些为洪水再殖型神话和灾难片的流行提供了现实基础。

神话是人类与大自然的沟通工具，是人类这种灵长动物的伟大创造。洪水再殖型神话和灾难片之类的现代神话，既为人类排解末日焦虑，也为人类的生存智慧不断添加经验。故事和影片中永远存在着二元对立的两种力量，它们剧烈冲突，主人公在冲突中不断做出选择，一旦出错就酿成悲剧。但这类故事中总是有人做出了正确决断，成为遗民，使人类在灭绝危机中找到一条生路。在欣赏故事的过程中，听众（观众）的压抑情绪得以释放，他们卸下对人类未来不确定的精神焦虑，在故事跌宕起伏的情节中完成自我救赎，带着暂时的心理平衡，回到日常生活之中。

总之，洪水再殖型神话为我们提供了这样的启示：人类渴望建立的和谐社会的内涵，一是人与自然的和谐（人神和谐），二是人与人的和谐（社会和谐）。这两个和谐有着不可分割的内在联系，前者是后者的基础，后者是前者的保障。神话中人与自然的对立，最终通过少数遗民的正确选择得以化解，人类由毁灭走向再生，从而完成了集体意识中有关对错、善恶的确认，强化了族群价值的认同。

第二节　惩罚与报应

美国著名法学家汉斯·凯尔森（Hans Kelsen，1881—1973）曾说："洪水神话比什么都能更清楚地阐明不同民族的思想源头的相似性，同时也表明了即使是最文明的群体，在他们思想的幼年时期，也流露出跟最原始的社会相同的特点。在诸多洪水和灾变故事的共有元素中，报应原则如此明显，就算仅仅因为这个原因，我们也应该把它看作人类最古老的一种思想。"[②] 他的这段论述，将

① 参见叶舒宪编选：《结构主义神话学》，陕西师范大学出版社，1988 年，第 12—47 页。

②［美］汉斯·凯尔森：《洪水和灾变神话中的报应原则》，见［美］阿兰·邓迪斯编：《洪水神话》，陈建宪等译，谢国先校，陕西师范大学出版总社有限公司，2013 年，第 107 页。

洪水神话中蕴含的报应思想，提升到法律基本原则的高度。

报应原则包含两个方面：惩罚与回报。民间俗语常说："善有善报，恶有恶报。"这也是法律基本的伦理逻辑。洪水再殖型神话中也贯穿着报应原则。如下面的例子：

> 天上的玉皇，地下的地母，管水的龙王，共同来商议：遣使到人间，派了三神仙，骑着龙马来，来到人世间。去找人的血，去要人的肉，到了世间后，来到独眼家。……世间独眼家，把话来回答：天上三神仙，莫要说人肉，人屎都不给，莫要说人血，人尿也不给。……玉普笃慕说：阿哥你三仙，你们要人血，你们要人肉，人肉可以给，人血可以献。动手割腿肉，划破母指血，戳出小指血，奉献给三仙。(CNyi50)

这篇异文中，两种对待神灵的不同态度，造成了两种完全不同的后果：信神的成为遗民，渎神的遭到毁灭。这种思想不仅在洪水再殖型神话中常见，也是其他神话和民间传说中一种普遍的结构。

《圣经·创世记》第十九章有个著名的传说：耶和华听说所多玛和蛾摩拉两城罪恶甚重，派两个天使去察看。所多玛城的罗得热情邀他们住宿，为他们备筵。晚上，城里的人围住罗得的房子，呼叫罗得说："今天晚上到你这里来的人在哪里呢？把他们带出来，任我们所为。"罗得对众人说："众兄弟请你们不要做这恶事。我有两个女儿，还是处女，容我领出来任凭你们的心愿而行。只是这两个人既然到我舍下，不要对他们做什么。"众人不答应，攻打罗得的房门。天使让人们都眼发昏，找不着房门，并对罗得说明身份，叫他将这里的亲戚朋友带走。罗得告诉了他的女婿们，但他们不相信罗得的话。天明后，天使催罗得和他的妻女起来，将他们送到城外，说："逃命吧，不可回头看，也不可在平原站住，要往山上逃跑，免得你被剿灭。"然后，耶和华将硫黄与火从天上降给所多玛和蛾摩拉，把那里的一切都毁灭了。罗得的妻子回头看了一眼，结果变成一根盐柱。后来，罗得的两个女儿因找不到别的男人，就商量将父亲灌醉，与他同寝，各自生了儿子，成为摩押人和亚扪人的始祖。

这个父女乱伦的传说，堂而皇之地写在基督教最神圣的经典中，用一种极具刺激性的文学手法，描述了两个古老民族的起源，同时也对报应原则做了淋漓尽致的论证。

报应原则，是人类在漫长历史中不断总结经验而得出的终极智慧。为了说明这种智慧来之不易，笔者试以这类故事中常常出现的“好客得报”母题为例，做一点粗浅的分析。“好客得报”母题在口头叙事中流传十分普遍，在AT分类法中，这个母题至少存在于18个故事类型之中。[①]

人类最初并不“好客”。英国哲学家霍布斯在《利维坦》中曾提出一个著名论点：人对人是狼。考古学研究表明，人类很早就有同类相食的现象。有人甚至将这种习惯追溯到人类的动物远祖——类人猿。[②] 美国人类学家摩耳在《蛮性的遗留》中，描述早期人类的生活时说：“以前动物界是在血腥气的摇床中长大的。人尤其是如此，他在世界上血战以取得优胜的地位比今日任何胜利的种类为剧烈。初民所处的自然的情境是战争的情境——与别人及别种动物战。和平是例外。部落以外的人都是仇敌，是可以残杀的。”[③]

《圣经》中有大量残酷杀戮的描写。如“以色列人掳了米甸人的妇女孩子，并将他们的牲畜、羊群和所有的财物都夺了来，当作掳物。又用火焚烧他们所住的城邑和所有的营寨。”（《民数记》第三十一章）“耶和华我们的上帝，将他交给我们，我们就把他和他的儿子，并他的众民都击杀了。我们夺了他的一切城邑，将有人烟的各城，连女人带孩子，尽都毁灭，没有留下一个。”（《申命记》第二章）在神的名义下，对异族的杀戮不仅毫无怜悯之情，而且充满了自豪感。

古希腊人把人类分为两种：希腊人和野蛮人。他们认为自己是神的后代，而野蛮人是微不足道的。在《伊利亚特》中，阿喀琉斯杀死了特洛伊的统帅赫克托尔，还要将他的尸体拖着绕城一周，以显示自己的勇武。古罗马人也将一切非罗马人看作野蛮人，在节日中看奴隶或俘虏相互残杀，是一种大众化的娱乐方式。

在现代民族学调查报告中，也常常可以见到这种对陌生人的冷漠。如在东南亚地区，过去广泛流行一种丰产巫术——猎头祭。每年雨水下地，开始种稻

---

① AT分类法中，有18个故事类型中存在“好客得报”母题，即：287、361、403、431、440、480、513、550、551、554、570、571、577、610、620、707、750、751，可见这个母题在民间故事中多么常见。

② 参见王增勇：《神话与民俗》，陕西人民教育出版社，1993年，第109—159页。

③［美］摩耳：《蛮性的遗留》，李小峰译，海南出版社，1994年，第107页。

谷的时候，出去猎取外族的人头来祭谷魂。[①] 在墨西哥的阿兹特克人中，任何稍大一点的活动，如种玉米、祭太阳神等，都要举行盛大的仪式，杀俘虏祭神。[②]

原始民族之间无休止的敌视与战争，无疑使他们两败俱伤。随着时间的推移，一些民族发现，采取相反的方法，即与他民族结盟，能使自己获得更大的利益。于是他们的行为方式发生转变。这种转变最典型的标志，是乱伦禁忌和外婚制度的确立。

为什么世界各民族普遍实行乱伦禁忌与外婚制？一百多年来，从麦克伦南、韦斯特马克、摩尔根、泰勒、弗雷泽，到迪尔凯姆、弗洛伊德、马林诺夫斯基、怀特、列维－斯特劳斯等，许多伟大的思想家对此进行了研究。其中，最为大多数人所接受的理论是来自社会学的解释。在原始的部族冲突中，一个部族要获得更多的生存机会，必须尽量减少敌人，增加盟友。这迫使他们与他部族进行交往和交换。交换的基础是对等原则，即将本部族的女子送给他部族，同时接纳对方部族的女子为妻，生下有血缘关系的后代，由此结成紧密联盟。这样做开始很可能是无意识的（如抢婚），但后来在生活实践中获益而强化，终于成为一种集体习惯，深入集体无意识之中。在漫长历史中，那些坚持族内婚的部族，在竞争中处于劣势而被淘汰。所以传承至今的各个民族，普遍实行乱伦禁忌与外婚制度。

如果说外婚制是一种迫不得已的生存策略的话，遍及全球的洪水神话中，普遍存在着“好客得报”母题，可以说是各族祖先对异族认识转变的一种理性自觉。上面的例子明显可以得出这样的观念：不善待陌生人，有可能引起灭顶之灾。李福清教授认为，在中国神话中，较原始的神话中并没谈到洪水起因，惩罚的母题大概是较晚期的，可能受到了宗教的影响。[③]鹿忆鹿女士对此也表示赞成。他们的这种判断是很有道理的。

人类历史越往上溯，各民族间的分野越小。人类是进化的动物，旧的本能不断弱化，新的本能不断增加。人类过去以原始群或氏族为单位集体生存，异

---

① 参见［英］A. C. 海顿：《南洋猎头民族考察记》，吕一舟译述，商务印书馆，1937 年。

② 参见［西班牙］帕恩迪劳特·萨库恩：《新埃斯帕尼亚全史》。［日］岩村忍等著的《东方奇书55》（李涌泉、王宝荣、肖卫东译，三秦出版社，1989 年）中有该书关于人祭场面的描写摘要。

③ 李福清：《从比较神话学角度再论伏羲等几位神话人物》，见朱晓海主编：《新古典新义》，学生书局，2001 年，第 16 页。

族对他们来说，不是食物就是捕食者，所以对异族冷漠是一种本能。但人类生存方式不断改变，他们必须也必然得发展出新的本能。用精神分析的概念来说，个体最初的群体自恋对象，是他生活于其中的原始群，后来扩大到氏族、部族，最后让位于具有共同地域、共同语言、共同文化与社会组织的民族。可以预见，在未来，人必然向着“人类”“生物”“宇宙”规模的认同发展。这个过程中，持有“善待陌生人”这一价值观念的个人与群体，必将由于具有更好的适应性而获得更好的发展可能，反之将遭淘汰。

神话是集体无意识的形象反映，它既蕴含着各族人民一代代的生活经验，又蕴含着祖先们从重大灾难中得出的沉痛教训。神话通过宗教的和世俗的仪式在一代代人中庄严复述，规范着人们的日常行为。从这个角度看，洪水故事被世界各地各族人民世代传诵，其奥秘正蕴藏在其母题所代表的“善待陌生人”深层价值观中。

第三节　集体无意识原型

口头叙事艺术的魅力，在于通过情节冲突、人物命运等，唤醒接受者的心理经验与情感经验，使其在叙事过程中激起紧张、期待、猜测、逆转、释放等体验，达到心理上的宣泄与升华，从而获得审美愉悦。故事的讲述，是讲述者与接受者的心理互动，这个过程中蕴藏着许多心理奥秘，其中之一就是集体无意识的原型。

洪水再殖型神话中也隐含着人类集体无意识的原型，如末日原型、偷窥原型、宝葫芦原型、解难题原型、俄狄浦斯原型等。原型如何形成，又如何影响着人们对故事的接受心理？下面以两个例子加以说明。

一、偷窥原型

洪水再殖型神话的孑遗母题中，灾难后剩下的唯一男子，常常通过偷窥发现异类女性，于是与其结合，重新繁衍人类。如纳西族摩梭人《创世古歌》中，洪水后唯一幸存的男子曹治鲁衣若，帮助山神战败了魔王，山神给他透露了天女下凡洗浴的秘密，教他带上信物去求婚。于是曹治鲁衣若来到圣水湖岸，等到夜晚降临时，果然有三位天女飞下来，脱下衣裙在湖水中沐浴。曹治鲁衣若躲在林中偷窥着：

> 除夕之夜星光闪烁灿烂，夜深了天女还在星光下洗浴。曹治鲁衣若呵，只身一人守候在湖边。望着天女的娇容，他的心儿止不住急跳，想起自己的身世与经历，悲歌已从口中哼出：“天上的仙女呀，你们象春天来到地上，给大地带来生机和光彩……好心的姑娘呀，同我一起繁衍人类吧！”（CNnx10）

洪水灭世后孑遗通过偷窥得偶的母题，在中美洲惠乔尔人洪水故事中也有发现：一个惠乔尔人发现他砍下的树一夜之间又长了出来。他发现原来是大地女神纳卡维干的。她告诉他不久将有一场洪水毁灭世界。她指示他用树造一个箱子，装上谷粒、豆子和火具，还有五根瓜藤做燃料，还要带上一只黑母狗。箱子在洪水中漂了五年。洪水退后，箱子落在一座小山上。这个人像洪水来之前那样回去干活。每天他回到自己住的山洞时，都发现有人已经给他准备好了烤饼。他暗中察看才知道是母狗做的。她脱下狗皮变成女人给他磨谷子。他把她的狗皮扔进火里，于是她悲号不止。他把面粉和水的混合物淋在她头上，她从此永远成为一个女人。二人重新繁衍出了人类。①

偷窥母题在异类婚故事中经常出现，如《田螺姑娘》《天鹅仙女》等，通常是转向新情节段的枢纽。为什么偷窥母题常出现在求偶故事中呢？究其深层原因，恐怕是它暗合了人类集体无意识中的窥视欲望，因而给受众带来一种特别的吸引力。

爱情故事中潜藏着人类的性心理。偷窥母题之所以令人感兴趣，当是人类集体无意识中对异性的窥视欲使然。生物学家发现，人们对异性的欲望首先来自视觉刺激。英人霭理士名著《性心理学》中，比较了触觉、嗅觉、听觉和视觉在人类性选择中的作用，结论是：“在人类演化的过程里，视觉已经渐渐的取其他的官觉而代之，而终于成为我们接受外来印象的第一孔道。……从性择的立场看，视觉更是一个至高无上的官觉”②。在远古岩画、壁画中，女性的巨臀丰乳、男性的生殖器官，都被特意加以夸张。原始舞蹈中，卖弄身体（特别是性器官）的动作很普遍。初民少得可怜的衣饰，也常常有意强调第一性征，如

---

①［英］弗雷泽：《〈旧约〉中的民俗》，童炜钢译，复旦大学出版社，2010 年，第 128—129 页。

②［英］霭理士：《性心理学》，潘光旦译注，生活·读书·新知三联书店，1987 年，第 64 页。

在男性生殖器上套一个葫芦，在女性臀部挂一圈草绳之类。这些都是基于视觉可以刺激情欲以增加繁衍机会的自然选择。

随着文明演进，人类开始以衣饰来掩饰身体（特别是性器官）。霭理士认为这是出于巫术需要和人们感到性器官不雅，①理由似嫌不足。笔者以为，人类从展示性征到掩饰性征的变化，是社会发展到把性对象变为个人占有物后，为排斥其对别的异性的性诱惑而发生的。这种对视觉上性诱惑的排斥，在封建社会达到极端。尤其是女性，锁在深宫的王妃皇后不说，即使一般平民，女孩子从幼年起就要求“大门不出，二门不迈”。有的大家闺秀，即使生病时医师也只能“悬丝诊脉”。在家喻户晓的孟姜女传说中，仅仅由于范喜良无意中看见了孟姜女的身体，她就以“女子之体不得再见丈夫”为由，要他娶自己为妻。

在“男不露脐，女不露皮”民俗传统形成的同时，人们从小就被教育不要窥视异性。然而，正如心理分析学家揭示的那样，欲望的被禁并不等于消失，它们被压抑到无意识之中，变本加厉地寻找出路。窥视禁忌越严，偷窥欲望就越强烈。窥视欲望除在现实生活中以遮掩方式进行外，还以其他方式寻求满足，如梦境、欣赏人体美术、看电影电视、读小说等，讲故事也是其中之一。偷窥欲望启迪了故事创作者的灵感，同时也唤醒和间接满足了受众潜意识中的窥视欲望，这就是偷窥母题引人入胜的奥秘，也是它被引入洪水神话和其他类型的故事的深层原因。

二、俄狄浦斯情结

中国洪水再殖型神话大都有乱伦婚配情节，为什么现实生活中严禁的乱伦，在故事中却为人津津乐道呢？

乱伦母题不仅流行于中国，也是世界民间文学中极普遍的一个母题。在汤普森的《民间文学母题索引》中，涉及乱伦的母题从T400至T499设立了几十个条目，如“T410乱伦”“T441父女乱伦”“T412母子乱伦”“T415兄弟姊妹乱伦”“T417女婿诱奸岳母”等等，著录的资料遍及全世界。1996年，阿伦·琼森（Allen Johnson）和道格拉斯·普林斯－威廉（Douglass Price-Williams）合著《无处不在的俄狄浦斯——世界民间文学中的家庭情结》一书，对乱伦故事

①［英］霭理士：《性心理学》，潘光旦译注，生活·读书·新知三联书店，1987年，第67—68页。

的有关理论进行了全面评述，还附录了具有代表性的作品139篇，地域涵盖各大洲。①

美国人类学学会原主席怀特曾言："即使在今天，乱伦依然很少为人所了解。科学家们往往不得不承认，他们对乱伦困惑不解，并且声称，它太神秘、太模糊，以致无法作出合理的解释，至少目前的情况便是如此。"② 对于乱伦禁忌产生的原因，学者们有很多说法，归纳起来主要有三种：第一种是生物学的解释，以摩尔根为代表，认为乱伦群婚是人类婚姻史最早期的一个阶段，这个观点受到马克思、恩格斯的高度赞扬，成为马克思社会进化史的重要组成部分。摩尔根将乱伦群婚制度的消亡原因归结为近亲繁殖造成生理退化，这个理论至今受许多学者拥护。③ 第二种是社会学的解释。英国学者泰勒1888年发表的《论用于婚姻和血统法中的制度发展调查法》中，有一段精彩论点被人们广泛引述："族外婚能使一个发展中的部落，通过与其分散的氏族的长期联姻而保持自身的紧密团结，能使它战胜任何一个小型的孤立无助的族内婚群体。这种现象在世界历史上曾经屡次出现，这样，原始部落的人们在他们的头脑中必定直接面临着一个简单而实际的抉择：或进行族外婚，或被彻底根绝。"④ 法国文化人类学结构主义学派的大师列维－斯特劳斯，把乱伦禁忌的完成看成是人类从"自然"向"文化"的过渡。他认为，人类之所以实行乱伦禁忌，是为了向其他族群赠送女人，以建立一种社会系统，完成从天性向文明的过渡。⑤ 第三种是精神分析学的解释。最著名的理论是弗洛伊德借用古希腊神话来命名的俄狄浦斯情结。他猜测人类最初生活在一种小型群体中，每个群体由一个强有力的男性即父亲领导，他独占群体中所有女性，包括他的母亲与女儿，而他的那些男孩一旦长大达到性成熟时，就被他赶出去。直到有一天，被逐出去的兄弟们集合

---

① Allen W. Johnson, Douglass Price-Williams , *Oedipus Ubiquitous*: *The Family Complex in World Folk Literature* , Stanford University Press, 1996.

② ［美］怀特：《文化科学》，曹锦清等译，浙江人民出版社，1988年，第289页。

③ 例如苏联学者谢苗诺夫在其1974年出版的《婚姻和家庭的起源》中，就这样满怀激情地描写人类实行外婚制后带来的巨大变化："群与群之间的杂交在异常短暂的时间内清除了过去长期近亲交配所造成的一切有害苦果。不同集体的成员间发生性交关系的结果是，出生率的急剧增长和生命力强、身体健壮、繁殖力旺盛的后代大量出现。集体内部的性交关系与不同集团成员的性交关系之对比，其结果竟如此地令人惊异，以致再也不能忽视它了。"见［苏］谢苗诺夫：《婚姻和家庭的起源》，蔡俊生译，沈真校，中国社会科学出版社，1983年，第173页。

④ 转引自［美］怀特：《文化科学》，曹锦清等译，浙江人民出版社，1988年，第299页。

⑤ 转引自陈山：《痛苦的智慧——文化学说发展的轨迹》，辽宁人民出版社，1997年，第261页。

起来，杀死并吃掉了他们的父亲。但他们后来又对自己的行为感到后悔，为了避免这样的事再发生，他们相互订下神圣的誓约：所有男性不准跟自己群体中的女人发生性关系，必须到其他群体去寻找配偶。这就是图腾制度与乱伦禁忌的起源。[1] 弗洛伊德特别强调乱伦禁忌对人类心理的影响。他认为在儿童心理发展的性器期（四岁至五岁），他们的性要求要在亲近的异性家长中得到满足，但通常情况下他们会受到压抑，不能实现的愿望被埋在无意识中形成情结。这种情结虽因成年时将爱恋对象转移到家庭以外而消解，但它始终对人的心理与行为有着重大的影响。

无论是生物的、社会的还是心理的原因，乱伦禁忌都有一个共同后果，那就是每个人都必须在家庭之外寻找配偶。这就形成了一个悖论：一方面，家庭是每个人的体魄、心理和情感形成的最初场所，具有极大的亲和力与向心力。另一方面，每个新家庭的组成，必须由两个家庭各自切除其中一个成员，致使每个人在生命过程中都要经历这种家庭分裂所带来的情感割裂——父母与子女的割裂、兄弟姐妹之间的割裂。两种感情倾向之间的剧烈冲突，在每个人无意识深处都会留下难以解除的情结。这就是所谓俄狄浦斯情结。这个情结是一种强烈的心理力量，在现实生活中受到严格压抑，于是以各种转换变形的形式宣泄出来，而艺术正是其中最重要的形式之一。因此，洪水神话中的乱伦母题，是人类社会普遍存在的乱伦禁忌在文学作品中的反映。这一心理原型转化为文学母题后，紧紧抓住了受众的心魂，使故事散发出诱人的魅力。

三、原型的力量

上述分析表明，神话故事中的母题，表达的不是一种纯粹个人的或是具有偶然性的思想观念与情感体验，而是具有人类普遍性和历史延续性的情感模式与经验模式。母题是一种标识性符号，如同巴甫洛夫的实验中狗一看见灯光闪亮就开始分泌唾液一样，特定母题一出现，受众那根深蒂固的集体无意识原型，就从潜意识的混沌海洋中升腾起来，给他们带来亢奋的情感，并使他们急切地期盼那些熟悉的心理经验为自己带来审美快感。

荣格心理学理论中，原始意象、集体表象、原型与母题基本上是同一个概

① 参见［奥地利］佛洛伊德：《图腾与禁忌》，杨庸一译，中国民间文艺出版社，1986 年，第 129—198 页。

念。他曾说："与集体无意识的思想不可分割的原型概念指心理中的明确的形式的存在，它们总是到处寻求表现。神话学研究称之为'母题'；在原始人心理学中，原型与列维－布留尔所说的'集体表象'概念相符"①。他用神话形象命名了许多原型，如诞生原型、复活原型、死亡原型、巫术原型、英雄原型、上帝原型、恶魔原型、大地母亲原型、巨人原型、太阳原型、月亮原型等等。他非常敏锐地看到了心理原型在审美心理中的特殊作用："原初意象或曰原型是一种形象，不管它是一个恶魔，一个人，还是一种过程，在历史的进程中，凡是创造性想象得以自由显现之处，它就会频频出现。所以，它基本上是一种神话的形象。"②"每当这一神话的情境再出现之际，总伴随有特别的情感强度，就好象我们心中以前从未发过声响的琴弦被拨动，或者有如我们从未觉察到的力量顿然勃发。……当原型的情境发生之时，我们会突然体验到一种异常的释放感也就不足为奇了，就象被一种不可抗拒的强力所操纵。这时我们已不再是个人，而是全体，整个人类的声音在我们心中回响。……一个原型的影响力，不论是采取直接体验的形式还是通过叙述语言表达出来，之所以激动我们是因为它发出了比我们自己的声音强烈得多的声音。谁讲到了原始意象谁就道出了一千个人的声音，可以使人心醉神迷，为之倾倒。"③

神话是一种面对面互动的口头叙事活动，讲述者在叙事过程中通过情节的展开来表达自己的生命体验，这种体验既包含个人无意识，也有集体无意识。神话是人类普遍经验的形象化，它对受众的致命吸引力，来自故事中包含的人类情感与生命体验。由于洪水在人类历史上造成的巨大且反复再现的创伤，已经内化为一种心理原型，因此，在讲述洪水再殖型神话时，蕴含着集体心理原型的母题一出现，就成为双方沟通和互动的心理信号，唤醒了受众的集体无意识，使讲述者与接受者、接受者与其他接受者之间相互感染，产生心理共振，强化了所有参与者的审美体验。这正是洪水再殖型神话数千年传诵不衰的奥秘。

---

①［瑞士］荣格：《集体无意识的概念》，见叶舒宪选编：《神话—原型批评》，陕西师范大学出版社，1987 年，第 104 页。

②［瑞士］荣格：《分析心理学与诗的艺术》，侯国良、顾闻译，见［美］卡尔文 · S. 霍尔、沃农 · J. 诺德拜：《荣格心理学纲要》，张月译，李小江校，黄河文艺出版社，1987 年，第 160 页。

③［瑞士］荣格：《论心理分析学与诗的关系》，见叶舒宪选编：《神话—原型批评》，陕西师范大学出版社，1987 年，第 100—101 页。

第十三章　永无终点的探索

> 对于人类的精神世界来说，发现真理所带来的乐趣最为惬意，尤其是在这种真理来之不易的时候更是如此。
>
> ——托马斯·伯内特

我们对中国洪水再殖型神话的研究，只是人类对这个故事奥秘的无数探索之一。在即将结束这次艰难的旅行之前，让我们对其他同道的成果，也做一番鸟瞰。几个世纪来，学界研究洪水神话的相关成果，主要体现在文献分析、自然科学和文化阐释三个方面。

第一节　文献分析

一、神学：上帝的惩罚

基督教、犹太教和伊斯兰教的圣典上都载有洪水神话，这些宗教的信徒在全世界加起来不少于十五亿人。两千多年来，在世界的各个角落，不知有多少传教士，操着多少不同的语言，在向多少不同种族、不同肤色的信徒讲述这个据说是地球上确曾发生过的惊心动魄的事件。神学家最早对洪水故事进行了细致的考据与分析。

在欧洲，《圣经》是传播洪水神话的主渠道，神学家的解释在漫长历史上一直居正统地位。起初，挪亚故事被当作毋庸置疑的信史。在一些历史学家笔下，人们按希伯来人的年表，有的推断洪水发生于约公元前 2448 年，有的推断为公元前 2345 年。而在希腊以及其他各国各民族中发现的洪水传说，一律被看作挪亚故事的翻版，或者被用来证明《创世记》记载的可靠性。[①] 连自然科学的研究成果，也必须在与《圣经》接轨的前提下，才能被人们接受。1890 年，英国的托马斯·亨利·赫胥黎（Thomas Henry Huxley）在文章中就这样描述 19 世纪上半叶时的状况：

当时，生物学家和地质学家如果找不到有挪亚和他的方舟参与进去的方法，就不会相信通过任何途径调查的结局……无论如何，在这个国度，对一个人来说，怀疑洪水在文献上的真实性或者其他任何《旧约全书》的历史，实在是一件严重的事情。[②]

随着科学禁区的打破，从事《圣经》研究的文献学者，从《圣经》本身记录的种种矛盾之处，开始发难。他们发现，该书细节常常自相矛盾，如《旧约》中就有两个不同的造人故事。一个说上帝根据他自己的形象创造了人类，同时也创造了男人和女人（《创世记》1：27）；另一个则说上帝先创造了男人，之后又用亚当的肋骨创造了夏娃（《创世记》2：7，21—22）。还有，摩西岳父的名字有三种不同的说法：叶忒罗（《出埃及记》3：1；4：17；18：1）、流珥（《出埃及记》2：18）和何巴（《士师记》4：11）。这种细节间的矛盾，显然是由于原始材料来源的不同。1753 年，一个名叫让·阿斯特律克的法国物理学家注意到，《创世记》中有的地方提到上帝时，使用的名字是 Yahweh、Jehovah（耶和华），而其他地方则使用艾洛辛（Elohim），这个希伯来词的意思是“神圣的存在”。后来通过追溯《创世记》的文献来源，学者们辨认出一个“P”源（即牧师来源）、一个“E”源（由艾洛辛的开头字母“E”得来），以及一个“J”源（由耶和华的开头字母“J”得来，亦称耶称作者源）。[③]

美国康科迪亚神学院的《旧约》教授诺曼·C. 哈伯，通过细心的语词分析，将挪亚故事分解为两个不同的文本，一个叫“耶称本”，一个叫“牧师本”。耶称本的内容包括《创世记》6：5—8；7：1—5，7—8，10，12，16b—17，22—23；8：2b—3，6—12，13b，20—22。牧师本的内容为《创世记》6：9—13，

---

① ［美］C. J. 卡佐、S. D. 斯各特：《奇事再探》，陈元璋、周忠德、张冶等译，知识出版社，1983 年，第 278 页。

② Thomas Henry Huxley, “The Lights of the Church and the Light of Science,” in *Nineteenth Century*, July, 1890, p. 5.

③ ［美］阿兰·邓迪斯编：《洪水神话》，陈建宪等译，谢国先校，陕西师范大学出版总社有限公司，2013 年，第 5—7 页。

14—22；7：6，9，11，13—16a，18—21，24；8：1—2a，4—5，13a，14—17；9：1—19。两个文本的内容在细节上有明显不同。前者中洪水的起因是人类“终日所思想的尽都是恶”，后者中则是“地上满了强暴”。前者所带动物为“凡洁净的畜类，你要带七公七母。不洁净的畜类，你要带一公一母。空中的飞鸟，也要带七公七母”，后者所带的则是“凡有血肉的活物，每样两个，一公一母，你要带进方舟，好在你那里保全生命。飞鸟各从其类，牲畜各从其类，地上的昆虫各从其类，每样两个，要到你那里，好保全生命”。前者中是“洪水泛滥在地上四十天”，后者中是“水势浩大，在地上共一百五十天”。从这些细节的差别可以看出，《圣经》的来源是古老口头传说材料的汇编。[①]

今天，熟悉民间文艺学基本理论的人不难理解，《圣经》中的这些矛盾，其实是将口头传说中的不同异文整理合编为一个故事时留下的蛛丝马迹。

除对《圣经》来源的文本分析外，神学家更多关注的是洪水神话中体现的宗教观念。“基督教认为，全部《圣经》就是一部‘救赎史’，它记载着上帝与人类的关系，从《创世记》到《启示录》全是上帝对人类的爱的计划的逐步实现。从‘原罪’到‘因信称义’关系到每一个时代的每一个人，基督既为每一个人死去，所以每一个人都是救赎史中的一分子，《圣经》不仅是全人类的救赎史，而且也是个人得救史。”[②] 洪水神话的核心观念，就是人类因背离上帝而受到惩罚，人类要想得到救赎，只能皈依上帝。著名国际法学家汉斯·凯尔森，试图从洪水神话中发现并推断普遍的道德观念，认为洪水神话所表现的报应观，是人类最古老的一种思想，也是法律的基本原则。

二、文献学家皓首穷经

英国学者乔治·史密斯具有划时代意义的论文于1872年发表后，他的发现使研究古代近东文化的专家们激动不已。许多学者一头扎入收藏亚述、巴比伦和苏美尔泥版的博物馆或图书馆，对泥版文书翻译的忠实通顺问题、文本时间的确定问题，以及洪水神话的细节等，做了大量考证。

1968年，秘鲁利马联邦学院的丹尼尔·哈默利-迪普伊（Daniel Hä-

---

① Norman C. Habel, *Literary Criticism of the Old Testament*, Fortress Press, Philadelphia, 1971, pp. 29-42.

② 文庸、王云桥、张德禄编：《圣经蠡测》，今日中国出版社，1992年，第40页。

mmerly-Dupuy)，对来自近东的一些泥版文书洪水神话文本做较全面的比较研究。他的结论是：早在公元前2000年或更早些时候，近东就已经存在洪水神话了。“美索不达米亚的洪水文本——亚述的、巴比伦的、苏美尔的文本——含有关于一次大灾难的相同的古老传说，并且表明人们认为洪水明确区分出两个时代：洪水前的世界与洪水后的世界。”由于传承时代的久远，这些洪水神话的文本已产生不同异文，它们具有相似的主题，但某些神的名字与次要方面有出入，在表达上因地方色彩的不同而造成了差异。“巴比伦的洪水文本虽然分别遵从两个平行的修订本的线索，但是仍指向共同的源头，这个源头在编年上追溯到在苏美尔流传的那个传说。”①

在《阿特拉哈西斯史诗及其对于理解〈创世记〉第1—9章的意义》中，美国韦恩州立大学的弗里默-肯斯基（Tikva Frimer-Kenski）教授介绍了巴比伦出土的这篇史诗，并将它与《圣经·创世记》进行了比较。他认为：“《创世记》第1—9章的作者，根据这些极强的观念，重新解释宇宙哲学和人类早期的历史。他使用了一个至少和阿特拉哈西斯史诗一样古老的框架，即‘创世——问题——洪水——解决’这一原始历史（Primeval History）的框架；他以这样一种方式重新讲述了这个故事，目的在于重新解释古代传说，阐明以色列人的基本观念”。②

与上述作者对泥版文书原文进行考证不同，W. M. 考尔德在《奥维德“菲勒蒙与包喀斯”故事新解》③一文中，对古文献中希腊、罗马民间传说中的洪水神话进行了研究，发现这些传说与当地历史有密切的联系。如伊科尼翁有一篇洪水神话的异文，而那里的地理环境是，正好有一个湖，当湖水偶尔干涸时，湖底真的有一座古代的城镇。

关于洪水神话文献的研究，最著名的当然还要数弗雷泽。这位搜集资料的大师，从不引人注目的政府报告到传教士们的描述，进行了广泛的搜索。他在1918年出版的《〈旧约〉中的民间传说》中，足足用了近百页的篇幅勾勒世界

---

①［秘鲁］丹尼尔·哈默利-迪普伊：《亚述-巴比伦和苏美尔洪水故事评述》，见［美］阿兰·邓迪斯编：《洪水神话》，陈建宪等译，谢国先校，陕西师范大学出版总社有限公司，2013年，第40—50页。

②见［美］阿兰·邓迪斯编：《洪水神话》，陈建宪等译，谢国先校，陕西师范大学出版总社有限公司，2013年，第51—62页。

③原载《发现》（*Discovery*）1922年第3期，第207—211页。奥维德的这个故事中译本，见［古罗马］奥维德：《变形记》，杨周翰译，作家出版社，1958年，第114—117页。

各地洪水神话的摘要。无论他本人在理论研究上有怎样的不足，他对洪水神话文献的搜寻工作，可以说是一个里程碑式的成果。[①]

第二节　自然科学

一、考古学：挖地三尺

为了考证美索不达米亚历史上是不是真的有过大洪水，考古学家们也开始行动了。1922 年，英国著名考古学家雷纳德·伍利（Leonard Woolley，1880—1960），开始在美索不达米亚沙漠进行发掘。伍利是牧师的儿子，希望通过在乌尔城的挖掘，发现《旧约》中洪水的踪迹。他在发掘报告中这样描述他们在美索不达米亚进行的发掘：

> 在乌尔城，我们已经有了大洪水的确切证据，深达 25 英尺的洪水，一定毁灭了三角洲地带的一切，只留下少数建在高出洪水的土墩上的较大城镇。我们知道，虽然乌尔城幸免于难，但土墩脚下的房屋全毁了，而在开阔的平原，我们已经发现不是一个而是好几个在同一时期被毁的村庄的废墟，这些村庄后来再未有人居住过。灾难是在我们称作欧贝德时代末期到来的。欧贝德文化是下美索不达米亚最早的居民的文化，延续了很久。在苏美尔人心目中最古老的城市爱里都（Eridu），伊拉克政府的挖掘队发现了 16 个庙宇遗迹，它们一个建在另一个之上，都属于欧贝德时期。洪水过后的欧贝德文化在衰败中短时间延续，然后让位于迁移者从北方带来的一种完全不同的文化。这个乌鲁克（或埃雷克）文化，又被所谓在加姆达·奈斯尔时期统治这片地区的另一种移民文化所取代；那以后又到了早期王朝时期，其鼎盛时期是乌尔第一王朝。我说过，乌尔第一王朝记载于苏美尔王表中；王表上所载洪水之前的王权时期一定会对应于欧贝德时期，原因很简单：欧贝德时期的确出现于洪水之前，并是该地历史上最早的文化。如果我们敢于再进一步把考古学上乌鲁克和加姆达·奈斯尔时期与记

① 参见［英］弗雷泽：《〈旧约〉中的民俗》，童炜钢译，复旦大学出版社，2010 年。

录在王表中的基什和埃雷克两个王朝相联系的话，则可以看出两者是完全对应的，苏美尔人书吏记录的洪水“日期”，恰好符合它在考古序列中的位置。当然，考古学没有为乌特·纳皮什提姆故事的细节提供证据，但那个故事赖以建立的基础是历史事实，这一点不能轻易否认。①

伍利的考古发现，为史密斯关于《圣经》挪亚洪水神话来自近东的观点提供了事实证据。从此，人们不再怀疑美索不达米亚地区是洪水神话的发源地。伍利之后，许多考古学家卷入洪水神话的调查中，国际上形成了一门《圣经》考古学。

在《圣经》考古学中，“方舟学”也是一个热点。许多探险队到亚拉腊山寻找挪亚方舟。据 M. L. 佩格那（Mario Lopes Pegna）估计，有 72 种语言的 8 万余篇文章，致力于研究挪亚和他的方舟。美国圣地亚哥大学的马克·布林德（Mark Blinder），针对挪亚方舟的考古研究写了不少著作，其中《发现挪亚方舟——大洪水：人类文明的毁灭与重建之谜》已译为中文出版，介绍了大量有关这类考古的细节和论争。②

二、地质学：众说纷纭

洪水神话涉及洪水事件的真实性问题。由于神学和科学在这个问题上的尖锐斗争，有关地球的形成年代、人类出现在地球上的时间以及地球和人类是由造物主一次创造成功还是经过了漫长的演化等问题，成为人们争论的焦点。地质学家在这些论争中自然成为核心人物。

在 16 世纪，人们对高山上发现的各种贝壳化石和其他海洋生物化石大惑不解。一些宗教博物学家以挪亚时代的大洪水来解释这些化石的来历：

所有这些似乎足以说明，曾有一个洪水泛滥全球的时候，那场洪水只能是挪亚时代的大洪水。所以我们现在才会在全球发现贝壳和有壳水生动物，其他鱼类和四足动物的骨头，水果，哺乳动物之类的产

---

①［英］雷纳德·伍利：《创世故事和洪水故事》，见［美］阿兰·邓迪斯编：《洪水神话》，陈建宪等译，谢国先校，陕西师范大学出版总社有限公司，2013 年，第 81—82 页。

②［美］马克·布林德等：《发现挪亚方舟——大洪水：人类文明的毁灭与重建之谜》，刘丽编译，陕西师范大学出版社，1999 年。

物。它们在石头、岩石、山地、石矿、矿坑等里面石化了，并藏在里面。①

到17世纪，这种简单的神学论证，已很难使那些崇尚理性的学者信服。地质学家对洪水真实性的问题，提出了三种重要理论：一是剑桥大学托马斯·伯内特（Thomas Burnet）的平坦地球和地壳陷落假说，二是格雷沙姆学院（Gresham College）的物理学教授约翰·伍德沃德（John Woodward）的地球物质分解与固化论，三是剑桥大学威廉·惠斯顿（William Whiston）的彗星学说。②

1681年，托马斯·伯内特发表了他的《关于地球的理论：描述地球原貌及其直到万物终结之时经历或将要经历的变迁》二卷本。据伯内特计算，要达到摩西所说洪水淹没地球15腕尺（1腕尺=18—20英寸，1英寸=2.54厘米）的深度，需要8个大洋水量的总和。这么大的水量靠四十天的雨是肯定不够的。因为一般稳定的降水在一个小时内水量不会超过2英寸，四十天雨的水量充其量也只能达到160英尺（1英尺=30.48厘米）。并且，即使8个大洋的水真的汇聚起来制造了一场大洪水，它们最后又能排向何处呢？伯内特提出这样一个假说：洪水前的世界是平坦的、规则的、均匀的，没有山脉和海洋。最初的地球有一个坚硬的核，外面包围着同心的一层水和一层地壳。如果地壳表层发生破裂，巨大的碎块纷纷落入水层，那么，根据阿基米德原理，就会产生洪水。但是表层的破裂是怎样发生的呢？伯内特猜想在洪水之前四季的更替尚未出现，于是太阳的热量将地下水蒸发，产生强大的压力，使地壳破裂，水便徐徐涌出并泛滥全球；由于地球表面像球一样平滑，不需要相当多的水，就能产生15腕尺深的洪水。伯内特告诉人们，通过观察地球模型，可以看到大洪水的裂缝就是今天的大西洋、太平洋和地中海。而现今高大的山脉就是原先的地壳坍塌下来的残骸。地震证明古老的地壳迄今为止仍然在不断破裂并滑进无底深渊。

伯内特之后，约翰·伍德沃德在《关于地球和陆生物特别是矿物的自然史

---

① Hutton, Shaw, Pearson, ed. *Phiosophical Transactions of the Royal Society*, London, 1809, Ⅳ, pp. 523-524. 转引自［美］阿兰·邓迪斯编：《洪水神话》，陈建宪等译，谢国先校，陕西师范大学出版总社有限公司，2013年，第326页。

② 有关17世纪地质学的材料，主要援引自美国唐·卡梅伦·阿伦（Don Cameron Allen）《挪亚的传说：文艺复兴时期艺术、科学和文学中的理性主义》（*The Legend of Noah: Renaissance Rationalism in Art, Science, and Letters*, University of Illinois Press, 1963, pp. 92-112.）一书。中译本见［美］阿兰·邓迪斯编：《洪水神话》，陈建宪等译，谢国先校，陕西师范大学出版总社有限公司，2013年，第322—345页。

的一篇论文》一文中，通过研究形态各异的地层、裂缝及遍布英格兰的化石，提出了一个解释化石由来的新理论：当洪水遍及全球的时候，所有固体物质都分解为最小微粒。这些物质都杂乱无章地、持续不断地溶入水中，并与水及其他物质混杂在一起生成了一种混合物。洪水过后，各种物质根据它们的重力分别从地球中心排列开来。扇贝壳和滨螺壳最重，它们与另一些凝固为大理石的物质一起下沉。更轻的虾壳与树木、灌木的残余物，则共同沉积在地球表层之中，在那里它们腐烂并形成土层中肥沃的腐殖质。所有这些物质都是平行排列的，“均一、平坦而有规则”。①

威廉·惠斯顿在《关于从地球起源到万物消亡的地球新理论》一书中则提出另外的假说。他说：在大洪水以前的地球上，昼夜平分，黄道与赤道合一，行星与地球的原始轨道是正圆形的。大洪水的发生是由于在秋分过后第二个月的第十七天，一颗彗星在接近近日点时经过黄道面。这颗彗星在地球旁边经过的事实是有据可查的。这颗彗星很有可能擦过地球表面，将地球纳入自己的大气与彗尾之中相当长一段时间，并留给地球表面大量的、与自身相同的凝缩或膨胀的水汽。正是这些水汽成为大洪水的来源。积洪的彗星不仅带来了巨大的海潮，而且以它的彗核、彗尾所携带的巨大洪水淹没了地球。他还计算出当时陆地被平均淹没了 10821 英尺。如果考虑到被山占据的地方，那么这些水会导致 3 英里（1 英里 = 1.6093 千米）的普遍水深。②

到了 18 世纪，文艺复兴时期的启蒙主义者对《圣经》发出了质疑。例如卢梭 1755 年在《论人类不平等的起源和基础》中就说：

> 宗教让我们相信：上帝自己刚把人类创造出来，就立刻使人摆脱了自然状态，他们是不平等的，因为上帝愿意他们那样。但是宗教并未禁止我们只根据人和他周围存在物的性质，来猜测一下，倘若让人类自然发展的话，究竟会变成什么样子。③

在《哲学辞典》中，伏尔泰提出《创世记》中一些民间故事并不单是关于

---

① 参见［美］阿兰·邓迪斯编：《洪水神话》，陈建宪等译，谢国先校，陕西师范大学出版总社有限公司，2013 年，第 336—339 页。

② 参见［美］阿兰·邓迪斯编：《洪水神话》，陈建宪等译，谢国先校，陕西师范大学出版总社有限公司，2013 年，第 339—341 页。

③［法］卢梭：《论人类不平等的起源和基础》，李常山译，东林校，商务印书馆，1962 年，第 71—72 页。

希伯来人的，那场世界性的大洪水是不合乎科学的，应该把那场洪灾作为一种奇迹来看待。然而，宗教在18世纪时期还是一种巨大的统治力量。对异端的迫害，如伽利略事件，就是突出的例证。因此，“甚至有这样的说法，有些地质学家——他们中许多人是牧师——被自己观察到的事实震惊。他们害怕成为异端或害怕因异端而遭到惩罚，于是‘赶紧转到一个奇怪的方向或回到原来的（即正统的）立场’”①。但人们对《圣经》中的洪水神话仍有不少争论。如唐·卡梅伦·阿伦（Don Cameron Allen）在《挪亚的传说》中，就提出了许多问题：谁能设计出一个可供所有洪水中难民避难的方舟呢？鱼能在洪水中残存下来吗？美洲人在方舟上吗？等等。还有人质疑17世纪伍德沃德的理论，并用地质学材料论证地壳岩层并没有按它们自身重力的顺序排列。

在《地质学与正统观——18世纪思想中的挪亚洪水案》一文中，法国瓦瑟学院（Vassar College）的历史系教授罗达·拉帕波特（Rhoda Rappaport），对18世纪有关挪亚洪水神话的种种争论做了细致的介绍。他的结论是：通过这些论争，洪水在人们心目中的地位下降，它不再是一种神圣的奇迹，而被认为是一种历史事实，但科学证据又让人们无法对这种地质事实得出一致的意见。②

洪水神话在19世纪时呈现出新的意义。如同达尔文进化论动摇了上帝造人的神学观一样，地质学的发展对《创世记》所描述的创世活动的历史性也提出了挑战。科学与神学在对洪水神话的阐释上展开了针锋相对的斗争，使这个神话再次成为人们检验《圣经》真实性的试金石。

人们一直认为，最深的地层中保留着席卷全世界的洪水大灾变的迹象。19世纪20年代，由两位受人尊敬的牧师亚当·塞奇威克（Adam Sedgwick）和威廉·巴克兰（William Buckland）领导，英国地质学家开始着手检验冰河时期的淤积物，看它们是否由单一的某次大洪水所产生。这项工作的结果证明：淤积物并不是同时代的，而是代表了几个不同的时期（即我们现在所知道的多重冰河期）。这两位牧师在他们各自的最终报告中，都明确宣布并不存在世界性的大

---

①［法］罗达·拉帕波特：《地质学与正统观——18世纪思想中的挪亚洪水案》，见［美］阿兰·邓迪斯编：《洪水神话》，陈建宪等译，谢国先校，陕西师范大学出版总社有限公司，2013年，第347页。

②见［美］阿兰·邓迪斯编：《洪水神话》，陈建宪等译，谢国先校，陕西师范大学出版总社有限公司，2013年，第346—365页。

洪水。[①] 另一个著名地质学家查尔斯·莱尔爵士（Charles Lyell，1797—1875），在1829年发表了三卷本的《地质学原理》，也提出均变学说，用大量科学事实否定了全球性大洪水的存在，并宣称挪亚洪水是“一种超出哲学研究范围之外的超自然的事物”。[②]

事物的发展充满戏剧性。就在人们从地质学角度普遍否定了全球大洪水的存在时，20世纪的地质学发现又提出了新的问题。20世纪60年代末70年代初，两条美国海洋考察船从墨西哥湾底部钻出几条细长的沉积泥芯，这些泥芯中记录了一亿多年来气候变化的信息。两批学者分别对这些泥芯进行了分析，他们是迈阿密大学的塞孔·埃米列尼、罗得岛大学的詹姆斯·肯尼特和剑桥大学的尼古拉斯·沙克尔顿。两批学者的分析都显示出海水含盐量的巨大变化，提供了关于有大量淡水涌入墨西哥湾的令人信服的证据。迈阿密大学的地球化学家杰里·斯蒂普用放射性碳测定洪水约发生在一万一千六百年前。埃米列尼解释说：“大约11600年前，北美冰帽突然崩塌了，随之而来的是冰块迅速融化。大量融冰涌入墨西哥湾，使全世界的海洋水位以海啸速度（20小时绕地球一周）猛增。人类被迫移居内陆，这一全球性大迁移很可能就造成了有一场全球性大洪水的记忆。”[③]

还有人从天文学角度解释地球在一万两千年前气候突变的原因。据说在1972年时，美国的“大地Ⅰ号”卫星在阿拉斯加荒漠地区发现了一个名为西泰勒门卡特（Sith-ylemenkat）的巨大陨石坑，它直径12.4千米，最深处达500米。科学家推测最后一次冰期的结束可能与陨石撞击地球有关：“最后一次冰期结束得异常迅速，这一点是肯定无疑的。冰期结束的两个后果是，气温上升和海洋水位的升高（一百至一百八十米，各地区有所不同）。水的上涨彻底地改变了地球上海岸的面貌，大片陆地被浸入海底。”“巨大无比的海啸以惊人的速度向陆地咆哮而来，而海啸恰恰又同一个天体坠落海洋有关。当巨大的陨石轰击海洋后，高达数百米的巨浪有如一个个山头，以排山倒海之势，雷霆万钧之力，席

---

① 参见 Stephen Jay Gould, “Creationism: Genesis Vs. Geology,” in *Atlantic*, v. 250, no. 3, 1982, pp. 10-17.

② *Principles of Geology*, III, 273. cf. n. 29. below.

③［美］马克·布林德等：《发现挪亚方舟——大洪水：人类文明的毁灭与重建之谜》，刘丽编译，陕西师范大学出版社，1999年，第24页。

卷陆地，毁灭那里的一切生灵。”①

看来，是否真的有过一场淹没世界的大洪水，地质学家们的争论还将继续下去。

第三节　文化阐释

一、心理学：别出心裁

弗洛伊德创立精神分析学后，西方学者很快将这种新颖方法应用于洪水神话研究，提出了一些有趣的论点。以往西方学者对洪水神话的象征主义研究，大都沿用太阳神话学派理论。有人将洪水神话解释成月亮神话，有人则解释为太阳神话，还有的人解释为植物与生殖的仪式等。当弗洛伊德和荣格的精神分析方法引入后，学者们开始将洪水神话看成一种集体的梦，并将其与俄狄浦斯情结等概念结合了起来。

1912 年，奥托·兰克首先指出睡眠者想要小便的欲望变形为梦，这种个人的梦与洪水神话间存在着对应关系。1952 年，美国著名的心理分析学派人类学家格扎·罗亨（Géza Róheim，1891—1953）在其鸿篇巨制《梦之门》中，发展了兰克的观念，提出“洪水神话常常把洪水描述成尿，从而显示了它们的根源来自梦”②，将洪水神话解释为人的尿胀之梦。

罗亨引用不同文化背景下的大量故事文本来解读洪水神话。例如，洪水神话中，洪水常常出自某个生物的肚子，他认为这个情节中就包含了两个梦的动机：①洪水英雄在（被颠倒的）某物中；②膀胱里的尿。罗亨列举了不少洪水神话的例子。其中一个说：从前，整个世界洪水泛滥，除一男一女外，其他的生物都灭绝了。他们爬到最高的山上，在山顶的一棵树的树枝上躲起来。他们想在那儿过夜，但到早晨他们发现自己变成了一只公老虎、一只母老虎。从晚上到第二天早上，洪水的威胁消除了。帕瑟尼（Pathiany，至上神）从洞里派出一男一女到地上繁衍人类。这个故事的圭亚那异文中，神话以砍倒含有大量水

① 转引自韦兴儒：《从星伤学看洪水神话》，载《苗岭风谣》1986 年第 2 期，第 2 页。

②［美］格扎·罗亨：《作为膀胱梦的洪水神话》，见［美］阿兰·邓迪斯编：《洪水神话》，陈建宪等译，谢国先校，陕西师范大学出版总社有限公司，2013 年，第 130 页。

的世界树开始。文化英雄用一个编得很密的篮子盖住了树桩，后来猴子出于好奇，揭开了树桩上的篮子，大水汹涌而出。文化英雄把人安排在最高的棕榈树上，躲避不断上涨的洪水。对那些不能爬树的人，他就将他们密封在洞里。罗亨解释说，在这两个故事中，洪水在新的一天来临时结束——这是一个梦，以没有完成的任务（篮子盖不住树桩里的水）开始，接下来是窥阴癖的成分（树干类似潘多拉的盒子、母亲的阴道），然后是洪水（尿）、洞穴（子宫）和攀登（生殖器）。

罗亨相信“梦是人格化的神话，神话是非人格化的梦”[①]。他对《圣经》中的创世神话和洪水神话也以心理分析方法来解释。他说：“在水面上翱翔的上帝的灵（《创世记》1：1），很明显是一只鸟。当上帝说要有光时，很可能就是苏醒时分。至于《圣经》里的洪水叙事，装有雌雄成对的动物的挪亚方舟，已经表明再次创世（像在梦里一样）的趋势，而且，方舟里一个接一个地飞出的鸟（《创世记》6：6—8），也明显与创世和洪水神话里的潜水鸟相同。水面上上帝的灵通常以鸽子的形式出现。”他还认为《圣经》神话中所有细节，都对方舟象征子宫的意义表现出无意识的反映。[②]

作为西方心理分析学派民俗学家的代表人物，邓迪斯对过去那种以弗雷泽为代表的研究方式很不满足。他批评弗雷泽说：“他引述的洪水神话长达250页，而他的结论却是这样的：‘那么，总的说来，似乎很有理由认为，有一些或者甚至有许多洪水传说，都只不过是对实际发生过的洪水的夸张报道，不管这洪水是大雨、地震波或其他原因造成的。因此，在所有这样的故事中，传说和神话的成分各占一半：就其记录了真正发生过的洪水的记忆而言，它们是传说；就其描述从未发生过的所谓全球洪水而言，它们则是神话。’”[③]

但是邓迪斯对兰克、罗亨等人的心理学解释也不满，他认为洪水神话是一个隐喻，是一种对人类诞生的若干突出细节所做的宇宙起源论式的心理投射，投射的是每个婴儿都从羊水这种“水”中诞生出来的事。由于所有人都是在羊

① J. Campbell, *The Hero with a Thousand Faces*, New York, 1949, p. 19.

② 参见［美］格扎·罗亨：《作为膀胱梦的洪水神话》，见［美］阿兰·邓迪斯编：《洪水神话》，陈建宪等译，谢国先校，陕西师范大学出版总社有限公司，2013年，第129—142页。

③［美］阿兰·邓迪斯：《作为男性创世神话的洪水》按语，见［美］阿兰·邓迪斯编：《洪水神话》，陈建宪等译，谢国先校，陕西师范大学出版总社有限公司，2013年，第143页。

膜破裂后从最初的洪水（羊水）中诞生的，所以把世界也看作这么诞生的想法不是不可能产生的。个体这么诞生，地球也可以这么诞生。

邓迪斯认为洪水神话象征的是男性创造世界的欲望。他从神与人的关系基本上是父子关系、男性羡慕女性分娩这两条公理出发，认为男性的怀孕羡慕与尿液洪水之间存在着联系。因为大部分洪水神话中都是男性神毁灭世界，并且只有一个男性幸存者获救并再殖世界，因此，洪水神话是男性试图模仿女性创造力的一个例子。他说，洪水神话更应说成是一个再创造神话，最初的创造从生物上讲明显是女人创造的，男人为了否认女人的自然的生殖优势，必须破坏第一次创造，代之以他们自己的第二次创造。邓迪斯指出：

> 在神话中，人类先被创造出来，又在躲过洪水之前几近毁灭。这个模式与人的出生的细节似乎有类比性。分娩时泻出的羊水并没有创造胎儿–婴儿。胎儿的创造发生在此九个月前。生育把在母腹中漂浮了大约九个月的已经成形了的婴儿释放出来。（值得注意的是，包括我们的犹太–基督教在内的许多宇宙起源论，都始于“地空虚混沌，渊面”。“黑暗”和“漂流”的观念很广泛，它们可能来自男人和女人都有过的出生在前子宫内的经历。即使是现代所谓的“膨胀宇宙”论，也可能反映了子宫内的经历。）于是《创世记》中是男性的挪亚建造了方舟。同样，在广为流传的潜水捞泥者神话中，是一个创造好了的男性潜到洪水中，找到一点可以再创世界的泥土。①

洪水神话中的乱伦婚，以及用尿液造洪水，通过肛门（摆弄泥土或干燥的灰尘）创世造人等情节，都被邓迪斯解释为男性创造神话的意义。他甚至说，之所以男性学者，包括神学家，对研究洪水神话特别感兴趣，也是因为这个神话把男性在世界上的特权地位写进了神圣契约。从这个意义上说，洪水神话代表的是男性自我幻想的最后堡垒。

二、故事学家聚焦文本

洪水神话毕竟是故事，故事学家也以他们的专业方法参与了研究，主要集

---

①［美］阿兰·邓迪斯：《作为男性创世神话的洪水》，见［美］阿兰·邓迪斯：《洪水神话》，陈建宪等译，谢国先校，陕西师范大学出版总社有限公司，2013年，第148页。

中在对不同地区故事文本的搜集与分类、阐释上。这里举两个例子。

1953年12月，墨西哥人类学家费尔南多·赫卡斯塔斯曾对中美洲广泛流传的洪水神话异文进行仔细的比较。他考察了63篇洪水神话异文，将其分为5类，分别是：

类型A　世界被水毁灭。一批人逃生。

类型B　世界被洪水毁灭时，谁都没能逃脱。所有人都被淹死了。

类型C　当世界被洪水毁灭时，一部分人得以逃生，但他们未经神的允许而生了火，被变成了动物。

类型D　世界被洪水毁灭后，一个男人和一只母狗得以逃生。这个人发现母狗为他做饭，于是就暗中监视她。他烧了狗皮，她变成了女人。他们共同繁衍了人类。

类型E　上帝警告一个男人（挪亚）洪水将至。他做了一艘方舟把各种动物都装进去。洪水退后，他派几只鸟去看看世界是否干了。其中几只鸟完成了使命回来，其他鸟没有回来。

赫卡斯塔斯不仅对异文做了分类，还对它们与《圣经》以及美洲印第安土著的叙事文学之间可能的关系，做了初步的探讨。①

1959年，美国俄亥俄州立大学著名的民俗学家和中世纪史研究家弗朗西斯·李·厄特利（Francis Lee Utley，1907—1974），对AT分类法中第825型的一个民间故事——“方舟里的魔鬼”做了透彻的研究。他在论文中成功地分析了275篇相关异文的一般特征，同时提出了民俗学家如何运用比较方法去研究一类故事的思路。②

厄特利据275篇不同语言但同种内容的文本，归纳出这个故事类型的主要情节单元为：

1. 上帝或天使教挪亚秘密地造方舟。

2. 这种秘密状态得到一个奇迹的帮助——挪亚的锤子敲击时是无

① 参见［墨西哥］费尔南多·赫卡斯塔斯：《中美洲洪水神话分析》，未出版之硕士论文，见［美］阿兰·邓迪斯编：《洪水神话》，陈建宪等译，谢国先校，陕西师范大学出版总社有限公司，2013年，第158—192页。

② 参见［美］弗朗西斯·李·厄特利：《方舟里的魔鬼（AT825型）》，见［美］阿兰·邓迪斯编：《洪水神话》，陈建宪等译，谢国先校，陕西师范大学出版总社有限公司，2013年，第295—321页。

声的，或者斧子即使砍劈石头砧板也不会变钝。这个母题在爱尔兰恰好相反，声音到处都听得到（回声的起源），意思是叫人们忏悔（可能为母题 H1199.13）。

3. 魔鬼引诱挪亚的妻子，有时是以温情脉脉的方式，教她给挪亚喝一种能让他迷醉并松口说出秘密的饮料。它常常交代白兰地、克瓦斯淡啤酒（kvas）、雷基烧酒（raki）、戈丽尔卡伏特加（gorilka）、葡萄酒以及啤酒的起源（母题 K2213.4.2）。

4. 挪亚说出了他的秘密，魔鬼将他建造的方舟毁掉，这艘方舟是挪亚花了七天到三百年不等的时间建造的。有时，在一些文本中，挪亚的妻子事先知道了秘密，魔鬼利用其女性的弱点使她吐露真情；或者她不是用烈酒而全凭固执，不停探问才得到了秘密。无声的斧头变成了声音吵人的工具（母题 K2213.4.2，H1199.13）。

5. 发现方舟被毁，挪亚哭了起来。这时，一个天使飞下来，教挪亚如何克服魔鬼的干涉。此处细节变化很大：挪亚被告知施洗（通常用尿洗身，因为他的妻子藏起了洗浴的水）。或者要求他回到砍倒的第一棵树下，用木头做一个 toaca 或 bilo 或一面钟，它使方舟的散乱船板合在一起。也有文本说通过天使的帮助，用奇迹唤来了木匠，即婴儿耶稣，于是，被砍断的船板自动变长或变短，各就其位。

6. 钟常常在方舟入口再次出现，用作集合动物的工具——这是一个恰如其分的功能，因为至今用来召唤东方的和尚参加祈祷的，还是这件乐器。

7. 某些生物不许进入方舟：令人厌恶的蛇（母题 A2145.2）和蜇人的昆虫（母题 A2021.2），身躯庞大的 Re'em 或独角兽（母题 A2214.3），狮鹫（母题 A2232.4），洪水前的巨人（母题 A531.5.9），甚至包括挪亚的妻子。最不允许进入方舟的是魔鬼，他请求挪亚之妻在进入之前犹豫一阵。他藏在她的胸前、她的针线包内，或者干脆藏在她的影子中。挪亚不耐烦地叫了她三次，第三次说过这样的话：“快进来，你这魔鬼。”于是，这个老犹大，这个撒旦，这个恶魔（Iblis），这个 Nicipercea，这个长角者，这个脏鬼，就这样上了船（母题 K485.13.5.1）。在伊斯兰教的类似故事中，驴子替代了挪亚妻子，恶魔藏在它的尾巴下（或者第四子迦南拒绝上船而被淹死）。

8. 魔鬼一上船，要么就亲自在方舟上钻一个洞，要么就变作老鼠咬一个洞（母题 A1853.1 和 G303.3.2.4）。这洞也可能是挪亚或他的工人们遗漏的一个钉孔，或节疤孔。

9. 有的故事没有提到孔洞，而讲到鼠灾。伊斯兰教的文本说，方舟里满是人类和动物粪，就从象鼻里弄出脏猪来吃粪。这下，猪打喷嚏喷出了一只老鼠，狮子打喷嚏喷出一只猫去追赶老鼠（母题 A1811.2）。在欧洲，这则猪—鼠—狮—猫的故事比另一则故事罕见，后者说上帝、圣母玛利亚或挪亚丢出只手套，变成会治病的猫。

10. 在大多数文本中，孔洞都是一个常见特征，于是叫蛇用它的长尾巴封住。有时，又说这个塞子是狗鼻、挪亚夫人的肘部、挪亚的屁股（*Sitzplatz*），等等不一，或是老鼠、蜥蜴、蟾蜍、乌龟、野兔或魔鬼本人，它们在企图逃走时卡在了洞中（母题 B527.2）。

11. 堵洞的蛇得到了多种奖赏——又长又细的身体、作为家蛇得到住处、无尾的身体（如果是响尾蛇的话）、可以分泌毒液、被禁止猎杀（母题 B527.2 和 A2291）。

12. 有一种对蛇的奖赏应加以特别讨论。在一些故事中，蛇要求，或上帝承诺，蛇得到的奖赏将是最甜的血，或是每天一人的血。洪水之后，这个许诺通过下面两种方式之一在一定程度上得以回避：

（1）挪亚把蛇投入圣火中，他的灰烬被火吹散，变成了跳蚤、虱子、蚋或蚊子，从统计学上讲，他们还是每天吸一个人的血。

（2）或是蛇派出苍蝇或其他昆虫去查明何为最甜的血。昆虫带回消息告诉燕子说是人血，结果被燕子咬断了舌头。燕子向上帝或挪亚报告说青蛙的血最甜。从那以后，蛇吃青蛙、蚊子或蚋，但不会说话，只能“滋滋”地叫，而燕子在人的屋檐下做窝（母题 A2426.3.2，A244.2.1，2236.1）。气急败坏的蛇常常去咬燕子，所以燕子尾巴成了叉形的（母题 A2214.1，A2378.5.1）。[①]

---

①［美］弗朗西斯·李·厄特利：《方舟里的魔鬼（AT825 型）》，见［美］阿兰·邓迪斯编：《洪水神话》，陈建宪等译，谢国先校，陕西师范大学出版总社有限公司，2013 年，第 298—301 页。

从上面的归纳可以看出，犹太教、基督教和伊斯兰教圣典中的洪水神话，在欧洲口头传说中又衍生出新的民间故事类型。

故事学家们的工作需要极大的耐心，并且需要良好的语言素养与广阔的人类学视野。他们像蜂群中的工蜂一样默默地到处采集花粉，但他们的工作至今并未获得应有的评价与重视。当然，这与他们重材料轻阐释的学术传统也有一定关系。

第四节　回望迷宫

笔者迷恋多年的中国洪水再殖型神话研究，终于画下句号了。在离开这个迷宫时，笔者忍不住驻足回首，向那个神秘的人类精神遗址再次回望。

洪水再殖型神话无疑是人类产生最早、流传时间最长、扩布地域最广的故事类型之一，也是被学界研究最多、在当代最具活力的一个“元故事”。笔者从20世纪90年代关注这个故事，至今已近三十年。研究过程中如同进入迷宫，只能时断时续，慢慢摸索，一点一点破解。现在，总算在中国洪水再殖型神话的形态与分布上，有个可以作为今后研究基础的阶段性成果了。

笔者最初面临的困难是故事文本的收集。从20世纪90年代写作论文时的433篇异文，到2005年做博士学位论文时的568篇，再到此次修改书稿时的682篇，文本逐渐达到了相当规模。在这些客观材料基础上，对故事类型、亚型和变体的划分，大致是可以站得住脚的。即使未来还有新的文本出现，也可以在此基础上不断添加，直到能够据以修改笔者目前的结论。

第二个拦路虎是对于大量故事文本中特色母题的发现与统计。笔者在20世纪90年代写作相关论文时，使用的是传统的卡片法，将一篇篇文本的母题先登记到卡片上，再用大白纸画出表格，将卡片逐张填入表格，再对相同母题进行统计。由于极为烦琐，难以处理，所以写完一篇论文后就难乎为继。直到2005年使用了电脑上的Access数据库，才找到比较方便的办法。这次将Access改为通用办公软件Excel表格，更加简洁方便，用起来非常顺手。我想我很可能是运用数据库来研究中国神话的第一个吃螃蟹者。

第三个困难是方法论。虽然笔者早在20世纪80年代就接触到历史地理方法，但发觉这种方法主要是分类工具，专业术语少不说，最缺乏的是中心概念。

后来在研究生教学中边授课边思考边补充，发现作为故事最小元素的母题，是一个很好的逻辑起点。从这一点出发，笔者经过多年努力，终于在借鉴前人方法的基础上，对母题分析方法做了一个系统性的整理，界定了以母题为中心的各个专用术语：母题、角色母题、事件母题、背景母题、不变母题与可变母题、主要母题和次要母题、在位母题与非位母题、母题群、母题链，厘清了母题与文本、母题与异文、母题与故事类型、母题与原型、母题与亚型、母题与变体、母题与情节段、母题与情节主干、母题与故事树、母题与故事圈、母题与故事层之间的内在关联。此次应用于中国洪水再殖型神话研究，觉得这个方法在结合数据库之后，在形态分析方面基本没有太大问题。在文学分析和文化分析方面，也有独特的阐释力，具备很大的理论发展潜力，这也许会成为我今后再出发的一个方向。

解决了上述困难，对于中国洪水再殖型神话的形态与分布研究，就是水到渠成的事了。通过对特色母题的提取与统计，寻找特色母题之间的逻辑关联，我修正了自己过去的结论，将中国洪水再殖型神话划分为汉族亚型、苗瑶壮侗亚型、藏缅亚型、南岛亚型和两个交叠变体，以及复合交叠变体，并在地图上绘出它们的位置。现在，对这个巨大故事类型在中国的形态与扩布特点，我们有一个系统完整的呈现方式了。

根据已知中国洪水再殖型神话中一些特色母题出现的时间线索，我为这个神话的早期生命史及故事类型的成型与变迁，也建立起了初步的谱系。大体来说，这个神话的最早元素是大禹和女娲的治水事迹，后来陆陆续续又出现了陷湖、乌龟（石龟、石狮）救护兄妹遗民、神奇的速生避水葫芦等母题，直到晚唐五代时期敦煌遗书《天地开辟已来帝王纪》出现，作为一个完整的故事类型，洪水再殖型神话才得以最终成型。

作为一个口头叙事作品，中国洪水再殖型神话具有强大的艺术魅力，其中由各个特色母题连接起来的情节线索，展现了高超的叙事技巧。在千变万化的异文中，隐藏着一个深层的“元故事”结构，即：一个事件打破了人类生活的平衡，使之变得不可维系原状。试图恢复平衡的意愿，把人类送上了一条历险之路。途中，他们与各种力量对抗，多次功败垂成。由于他们的美德、智慧或得到神助，生活的平衡终于重新恢复了。这个“元故事”结构，成为今日世界流行的灾难片的范型。通过母题链的开发结构，以及非位母题的置换，人类可以花样翻新地创造出无穷多的同类作品。

口头叙事是文化的承载物。中国洪水再殖型神话的许多特色母题，都蕴含着人类文明的共同根基。本书中做了初步分析的末日焦虑、报应观与惩罚观、集体无意识原型等，就是这个故事通向人类心灵的阿里阿德涅之线。只要人类的本质没有发生根本改变，洪水再殖型神话就会撞响一代代人的灵魂之钟，发出来自无意识的共鸣和回声。

回望自己的心路历程，笔者发现：每当我们的知识扩大一圈，它与未知世界的接壤不是缩小而是扩大了许多。人类关于洪水再殖型神话的研究成就，不在于解开了多少谜团，而在于它展现出一个广袤的学术领域，提出了许多有价值的问题，并为解决这些疑难提供了大量线索。人类是一种天性好奇的动物，困难越大，越能激发人类探险的兴趣。这是一场永无止境的精神旅行，我们将在与祖先和后辈的心灵悬谈中不断发现美景，充满喜乐愉悦！

下　编

吉尔伽美什[①]

（苏美尔人）

吉尔伽美什对遥远的乌特那庇什提牟说：
“乌特那庇什提牟啊，我在把你仔细端详，
你的姿态，和我简直一模一样，
的确，我和你简直也一模一样。
我还以为你满怀斗志，
〔谁知〕你竟不知所为，闲散游荡。
〔给我谈谈吧〕，你是如何求得永生，而与诸神同堂?!”
乌特那庇什提牟对吉尔伽美什说：
“吉尔伽美什啊，让我来给你揭开隐秘，
并且说说诸神的天机！
什尔巴克，这是个你也知道的市镇，
它的位置在幼发拉底〔河滨〕，
那是个古老的市镇，诸神都在那里存身。
是他们让诸大神泛起洪水，
〔其中曾有〕：阿努——他们的父神。
勇敢的恩利尔，他们的谏诤人，
尼努尔塔，他们的代表，
恩努基，他们的领航人，
尼尼基克，就是那个埃阿，也没跟他们离群。
他们对着芦舍喊出他们的话语：

① 这是现存最早的洪水神话文本，用楔形文字刻在古巴比伦的泥版上，是史诗《吉尔伽美什》的第十一块泥版。选自赵乐甡译著：《吉尔伽美什》，辽宁人民出版社，1981 年，第 83—98 页。

‘芦舍啊，芦舍！墙壁啊，墙壁！
芦舍啊，你听着！墙壁啊，你考虑！
什尔巴克人，乌巴拉·图图之子啊，
赶快毁掉房屋，把船只制造，
点清你应拿的东西，去把命逃！
忘掉那些财宝，讨你的活命，
将一切活物的物种运进船中。
你们应该建造的那只船，
既定的尺寸，不容变通。
它的宽度必须和深度一致，
要象盖得上阿普斯〔那样才成〕！’
我听明白了，就对我的主神埃阿说：
‘〔看哪！〕我的主神啊，你所指令，
我唯命是从。
〔可我〕怎么回答那市镇、人们和长老诸公？’
埃阿开口讲起话来，
他跟我——他的仆从说明：
‘你可以这样对他们讲清——
我知道恩利尔对我心怀不善，
（我）不能再住在你们的市镇之中，
而且也不能在恩利尔的领地里露面，
我要到阿普斯去，和我的主神埃阿朝夕与共。
他将赐给你们物产丰盈，
〔他将指出〕哪里有〔鸟或〕鱼藏匿，
〔他将使国土上〕五谷丰登，
〔　　〕〈库克〉〔　　〕
〔　　〕将奇布图恩赐给尔等。’
我趁〔最早的〕晨光，
就在〔我的近旁〕把泥土收拢。
（第50—53行残缺）

孩子们〔取〕沥青，
大人们把〔一切〕必需品搬送。
第五天我把船的骨架建成，
那船表面积一伊库，它的四壁各十伽尔高。
那覆板，各十伽尔宽，
我把它的骨架构造，使它成型，
然后把六块覆板，将它一一铺平。
在七个地方分成〔　　〕，
把它分成九块舱面，
把木栓嵌进它的正中。
我为船桅，已经备足所需的材料，
我向炉灶倒进六舍尔的沥青，
将三舍尔的沥青注入〔　　〕当中。
运筐的人们运到三舍尔的油，
一舍尔的油在〔防水上〕用净，
两舍尔的油储存〔在〕水手手中。
我为〔人们〕宰了群牛，
每天还宰些羊。
葡萄汁、〈红葡萄〉酒、油，加上白葡萄佳酿，
我给伕役们〔喝〕的，简直象河水在淌，
他们都吃得饱饱，就象正月那样。
我打开涂油〔的　　　〕注入我手中，
第七天船已竣工。
〔这船的下水〕困难重重，
我们不得不把仓板上下摇动，
〔好容易才使船身〕的三分之二进〔入水中〕。
〔我把我所有的一切〕统统放进船里，
我把我的全部银货统统放进船里，
我把我的〔全部〕金货统统放进船里，
我把我所有的一切有生命的东西，都〔放〕进船里。

我让家眷和亲眷都乘上船，
我让野兽、野生物和所有的工匠都登上船去。
舍马什给规定了时辰——
‘若是朝里〔　　〕夜里天降苦雨，
便进入舱内，将舱口紧闭。’
这时辰终于来到，
‘朝里〔　　〕夜里要降苦雨啦！’
我瞧了瞧天象，
天阴沉异常。
我便进入船内，将舱口堵上，
将船里装的连同船身，
整个交给普兹尔·阿木尔，这个船工、水手执掌。
到了阳光出现的时候，
天边乌云涌起。
阿达特在空中响起霹雳，
舒尔拉特和哈尼什作了先行，
他们到群山各地去预报信息。
伊尔拉伽尔砍倒船桅，
尼奴尔塔向前进，将航路开辟。
阿奴恩那奇举起火来，
光辉所及整个国土烈焰顿起。
阿达特的恐怖直达九重高天，
就是〔他〕使光明重归黑暗，
〔辽阔的〕国土被封闭得如同〔闷罐〕。
一日之间〔刮起了〕台风，
越刮越猛，风速有增无减〔
象战斗一样〔
彼此之间，对面不见，
从高天也无法把人们分辨。
诸神因洪水而惶惶不安，

纷纷退了出来，登上阿努的高天，
他们象狗一样瑟缩地藏在外厢，
伊什妲尔竟象（世俗的）女人那样哭喊。
这声音美妙的〔诸神的〕宠姬竟拔高嗓门：
‘瞧，过去的岁月都付诸粘土一片，
都是我在诸神的集会上说的话招来的灾难。
我为啥在诸神的集会上竟说出招灾的语言，
我为啥竟惹出这场毁灭我的人类的祸患，
虽然我才是人类的真正生育者，
却叫他们象鱼卵一般在海里漂满。’
阿奴恩那奇的诸神和她一同啼哭，
痛心的诸神坐下来啼哭，
他们的嘴唇全都〔
整整六天〔六〕夜，
风和洪水一涌而来，台风过处国土荒芜。
到了第七天洪水和风暴终于败北，
这番战斗活象是沙场争逐。
海平静了，暴风雨住了，洪水退了，
瞅瞅天，已然宁静如故，
而所有的人却已葬身粘土。
在高如平房屋脊的地方，有片草原出现，
刚打开舱盖，光线便照射我的脸。
我划船而下，坐着哭泣，
我泪流满面，
在海的尽头，我认出了岸。
有十二〔处地方〕出现了陆地，
船就停在了尼什尔山。
船在尼什尔山搁浅不能动弹。
第一天第二天船在尼什尔山（搁浅，不能动弹），
第三天第四天船在尼什尔山（搁浅，不能动弹），

第五天第六天船在尼什尔山（搁浅，不能动弹）。
到了第七天，
我解开鸽子放了出去，
鸽子飞去，又盘旋飞还，
它飞了回来，因为找不到休息的地点。
我解开燕子放了出去，
燕子飞去，又盘旋飞还，
它飞了回来，因为找不到休息的地点。
我解开大乌鸦放了出去，
大乌鸦飞去，看到水势已退，
打食、盘旋、嘎嘎地叫，没有回转。
我迎着四方的风（将诸鸟）统统放走，献上牺牲。
我在山顶将神酒浇奠。
我在那里放上七只，又七只酒盏，
将芦苇、杉树和香木天宁卡放置在台上面。
诸神嗅到它的香味，
诸神嗅到他们所喜爱的香味，
诸神便象苍蝇一般，聚集在敬献牺牲的施主身边。
…………
于是他就把我领来，让我在这遥远的土地，诸河的河口存身。
可是，有谁能为你邀请诸神，
你要寻求的生命，又能到哪里去找，
你就试试看，能否六天六夜不合眼地去寻！”

挪亚方舟[①]

（希伯来人）

当人在世上多起来，又生女儿的时候，上帝的儿子们看见人的女子美貌，就随意挑选，娶来为妻。耶和华说："人既属乎血气，我的灵就不永远住在他里面，然而他的日子还可到一百二十年，那时候有伟人在地上。"后来上帝的儿子们和人的女子们交合生子，那就是上古英武有名的人。

耶和华见人在地上罪恶很大。终日所思想的尽都是恶，耶和华就后悔造人在地上，心中忧伤。耶和华说："我要将所造的人，和走兽，并昆虫，以及空中的飞鸟，都从地上除灭，因为我造他们后悔了。"惟有挪亚在耶和华眼前蒙恩。挪亚的后代，记在下面。挪亚是个义人，在当时的世代是个完全人。挪亚与上帝同行。挪亚生了三个儿子，就是闪、含、雅弗。世界在上帝面前败坏。地上满了强暴。上帝观看世界，见是败坏了。凡有血气的人，在地上都败坏了行为。

上帝就对挪亚说："凡有血气的人，他的尽头已经来到我面前，因为地上满了他们的强暴，我要把他们和地一并毁灭。你要用歌斐木造一只方舟，分一间一间的造，里外抹上松香。方舟的造法乃是这样：要长三百肘、宽五十肘、高三十肘。方舟上边要留透光处，高一肘。方舟的门要开在旁边。方舟要分上、中、下三层。看哪！我要使洪水泛滥在地上，毁灭天下。凡地上有血肉、有气息的活物，无一不死。我却要与你立约，你同你的妻，与儿子、儿妇，都要进入方舟。凡有血肉的活物，每样两个，一公一母，你要带进方舟，好在你那里保全生命。飞鸟各从其类，牲畜各从其类，地上的昆虫各从其类，每样两个，要到你那里，好保全生命。你要拿各样食物积蓄起来，好作你和他们的食物。"挪亚就这样行。凡上帝所吩咐的，他都照样行了。

---

① 选自《圣经·创世记》。

耶和华对挪亚说："你和你的全家都要进入方舟，因为在这世代中，我见你在我面前是义人。凡洁净的畜类，你要带七公七母。不洁净的畜类，你要带一公一母。空中的飞鸟，也要带七公七母，可以留种，活在全地上。因为再过七天，我要降雨在地上四十昼夜，把我所造的各种活物，都从地上除灭。"挪亚就遵着耶和华所吩咐的行了。当洪水泛滥在地上的时候，挪亚整六百岁。挪亚就同他的妻，和儿子、儿妇，都进入方舟，躲避洪水。洁净的畜类，和不洁净的畜类、飞鸟并地上一切的昆虫，都是一对一对的，有公有母，到挪亚那里进入方舟，正如上帝所吩咐挪亚的。过了那七天，洪水泛滥在地上。当挪亚六百岁，二月十七日那一天，大渊的泉源，都裂开了，天上的窗户，也敞开了。四十昼夜降大雨在地上。正当那日，挪亚和他三个儿子闪、含、雅弗，并挪亚的妻子，和三个儿妇都进入方舟。他们和百兽，各从其类，一切牲畜，各从其类，爬在地上的昆虫，各从其类，一切禽鸟，各从其类，都进入方舟。凡有血肉、有气息的活物，都一对一对的到挪亚那里，进入方舟。凡有血肉进入方舟的，都是有公有母，正如上帝所吩咐挪亚的。耶和华就把他关在方舟里头。

洪水泛滥在地上四十天，水往上长，把方舟从地上漂起。水势浩大，在地上大大的往上长，方舟在水面上漂来漂去。水势在地上极其浩大，天下的高山都淹没了。水势比山高过十五肘，山岭都淹没了。凡在地上有血肉的动物，就是飞鸟、牲畜、走兽，和爬在地上的昆虫，以及所有的人都死了。凡在旱地上、鼻孔有气息的生灵都死了。凡地上各类的活物，连人带牲畜、昆虫，以及空中的飞鸟，都从地上除灭了，只留下挪亚和那些与他同在方舟里的。水势浩大，在地上共一百五十天。

上帝记念挪亚，和挪亚方舟里的一切走兽牲畜。上帝叫风吹地，水势渐落。渊源和天上的窗户，都闭塞了，天上的大雨也止住了。水从地上渐退。过了一百五十天，水就渐消。七月十七日，方舟停在亚拉腊山上。水又渐消，到十月初一日，山顶都现出来了。

过了四十天，挪亚开了方舟的窗户，放出一只乌鸦去，那乌鸦飞来飞去，直到地上的水都干了。他又放出一只鸽子去，要看看水从地上退了没有。但遍地上都是水，鸽子找不着落脚之地，就回到方舟挪亚那里，挪亚伸手把鸽子接进方舟来。他又等了七天，再把鸽子从方舟放出去。到了晚上，鸽子回到他那里，嘴里叼着一片新拧下来的橄榄叶子，挪亚就知道地上的水退了。他又等了七天，放出鸽子去，鸽子就不再回来了。到挪亚六百零一岁，正月初一日，地上的水都干了。挪亚撤去方舟的盖观看，便见地面上干了。到了二月二十七日，地就都干了。

上帝对挪亚说："你和你的妻子、儿子、儿妇，都可以出方舟。在你那里凡有血肉和活物，就是飞鸟、牲畜，和一切爬在地上的昆虫，都要带出来，叫他在地上多多滋生，大大兴旺。"于是挪亚和他的妻子、儿子、儿妇，都出来了。一切走兽、昆虫、飞鸟，和地上所有的动物，各从其类，也都出了方舟。

挪亚为耶和华筑了一座坛，拿各类洁净的牲畜、飞鸟，献在坛上为燔祭。耶和华闻那馨香之气，就心里说："我不再因人的缘故咒诅地，也不再按着我才行的，灭各种的活物了。地还存留的时候，稼穑、寒暑、冬夏、昼夜，就永不停息了。"

上帝赐福给挪亚和他的儿子，对他们说："你们要生养众多，遍满了地。凡地上的走兽，和空中的飞鸟，都必惊恐、惧怕你们。连地上一切的昆虫，并海里一切的鱼，都交付你们的手。凡活着的动物，都可以作你们的食物，这一切我都赐给你们如同菜蔬一样。惟独肉带着血，那就是他的生命，你们不可吃。流你们血害你们命的，无论是兽，是人，我必讨他的罪，就是向各人的弟兄也是如此。凡流人血的，他的血也必被人所流，因为上帝造人，是照自己的形象造的。你们要生养众多，在地上昌盛繁茂。"上帝晓谕挪亚和他的儿子说："我与你们和你们的后裔立约。并与你们这里的一切活物，就是飞鸟、牲畜、走兽，凡从方舟里出来的活物立约。我与你们立约，凡有血肉的，不再被洪水灭绝，也不再有洪水毁坏地了。"

上帝说："我与你们，并你们这里的各样活物所立的永约，是有记号的。我把虹放在云彩中，这就可作我与地立约的记号了。我使云彩盖地的时候，必有虹现在云彩中。我便记念我与你们，和各样有血肉的活物所立的约，水就再不泛滥毁坏一切有血肉的物了。虹必现在云彩中，我看见，就要记念我与地上各样有血肉的活物所立的永约。"上帝对挪亚说："这就是我与地上一切有血肉之物立约的记号了。"出方舟挪亚的儿子，就是闪、含、雅弗。含是迦南的父亲。这是挪亚的三个儿子。他们的后裔分散在全地。

皮拉和丢卡利翁[①]

（古希腊）

在青铜人类的世纪，世界的统治者宙斯听到住在世界上的人类所做的坏事，他决定变形为人降临到人间查看。但无论他到什么地方，他发现事实比传闻要严重得多。

一晚，快到深夜的时候，他来到并不喜欢客人的阿耳卡狄亚国王吕卡翁的大客厅里。他是以粗野著名的人。宙斯以神异的先兆和表征证明了自己的神圣的来历，人们都跪下向他膜拜。但吕卡翁嘲笑他们虔诚的祈祷。“让我们看罢，”他说，“究竟我们的这个客人是一位神祇还是一个凡人！”于是他暗自决定在半夜中当他熟睡的时候将他杀害。

最初他杀死摩罗西亚人所送给他的一个可怜的人质，把一部分还温热的肉体扔在滚水里，一部分烧烤在火上，并以此为晚餐献给客人。宙斯看出他所做的和想要做的，从餐桌上跳起来，投掷复仇的火焰于这不义的国王的宫殿。吕卡翁战栗着逃到宫外去。但他的第一声绝望的呼喊就变成了嗥叫。他的皮肤成为粗糙多毛的皮，他的手臂变成前腿。他被变成了一只喝血的狼。

其后宙斯回到俄林波斯圣山，坐着和诸神商议，决定除灭全部可耻的人类种族。他正想用闪电鞭挞整个大地，却又即时住手，因为恐怕天国会被殃及，并烧毁宇宙的枢轴。所以他放下库克罗普斯为他所炼铸的雷电，决心以暴雨降落地上，用洪水淹没人类。即刻，北风和别的一切可使天空明净的风都镇闭在埃俄罗斯的岩洞里，只有南风被放出来。于是南风隐藏在漆黑的黑夜里，扇动湿淋淋的翅膀飞到地上。涛浪流自他的白发，雾霭遮盖着他的前额，大水从他的胸脯涌出。他升到天上，将浓云捞到他的大手里，然后把它们挤出来。雷霆

① 选自［德］斯威布：《希腊神话和传说》，楚图南译，人民文学出版社，2002 年。

轰击，大雨从天而降。大风雨的狂暴蹂躏了庄稼，粉碎了农民的希望。一年长期的辛苦都白费了。

宙斯的兄弟，海神波塞冬也帮助着这破坏的盛举。他把河川都召集来说道："泛滥你们的洪流！吞没房舍和冲破堤坝吧！"他们都听从他的命令。同时他也用他的三尖神叉撞击大地，摇动地层，为洪流开路。河川汹涌在空旷的草原，泛滥在田地，并冲倒小树、庙堂和家宅。如果这里那里仍然隐隐地出现着少数宫殿，巨浪也随时升到屋顶，并将最高的楼塔卷入漩涡。顷刻间，水陆莫辨，一切都是大海，无边无际。

人类尽所有的力量来救自己。有些人爬到高山，别的人又划着船航行在淹没的屋顶上，或者越过自己的葡萄园，让葡萄藤扫着船底。鱼在树枝间挣扎，逃遁的牡鹿和野猪则为涛浪所淹没。所有的人都被冲去。那些幸免的也饿死在仅仅生长着杂草和苔藓的荒芜的山上。

在福喀斯的陆地上，仍然有着一座山，它的山峰高出于洪水之上。那是帕耳那索斯山。丢卡利翁，由于受到他的父亲普罗密修斯关于洪水的警告，并为他造下一只小船，现在他和他的妻皮拉乘船浮到这座山上。被创造的男人和妇人再没有比他们还善良和信神的。当宙斯从天上俯视，看见大地成为无边的海洋，千千万万人中只有两个人剩下来，善良而敬畏神祇。所以他使北风驱逐黑云并分散雾霭。他再一次让大地看见苍天，让苍天看见大地。同时管领海洋的波塞冬也放下三尖神叉使涛浪退去。大海又现出海岸，河川又回到河床。泥污的树梢开始从深水里伸出。其次出现群山，最后平原扩展开来，开阔而干燥，大地复原。

丢卡利翁看看四周，陆地荒废而死寂，如同坟墓一样。看了这，他不禁落下泪来，他对皮拉说："我的唯一的挚爱的伴侣哟，极目所至，我看不见一个活物。我们两人是大地上仅仅残留下来的人类；其余的都淹没在洪水里了。而我们，也还不能确保生命。每一片云影都使我发抖。即使一切的危险都已过去，仅仅两个孤独的人在荒凉的世界上能做什么呢？啊，我多么希望我的父亲普罗密修斯将创造人类和吹圣灵于泥人的技术教给我呀！"

他这么说着，心情寂寞，夫妻二人不觉哭泣起来。于是他们在正义女神忒弥斯的半荒废的圣坛前跪下，向着永生的女神祈祷："告诉我们，女神呀，我们如何再创造消灭了的人类种族。啊，帮助世界重生吧！"

“从我的圣坛离开，”一个声音回答，“蒙着你们的头，解开你们身上的衣服，把你们的母亲的骨骼掷到你们的后面。”

他们很久沉思着这神秘的言语。皮拉最先突破沉默。“饶恕我，伟大的女神，”她说，“如果我战栗着不服从你；因为我踌躇着，不想以投掷母亲的骨骼来冒犯她的阴魂！”

但丢卡利翁的心忽然明亮了，好像闪过一线光明。他用抚慰的话安慰他的妻。“除非我的理解有错误，神祇的命令永不会叫我们做错事的，”他说，“大地便是我们的母亲，她的骨骼便是石头。皮拉哟，要掷到我们身后去的正是石头呀！”

对于忒弥斯的神谕这样的解释他们还十分怀疑。但他们又想，试一试原也无妨。于是他们走到一旁，如被告诉的那样蒙着他们的头，解开他们的衣服，并从肩头上向身后投掷石头。一种奇迹突然出现：石头不再是坚硬易碎。它们变得柔软，巨大，成形。人类的形体显现出来了。起初还不十分清楚，只是颇像艺术家从大理石雕凿成的粗略的轮廓。石头上泥质润湿的部分变成肌肉，结实坚硬的部分变成骨骼，而纹理则变成了人类的筋脉。就这样，在短时间内，由于神祇的相助，男人投掷的石头变成男人，女人投掷的变成女人。

人类并不否认他们的起源。这是一种勤劳刻苦的人民。他们永远不忘记造成他们的物质。

摩诃婆罗多[①]

（古印度）

有一天摩奴正在苦修，
湿衣烂衫，长发盘头，
一条鱼游到毗梨尼河岸，
向着摩奴开了口：

“尊者啊！我是条小鱼，
强暴的大鱼使我发憷；
信守誓愿的人啊！
因此请求你将我保护！

“只因那些强暴的大鱼，
总要吞食柔弱的小鱼，
仿佛这是为我们水族，
永远定下的一条规矩。

“我特此请你救一救我，
使我脱离恐怖的洪波，
倘若我得到你的拯救，
我一定报答你的恩德！”

听罢鱼儿这一番告白，
怜悯之情充满了心怀，
毗婆薮之子摩奴伸出手，
把那条小鱼拿了起来。

毗婆薮之子摩奴，
手拿鱼儿来到了水旁，
鱼儿银辉闪闪似月光，
他将鱼儿放水罐收养。

鱼儿在水罐日渐成长，
深受他的关怀，国王！
摩奴对鱼儿甚有感情，
如同对他的儿子一样。

流逝了一段荏苒时光，
鱼儿已长得又大又壮，
那只罐子和那一点水，
全都不能将鱼儿再养。

① 这是古印度史诗《摩诃婆罗多·森林篇》第一百八十五章中的一篇洪水神话，是坚战王与兄弟们被放逐到森林时，修道仙人玛尔根德耶向他讲述的一篇故事。选自金克木编选：《摩诃婆罗多插话选》，人民文学出版社，1987 年，第 786—796 页。此段注明为赵国华译。

后来鱼儿见到了摩奴，
再次向他把话语倾吐：
“尊者啊！请你在今天，
另给我找个好的住处。”

那一位尊者仙人摩奴，
亲手把鱼儿捧出水罐；
然后他把那一条鱼儿，
带到一湾大水塘旁边。

克敌城堡的人啊！
摩奴把鱼儿放入水塘，
鱼儿就在水塘里生长，
悠悠度过了多年时光。

水塘虽有一由旬宽，
水塘虽有两由旬长，
目似莲花的人啊！
鱼又不适合在此生长，
坚战王！在那水塘中，
人主！它动也不能动。

此后鱼儿见到了摩奴，
再次向他把话语诉说：
“善良的尊者啊！
大海的皇后本是恒河，
主人！带我到那去生活，
爹爹！或者照你意旨做。”

尊者摩奴自制又坚定，
他听罢鱼儿这一番话，
带着鱼儿又往恒河行，
亲自把它放入恒河中。

镇伏仇敌的人啊！
在恒河之中生长些天，
鱼儿后来见到了摩奴，
又一次向他口吐人言：

“因为我身躯十分庞大，
浩浩恒河里也活动不开；
主人啊，尊者啊！
请你快把我带到大海！”

随后摩奴亲自把大鱼，
从恒河水中捧了出来；
坚战王！带到海滨，
将它放入苍茫的大海。

那条鱼虽然躯体甚巨，
却依摩奴心愿轻而易举；
摩奴触其身舒服至极，
摩奴嗅其味馨香扑鼻！

当摩奴亲自把那大鱼，
放入茫茫大海的时刻，
鱼儿好似微微含笑，
然后向摩奴开口述说：

“尊者啊！

蒙你多方保护我生命，
届时你应做哪些事情，
我现在仔细说与你听。

“尊者啊！有洪福的人！
不久这一块莽莽大陆——
它上面一切植物、动物，
统统要走向毁灭之途！

“整个世界的洪水时代，
那洪水时代即将到来；
对你无上的欣幸之事，
我今天向你说个明白。

“所有的动物和植物，
一切活动或静止的东西，
那极其可怕的洪水时代，
它们不可避免都要遭遇。

“要让人为你造一条船，
牢系缆绳，船身要坚，
你要偕同七位仙人，
登上这条船，大仙！

“按照我从前所言所讲，
那般般种子要带进船舱，
要把各式各样的种子，
分门别类，保护妥当。

“仙凡喜爱的人！到时候，
你要在船上等待我来临；
苦行者啊！
我长有犄角可供辨认。

“这就是你应做的事情，
与你告辞后我便启程；
至高无上的人啊！
我这番话莫疑虑重重！”

摩奴向鱼回答说：
“我一定照这样采取行动！”
他们俩互相告别之后，
使随心所愿各奔前程。

大王啊！
摩奴遵照鱼儿的指点，
把各类种子携带齐全；
英雄啊，好汉！
当时他乘坐一只画船，
漂在大波大浪的海面。

大地之主！英雄啊！
摩奴想起了那一条鱼，
鱼也知道摩奴的心意，
婆罗多族的贤明后裔！
那时长有犄角的大鱼，
迅疾地奔向摩奴那里。

王中魁首！摩奴在海里，
看见了长有犄角的大鱼，

其模样正如鱼儿所说，
象一块巨岩巍然耸立。

人中之虎啊！
摩奴把缆绳结成索套，
在鱼头的那根犄角上，
把那个缆绳索套挂牢。

克敌城堡的人啊！
那条鱼一经套上缆绳，
便奋起全力十分迅猛，
拉起船只在海上航行。

人主啊！
大海的水浪似在舞蹈，
大海的波涛似在吼叫，
鱼儿拖船在海上飘摇。

克敌城堡的人啊！
飓风吹得船只东摇西晃，
好似一位轻狂的女郎，
旋转在浩瀚无际的海上。

不见了大地，失去了方位，
也分辨不出东西南北；
人中雄牛！一切都变洪水，
空间是洪水，天也是洪水！

婆罗多族的雄牛！
那时的世界一片混沌，
只能够看见七位仙人、
摩奴和那条鱼儿幸存。

国王啊！
那一条鱼儿不知疲倦，
在滔滔洪水上奋力拉船，
就这样拉了有许多年。

人中雄牛！
雪山高峰的屹立之地，
俱卢的后裔！
鱼儿把船拉到了那里。

而后那条鱼面露微笑，
对众位仙人开口说道：
“你们赶快把这一条船，
在这雪山高峰上系牢！”

婆罗多族的雄牛！
众仙听了鱼儿的吩咐，
就在那座雪山高峰上，
当时把船迅速地系住。

雪山那座最高的山峰，
系船峰便成了它的峰名；
贡蒂之子！婆罗多族的雄牛！
须知今天它仍用此名称！

鱼儿那时向众位仙人，
说明了自己真正的身份：

“我本是生主大梵天，
没有比我更高的大神；
是我化身为鱼的形状，
从恐怖之中拯救你们。

“所有一切的芸芸众生——
天神、阿修罗以及凡人，
乃至整个世界，动物植物，
全要摩奴去创造它们。

“苦修苦炼严峻的苦行，
摩奴会有广大的神通；
因为有我施以恩典，
摩奴造物才不会愚蒙。”

鱼儿说罢这一番话语，
刹那之间，杳无踪迹；
毗婆薮之子摩奴心里，
造物的欲望油然而起；
他创造生灵时一度糊涂，
又修苦行，更为艰巨。

摩奴具备了苦行神功，
然后便开始创造生灵；
婆罗多族的雄牛啊！
生灵都有正确的身形。

这篇名叫《鱼往世书》，
以上我已经全部讲述；
我所讲述的这篇故事，
一切罪愆都可以消除。

这一篇摩奴的故事，
人若经常能从头聆听，
他就可以获得幸福，
万事成功，升入天廷！

蛇　祸[1]

（达雅克人）

有一次，几个达雅克女人出发去采嫩竹笋作家畜饲料。

采够了以后，她们就走到丛林里，后来遇到了一件东西，她们以为是倒塌的大树。于是她们坐在它上面，开始削竹笋，突然她们惊讶地发现，刀刃每砍一下，树干就渗出鲜血。

恰好此时来了几个男人，他们立刻看到女人坐着的不是树干，而是处于蛰伏状态的大蟒蛇。他们很快打死了蛇，把它切成碎块，把肉带回家准备做饭吃。

当他们忙着煎炒肉块的时候，却听到一阵奇怪的声音从锅里传出，就在这时候下起了暴雨，从此一直没有停歇，直到所有的山冈，除了最高的山脉，都给大水淹没为止。整个世界都泡在汪洋中，这全都因为那些渎神的人杀死和煎炒了蛇。所有的人和生物都在洪水里丧生了，只剩下一个女人、一条狗、一只大老鼠和几只小动物还活着，她（它）们跑到了一座非常高的山顶上。

女人在倾盆大雨中寻找避难的地方，她发现狗在蔓草下找到了暖和的地方；因为蔓草在风中前后摇摆，与树干摩擦而变得暖和了。她受到启发，拿起一块木片并将它用力地与蔓草摩擦，于是她第一次取得了火。这就是大洪水过后借助钻火方法发明取火技术的经过。

这个没有丈夫的女子选择钻火器具作为自己的伴侣，并和他生了一个儿子，名叫辛潘－印潘，他正如其名字所暗示的，只是半人，因为他只有单手单脚，单眼单耳，半脸半身和半个鼻子。

这些天生的缺陷使各种动物伙伴非常讨厌他，最后他借助与风神订立的契约，成功地弥补了自己的缺陷，因为风神拿走了辛潘－印潘撒在大地上准备晒

① 该故事为达雅克人中流传的传说，达雅克人是婆罗洲岛上的土著民族。选自［英］弗雷泽《〈旧约〉中的民俗》，童炜钢译，复旦大学出版社，2010 年，第 103 页。篇名和分段为选入本书时编者所拟。

干的一些米粒。起初风神对辛潘 - 印潘赔偿损失的要求直接回答说，不会给一文钱；但在与辛潘 - 印潘作了一番厮杀后失败，他最后答应不赔辛潘 - 印潘的几面锣和其他值钱的东西（因为实际上风神并没有这些东西），而是帮他做成完整的人，把他有缺陷的肉体部分补全。辛潘 - 印潘乐意接受这个建议，这就是为什么人从今以后有了两只手和两只脚的原因。

红　　云[1]

（澳大利亚）

伊奈提纳沿着暗礁边走边观察，看是否能在清澈的海水中抓到可食的鱼。他把鱼叉插入闪闪发光的珊瑚丛缝中，但抓到的只是些有毒鱼类和不能吃的东西。忽然，他发现一个张口的蛤蜊，便用鱼叉使劲地戳了它一下，然后向另一处水域走去。蛤蜊在伊奈提纳的身后卷起一阵水柱，抢先游到了捕鱼人所去的水域。正当伊奈提纳往前走时，他发现脚前面有一个喘着粗气的蛤蜊，这使他忽然想起刚才被他戳过的蛤蜊。当他看到蛤蜊壳里有一张黑脸，上面的两只大眼睛正直瞪瞪地盯看自己时，吓得他倒退了一步，手中的鱼叉也掉落在海滩上。

这个幽灵首先问伊奈提纳："你是谁？叫什么名字？"

"我叫伊奈提纳。"

"你到这儿来干什么？"

"我是来叉鱼的，这与您有什么关系吗？"伊奈提纳问道，刚才的紧张心情也随着放松下来。

"你叉鱼当然与我没关系，可我平安地呆在家中，却遭你的鱼叉一刺，此事总有关系吧。"

这时，伊奈提纳才注意到蛤蜊人的脸上留下了一道可怕的伤口，鲜血正如注地流入海水中，使海水变得如同一片红云，把珊瑚的光彩都遮挡住了。

伊奈提纳说："对不起，我并不是故意伤害您的。"

"你刚才所干的一切简直不象个男子汉，而象个妇道人家的小人举动。你根本算不上什么男子汉！"

受到如此侮辱，伊奈提纳气得火冒三丈。他用力搬起一大块珊瑚，使足全

---

① 选自［澳］A. W. 里德等编：《澳洲土著神话传说》，史昆选译，中国民间文艺出版社，1988 年，第 11—12 页。

身力气猛地掷向蛤蜊人，把他砸得全身粉碎，坠入海中。

蛤蜊人的鲜血从碎尸中喷泉般地向外涌，使这片水域中已变成粉红色的海水又变成了深红色。随后，这些深红色的海水变成雾状，腾入空中，将伊奈提纳团团围住，把它淹没在一片红色的云雾里。接着，红云被海风吹上了陆地，淹没了所有的海岸地区，只露出参天大树的顶端。红云继续往内陆漫延，最后是群山才将它挡住。

淹没在红云中的万物都死光了——昆虫、鸟类以及其他动物和人类全都覆灭了；不过有两兄妹却活了下来，由于他俩跑得快，待红云漫到群山处，他们已登上了山顶。

这两兄妹在山顶上等了许多天，红云终于渐渐变稀，被风吹走了。他俩手拉手走下山来，茫然地向大平原的南边走去。最后，他们来到一个鸟语花香的地方，那里有蛴螬和各种动物，足够两兄妹生存所需。

兄妹结婚并生儿育女，本是天理不容的事情。但是，一天半夜里，神灵对他俩说："由于伊奈提纳的罪孽，死神夺去你们部落所有其他人的生命；当然仅仅因为一个人的过失而使整个部落受难是不合天理的。你们两兄妹是那些死去人们的唯一希望了。"

"那么，我们能做点什么呢?"

"你们必须结婚，繁殖后代。"

"可我们是兄妹呀!"

"天神破例准许你们完婚，因为你们是唯一的希望，否则整个部落就要灭绝了。"

于是，两兄妹拥抱在一起，结为了夫妻。他们的后代形成了强大的尤德瓦德雅部落，这个部落的人民将永远居住在这块土地上。

箭　绳[1]

（北美洲）

很久很久以前，地球还很年轻时，居住在塔克荷玛山雪顶上的大神对人们和动物很是恼怒。

他为人们和动物的罪恶以及互相算计而气愤。他决定除掉他们，除了一些好的动物和一个好人及其一家以外。

于是他对那个好人说："朝山上的低云射一箭。"

那个好人射了一箭，箭留在云中。

"再往那支箭的箭杆射一箭。"大神继续说。

第二支箭射中了第一支箭的底部，和它连在了一起。那人不停地按大神的要求射，每支箭都和上支箭的箭杆连在一起。一会儿，就成了一条由箭连起来的长绳，从山顶的云层达到地面。

大神又吩咐道："告诉你的妻儿们爬上来，叫好动物们随后上来。千万不要让坏人和坏动物上来。"

于是好人将他的妻子和孩子们及好动物依次送上箭绳，看见他们登上云端，随后他自己也爬上箭绳。

就要进入云端时，他回头看见箭绳上爬满了坏动物和蛇。于是好人就取下离他最近的箭，将箭绳断开，他看见所有的坏动物和蛇掉到山脊上。

当大神看见好动物及好人一家平安绕在他周围时，他开始下雨了。雨下了许多天，水淹没了地面，水在塔克荷玛山也越涨越高，最后到达夏天最高的雪线上。

地面上所有的坏人和坏动物都被淹死了。大神命令停止下雨，他和好人一

---

① 译自 Ella E. Clark, *Indian Legends of the Pacific Northwest*, University of California Press, 1953, pp. 31-32.

家看着水渐渐退下，地面又干了。

于是大神对好人说："现在你将你一家和动物们带回地面。"

他们从云端下来，好人带他们沿一条山道到达他们的新居。一路上，他们没有看见坏动物和蛇，直到今天塔克荷玛山也没有坏动物和蛇。

犬　妻[①]

（惠乔尔人）

一个惠乔尔人曾经砍伐一些树，为的是清理土地准备播种，但每天早晨他发现，昨天砍倒的树重新长成原来那样高大，这使他非常懊恼，并且对白费力气的劳动益发厌烦。

第五天，他决定再试试砍树，并查明这种奇怪现象的原因。突然，从已经清理出的荒地中央冒出来一个手持拐杖的老太太。她就是伟大的女始祖纳卡维——大地女神，没有她就不会有一根草从地底下的黑暗中钻出来见天日。但是此人不认识她。她用自己的拐杖指着南方、北方、西方、东方、上方和下方；所有被这个年轻的印第安人伐倒的树都立刻重新竖直了。这时候他才明白，他费了九牛二虎之力清理出的土地又重新长满树的怪事是怎样发生的。

于是他怒气冲冲地对这个老妇人说："你就是天天破坏我劳动的人吗?""是的"，她回答道，"因为我想找你说话。"然后她对他说，他的劳动是白费力气。她说："有一场大洪水即将到来。就在五天之内。将会有一场极为强烈、刺骨的大风来临，刮得你咳个不停。去按照你的身长用无花果树做一只箱子，并配上结实的箱盖。随身带上五粒不同颜色的谷子，五粒不同颜色的豆子；还要带上火和五根瓜藤，让火能够延续不灭，还要带一只黑的母狗。"

这个人按照老人所关照的去做了。第五天，箱子准备完毕，他向里面放进她要求他随身携带的所有东西，然后和母狗一起钻了进去。老太婆关上了箱盖，让他指出所有的细缝，并用胶水填没。老人把箱子弄得完全不透水和空气后，就坐到箱子顶上，肩上停一只随身携带的金刚鹦鹉。

---

① 该故事为惠乔尔人中流传的传说，惠乔尔人是居住在墨西哥的印第安人。选自［英］弗雷泽：《〈旧约〉中的民俗》，童炜钢译，复旦大学出版社，2010 年，第 128—129 页。篇名和分段为选入本书时编者所拟。

箱子在水里整整漂流了五年。第一年，它向南航行，第二年向北航行，第三年向西，第四年向东，第五年则升高到洪水之上，此时整个世界已经沉入水下。

第六年，洪水开始消退，箱子落在圣卡塔琳娜附近的山上，那里现在还能看到这只箱子。

当箱子在山上着陆时，里面的人打开箱盖，看见整个世界还在水里。但金刚鹦鹉和一般鹦鹉却开始卖力地劳动，它们用嘴不断啄着山体，直到啄通一些山谷为止，大水经过山谷流出去，变成了五个独立的海洋。此时大地开始变干，长出了树木和青草。老妇人化作一股清风，消失得无影无踪。

这个人重新开始清理田地，继续进行因洪水而中断的劳作。

他和母狗一起住在洞穴里。他每天早晨出去劳动，晚上回到家里。而母狗则整天呆在家里。这个人每天晚上回家的时候，总会看见饼已经烤好等着他回来，于是他很好奇，想知道是谁在烤饼。

五天过去了，他一直躲在洞穴附近的灌木丛里观察。他看见母狗脱去了身上的皮，把它挂起来，跪下双膝，像女人那样开始把准备烤饼的谷粒捣碎。他蹑手蹑脚走近她背后，抓起那张皮就跑，并把它丢进火里。

“哎呀，你烧掉了我的衣服!”女人大声喊道，并开始像狗一样发出悲叫。但他把水掺进她已经准备好的面粉，并把混合物淋在她的头上。她感到一阵清醒爽快，从此永远成为一个女人。他们两人有了一个大家庭，他们的儿子和女儿都结婚了。于是，世界重新住满了人，居民们都住在洞穴里。

羊的警告[①]

（非洲）

一天下午，在某一个村庄，其他人都下地干活去了，只有一个小女孩和她哥哥在家。女孩在屋外磨石上磨粮食。一只公羊跑来舔她磨的粉。她赶走了它，但它很快又回来了。女孩于是让它吃个够。它吃饱后，对女孩说："我要告诉你一件重要的事。今天将有一场大洪水，因为你对我很好，所以我建议你和你哥哥赶快跑到另一个地方去。"

兄妹俩于是收拾了一些能带走的东西逃出村子。他们离开时，回头看到一片洪水淹没了他们的村庄。

他们到了一个地方，自己住了好多年，没有其他人。于是他们想如何繁衍后代。后来那只公羊又出现了，对他们说他们可以结婚，尽管他们是兄妹。不过，它还说，他们必须打破一个陶罐底，并把它卡到屋顶带尖的地方，而且还得在它上面安上一根光锄柄，这表示他们是亲戚。

这就是现在近亲结婚的时候，夫妇为什么要在屋顶上挂一个破底罐和一个锄柄的原因。

---

① 选自埃米·凯勒－梅耶：《喀麦隆草原洪水故事的神话母题》，见［美］阿兰·邓迪斯编：《洪水神话》，陈建宪等译，谢国先校，陕西师范大学出版总社有限公司，2013年，第218—219页。

巫婆切碎的婴儿[①]

（缅甸）

当洪水来临时，有一个叫泡泡南查的男人和他的妹妹昌赫科坐在一只大船里得以逃生。

他们随身携带九只公鸡和九根针。大雨和风暴持续了几天以后，他们把一只公鸡和一根针抛出船外，想了解大水是否已经退却。但公鸡没有歌唱，也没有听见针落到水底的声音。他们就这样一天接一天做着同样的事情，也没有得到好的结果，直到最后第九天，最后一只公鸡鸣叫了，也听到最后一根针落在岩石上的声音。

不久，哥哥和妹妹已经能够离开船，并能够到处走动，他们最后来到一个山洞，里面住着两个“纳”[②]，一雌一雄。这两个精灵吩咐他们留下来，打扫丛林、耕田、劈柴、搬水。

哥哥和妹妹照他们所说的去做了，不久后妹妹生了一个小孩。

当两人外出劳动时，老鬼婆就照看孩子，她是一个巫婆；每当婴儿啼哭时，这个可怕的坏蛋就威吓孩子说，假如他不停止哭喊，她就在九条路交叉的地方把他撕成碎片。可怜的孩子不懂这个可怕威胁的含义，继续哭泣，终于有一天老巫婆狂怒不已，抓起孩子，跑到九路交叉的地方，在这里把他撕成碎片，并把一块块血肉抛撒到每条路上和周围的地里。

但是她把几块美味诱人的肉片带回了洞穴，并用它们做了一顿可口的咖喱菜。然后，她在孩子空着的小床上放了一段木块。

晚上，孩子的母亲劳动归来，问起孩子，巫婆回答说：“孩子正在睡觉。你

---

① 该故事为缅甸钦帕人或辛帕人所讲述，选自［英］弗雷泽：《〈旧约〉中的民俗》，童炜钢译，复旦大学出版社，2010 年，第 99—100 页。篇名和分段为选入本书时编者所拟，页下注为原书译者所注。

② 缅甸民间信奉的鬼。

吃饭吧。”母亲吃完饭和咖喱菜，走到床前，但在床上只看见一段木头。这时她问巫婆，孩子在哪里，巫婆恶毒地答道：“你把他吃了。”

可怜的母亲跑出屋子，来到交叉路口号啕大哭，她央告大神归还她的孩子，或者为孩子的死替她报仇。大神向她显身并对她说：“我无法用碎块重新做回你的孩子，但我将使你成为地上所有民族的人的母亲。”于是从一条路上跳出了掸人，另一条路上出现了汉人，再一条路上是缅甸人，还有别的路上是孟加拉人，以及其他所有人种。

那个失去孩子的母亲就把他们都看作自己的孩子，因为他们都是从她那被杀死的孩子的抛散的碎块里蹦出来的。

敦煌写本《天地开辟已来帝王纪》①

（汉族）

昔者天地未分之时，若风若云。既分之后，未有君臣，复无帝主。百劫始有圣帝，自称配罗皇。乃有九头十八眼，治经廿万年，遂即灭矣。其次复有九皇而治。九皇者，配罗皇生容成皇，容成皇生大庭皇，大庭皇生赫头皇，赫头皇生雄隆皇，雄隆皇生平统皇，平统皇生尊卢皇，尊卢皇生白马皇，白马皇生粟隆皇，粟隆皇生犁连皇，犁连皇生汉中皇，汉中皇生伏羲皇。伏羲号为三皇而治，伏羲为天皇，神农为地皇，祝融为人皇。三皇之后，遂有五帝而治者，少昊、颛顼、高辛、唐尧、虞舜，此五帝。遂有夏禹、殷、周、秦、汉、魏、晋。

宗略录纲，宗显在后条问曰：伏羲已前，九皇之时，有何轨范？

答曰：九皇之时，虽有人民，复无日月，虽戴光明，递相照曜而行。天子光照一千里，诸侯光照八百里，卿大夫光照五百里，大富长者光照三百里，贫穷下贱人光照一百里。无光明者为地所使，今时奴婢是也。复迳百劫，天遣神人，诣南海之中，采取明月神珠及以七宝合作日月，天下如此始得明晓。尔时人民，正当拘楼秦佛出现之世，寿命三千年，饮风食露，乘空而行，自受快乐。复迳百劫，地遂生肥，甘甛殊美，香气彻天。尔时人民，闻之香气下来，相共食之，人身沉重，不得升天。复迳百劫，人民转多，食不可足，遂相欺夺。强者得多，弱者得少，地肥神圣化为草棘。人民饥困，递相食噉，天知此恶，即下洪水荡除，万人死尽，唯有伏羲得存其命，遂称天皇丞后。

问曰：太昊伏羲，是何处人，姓何字谁，有何轨范？自故开辟变化，人谁

---

① 此处文字依苏芃的校注。选自苏芃：《敦煌写本〈天地开辟已来帝王纪〉考校研究》，见上海社会科学院《传统中国研究集刊》编辑委员会编：《传统中国研究集刊》第7辑，上海人民出版社，2010年，第235—249页。

为始？

［答曰：］劫烧以来，天皇为始。

问曰：天皇之时，阿谁造作？

［答曰：］天皇十二头，兄弟十二人，治化一万八千年，遂即灭矣。卅日变为火，廿日变为水。已后人法之，十二头作十二月为一岁，故有大小，此之是也。

问曰：天皇之后，谁复治化？

［答曰：］地皇丞之。地皇时何所造？地皇之始，山川初立，日出扶桑，日月未明，星辰未置，昼夜昏冥，此之是也。

［问曰：］地皇之时，治化何似？

［答曰：］地皇，有一身一头，兄弟十一人，治迳一万年，遂即灭矣，后人于是法之，以十一月为冬至。自此已来，法之不绝之时也。

［问曰：］地皇之后，治化何似？

［答曰：］祝融为人皇丞后，此之是也。

问曰：人皇之时，治化何似？

［答曰：］人皇九头，与日月合宿。治迳三千六百年，遂即灭矣。兄弟九人，各住一州。已后人因而此立九州，取之治道。以三百六十日为一岁，此之法者也。

［问曰：］人皇之后，谁伏治化？

［答曰：］伏羲为天皇丞后，此之是也。

问曰：伏羲之后，治化何似？

［答曰］：伏羲之时，未有礼仪，逢男为夫，逢女为妇，人无尊卑，走及禽兽。乳毛食血，居无宅地之地。

问曰：谁造佛像，汉土因何供养十二部经？

［答曰］：汉武帝宫中夜梦，见一人身长一丈六尺，紫磨金色。武帝惊觉，遂召诸臣百官，问曰："此何谓也？"诸臣对曰："此将是佛，在于西方天竺国中。"武帝即遣人至于西方迎之。正见形像千万，复见十二部尊经，遂即将还汉土。自此已来，遂有经像，供养如来不绝也。

问曰：阿谁造酒，百姓忻乐，供饮同欢，或有忿怒也。

答曰：昔杜康家有一贱人名吉利，在夜田营作，残余并麦饭置于树孔中，计于五六日，麦饭生衣，变作麦麹。遇天大雨得水淹之后，时黍饭残不尽者，写著树孔。后计三五日，树下香，遂即食之，合迷荒。君子饮之，以得自将。小人饮之，闵乱猖狂。自尔已来，遂成甘味，传相效法，因此即有造酒。君子饮之，和颜悦色。小人饮之，雄鹿牡力。苦者忘疲劳，乐者忘息。和昏定礼，天下法则也。

问曰：须弥山高下、广长、周匝，里数几许？

答曰：须弥山高三百六十万里，下有海水，深三百三十六万里。金刚山绕周匝，团圆亦三百三十六万里。东面有天，日月绕山运转，一日一夜照四天下。山上有五色云及金、银、璧玉、琉璃、水精，七宝奇珍之物，光曜天下。须弥山，北斗游其上旋者也。

问曰：昆仑山复何似？

答曰：昆仑山者，东面有水精，南面有白玉，西面有水银，北面有琉璃，中央有金城九重，上下十二零，是老君游戏之处，谁人得到？亦有金银玉阙，奇异珍宝，数千万种。上有一桑树，树上有一公鸡，日出而鸣，天下震动，众鸡悉从而鸣应之，感也。

问曰：山南是何天，广长几许，人民何似？

答曰：须弥山南面有阎浮提国，纵广卌万里。中有十二小国，亦有大国十八。国中有八种人，恶口、两舌、能斗战，人长八、九尺，亦有五、六尺。受命一百岁。言语不同，人死入岳。其日从东出，向西没，日中南，照此国也。

问曰：山西是何天，广长几许，人民何似？

答曰：须弥山西，有瞿耶尼国，纵广四十八万里，中有千种人，言语不同，人长五十尺，受命一千岁。衣食自然，有钱而薄食，用不可尽。其日从南出，向北没。

问曰：山北是何天，广长几许，人民何似？

答曰：须弥山北郁单越国，广长四十八万里，中有万种人，各长十丈，受命一千岁，食衣自然。粳米长七寸，正似恒河沙，食不可尽。人死亦有葬埋。其日从西出，向东没，周而复始。

问曰：山东是何天，广长几许，人民何似？

答曰：须弥山东，佛污坠国，纵广卌万里。中有千种人，各长一丈八尺，受命一百岁，衣食自然，无斗战之心。其日从北出、向南没。

问曰：日广长几许，形皃何似？

答曰：日是火龙之精，有四头，披金银璧玉，乌有十六足，足长一千里，热如火，周匝一万八百里，有金暖日光，是以天下热。

问曰：月广长几许，中有何光？

答曰：月是水龙之精，有四头，披金银七宝璧玉，周匝一万一千六百里，亦有十八足，足长一千里，冷如冰，中有暇□及兔子，此之是也。

问曰：伏羲何所制作，受命几许？

答曰：伏羲龙身，姓风，名王。能造衣裳，定日月星辰，成立万物，推其阴阳，以成冬夏。尔时人民，顽愚质朴，未能分别礼仪，未有五谷、衣裳、田宅、屋舍，巢居穴处，逢男为夫，逢女为妇。万物未备，仰瞻天下，以造天下八卦。伏羲伏牛乘化马，受命一万八千岁，乃则变为天地、百虽、禽兽、龙蛇、鱼鳖、金银、珠玉，政万物欲生未祥龙言，号曰伏羲也。

问曰：神农有何圣德？

答曰：神农皇帝，牛头、马面、鸟足、人形，手执精零之杖，历涉七十二山，口尝百草，遇毒草者死，近好草者生。到上党牛头山农石之中，杂树上得五谷，枣树上得大小豆，梨树上得大麦，杏树上得小麦，桃树上得稻谷，榆树上得麻，荆树上得粟。将来交人佃种，传世至今不绝。受命八千岁，遂即灭矣。其次复有祝融，为人皇丞其后也。祝融为三皇，能销石取铁，造作铛釜、鼎镬，因此出熟食也。

问曰：三皇之时，伏羲为天皇，姓何字谁，有何轨则？

答曰：伏羲氏，洛阳人，姓风，汉中皇帝之子。尔时人民死，唯有伏羲、女娲兄妹二人衣龙上天，得存其命。恐绝人种，即为夫妇。治在豫州，水王天下，治经一万捌千年，遂有炎帝神农为地皇承后，自此已来，遂为三皇也。

问曰：神农氏何处人，姓何字谁，有何轨则？

答曰：神农姓姜，上党人，治在冀州，水王天下。尔时人人乳食鸟兽，人民转多，食不可足。神农为人历涉七十二山，口尝百草，望得甘美者，与百姓食之。或值毒草者即死，唇口破坏。一日之中，百死百生，后至上党牛头山中神石峪峒，遂得嘉禾，一株九得，尝之甚美，教人种之，甚美茂，遂济禽狩之命。治经八十年，遂即灭矣。

问曰：五帝是谁？

答曰：轩辕一、颛顼二、帝喾三、尧四、舜五，为五帝也。

问曰：少昊何处人，有何轨则？

答曰：五帝少昊，字青阳，号金氏，凤凰之树，瑞以鸟名。在河南教人造作衣裳、弓箭，置立仓库，尊卑有别，治经一千年，遂即灭矣，禅位与颛顼也。颛顼，高阳氏，皇帝之孙、高昌意之子，治在雍州上郡台殷。遭旱五载，自责无德，将身投海，海神不纳，有一大鱼负项而出，天感其心，须臾降雨，天下大丰。治经五年，遂即禅位帝喾。帝喾，高辛氏，姓姬名受，黄帝九世孙，能分别五色，男女别途，吊问日吉凶，迎送以特，治经一千一百年，遂即禅位尧帝。尧，陶虞，名放罴，黄帝之孙，治在平阳，作法律，皋陶辅之，并造作刑狱，治经七十年而禅位于舜。帝舜，虞氏，高阳之后，河东人，姓为，字重华，治在蒲叛城。教人恭顺，四方归凑，治五十年，遂即禅于禹。伯禹，夏后氏，姓似，字文命，高阳之孙。安邑成。能治水灾，天下丰，子孙相丞十七王，四百四十年，遂于殷汤。汤，姓子，字涉方，雍州冯翊人，治在分阴。尔时遭旱，为人烧乞香雨，积柴如山，汤登其上，从下放火，未彻之间，水雨激流，汤即得活，因慈大丰，子孙相丞三十一王，六百二十九年，遂禅周。其次复有周文，姓姬名□，歧州人。后治受九十七年而终，在位八十三年。

问曰：三皇、五帝、夏、殷、周、秦、汉、晋，治政所□月多少，祚蒙开误，未审伏羲因何得续人位？

答曰：伏羲、女娲，因为父母而生，为遭水灾，人民死尽，兄妹二人，依龙上天，得存其命。见天下荒乱，唯金岗天神，教言可行阴阳，遂相羞耻，即入昆仑山藏身，伏羲在左巡行，女娲在右巡行，契许相逢，则为夫妇，天遣和合，亦尔相知。伏羲用树叶覆面，女娲用芦花遮面，共为夫妻。今人交礼，戴昌妆花，因此而起。怀娠日月充满，遂生一百二十子，各认一姓。六十子恭慈孝顺，见今日天汉是也。六十子不孝义，走入藁野之中，羌故穴巴蜀是也。故曰：得续人位。其昆仑山，共天相连，名须弥山，盖当天地之中正。尔时虽然礼未同，复可劫，渐始充备。何名一劫？昆仑山上有神城，纵广八万里，方圆正等。天上有圣人掷芥子，满此城中，是为一劫。此是须弥山也。

问曰：日月谁转，江河谁涓，经年不绝？

答曰：阿修罗主，四手八脚，在须弥山，左手把日，右手把月。晨起之时，东照沛于坠国。日中之时，南照阎浮提国。日没之时，西照瞿耶尼国。夜半之时，北照郁单越国。一日一夜，照四天下。沛于坠国，土纵广四十八万里，中有海水深三十六丈，阿修罗王入里，不没脚踝。昆仑山者，天之主也，十万高，去地十万里，圆方正等。下有四洛池，皆是出水之源，自余小水，皆出土底地下，盘回六十万里，还来相就。山东有一石龙，一身两头，举头高百丈，伏地饮水，江海竭。水从后入，向前吐出，即为东海。初出三千百道，流散入底，下地盘回六十万四千里，入于东海。山南有石马，一身两头，形长千尺，泉从背入，口中吐出，即为南海。初出分为五百道，合流即为西河，三万四千里，入于西海。山北有石像，一身五头，泉从背入，口中吐出即为河，亦入北海。有解云：不长高，百川归海，周回绕人，从遂向天流，复从而下，终而复始，若不而此即绝矣，岂得长流？

问曰：天下有几种人？

答曰：天下国土广活，古者数亦难尽。其显异国人，余者不陈。其师子国政东壹万里有阴豪山，其中有女国，无元男子，其国有圣水池，其人入中洗浴，便即有娠。其人大耳，身长二丈，本无衣裳，用耳盖其形体。服卧一耳铺之，一耳覆之，起则左右掩带，充为衣服。其人饮风食露，不能言语。受命得一千载。

天地开辟已来帝王纪一卷

维大唐乾祐三年庚戌岁正月贰拾伍日写此书一卷终

洪　　荒[①]

（彝族）

我们祖先的家庭有四口人：三个兄弟和一个妹妹，都是农民。

（他们说）：“昨天我们犁了地，明天天一亮我们再去翻一遍。”

第二天，而且一连三天，他们就这样耕翻土地，因为每天午夜，一个叫 Nginia 的老人又用一支银棒把耕翻了的土地恢复原样。

（老人被发现了），老大就说：“应该揍他一顿。”老二说：“应该把他捆起来。”老三说：“应该审审他。”

他们就问老人：“为什么你要这样干？”

（老人回答）：“你们兄弟三个别白费劲耕地了，因为要发大水了。天上地下，到处都将是洪水，所有的人都会被淹死。”

（三兄弟说）：“我们四个人怎么办（才能得救）呢？”

老大躲进一口铁柜（就被淹没了），老二躲进一口铜柜（也被淹没了），老三和妹妹躲进了一口木柜。

（Nginia 老人对老三和妹妹说）：“带上一个鸡蛋，小鸡不叫，就别开柜门。听到（小鸡破壳而出）叫，就把门打开，那时洪水就已经退了。”

他们这时在木托山（Mouto）的一棵栎树上，栎树长在半山腰的崖壁上，（以至于）他们既不能上，也不能下。

从崖壁上掉下一株竹根，（他说）：“我要蹬着你的头以便爬上崖石，如果爬上去了，我一生从来没有爱过什么，我要把你当主人并且爱你。”

这就是洪荒时代！

中国云南路美邑，1889 年 7 月 31 日

圣・伊格纳斯节

---

① 这是法国传教士保禄・维亚尔于 1889 年记录的云南彝族支系撒尼人洪水神话。选自［法］维亚尔：《保禄・维亚尔文集——百年前的云南彝族》，黄建明、燕汉生编译，云南教育出版社，2003 年，第 24—25 页。括号中的文字为编译者所加。

黑 暗 传[1]

（汉族）

先天出了上天皇，
开天辟地手段强，
相传一十二万载，
洪水泡天八千年，
后天盘古把天开，
日月三光又转来。
乾坤一十二万载，
依然黑暗水连天，
不表先天黑暗事，
后天黑暗唱几声，
三生卷土唱起来，
不知记得清不清？

提起灵山须弥洞，
昊天圣母一段情，
圣母原是金石长，
清水三番成人形。
石人得道称圣母，
名唤昊天是她身。
圣母坐在须弥洞，
要到灵山走一程。
站在灵山四下望，
洪水滔滔怕煞人，
两条长龙在争斗，
二龙相斗气腾腾，
只见空中黑云现，
黄龙当时逞威武，
抓得黑龙血淋淋。
黑龙当时来聚会，
弟兄五个显威能，
黄龙一时败了阵，
直奔灵山洞府门。
圣母观了多一会，
定天珠在手中存，
便把黑龙来打败，
七窍流血逃性命。

① 这是清光绪十四年的手抄。选自中国民间文艺研究会湖北分会编：《汉族长篇创世纪史诗神农架〈黑暗传〉多种版本汇编》资料之五，1986 年，第 70—77 页。

漫天黑云不见形。
往西逃走不见了，
这时洪水稍平静。
黄龙落在灵山上，
思念圣母有恩人。
生下三个龙蛋子，
三个龙蛋放光明，
圣母一见心欢喜，
将蛋吞在腹中存。
吃了三个龙蛋子，
腹中有孕在其身，
怀孕不觉三十载，
正月初七降下身，
一胎生下人三个，
圣母一见甚欢心。
长子取名叫定光，
次子后土是他身，
第三取名叫娑婆，
须弥洞中生长成。（下缺）

混沌辞别师父去，
太荒山前走一程，
只见乌云沉沉黑，
不知南北与西东，
混沌便把旗来绕，
现出太荒一座山。
转身住在太荒地，
不觉又是五百春。
只见太荒金石现，
石斧铁锤现原身，
混沌得了开天斧，
改名盘古把天分。
盘古来在山顶上，
一斧劈开混元石，
清气浮而九霄去，
重浊落在地下沉，
天高地厚才形成。
昆仑有个太阳洞，
住着孙开是她名，
她有儿子十二人。
昆仑有个太阴洞，
洞中唐末太阴星。
盘古来到此处地，
开天斧在手中存，
只见红光高万丈，
劈开昆仑见分明，
忽听一声雷震响。
现出东方太阳星，
扶桑国内升上界，
宝树顶上金鸡鸣。
太阳星君把言开，
“叫声盘古你且听：
天地初开妖魔广，
只恐妖魔害我身。”

盘古便把太阳叫：
“你且升天照乾坤，
我今来到昆仑地，
去叫鹰龙保你身。”
说罢一声雷震响，
太阳升上九重天。（下缺）

来到蓬莱山脚下，
眼看东洋大海门，
只见海中红水现，
五龙抱着葫芦行，
五龙听得老祖叫，
弃了葫芦不见形，
洪钧当时来收住，
带回洞中看分明，
忙将葫芦来打破，
现出两个小孩童。
一男一女人两个，
兄妹二人二八春，
如何生在葫芦内？
二人如何海中行？
老祖就把二人问，
叫他二人说原因，
二人上前讲根由，
“昆仑山中岩石缝，
忽生一根葫芦藤，
藤子牵有千丈余，
无有叶子只有藤，
结了一个大葫芦，
见了我俩把话明，
叫我钻进它肚内，
里面天宽地又平，
马上洪水要泡天，
藏在里头躲难星。
我俩钻进葫芦内，
不知过了几年春。
当时天昏地也暗，
洪水滔滔如雷鸣。”
老祖便把男童叫：
“我今与你取个名，
取名就叫五龙氏，
如今世上无男女，
怎传后代众黎民？
我今与你把媒做，
配合夫妻传后人。”
童女这时把话云：
“哥哥与我同娘养，
哪有兄妹结为婚？”
老祖这时来劝说：
“只因洪水泡天后，
此上哪有女子身？
世上虽有人无数，
却非父母赋人形。
也有金石为身体，

也有树木成人形，
也有水虫成人象，
也有鸟兽成人形。
只有你们人两个，
一男一女正相姻，
你们都有肉身体，
有血有肉是真人。
劝你们二人成婚事，
生男育女传后人。”
童女一听忙答话，
“请听我来说原因，
若要兄妹成婚配，
要你的金龟把话应。”
忽然金龟来说话，
“叫声童女你是听，
混沌初开有男子，
世上哪有女子身？
一来不绝洪水后，
二来不绝世上人。”
童女一听怒生嗔，
石头拿在手中心，
将石就把金龟打，
打成八块命归阴。
童男又把金龟凑，
八块合拢用尿淋，
金龟顿时又说了，
开口又把话来明：
“叫声童女姑娘听，
生也劝你为夫妻，
死也劝你为婚姻。”
童女这时心思量，
难得逃躲这婚姻。
二人成亲三十载，
生下男女十个人。
长子取名伏羲氏，
姬仙女纪管中州。
第二取名神农氏，
姬赵女纪管湖州。
第三取名云阳氏，
姬钱女纪管江州。
第四取名祝融氏，
姬孙女纪管海州。
第五取名葛天氏，
姬李女纪管福州。
第六取名人皇氏，
姬周女纪管辽州。
第七取名燧人氏，
姬吴女纪管山州。
第八取名轩辕氏，
姬郑女纪管鄱州。
第九取名有巢氏，
姬王女纪管云州。

说古理词[1]

（苗族）

有个姜基杨惰，
有个姜腾略梭，
在南弄建市集，
在根红设场坝。
一笆篓菜换三笆篓米，
一担柴换三担稻，
一坑贝壳换一头蒜。
那个场很热闹，
那个集很繁华。

有个巫赵公公，
听见那个场很热闹，
听说那个集很繁华，
他到南弄去，
他往根红走，
去看见人们冶银子，
去瞧见人们炼金柱，
他就跟人们冶银子，
他就跟人们炼金柱。
住到春对春一年，
住到冬对冬一岁，
剩下巫娘婆婆如同寡妇，
留下奶奶好象孤孀。
她去猴岩下砍柴，
去兔岩顶砍柴。
砍的柴有九尺长，
砍的柴有七抱粗。
挑高顶着天，
担低碰着地。
摔在猴岩下，
跌在兔岩脚。
摔跤摔坏了股，
跌倒跌坏了臀。
水牛见了水牛笑，
水牛因笑掉了牙。
黄牛见了黄牛笑，
黄牛因笑毛变黄了。
马见了马笑，

---

① 选自《民间文学资料》第6集《苗族古理歌》，中国作家协会贵阳分会筹委会印，1959年，中国民间文艺研究会贵州分会翻印，1985年，第59—89页。唱述者为龙喜传，记录时间为1957年2月，贵州民族学院语文系民族语文教研组1959年4月翻译。选入本书时修改个别错录之处。

马笑掉了角。
羊见了羊笑，
羊笑弯了角。
猪见了猪笑，
猪笑扭了牙。
鹅见了鹅笑，
鹅笑肿了鼻。
鸭见了鸭笑，
鸭笑扁了咀。
鸡见了鸡笑，
鸡笑尖了嘴。
它们笑过就完了，
狗笑没有完，
哈哈笑声翻过坡，
汪汪笑声越过岭。
巫赵公公听见了，
巫赵公公才回来；
迈步往家转，
甩手往家回。
别人生气只是一刻，
他一气就是三天。
别人生气只是一夜，
他一气就是三夜。
巫娘老奶奶，
田水热得快，
心情转得速。
巫娘奶奶对巫赵公公说：
“你去看看厩里的水牛吧公公，
你去看看栏里的黄牛吧公公。”
巫赵老公公，
看见水牛掉了牙，
看见黄牛黄了毛，
看见马掉了角，
看见猪扭了牙，
看见羊弯了角，
看见鹅肿了鼻，
看见鸭扁了咀，
看见鸡尖了咀。
巫赵老公公，
苦澈了心房，
凉透了肺腑，
他俩就来分牛去守，
分鼓去敲。
巫赵老公公，
把水牛放到坡上，
就变成了野水牛；
把黄牛放到坡上，
就变成了野黄牛；
把马放在坡上，
就变成了野马；
把羊放到坡上，
就变成了野羊；
把猪放到坡上，
就变成了野猪；
把鹅放在坡上，
就变成了雁鹅；
把鸭放到坡上，
就变成了野鸭；
把鸡放到坡上，
就变成了野鸡。

还有三把稻谷，
还有三把大米，
巫赵老公公，
拿来撒在山坡，
拿来撒在山岭，
就变成了蕨根，
就变成了石蒜。
荒年再来挖，
歉岁再来掘，
拿来过荒年，
拿来补歉岁。
巫赵老公公，
去吃蒜习惯了蒜，
去吃盐习惯了盐。
他到了南弄，
他到了根红，
去跟人们冶银子，
去跟人们炼金柱。
银子歪斜来砸着，
金柱倒下来打着，
打着了巫赵公公，
睡着就不省人事，
一死就不出气了。
胫骨变山脊，
膝头变捶子，
脊背变山岭，
肋条变斜坡，
还有一颗心，
钻进了银柱脚，
钻进了金柱顶，
才变成了爸爸，
才变成了妈妈。
现在又只剩下巫娘奶奶了，
她呀，田水热得快，
心情转得速，
她去找她的巫赵公公，
找到东没有，
找到西没见。
去碰见黑飞蛾，
去碰见花蝴蝶，
包住新鲜的水牛粪，
围着干硬的野猫屎。
巫娘老奶奶说：
“你们包住我公公的生骨头！
你们围着我公公的干骨骼！”
往东打三鞭，
打死三百只蜻蜓；
往西打三鞭，
打死三百只花蝴蝶。
“我们包的是牛屎，
我们围的是野猫屎，
你快来把我们的翅膀接长，
快来把我们的翅膀镶宽，
搞好我们引你你找你巫赵公公。”
巫娘奶奶说：
“我不知用什么把你们翅膀接长？
不知用什么把你翅膀镶宽？”
“你去买七担黄纸，
买七挑花纸，
买七担桐油，

买七挑灯油。”
巫娘老奶奶，
到了南弄，
到了根红。
去买得七担黄纸，
买得七挑花纸，
买得七担桐油，
买得七挑灯油，
就迈步回家，
甩手返里。
半夜没到家，
天黑没到屋。
耗子从烟囱来，
雀子从树枝下。
耗子来吃肉，
雀子来睡觉。
她来跟杉木住，
她来同松树歇，
杉木有桐油，
松树有灯油，
偷了杉木的脓，
取了松木的浆。
天只七分明，
天只七成亮，
就迈步回家，
甩手返里。
拿七担黄纸，
拿七挑花纸，
黑的接黑的，
白的镶白的。
蜻蜓才来说，
蝴蝶才来讲，
“过去四层尾巴，
现在两层尾巴；
从前四节翅膀，
今天两节翅膀；
少接一点也可以，
只要能够飞翔就行。”
巫娘老奶奶，
跟戈惰认老表，
同该巫打亲家：
“你们找窝给我生蛋，
你们去寻窝给我养儿。”
戈惰们才说，
该巫们才讲：
“我们的儿生在河坝，
我们的崽养在皆令停。
我们生儿只要一天，
我们养崽只要一夜。
你的儿是龙子，
你的崽是蛟儿。
你生儿需要回春一次，
你养崽需要冬转一回。
五月间涨五回洪水，
六月间下六次大雨，
会来冲走你的龙子，
会来冲跑你的蛟儿。”
展约的雄鹰飞来，
射沙的雌鹞飞来，
雄鹰呼呼飞到西。

“你找窝给我生蛋吧，鹰，
你找巢给我生崽吧，鹰。”
老鹰就把她带到杉木脚，
带到松树枝，
拿休纽草当席子睡，
拿夏架草当被子盖。
生了十二天，
就得十二个蛋；
生了十二晚，
得十二个卵。
抱了回春一次，
孵了冬转一回，
磨折了长尾巴，
损完了宽翅膀。
去叫喜鹊孵：
“孵了就让他出来，
不出来你就吃了吧，
不出来你就喝了吧。”
阿央命运好，
阿央很聪明，
在蛋里忙答话：
“再抱三晚吧妈妈，
再孵三夜吧妈妈，
我们就成人了妈妈，
我们就成伴了妈妈。
你叫喜鹊来抱，
你叫老鹰来孵，
喜鹊抱了喜鹊吃，
老鹰孵了老鹰喝。”
真的再抱三夜，
再孵三晚，
一个成了阿央，
一个成了雷公，
一个成了蛟龙，
一个成了老虎，
一个成了野狗，
一个成了该荣，
一个成了老蛇，
还有一个寡蛋，
还有一个坏卵，
抛一个往上，
变成了丰保防，
丢一个往下，
变成了丰保德。
白鸡在蛋里就是白的，
花猪在母腹里就是花的，
良马在娘肚里就是好的，
利刀在炉子里就是利的，
阿央这个人呀，
有人的才智，
有虎的胆量，
能设法爬上悬崖，
能设计度过鬼关。
他来问妈妈，
一天问三次，
三天问九回：
“我爸爸名叫什么妈妈？”
“你爸爸名字叫罔戎，
你爸爸名字叫罔浪。”
阿央这个人，

才去做个竹猫。
他妈妈问道：
“你做那个干什么央？”
“我造来捉老鼠，
我造来扑雀子，
你伸手进去试试看妈妈，
看看痛不痛呀妈妈？”
阿央妈妈放手进竹猫，
“真是太痛了央，
真是要死了央，
快点把我放央。”
阿央这才说：
“你不把爸爸的真名讲明，
你不把爸爸的实姓说清，
痛就让你痛吧，
死就让你死吧。”
“你爸爸真名叫戎古该，
实姓叫椎榜雷。”
“噫！我爸爸真名叫戎古该？
实姓叫椎榜雷？！”
“叫做皆雷呀央，
（或译：是个官姓呀央，）
叫做相工呀央。
（或译：是个官名呀央。）”
于是他们就来争这个官姓，
来抢这个官名。
争得打起来，
抢得捶起来。
打得很痛，
捶得要死，
阿央心聪明，
阿央计策好，
白鸡在蛋里就是白的，
花猪在母腹就是花的，
良马在娘肚里就是好的，
他有人的才智，
他有虎的胆略：
“没人干活来养我们，
我们天天打架，
我们天天斗拳。
谁来做活给我们吃？
谁来扛柴给我们烧？
来我们去叫枫木条，
来我们去喊枫木枋，
谁叫枫木条吭声？
谁叫枫木枋答话？
官姓是他的，
官名是他的。”
于是大家就走，
雷公轰轰往上走，
雷公隆隆往下行；
往上踏了三回，
往下走过三次，
将枫木条踏了又踏：
“官姓是我的，
官名是我的。”
可是枫木条没有响声，
枫木条没有答话。
龙轰轰往上走，
龙隆隆往下行，

枫木条踏了又踏，
“官名是我的，
官姓是我的。”
可是枫木条没有响声，
枫木条也没有答话。
老虎轰轰往上走，
老虎隆隆往下行；
往上走过三次，
往下踏过三回：
“官姓是我的，
官名是我的。”
可是枫木条没有响声，
枫木条也没有答话。
野狗一蹦一蹦往上走，
该荣一跳一跳往下蹦，
将枫木条踏了又踏：
“官姓是我的，
官名是我的。”
可是枫木条没有响声，
枫木条也没有答话。
老蛇不慌不忙往上走，
老蛇不慌不忙往下梭；
往上走三次，
往下梭三回：
“官姓是我的，
官名是我的。”
可是枫木条没有作声，
枫木条也没有答话。
聪明的阿央，
去捉只革豆雀，
放进腋下藏，
踏枫木条一次又一次，
捏革豆雀一捏又一捏，
雀子啫啫叫，
大家一道过木条，
大家一道踏木条：
“你们过木条不作声，
你们踏木条不答话，
我一过木条吭了声，
我一踏木条答了话，
不掀你们自己斜，
不动你们自己倒。”
他们大家才说，
他们大家才讲：
“雷有雷的声音，
龙有龙的声音，
这不是枫木条吭声，
这不是枫木条答话，
这是革豆雀子的声音，
让我们解衣瞧瞧，
让我们脱衣看看。”
于是找见了只革豆雀，
在阿央的腋下。
大家才来说，
大伙才来讲：
“我们争我们的官姓，
我们抢我们的官名，
你这个革豆雀，
要来推我们倾斜，
要来掀我们倒下，

拿你来作靶子射击，
拿你来作桩子试刀。”
革豆小雀子，
有话才来讲，
有言才来说：
“我不叫唤他掐我脊背，
我不吭气他掐我翅膀，
我叫虽然叫了，
我嚷虽然嚷了，
官姓还是你们大家的，
官名还是你们大家的。”
这才把革豆雀放走，
它飞过山仍然有力，
飞过河仍然有劲。
大家又来争官姓，
大家又来抢官名；
仍然打起架，
仍然动起拳；
打得很痛，
捶得要死。
阿央心聪明，
阿央计策好，
白鸡在蛋里就是白的，
花猪在母腹里就是花的，
良马在娘肚就是好的，
利刀在炉子里就是利的，
阿央才来说：
“我们天天打架，
我们夜夜动拳，
谁做活给我们吃？
谁砍柴给我们烧？
来我们去水车下边，
我们去堰塘脚下，
谁叫水车吭声，
谁喊堰塘答话，
官姓是他的，
官名是他的。”
阿央呀，
用五两重的一只项圈，
花五钱重的一对耳环，
收买了跛脚女仆，
收买了瞎眼女工，
叫她藏在水车下，
叫她躲在堰塘脚，
他对跛脚女仆讲，
他对瞎眼女工说：
“等一会他们来，
叫你不要吭声，
喊你不要答话。”
他们大家来了，
他们大家到了。
雷公啊，
来叫水车，
来喊堰塘：
“官姓是我的，
官名是我的。”
水车不吭声，
堰塘不答话。
龙王啊，
来叫水车，

来喊堰塘：
“官姓是我的，
官名是我的。”
水车不吭声，
堰塘不答话。
老虎啊，
来叫水车，
来喊堰塘：
“官姓是我的，
官名是我的。”
水车不吭声，
堰塘不答话。
野狗啊，
来叫水车，
来喊堰塘：
“官姓是我的，
官名是我的。”
水车不吭声，
堰塘不答话。
该荣啊，
来叫水车，
来喊堰塘：
“官姓是我的，
官名是我的。”
水车不吭声，
堰塘不答话。
老蛇啊，
来叫水车，
来喊堰塘：
“官姓是我的，
官名是我的。”
水车不吭声，
堰塘不答话。
阿央啊，
来喊水车，
来叫堰塘：
“官姓是我的，
官名是我的。”
水车真的吭了声，
堰塘真的答了话。
阿央啊，
来对大家讲，
来跟大家说：
“一道叫水车，
一起喊堰塘，
你们叫水车不吭声，
你们喊堰塘不答话，
我叫水车吭了声，
我喊堰塘答了话。
我没推你们自己倾斜，
我没掀你们自己倒下。”
他们大家说，
他们大家讲：
“龙有龙的声音，
雷有雷的声音，
那不是水车的声音，
那不是堰塘的答话。
这是人的声音，
这是人的答话。
来我们去水车脚看看，

去堰塘下看看。”
碰见了跛脚女仆，
碰见了瞎眼女工：
“我们争我们官姓，
我们抢我们官名，
你却要掀我们斜，
你却要推我们倒，
拿来作靶子射击，
拿来作桩子试刀！”
跛脚女仆才说，
瞎眼女工才讲：
“他用五两银的项圈，
他花了五分银的耳环，
买了我的胫毛，
买了我的睫毛，
他叫我才吭声，
他喊我才答话；
未打就觉得痛了，
未杀就快要死了。”
这才把她放走了，
她过河仍然有力，
爬坡仍然有劲。
大家又来争官姓，
大伙又来抢官名，
打得很痛，
捶得要死。
阿央这个人啊！
白鸡在蛋里就是白的，
花猪在母腹就是花的，
良马在娘肚就是好的，
利刀在炉子里就是利的，
他有人的才智，
他有虎的胆略，
设法爬上陡崖，
设计走过鬼关，
他来对大家说，
他来跟大家讲：
“我们天天打架，
我们夜夜动拳，
谁做给我们吃？
谁做给我们烧？
我们去找肉来吃，
我们去找酒来喝，
到九探岭去，
往雄相坡走。”
阿央啊，
跟萤火虫要得火种，
跟蜘蛛要得细丝，
火种捆在细柴上，
他们就到九探岭去，
他们就往雄相坡走。
他们到九探岭去吃肉，
他们到雄相坡去喝酒。
央把火种扔下，
腊把火苗丢下，
烧了九探岭，
着了雄相坡，
轰动了天震撼了地，
震撼了地响彻了天，
他们大家才说，

他们大家才讲：
“怎么会震撼了地？
怎么会轰动了天？”
阿央才来说：
“这是正月的风吹，
这是二月的风刮。
吃肉说吃肉的话，
喝酒聊喝酒的天。”
火烧到眉毛，
他们大家才说：
“真是太痛了呀，央！
真是要死了呀，央！
你告诉我们从哪条路跑呀，央！”
阿央这才说话：
“你们不丢下官姓，
你们不放弃官名，
要痛就让你们痛吧！
要死就让你们死吧！”
阿央又说了：
“你们丢下官姓，
你们放弃官名，
雷公扛铜炮，
该上云天去，
跟着火烟走，
随着火烟行，
你去管理天空，
你过河仍然有力，
你爬山仍然有劲。
龙得了犄角，
龙往水中走，
你看守海洋，
你过河仍然有劲，
你爬坡仍然有力。”
老虎看哪里火势弱，
就爬着往那里逃走，
火舌烧了它，
身上花斑斑，
所以叫花豹。
“你去守望山林，
你过河仍然有力，
你爬坡仍然有劲。
野狗和该荣，
你俩顺着水沟走，
你俩过河仍然有力，
你俩爬坡仍然有劲。
老蛇就钻粗石堆，
老蛇快进细石砾，
你去看守石堆。
你过河仍然有力，
你爬山仍然有劲。”
老蛇走了也就算了，
野狗走了也就算了，
该荣走了也就算了，
雷公走了事情还没有完，
雷公走了事情还没有了。
雷公走时怒吼着，
雷公走时狂叫着：
“我要劈你了央！”
龙走时怒吼着，
龙去时狂叫着：

“我要吃你了央!”
老虎走了事情还没完,
老虎走了事情还不了,
老虎走时怒吼着,
老虎去时狂叫着:
“我要咬你了央!”
阿央啊,
去捞绿苔放在山顶,
去捞绿青苔丢在崖上。
他拿起竹杆,
他拿起竹棒,
去打那些河水,
去揍那些波浪,
响彻了天,
震动了地。
虐鱼是龙的眼睛,
龙叫虐鱼出来看:
“是什么响彻了天?
是什么震动了地?”
虐鱼来问道:
“你打那些河水干什么呀,公公?
你揍那些波浪干什么呀,公公?”
“龙不愿丢下官姓,
龙不愿放弃官名。
你看我戽干七层崖,
你看我戽干七层坎,
只剩了一层崖,
只剩下一层坎,
龙不愿放弃官姓,
龙不愿丢下官名,
我要来揍他,
取犄角来喝酒,
要牙给小孩佩。”
这样龙就丢下了官姓,
放弃了官名。
阿央啊,
去砍那些深山,
去砍那些森林,
砍倒了九冲杉树,
伐倒了七冲松木,
响彻了天,
震动了地。
萤火虫是老虎的眼睛,
老虎就叫萤火虫来看:
“为什么响彻了天?
为什么震动了地?”
“你砍那些深山干什么?公公!
你伐那些森林干什么,公公?”
“老虎不愿丢官姓,
老虎不愿放弃官名,
我砍来找老虎。
你看我现在砍倒了九冲杉树,
伐倒了七冲松木,
只剩下一点坡边,
只剩下小块地角。
我要打死他取肠子烧吃,
要肉来下晚饭,
砍爪子给小孩佩。”
萤火虫回去告诉老虎说:
“来了一位老公公,

象你一样大，
跟你一样高，
他砍倒九冲杉树，
砍到七冲松木，
现在只剩下一点山边，
只剩下小块地角，
你若丢下官名，
你若放弃官姓，
我俩过河仍然有力，
我俩爬坡仍然有劲。
要是不丢下官姓，
要是不放官名，
他要打死你取肠子烧吃，
要肉下晚饭，
砍爪子给小孩佩。”
于是老虎丢下了官姓，
放弃了官名。
雷公轰轰轰，
雷公隆隆隆：
“我要劈你了央！”
阿央说了话：
“我来给你定个日子。
我来给你定个时辰。”
他俩定在牛天，
他俩定在虎夜。
阿央又说道：
“你劈我偏房，
打死我水牯；
你劈我灶房，
打死我妻儿；
你劈我正梁，
你劈我屋顶，
才打中我老人家，
才劈死我大丈夫！”
他拿绿苔放在正梁，
拿冈六漆在里面。
雷公轰轰又轰轰，
隆隆又隆隆，
牛天真的来了，
虎夜真的来了，
从正梁打下来，
从屋顶打下来，
踩在绿苔上跌倒了，
踩在冈六上摔跤了，
一滚滚到地上。
阿央啊，
就拿起铜钳夹他，
拿起铁锁锁他，
夹不着别处，
正夹着鼻子。
把他放进铁柜，
把他关进钢仓。
阿央啊，
这才把铁柜锁了，
把钢仓关了。
阿央家里堆满了稻草，
阿央屋里堆满米草，
阿央这才说：
“你要为我搓绳满三个钢仓，
你要给我搓绳满三个铁柜，

你过河就可以有力，
爬坡就可以有劲。
要是搓不满三个钢仓，
搓不满三个铁柜，
你就要挨痛！
你就得该死！”
雷公在上面搓绳子，
阿央啊，
把绳往下拉，
搓了春回又一岁，
搓了冬转又一年，
阿央去看他的田水，
阿央去看他的塘水。
孩子们来了，
来到钢仓前，
来到铁柜边，
来笑猴子作窝，
来瞧河水漂荡，
来看映山花开放，
来观萤火虫点灯。
雷公说了话：
“你们笑什么呀孩子们？”
“我们议萤火虫呀，公公！
我们笑猴子作窝，
我们瞧河水漂荡，
我们观映山花开放。”
雷公啊，
对孩子们说：
“你们爸爸有坏刀旧刀没有？
你们妈妈有酸水没有？”
孩子们回答说：
“我们爸爸坏刀旧刀都有，
我们妈妈酸水也有。”
“那就去把你们爸爸坏刀旧刀拿来，
把你们妈妈的酸水舀来。
你们看到的还不好玩，
我搞更好玩的给你们看。”
孩子们才来拿他们爸爸的坏刀旧刀，
舀来他们妈妈的酸水，
拿到钢仓前，
拿到铁柜边：
“你搞玩意儿给我们看吧，公公。”
雷公啊，
拿了酸水来，
洒在钢仓里，
倒在铁柜里，
拿刀子来开，
破了三个铁柜，
碎了三个钢仓。
阿央啊，
他去看他的田水，
他去看他的塘水，
阿央抬头看，
黑了半边天，
红了半个地：
“那不是好事，
那个不妙了，
一定是打脱了那个恶雷，

一定是打脱了那个魔鬼。”
就迈步回家，
甩手返里。
他来看见雷公，
刚刚出铁柜，
刚刚到屋顶。
阿央就说话：
“我想你一定要涨洪水来淹我，
我想你去一定要放大水来害我，
你来把绳子一头拿去，
你来把一头绳子牵走，
我俩九次牯牧彼此不忘，
我俩七辈子也还得认弟兄。
我头热得抖康康，
你要宰水牛来祭我，
你要杀黄牛来祭我。”
雷公啊，
回到他的寨子，
回到他的家里。
阿央啊，
他来打扫房屋，
碰见一些冬瓜子，
他拿去念了咒才种，
说了话才栽：
“雷公走了准要涨洪水，
雷公去了定要降大灾，
我栽你一时就得发芽，
一时就得牵藤，
一时就得结果，
一时就得成熟。
要是雷公去了不涨洪水，
雷公去了不降大灾，
我栽了你就该腐烂，
种了你就得枯死掉。”
阿央这才拿去种了，
真个是一时就抽芽，
一时就牵藤，
一时就开花，
一时就结果，
一时也真成熟了；
开花大如谷仓，
结果大如粮库。
不知叫谁来挖冬瓜？
不知叫谁来掏葫芦？
叫曹鼠来挖冬瓜，
叫余立来掏葫芦：
“你帮我挖冬瓜吧，
你帮我掏葫芦吧。”
曹鼠说了话，
余立答了言：
“拿什么当工钱？
拿什么作报酬？”
阿央回答说：
“你挖你吃籽，
你掏你吃肉，
这就当作工钱，
这就当作工价。”
曹鼠说了话，
余立答了言：
“我挖我不吃籽，

我掏我不吃肉，
我要附在你的马脚下，
我要跟你一道走，
将来你成了人，
将来你立了家，
我在你们簸箕脚，
我在你们石碓边，
你们吃好米，
我来吃碎粒，
不许谁的妻子打我，
不许谁家的丈夫骂我，
要是谁的妻子打我，
要是谁家丈夫骂我，
我叫在仓里就死妻子，
我哭在家里就死丈夫；
我咬他妻子的裙带，
我咬她丈夫的衣带。
有言说在先，
有事明在前。”
阿央啊，
拿古松去放，
拿山松去装；
古松太重了，
山松太沉了，
压住了南瓜，
压住了葫芦；
南瓜浮不起，
葫芦飘不来；
扔掉了古松，
扔掉了山松；
南瓜才能飘，
葫芦才能浮。
往水里抓三把，
得了黄谷青秧，
得了稗子包包，
一起装进南瓜，
一道放进葫芦。
往山上抓三把，
得了树叶木叶，
得了蒿菜蒿草，
得了棉种豆种，
得了冬草野草，
得了高粱小米，
一齐装进南瓜，
一道放进葫芦。
跟着索子爬，
顺着绳子上，
到了柿树顶，
到了梨树梢，
柿树们才说，
梨树们才讲：
“你把我们带上阿央。”
“我怎么才能把你们带走？”
“你折我们的枝桠，
你掐下我们的梢头，
将来到柿水去嫁接柿子，
到梨崖去嫁接梨子。”
到了山坳口，
到了山坳上，
荞子们才说，

麦子们才讲：
“你把我们也带上阿央，
将来逢了荒年，
遇了歉岁，
荞子来救荒年，
麦子来补歉岁。
这才度过荒年，
这就度过歉岁。”
阿央啊，
到了雷公寨上，
到了雷公家乡。
孩子们放水牛吃麦子，
放黄牛吃荞子。
雷公说了话：
“你们怎么放水牛吃我麦子呀，
孩子们？
你们怎么放黄牛吃我荞子呀，
孩子们？”
孩子们回答说：
“来了一个老公公，
象你一样高，
肛门大如喇叭，
鼻子大象水车筒，
我们去看那老公公，
才打脱水牛吃你的麦子。
打脱黄牛吃你的荞子。”
雷公说了话：
“准是那个坏人！
定是那个死鬼！”
雷公就关上了钢闾门，
闩上了铁闾门。
阿央说了话：
“你快来给我开门呀，阿雷！”
雷公回答说：
“你骗过我一次，
你哄了我一回，
我宰了水牛祭你，
我杀了黄牛祭你，
我吃完了祭品就完了事，
吃完了桌上饭就结了场。
痛就让你痛吧，
死就让你死吧，
也不开门让你来。”
“你不开门让我进来，
我放我的蜜蜂崽来了！
我放我的蚁蜂儿来了！”
雷公回答说：
“你放你的蜜蜂崽来看看阿央，
你放你的蚁蜂儿来瞧瞧阿央。”
阿央啊，
就放了蜜蜂去螫了雷公一下。
雷公说了话：
“还没虱子咬那么刺痒！”
又放只蚁蜂去螫雷公一下，
雷公说了话：
“还没跳蚤咬那么痛痒！
你的蜜蜂崽只不过如此吧，阿央？
你的蚁蜂儿只不过这般吧，
阿央？”
阿央又放只马蜂进去螫雷公一下，

螫不着别处，
恰恰螫着鼻子。
雷公扑通倒在地上，
“真是太痛了，央！
真是要死了，央！”
阿央说了话：
“你快开门给我进来，
要是不开门给我进，
那是个小的。”
雷公啊，
就来开那铜间门，
就来开那铁大门。
阿央啊，
抬脚走进了门，
甩手走进了家。
雷公说了话：
“这真是太痛了，央！
真是要死了，央！
拿什么药来治？央！”
阿央回答说：
“去拿腌汤来治。”
一时就痊愈了，
一刻就消肿了。
雷公啊，
去拿肉来吃，
去提酒来喝，
他俩一同住了春回一年，
住了冬转一岁，
吃光了马肉，
喝完了米酒，
住得弟兄和好了，
住得姐妹和睦了，
忘记了龙仇，
忘记了雷冤。
阿央啊，
拿鸡屎抹在菜盘沿，
拿猪粪涂在饭篮边，
阿央才说话：
“你说你很爱干净呢，雷！
你怎么在菜盘弄脏鸡屎？
在饭篮边弄脏猪粪？”
雷公回答说：
“洗净了再吃吧，
煮过了再喝吧！”
阿央啊，
又挤奶汁在菜盘沿，
挤奶汁在饭篮边：
“你说你很爱干净呢，雷，
你怎么拿奶汁放在菜盘沿？
拿奶水放在饭篮边？
那是妈妈的乳汁，
不是福树的脂浆，
那是亲娘的奶水，
不是杉木的脂浆，
那只能养大不能养老，
只能养壮手脚。”
“洗净了可以再吃，
煮过了可以再喝。”
有言先说在先，
有事先明在前。

雷公啊，
睡觉睡得很沉，
阿央啊，
拿鸡尾插在雷公头上，
雉尾放在雷公肩膀，
阿央才说话：
“你说你很爱干净呢，雷！
你怎么拿鸡尾插在头上？
拿雉尾放在肩膀？”
雷公回答说：
“将来你成了人，
往后你立了家，
也得这样子到芦笙堂，
也得这样子进停鼓房。”
雷公接着说：
“你下去吧，央，
你下去管理大地，
我在这里管天空。”
雷公啊，
去对那鸽子说，
去跟那斑鸠讲：
“你去帮我打东边的沟，
你去给我打开西头的山。”
鸽子回答说，
斑鸠回答道：
“你叫我鸽子去帮你打通东边的沟，
你叫我斑鸠帮你打开西头的山，
一会儿会使我鸽子死掉，
使我斑鸠丧命。”
“谁说会使你鸽子死掉？
使你斑鸠丧命？
将来他们成人，
日后他们立家，
他们要叫你下大地去，
你在桌面上，
他们呆在桌上，
天天都吃香的，
夜夜都喝好的。”
鸽子的妈妈说，
斑鸠的妈妈讲：
“以后的日子，
虽然天天吃香的，
夜夜喝好的，
可是谁来养活妈妈？
谁来服侍爹娘？”
雷公回答说：
“你说谁不养活妈妈？
谁不服侍爹娘？
那末你就到山岭上飞翔，
到山坡上打转转，
去骗他们的鸡相斗，
去哄他们的鸭相啄，
这也能天天吃香的，
夜夜喝好的。”
鸽子就去打通东边的沟，
斑鸠就去打开西头的山，
于是七天水就消了，
七夜水就落了。
“你下去吧，央？
你下去管理大地，

我在此管理苍天。”
阿央回答说：
“你把我地方的东边全搞坏了，
把我地方的西边全搞糟了。
我不下去啦！
让我俩相打个痛吧，
让我俩厮杀个死吧！”
雷公啊，
才去拉七头黄牛，
往东耙七耙，
死掉了七头黄牛，
才耙平了平永一小块地方；
又拉七头黑牛，
往西耙七耙，
死掉了七头黑牛，
才耙平了榕江一小片地盘。
于是他又撒下雾，
他又布下云：
“现在你看看，
我把你的地方整平了，
我把你的地方整好了，
你下去管理大地，
我在此管理苍天。”
阿央啊，
从艰索上来了，
从鼓绳上来了，
来到平德（可能指平永），
来到了榕江，
看看山岭坏了，
看看山坡变了，
山岭光着脊背，
山坡打着赤膊。
向山坡撒了三把，
就长了枫木斗树，
生了艾草野蒿，
长了野草冬草。
山岭穿上了绿衣，
山坡穿上了新服，
遮住了野物千种，
保护了禽兽百类。
山岭的装束才漂亮起来，
山坡的模样才美丽起来。
向水里撒了三把，
长出青秧黄稻，
长上稻包实谷，
拿来撒在田中，
拿来撒在地里。
滔天洪水灭绝了树木，
灭绝了树也就绝了人。
阿央来寻爱侣，
阿央来找娇妻。
向东找不见，
向西找不着，
去问坳上的扁草：
“你碰见妞西南没有？
你遇上落妨纠没有？”
坳上的扁草说：
“滔天洪水灭绝了树种，
灭绝了树子和人烟，
我没碰见妞西南，

我没遇上落妨纠，
只碰见宝梅妹子，
要娶就去娶，
不娶就作罢。”
阿央回答说：
“那是我的妹子，
那是我的骨肉。
你说话不好！
你开言不善！
你说话令人作呕，
你开言很是难听！”
踏扁草一脚，
扁草矮濯濯。
扁草开了言，
扁草说了话：
“你问我我才答，
你问我我才讲，
反倒踏我一脚，
使我矮濯濯，
毁了我的锦雀装束，
毁了我的雉鸡服饰。”
阿央啊，
来寻爱侣，
来找娇妻，
向东找不见，
向西找不着，
来问博梭，
来问豆菜：
“你碰见妞西南没有？
你遇上落妨纠没有？”
“滔天洪水灭绝了树木，
灭绝树也就灭绝了人，
我没碰见妞西南，
我没遇上落妨纠，
只碰见宝梅妹子，
要娶就去娶，
不娶就作罢。”
阿央回答说：
“那是我的妹妹，
我是她的哥哥。
你的话不好，
你的言不善！
你的话令人作呕，
你的言很是难听！”
踏博梭一脚，
博梭弯弯的，
两头弯着吃泥巴。
博梭开了言，
博梭说了话：
“你毁了我的锦雀装束，
坏了我的雉鸡服饰。”
阿央啊，
仍然来寻爱侣，
要找娇妻，
向东找不见，
向西寻不着，
才去问南瓜，
才去问冬瓜：
“你碰见妞西南没有？
你遇上落妨纠没有？”

南瓜才说，
冬瓜才讲：
“滔天洪水灭绝了树木，
灭绝了树也就绝了人，
我没碰见妞西南，
我没遇着落妨纠，
只碰见宝梅妹子，
要娶就去娶，
不娶就作罢。”
阿央回答说：
“那是我的妹妹，
那是我妈姑娘，
你的话不好，
你的言不善！
你的话令人作呕！
你的言很是难听！”
抓冬瓜三抓，
泼三泼灰水。
冬瓜起毛灰普普，
冬瓜说了话：
“你问我才答，
你问我才讲，
反抓我三爪，
泼我三捧灰，
使我起毛灰普普，
毁了我的锦雀装束，
坏了我的雉鸡服饰，
将来你碰见妞西南就算了，
日后你遇上落妨纠就罢了，
若果还是宝梅妹子，
你要养个溜溜圆的崽，
生个溜溜圆的儿，
养个冬瓜样，
生个南瓜形，
养崽只有一只耳，
生儿只有一只眼。”
阿央啊，
还是寻爱侣，
还是去找娇妻。
向东找不见，
向西寻不着，
去问白脚老虎，
去问红须小豹：
“你碰见妞西南没有？
你遇上落妨纠没有？”
白脚老虎才说，
红须小豹才讲：
“滔天洪水灭绝了树木，
也天绝了人种，
我没碰见妞西南，
我没遇上落妨纠，
只碰见宝梅妹子，
要娶就娶，
不娶就作罢。”
阿央说了话：
“这是威武的白脚老虎说的，
这是强暴的红须小豹讲的，
那就娶了她吧。”
一个扛着伞，
一个佩着刀，

一个从东坳来，
一个自西坳到，
在岭上相遇，
在坡边相逢，
互称为老表，
互叫做嘎谋，
相遇就挽臂，
相逢就握手，
就迈步到家，
就甩手进门。
弟兄难阋墙，
兄妹难同床。
放套子在床沿，
安夹子在床脚，
夹住了宝梅妹：
“你快来救我呀哥哥！”
“救了你又该怎样？”
“救了我俩就配成对，
救了我俩配成双。”
同居了回春一年，
同居了冬转一岁，
养了个溜溜圆的崽，
生了个溜溜圆的儿，
养个南瓜崽，
生个冬瓜儿；
养崽只有一只耳，
生儿只有一只眼。
“我没有半点心计，
我烧光了所有柴禾。”
连忙跑到刀尼岭，
连忙跑到道元坡，
去问定拉公公，
去问定圣婆婆。
“我来不是白来，
我到不是白到；
我生个溜溜圆的崽，
我养了个溜溜圆的儿，
我该怎么办？”
定拉公公回答说，
定圣婆婆回答道：
“你生了个溜溜圆的崽，
你养了个溜溜圆的儿；
你不知道应该怎么办？
来我给你一块杨梅木砧板，
给你一片竹子，
再给你一把刀，
你拿去砍娃娃成十二块，
剖成十二片，
砍作十二股，
剖成十二份。”
他得了一块杨梅砧板，
得了一片竹子，
得了一把刀回来，
拿来砍娃娃作十二块，
剖成十二片。
吹了点正月的风，
刮了点二月的气，
却砍作了十三块，
剖成了十三片。
没有了一点心计，

烧光了所有柴禾，
连忙跑到刀尼岭，
连忙跑到道元坡，
去告诉定拉公公，
去告诉定圣婆婆：
“你叫我砍作十二块，
剖成十二片，
现在吹了点正月的风，
刮了点二月的气，
我却砍成十三块，
剖成十三片，
我该怎么办呢?”
定拉公公说，
定圣婆婆讲：
“你若砍成十三块，
剖作十三片，
有一块要有灾。
有一片要有难，
有朝一日汉人走了城要垮，
丈夫死了妻另嫁，
那个拿作东牛依农，
拿作拐杖。
那是孀妻，
那是寡妇。”
定拉公公又说，
定圣婆婆又讲：
“你去拿布单子包，
拿花被子盖，
照后再拿放在岭上包，
放在坡边盖，
他们就能够配对，
他们就能结成双。”
阿央啊，
就回进了门，
转到了家，
拿布单子包，
拿花被子盖。
放在山岭包，
放在坡边盖。
埋了三晚，
盖了三夜。
岭岭都生火，
坡坡都冒烟。
阿央说：
“岭岭都生了火，
坡坡都冒起了烟，
虽然得了儿可是还不会说话，
得了崽还不能开言。”
又连忙跑到刀尼岭，
跑到道元坡，
他去告诉定拉公公说，
告诉定圣婆婆讲：
“我回去真用布单子包，
拿布被子盖，
拿去埋了三晚，
盖了三夜，
岭岭真的生起了火，
坡坡真的冒起了烟；
只是得了儿还不会说话，
得了崽还不能开言。”

定拉公公说：
“你得了儿不会说话，
得了崽不能开言，
我给你七棵梨树带去，
给你七株柿木带回，
给你根竹杆带走，
给你根大竹带回，
你去打那梨树，
你去揍那柿木，
掉下梨子来，
掉下柿子来，
你看看大家伸手去掐来吃，
大家举臂去摘来嚼，
那就是真人，
那就是子孙。
哪一个用舌去舔？
哪一个拿嘴去拱？
那就是狗儿，
那就是猪崽。”
他得了七株梨树回来，
得了七株柿树回来，
得了根竹杆回来，
得了根大竹回来，
打那七棵梨树，
揍那七株柿木，
掉下梨子来，
掉下柿子来，
大家真的伸手去拾来吃，
大家真的举臂去捡来嚼。
那确实是人了，
那真是子孙了。
“可是我怎么得了儿还不会说话？
得了崽还不能开言？”
连忙跑到刀尼岭，
连忙跑到道元坡，
去告诉定拉公公说：
“我得了七棵梨树回去，
得了七株柿树回去，
得了根竹杆回去，
得你根大竹回来，
拿去打那梨子树，
拿去揍那柿子树，
梨子掉下来，
掉下柿子来，
大家都伸手去拾来吃，
大家都举臂去捡来嚼。
他们不用舌去舔，
不用嘴去拱。
那倒确是真人，
那倒真是子孙。
可是不知为啥得了儿还不会说话，
得了崽还不能开言？”
定拉公公说，
定圣婆婆讲：
“你去砍三万棵修竹，
你去伐三万株大竹，
白天让日晒，
夜里让风吹，
然后你再拿火种来，
再带油柴来，

来烧三万修竹，
来烧三万大竹，
他们就从筒中学得话语，
从竹心里学到语言。”
阿央啊，
就叫那行云，
就去请那雾罩：
“请你帮我砍三万修竹，
帮我伐三万大竹！”
行云才回言，
雾罩才答话：
“大莫过于风郎，
勇莫过于气流，
他吹我向东我就飘向东，
吹我向西我就飘向西。”
他又去请风郎！
“请你帮我砍三万修竹，
帮我伐三万大竹。”
风郎回了言，
气流答了话：
“大莫大于坡前枫，
坚莫过于山头松，
我吹他不断梢，
我刮他不落枝。”
阿央啊，
又去问坡前枫，
又去请山头松：
“请你帮我砍三万修竹，
帮我伐三万大竹！”
坡前枫才说，
山头松才讲：
“大莫大于土地妈妈，
壮莫过于泥巴爸爸，
他养我才长。”
又去问土地妈妈，
又去请泥巴爸爸：
“请你帮我砍三万修竹，
帮我伐三万大竹！”
土地妈妈说，
泥巴爸爸讲：
“大莫过于希索，
狠莫过于球登，
大莫过于野鼠，
狠莫过于山鼠，
他们刮我腿喝血，
穿我头吸髓，
你去问希索，
你去问球登；
去请野鼠吧，
去叫山鼠吧！”
阿央呵，
就去问希索，
去问球登，
就去请野鼠，
去叫竹鼦：
“请你帮我砍三万修竹，
帮我伐三万大竹！”
野鼠回答说，
竹鼦回答道：
“你以什么作报酬？

你拿什么当工钱?”
阿央回答说：
“我不知以什么作报酬，
拿什么当工钱?
你砍了你去吃根子，
你伐了你去吃根须，
拿作你的报酬，
拿当你的工钱。”
野鼠回答说，
竹鼦回答道：
“我砍我不吃根子，
我伐我不吃根须，
我帮砍三万修竹，
我帮你伐三万大竹，
将来你们成了人。
日后你们配了对，
我住你们簸箕脚，
我呆你们米碓边，
你们吃好米，
我来吃碎粒，
不许妻子食言，
不许丈夫失信。
谁的妻子食了言，
谁的丈夫失了信，
我就去咬他妻子裙带，
咬她丈夫衣带；
我在谷仓里叫就死妻子，
在屋里哭就死丈夫。
有言说在先，
有事防在前。”

他才来砍三万修竹，
伐三万大竹。
白天让日晒，
晚里让风吹，
晒干了三万修竹，
吹干了三万大竹。
阿央就去取火种来，
去拿油柴来，
烧着三万修竹，
点燃了三万大竹，
“噗”的爆，“哈”的答，
“嗬”的炸，“啊”的应，
就此从竹筒里学得了话语，
向竹筒学会了语言，
所以才成了汉语，
才有了苗话。
僺族后来，
东家晚到，
竹筒的话说过了，
竹筒已经爆完了，
沟水引进田，
沟水引入塘，
水流“叽哩溜”地响，
僺族“呸吕啦”地学，
水流“几力略”地响，
东家“呸尼浓”地学，
才成了僺族话，
才有了东家语。

人类迁徙记[①]

（纳西族）

上古时候，天和地不息的动荡之中，树木会走路，石头会说话。天地日月、石木水火、山川河流还没有形成，然而天地的影子、日月的影子、石木的影子、水火的影子、山川的影子、河流的影子已经出现了。

后来由气息和声音的变化，生出了一个名叫依格窝格的神。依格窝格一变化，生出一只白蛋。白蛋一变化，生出一只白鸡。这只白鸡没有名字，自名为东家[②]的恩余恩曼。

过了一些时间，又出了一个名叫依古丁纳的神。依古丁纳一变化，生出一只黑蛋。黑蛋一变化，生出一只黑鸡。这只黑鸡没有名字，自名为术家[③]的负金安南。

恩余恩曼呵！白生生的，多好看呵！它用天上的三朵白云做被，用地下的三丛青草做巢，于是生下九对白蛋，白蛋孵化为神和佛。

负金安南呵！黑黝黝的，多难看呵！它也生下九对黑蛋。黑蛋孵化为鬼。

开天的匠师，是九个能干的男神；辟地的匠师，是七个聪明的女神。他们开天没有成功，辟地也没有成功，天和地依然在动荡不息。到了后来，他们才想出了办法。

在东方竖起白海螺天柱，在南方竖起碧玉天柱，在西方竖起黑珍珠天柱，在北方竖起黄金天柱，在中央竖起白铁天柱，用蓝宝石补天，用黄金镇地，于

---

① 选自《一九七九——一九八二年全国民间文学作品评奖获奖作品选（故事传说部分）》，中国民间文艺出版社，1985 年，第 225—243 页。翻译整理者和志武在附记中说："这篇传说根据东巴文的经典，并参考采集的口头材料翻译整理。《民间文学》编辑部对译文曾作了一些修改，修改时还参考了和即仁同志所记录的材料。这篇传说并以韵文歌唱形式流传，即已整理出来的《创世纪》。"此文页下注为原书所注。

② 东是古代纳西族部落社会的一个酋长。东是简称，正名是米利东主。

③ 术是与东敌对的一个酋长。术也是简称，正名是米利术主。

是天和地方始分开了。

不久，神和佛商量，能者们与智者们商量，立意要建立一座灵山。这时集合一切力量，在大力神九高那布管领之下，灵山终于建成，天和地也不再动荡了。

灵山还没有名呵！天神便为取名，叫作居那若倮。

在居那若倮山上，原来先已有了鹈鸰鸟。据说它是白的化身。然而它的尾巴有一根毛是黑的，可见它并不是白的化身呀！

在居那若倮山上，原来先已有了黑乌鸦。据说它是黑的化身。然而它的翅膀有三根毛是白的，可见它也不是黑的化身呀！

白蝴蝶呀！据说它是白的化身。可是它的生辰不好。它生在严寒的冬三月。它的翅膀呀，为冬天的大风刮得失去力气，飘飘荡荡，一直飘到山脚底下。这十足表现出它的纤柔衰弱，于此可见，它也不是白的化身呵！

黑蚂蚁呵！据说它是黑的化身。可是它的生辰也不好，它生在酷热的夏三月。它的细小的腰身呀，经不起夏天洪水的冲击，一直被冲到遥远的海洋之中，这样怎么会是黑的化身呢？

原来先在高处出现了喃喃的声音，低处出现了嘘嘘的气息。声音与气息相结合，生出三滴白露。三滴白露变成三片大海。大海中生出恨仍。恨仍生每仍。每仍以后七代，便是人类的祖先，他们是：

每仍初初

初初雌玉

雌玉初居

初居九仁

九仁姐生

姐生从忍

从忍利恩

到了从忍利恩一代，有五个弟兄和六个姊妹，他们没有适当配偶，互相结了婚。这可秽气冲天，触怒了天神。于是日月无光，山和谷也啼哭起来。这是山崩地裂、洪水横流、灾难临降的预兆。

从忍利恩走到大山上去，想捕捉树上的白鹇鸟，可是他来得太晚了。他走到高原上去，想牧放白云似的羊群，可是已经太迟了。他本来不会做工，就向蚂蚁去学习。他本来不会玩耍，就向白蝴蝶去学习。他也不会耕田呀！但他用一条黑眼的公牛，一具黄栗木的犁，走到东神和瑟神的地方，开起荒来。东神和瑟神大为愤怒，便放出一只凶恶的长牙野猪。他白天耕了的地，晚上全被野猪翻平。于是从忍利恩带了下活扣[①]的器具，到新开荒地中去下活扣。他白天等在地边，白天没有下着。晚上等在地边，晚上也没有下着。直到第二日早晨，才下着野猪。他看到野猪，多么高兴呵！

他拔出腰间的大刀，正想愉快地开剥野猪，没有想到有一个白发老翁，胡须长得如同麻束；还有一个老婆婆，执着一根黄金拐杖，已经站在他的面前，脸上似笑非笑。从忍利恩一时手足无措，全身渗出冷汗，急忙地抬起犁来，想逃回去。由于举动慌张，犁梢撞着白发老翁，把老翁头上戴着的白银笠帽差一点撞破。老翁叫了一声，声音震天。他去取犁铧时，一不小心，又碰了老婆婆的拐杖，差一点把拐杖碰折。老婆婆也叫了一声，声音动地。

利恩害怕极了，他对老翁恳求道："老人家，你痛不痛呵？我给您抚摩一下吧！"他又对老婆婆恳求道："老人家，撞坏您没有？我给您包扎一下吧？"

老翁说："从忍利恩呀！你想到树上去捕捉白鹇，去得太晚了。你想到高原去牧放羊群，也太迟了。你们兄弟姊妹负的罪太重，苦难即将到来。"

利恩闻听，就跪在两位老人面前，恳求他俩搭救他的生命。两位老人看见利恩真心悔悟的态度，于是对他说道：

"你要杀一头白毛的公牦牛，剥下牛皮，做成皮鼓，要用细针粗线来缝，鼓上系起十二根长绳，三根系在柏树上，三根系在杉树上，三根系在高空，三根系在地底；把肥壮的山羊，金黄色的猎狗，雪白的公鸡，以及九样谷种，装在皮鼓之内；还有呢，当然你是不会忘记这些的：一刻不能离身的长刀和金火镰，也要放进鼓里。这一切都准备好了，你也就可以坐在鼓里了。"

利恩回到家里以后，把这事告诉兄弟姊妹。于是他们也去向老翁恳求。老翁叫他们宰一只猪，剥下猪皮，制成皮鼓，用粗针细线来缝，什么也不要带在身上，什么也不要装进鼓里，只要坐在里面就行了。

利恩的兄弟姊妹各自照着老翁的话做了。

过了三天，天吼起来，地叫起来；上面山崩谷裂，连老虎豹子都不能存身；

① 活扣：捕捉鸟兽的工具。

下面洪水横流，连水獭和鱼也不能通行；日月无光，白天黑夜都一样阴沉暗淡。

白松树被雷劈得粉碎，利恩金古①被抛到九霄云外，尸首丢在哪里，埋在哪里，都不知道。

红栗树被地炸得粉碎，利恩夸古②被掷到七层地里，尸首丢在哪里，埋在哪里，也不知道。

从忍利恩坐在皮鼓里，又骇怕又愁闷，皮鼓里漆黑一团使他感到害怕和恐怖。这时真是呼天不应，求救无门呵！皮鼓漂在大海中，过了很多时候，冲在一座新长出的高山旁边。皮鼓撞着山坡，震动了从忍利恩，于是他拔出腰间的长刀，割开鼓皮，走了出来。他立刻呆住了：

左边一匹马也没有了！右边一头牛也没有了！当中呢，只有高山和深谷布列在他的眼前。他一看到这个情景，不禁恸哭起来。

他走到一棵大杉树下，从皮鼓里放出来的山羊“咩海咩海”地叫个不休。

“你为什么叫呢?”

“我不是因为高兴才叫的！小时候给我青草吃，长大了不给我青草吃了，大地上的青草不知收到哪里去了，我是叫青草哪!”

从皮鼓里放出来的小狗“汪里汪里”地叫个不休。

“你为什么叫呢?”

“我不是因为高兴才叫的！小时候给我白面汤吃，长大了不给我白面汤吃了。人间香甜的白面汤不知放到哪里去了，我是叫白面汤哪!”

从皮鼓里放出来的小鸡“叽哩叽哩”地叫个不休。

“你为什么叫呢?”

“我不是因为高兴才叫的！小时候给我白米吃，长大了不给我白米吃了。村里的白米不知藏到哪里去了。我是叫白米哪!”

…………

大地上，没有了人类，只见苍蝇满天飞；没有了牲畜，只见绿草遍地铺。从忍利恩到了这时，又寂寞，又伤心，眼泪汪汪直往下流。高山融化的雪水呵，人说那是非常的寒冷，可是从忍利恩的心比雪水还要冷呵！

---

① 利恩金古是从忍利恩的兄弟之一。

② 利恩夸古也是从忍利恩的兄弟之一。

利恩身穿毛布衣裳，背着皮制的箭囊，把桑木大弓当作手杖，嘴里唱着歌，但是没有人应和，只有山鸣谷应是他的伴侣，这样没精打采地走着，过着孤苦凄凉的生活。不知过了多少日子，他不觉来到一座高山脚下。两眼向前一望，看见了利从利那坝子。在那里，白天有火烟，象线香的烟子一样细微，从地上直向上升；到了晚上，火光象雄鸡的冠子似的闪亮着，火光虽小，却照红满天。

利恩于是走到那里去。有一个老人接待了他。那个老人呵，胡子很长，如同麻束，而且白得象雪一样。他似在自言自语，说："世间没有人类了呵！……"

利恩又惊又喜，便跪在老人面前恳求道："老人家，您可怜我吧！我独自一个，实在太寂寞，太凄凉了！我要一个白天一同劳作、晚上一处谈心的伴侣。可是世上已经没有人类了呵！您说我该怎么办呢？"

老人说："在那美山根俺的一座高山底下，住着一对天女。那个直眼女，是最漂亮的；那个横眼女，是不漂亮的。但是你要千万记住：不可要直眼女，只可与横眼女结婚。"

利恩记住老人一切吩咐，满心欢喜。走到那座高山下面，果然看见两个天女，正在嬉戏。一个是善良的，容貌却不好看；另一个是不善良的，却有一双勾人的媚眼。利恩身体虽很壮实，能够控制身外一切，但他控制不了自己的感情，控制不了自己的眼睛，他想：身巧不如心巧，心巧不如眼巧，于是违背白发老人的告诫，娶了貌美的直眼女。

结婚不久，天女怀孕，就要生育，利恩非常高兴。可是到了产期，天女生的不是人！她连生三胎：头一胎是熊和猪，第二胎是猴和鸡，第三胎是蛇和蛙。利恩满头大汗，又急又怕，就跑到老人那里去请教。老人说："不听老人言，吃苦在眼前。马跑的时候只顾逞兴，却不防越跑快，越会把蹄子跑脱。你呀！真是个不知利害的小家伙。把熊和猪丢到森林里去！猴和鸡丢到高岩中去！蛇和蛙丢到阴森和潮湿的地方去！"利恩这回不敢违拗，就照着老人的话去做了。

米利东阿普是个聪明能干的神。他做了许多木偶，有男有女。有一天他变成一个老人，见了利恩，把木偶给了他说："你的伴侣不久就会有了。你把这些木偶拿去，但是不满九个月，你不要去看他们！"利恩过了三天以后，心里放不下，他很好奇，就去看看木偶。木偶有眼不会看，只会眨；有手不能拿，只会拍；有脚不能走，只会顿。利恩又把这些情形去告诉米利东阿普。阿普听说，生起气来，拔出腰间长刀，把所有木偶砍得七零八碎，拿了一些丢到山岩中，于是山岩中便有了回声；拿了一些丢到水里，于是水里便有了波浪；拿了一些丢在森林里面，于是森林中便有了四脚的猛兽。

从此利恩便开始漫无目的地旅行，一路见蛇就宰，见猴就杀，心里懊恨，口中唱着歌：

天空飘白云，
白云养白鹤，
恩情深可思，
若能善珍摄，
云间独飞鹤，
顾影自依依。
大地广无涯，
乡亲养育我，
恩情实深长，
若能善珍摄，
逍遥孤栖者，
何故欲成双！

他一面走，一面唱，他的手不停地揩着泪水，漫无目的地往前走去……

利恩走来走去，来到高高的雪山山顶，用手摘下一片树叶，噙在口中，轻轻吹着。树叶越吹越响，但是他越听越觉无味。他自己问自己：到底吹给谁听呢？于是立刻把树叶啜在嘴中嚼烂。

他又来到滚滚的大江旁边。江水清澈，往里一看，使他又惊又怕。他看到自己的影子，消瘦清癯，异常难看。他不敢再看下去，从地上拾了一个石子，用力投入江中，便即离开。

利恩来到了黑白交界的地方。那个地方呵，美丽到难以形容。有一棵梅树，开着洁白美丽的花朵。其中有两朵尤其引人注目，因为那两朵相对开着，仿佛一朵离不开一朵似的。他正看得出神，忽然看见一个极其漂亮的姑娘，她名叫衬红褒白命，走了过来。利恩出了一身冷汗，不知如何是好。他想：这样的地方怎么会来了一个漂亮的姑娘呢？正在犹豫，衬红褒白命用甜蜜温柔的语气，向他说了话：

“黄莺孤独地飞翔，飞得跟平常不同，请问要到哪里去呢？”

“我曾听人说：这里是个好地方，梅花呵，一年开两度，树下有一个好姑娘，因此特地来找她。”

他俩互相介绍了自己的来历，谈得非常投机。

原来，衬红褒白命被她父亲子劳阿普许给了天上的美罗可洛可兴家。美罗可洛可兴家有九兄弟。衬红褒白命不愿嫁到他家去，但又不敢直接向父亲提出不同意的话，所以很是苦闷。

这一天，天气非常晴好，天空明净得没有一朵云影，她就变了一只美丽的白鹤[①]，从天上飞到地下来，翩跹翱翔，散散愁闷，却不想在这梅花树下，竟遇见这个刚强的青年。她想到利恩的遭遇，对他十分同情，并且在心里爱上了他。

于是利恩躲在仙鹤翅膀下面，飞上了天宫，到了天神子劳阿普的家里。

衬红褒白命为了掩蔽别人耳目，便把利恩装在一个大竹箩中，把他隐藏在门后角落里。到了晚上，阿普放羊回来，他把羊群赶进羊圈，可是羊群惊得直往圈外奔窜；他把牧犬关在门外，可是牧犬反倒回头向家里狂吠。阿普生气地叫喊起来：“有什么不祥的东西来到家里了！”于是早上、夜晚，只见他磨刀、擦刀。

衬红褒白命对父亲说：“父亲，你为什么磨刀呵？为什么擦刀呵？蜂巢的石板不热，蜜蜂不会搬家呵！主人不狠，奴仆不会逃跑呵！池水不干，游鱼不会离去呵！父亲呵！山崩地裂的那一年，他没有被炸死在山上；洪水横流的那一年，他没有被淹死在水里，他是多么能干而又勇敢的青年呵！我爱他，所以把他领进家里来了。父亲，请不要生气吧。天晴的日子里，可以叫他晒粮食，看管粮食；下雨的日子里，可以叫他挖沟灌田。这难道不好吗？”

子劳阿普不耐烦地说：“他到底是一个什么样的人呢？我要亲自看一看，把他领来吧！”

利恩用九条大河的水洗了澡，洗得又白又净；用九饼酥油来擦身，擦得又滑又亮。衬红褒白命把他从屋后插着九把利刃的桥上领了进来，去见子劳阿普。阿普很仔细地对他打量了又打量，端详了又端详，从头直看到脚，好久好久，才说：“你呀！要不是手指甲和脚趾甲，身上就没有一点血色啦！要不是手掌和

---

① 他俩成为夫妇是通过白鹤媒介，所以现在纳西语中“媒人”一词与“白鹤”常相结合。“媒人”在纳西语中是“米拉布”。“各潘”意即“白鹤”；“各潘米拉布”析其原意，为“白鹤媒人”。这个词语的形成与这个传说故事有关。

脚掌，全身就没有一点纹路啦！——你的家乡，阿扣鲁来坡的父亲可没有把自己的威灵传给儿子呀！——你呀！水流在松林里，就没有松树生存的地方！有蒿草滋长的地方，就没有青草生存的地方！青草呀，终究会枯死的！"

利恩听了这番话，觉得事情不妙，即忙跪在阿普面前恳求道："阿普呵！大地上的人类已经绝迹，单独剩下我一个。我要生活下去，您把您的好姑娘嫁给我吧！"

阿普说："我知道你是个能干的小伙子，好吧，你去给我把九片森林统统砍伐回来！"

利恩晚上和衬红褒白命商量，衬红褒白命暗暗把办法告诉了他。第二天早晨，利恩拿了九把大斧，放在九片森林之中，口中喊道："白蝴蝶来做工，黑蚂蚁来做工，利恩自己也做工。"果然，九片森林都砍伐完了。利恩高高兴兴走回来，对阿普恳求道："我要的，你给我吧！"

阿普说："你确是很能干！但是我的姑娘还不能给你。你去把砍过的林地烧干净！"

利恩晚上和衬红褒白命商量，衬红褒白命暗暗把办法告诉了他。第二天早晨，利恩把九个火把放在九片砍过的林地，口中喊道："白蝴蝶来做工，黑蚂蚁来做工，利恩自己也做工。"果然，九片林地烧完了。利恩高高兴兴走回来，对阿普恳求道："我要的，你给我吧！"

阿普说："你确是能干！不过我的姑娘还不能给你。你去把九片火地种上粮食！"于是交给他九袋粮种，叫他好好开荒、播种、浇水、灌田、看苗，直到收获全毕，再来见他。

利恩于是便去辛勤干活，一边工作，一边轻轻地唱歌。直到粮食已经成熟，他头顶大簸箕，手拿小筛子，肩上搭了九个口袋，便去收割。他到了田边，口中喊道："白蝴蝶来做工，黑蚂蚁来做工，利恩自己也做工。"然而这一次他自己却并未动手。他象麂子和獐子一样蜷曲在田边睡起来了。一觉醒来时，庄稼都已收获完毕。回家之后，他还没有开口，阿普就说："你收的粮食短少了三粒，两粒在斑鸠的膆子里，一粒在蚂蚁的肚子里，能干的小伙子，你想法去取回来吧！"

第二天早晨，斑鸠飞来停在阿普家园中的树上，衬红褒白命正在纺线，看见了斑鸠，急忙叫利恩来。利恩弯弓搭箭，想要射死斑鸠。但是他由于过度紧张，看了又看，瞄了又瞄，还是没有把箭射出。衬红褒白命看他这样，很是着急，便用织布梭子轻轻碰了一下他的手；利恩一箭射出，正中斑鸠的胸脯，于是两粒粮食便取了出来。据说，斑鸠胸前所以有斑点，就是因为被利恩的箭射过的缘故。

利恩一时高兴，顺手就将旁边一块大石掀起。石头下面有许多蚂蚁，立刻骚动起来。其中有一个蚂蚁，腰间有一个疙瘩，利恩便用一根马尾拴住蚂蚁腰部，用劲一勒，谷种就挤出来了。据说，蚂蚁的腰所以这样细，就是因为被利恩勒过的缘故。

利恩拿了三粒谷种交给阿普，说："我要的，你给我吧！"阿普说："你确是很能干！但是我的姑娘还不能给你。今晚我俩一同到岩头去捉岩羊。"

利恩答应了，把这事告诉衬红褒白命，衬红褒白命悄悄对他说："阿恩哪，你要当心！他哪里是要叫你去捉真岩羊啊，他是想把你变成死岩羊。"于是，她教了利恩一个办法。

晚上，阿普和利恩一同去捉岩羊。到了岩头之后，阿普说是倦乏了，叫利恩和他一同在岩洞里睡觉。阿普头朝洞里，利恩头朝洞外。阿普打算乘利恩睡熟时把他一脚蹬下岩去。到了三更，利恩没有睡着，阿普倒睡着了。利恩悄悄起来，把一块大石包在白披毡里，放在阿普的脚边，自己轻轻溜回衬红褒白命的身边。阿普睡梦中用劲蹬了一脚，把那块大石头蹬下岩去，石头正打在一只岩羊的额上。第二天鸡叫之前，利恩走到岩头一看，岩下有一只死岩羊，就把岩羊背了回去。

阿普睡醒，也往家里走。利恩走的是直路，阿普走的是弯路，利恩先到，阿普后到。利恩对阿普说："岩羊肉已经挂在厨房里，请做阿普晚饭的酒菜，请做阿仔①早饭的汤菜。我要的，你给我吧！"阿普说："现在还不能给你！"

过了几天，岩羊肉吃完了，阿普对利恩说："你确是很聪明，确是很能干！今晚咱俩到江里去捕鱼。"

利恩答应了，把这事告诉衬红褒白命，衬红褒白命说："利恩哪，你要当心！他哪里是要叫你去捕鱼呵，他是要把你变成死鱼。"于是，她又教了利恩一个办法。

---

① 阿仔：阿普之妻，衬红褒白命的母亲。

晚上，阿普和利恩一同去捕鱼。到了江边之后，阿普说是倦乏了，叫利恩和他一同在江边睡觉。阿普头朝着岸，利恩头朝着水。阿普打算乘利恩睡熟时把他一脚蹬下江去，到了三更，利恩没有睡着，阿普倒睡着了。利恩悄悄起来，把一块大石头包在白披毡里，放在阿普的脚边，自己轻轻溜回衬红褒白命身边。阿普睡梦中用劲蹬了一脚，把那块大石头蹬下江去，石头正打在一尾鲤鱼的额上。第二天鸡叫之前，利恩走到江边一看，江里漂着一条鲤鱼，就把鱼背了回去。

阿普睡醒，也往家里走。利恩走的是直路，阿普走的是弯路，利恩先到，阿普后到。利恩对阿普说："鱼已经放在水缸上了，请做阿普的酒菜，请做阿仔的汤菜。我要的，你给我吧！"

阿普说："你确是很聪明！很能干！你真想要我的姑娘吗？你去挤三滴虎乳来，就算你能干聪明到家，我的姑娘就可以嫁给你！"

利恩听了这几句话以后，出了一身大汗。他对阿普说："无论什么绳子呵，都是人搓出来的，而且搓得很紧；可是呵，这一根绳子叫我怎么搓得紧呢？无论什么事情呵，都是人做出来的，而且做得很好；可是呵，这件事情叫我怎么做得好呢？"

利恩又生气又伤心，也没有和衬红褒白命商量，就一直跑到荒地里，挤了三滴野猫乳，拿回来交给阿普。他以为野兽的乳汁都是白花花的，怎么分辨得出呢？可是阿普自有办法。他把乳汁放在牦牛圈和犏牛圈上，牦牛和犏牛一点也不骚动。他又把乳汁放在马圈和牛圈上，马和牛仍然一点也不骚动。最后将乳汁放在鸡圈上，所有的鸡全都惊骇动乱起来。阿普怒喝道："这哪里是虎乳呢！小伙子，还是放老实些，不要学骗人！"

晚上，衬红褒白命知道这事，悄悄来安慰他，并给他出了主意："明天早上，你到高岩间去。母虎在阳坡处找食，小虎在阴坡处酣睡，[①] 乘这时候，拿一块大石头把小虎打死，剥下虎皮，穿在身上。等到早饭时候，母虎会回来喂乳，母虎跳三跳，你也跳三跳；母虎吼三声'阿各米各'，你也吼三声，母虎便会躺在地下翻开肚皮喂乳，这样你就可以把三滴虎乳挤到。"

利恩在这生死关头，心情十分沉重。衬红褒白命见他如此，就说："在那黑

① 阳坡即向阳的山坡，阴坡即背阴的山坡。

白交界的地方，说过的三句知心话，难道你忘记了吗？你既相信自己，也要相信我。俗话说：不经一苦，何来一乐？你已经经历了这许多难关，这是最后一次了，难道就不相信我了吗？……”利恩听说，伤心地哭了起来。

第二天早晨，利恩到高岩间去，依照衬红褒白命教给他的办法，果然挤到三滴虎乳。中午，回到家里，交给阿普。阿普这次试验得格外仔细。他先把虎乳放在鸡圈上，鸡群安静如常。他再把虎乳放在牛圈和马圈上，牛马都骚动不安。他又把虎乳放在牦牛和犏牛圈上，牦牛犏牛一齐惊惶动乱起来。阿普微笑着说：“这才是真虎乳!”

这天晚上，阿普与阿仔商量女儿的事情。阿仔不停地说：“衬红褒白命是你和我的好女儿，从忍利恩何尝不是你和我的好儿子呢？有什么办法能使他俩分离呢?”

阿普还是不大甘心。第二天，他向利恩说：“你既然这样聪明，这样能干，你是哪个父族，哪个母族呢?”

利恩说：

我是九位开天的男神的后代，
我是七位辟地的女神的后代，
我是连翻九十九座大山也不会感到疲倦的祖先的后代，
我是连涉七十七个深谷也不会感到疲倦的祖先的后代，
我是大力神九高那布的后代，
是把若倮山吞下也不会饱的祖先的后代，
是把江水灌下去也不能解渴的祖先的后代，
我是永远不会被征服的祖先的后代，
我是任何恶人都打不死的祖先的后代，
我是所有的利刀和毒箭都不能伤害的祖先的后代，
一切仇敌都想消灭我的宗族，
可是我毕竟生存了下来，
阿普呵阿普，我要的，你给我吧！

阿普听说，无话可答。他又说：“你既然要娶我的女儿，你带来了什么聘礼呢?”

利恩说：“天是高的，布满了星辰，地是大的，滋生着百草。这样辽远的路程呵，我怎能把羊群从地上赶到天上来？怎样背得动金银财宝？这些日子里，我曾经为你砍伐森林，烧辟火地，收了一季又一季的粮食。到岩头捉过岩羊，我差一点变成死羊；我曾经到江里捕过鲤鱼，我差一点变成死鱼；我曾经到阴坡剥过虎皮，到阳坡挤过虎乳，我差一点被老虎咬死。这一切比羊群和金银财宝恐怕更为宝贵，难道当不得聘礼么？阿普呵阿普，我要的，你给我吧！”

阿普听了无话可说，而且对利恩的看法已经改变，就答应把女儿给他。

云彩纷纷的天空里，
白鹤要起飞了，
可是翅膀还没有展开哪！
绿树丛丛的高原上，
老虎要活动了，
可是威风还没有抖擞哪！
在天宫的村寨里，
在人类生存的大地上，
有一对男女要出行了，
可是男的还没有长刀①哪！
女的还没有打扮好哪！

有一天，衬红褒白命看见一只火红色的老虎，她不敢收拾它，便赶紧回来告诉从忍利恩。过了几天，从忍利恩果然猎获一只老虎，他俩多么高兴呵！虎皮剥下来了，用来做什么好呢？样样都可以做呀！

虎皮的衣服，又威武又好看！虎皮的褥子，又绵软又鲜丽！虎皮帽子、虎皮帮子、虎皮箭囊……样样都做好了，样样都齐全了！呵，不对不对！这些服装用具都是男子的，姑娘家哪有用虎皮做衣服的！

时间过得真快，秋天已经到来，高原上的羊群，陆续回到坝子上。衬红褒白命是个能干的姑娘，怎么会落在男人后面呢？她剪了许多羊毛，织成许多毛料衣物。

五斤的披毡，十斤的垫毡，一斤的帽子，半斤的腰带……现在什么都不缺

① 古代纳西族男子都佩带长刀，以示威武。这里以长刀概括一切行装。还没有长刀，即一切行装尚未预备。

少，样样都已齐全，也不必再要父母的嫁妆了。

然而终究是自己身上一块肉呵！他俩将要下凡时，阿普和阿仔依然给了许多嫁妆：九匹走马，七匹驮马，九对耕牛，七对牦牛，九只银碗，七只金碗，九样种子，七样家畜……

样样都给了，可是七样家畜之中，没有给猫。能干的利恩偷了一只猫，藏在怀中，带回家来。后来阿普在天上看到地下也有了猫种，十分气恼，就咒骂道："猫到人间之后，叫它肺里发出噪音，叫猫肉不能吃！"现在猫所以不算家畜，肉不能吃，以及猫肺发出噪音，据说就是由于被阿普咒骂过的缘故。

九样种子都给了，可是不给芜菁种。聪明的衬红褒白命偷了一点芜菁种，藏在指甲缝里，带到了人间。阿普在天上知道，十分气恼，就咒骂道："芜菁到了人间叫它不能当饭吃！而且愿芜菁一煮就变成水！"现在的芜菁只能做菜，而且容易煮烂，烂得变成一汪水，据说就是由于受了阿普咒骂的缘故。

从忍利恩和衬红褒白命将要从天上移居到人间时，原来没有带狗，分不清主客；后来回去牵来一只白狗，才分清了主人和客人。他们原来没有带公鸡，分不清昼夜，后来回去带了一只大公鸡，才分清了昼和夜。

他们用打油茶的木桶背了清水，取意是清水满塘；点着柏柴的火把，取意是光明普照。①

他俩择定了吉日，到那一天，很早就起来，黎明前，就辞别两位老人，从天宫下凡来了。走了一天又一天，到了第三天，左边起了白风，右边起了黑风，狂风卷起黑云，从云层中倒下了倾盆大雨，大雨中杂着核桃大的冰雹；顷刻之间，山谷里"哦哦"喧响不息，洪水遍地，无路可通，无桥可过。这是怎么回事？

衬红褒白命原先已由父亲许给天上的美罗可洛可兴家，但是衬红褒白命不愿到他家去，另找了自己心爱的利恩。现在他俩要下凡去了，美罗可洛可兴家当然很不甘心，所以施展他家所有的本领，下冰下雹，阻止他俩前进，作为报复。

事到如今，怎么办呢？衬红褒白命急中生智，用三瓶牛油，三升白面，三

---

① 从前丽江纳西族的婚俗，新娘过门时，要由一个女人挑一担水，一个男人点一把柏柴火把，走在新娘前面。这种风俗与这个传说有关。

背柏叶，在高山上烧起熊熊的天香，以表示对可洛可兴家的感谢。[①] 不一刻，天上乌云慢慢消散，火红的太阳，暖暖地又照在他俩身上，有路可走，有桥可过。他俩如同呼呼的大风，滚滚的江水，没有什么东西可以阻止他俩前进！

利恩夫妇高高兴兴下凡来了，他们走一步，跳三步，从今以后，他俩的命运结在一起，他俩将要共同生活，共同唱歌、谈心，永不分离了。

不知走了多少路程，翻了多少座山，走过多少平坝，渡了多少道大河，他俩终于来到了有名的英古地[②]，在那里立下了胜利的石碑，打下了胜利的石桩，男的搭了雪白的帐篷，女的烧起熊熊的篝火，煮茶做饭，开始了自由幸福的生活。他们把牛马羊群放牧在高原，九样谷物撒在坝子里，自己劳动，自己享受，自己挤奶自己喝，不知道痛苦和忧愁。

不久，衬红褒白命有了喜，一胎生了三个儿子。可是儿子养育了三年，不会讲话。这可把他俩急坏了。这怎么办呢？叫井白井鲁（蝙蝠使者）去见阿普吧！问问他是什么原因。叫黄狗昼夜不停地叫吧，家里有了事，阿普会听到的。

井白井鲁飞到阿普家，把事告诉阿普。阿普听说，不但不告诉他什么原因，反而生起气来，说了许多闲言碎语，发了很多牢骚。井白井鲁从天上回来，对利恩夫妇说："阿普生你们的气哩！他说'喝水不忘挖井人，吃饭不忘庄稼汉'，你们两个呵，好象小鸟出窠，高飞远走，不再顾念生身父母了！"

利恩夫妇商量又商量，考虑又考虑，到九布通耻大东巴那里，去看了吉凶，然后请九布通耻大东巴斫黄栗木作"祭木"，砍白杨树作"顶神杆"，宰一头公黄牛，用一只大公鸡，还用祭米祭酒，在阴历正月十一日，举行一次极其隆重的"祭天"[③]，一是感谢父母——子劳阿普和阿仔，二是感谢可洛可兴家。

后来，祭天成了纳西族的风俗。从从忍利恩一代开始，代代相传，以至于今。

---

① 可洛可兴家是掌风雨雪雹之神，所以以下雨下雹来报复利恩夫妇。从那次烧了天香，利恩夫妇下凡以后，每年都要举行一次"斗布"，请"东巴"（纳西族巫师）念经，表示对可洛可兴家的感谢，请求他家不要再来作怪。否则即会雨水过多，五谷歉收。解放前纳西族地区仍有"斗布"的风俗。

② 英古地：纳西语"丽江"，在云南西北部，是纳西族聚居地区，今为纳西族政治、经济、文化的中心。

③ 祭天：纳西族隆重的祭祀仪式。时间是正月（日期不一定是十一）和七月。正月叫"大祭天"，七月叫"小祭天"。用黄栗木祭木两根，一代表子劳阿普，一代表阿仔，杀一头黄牛（现用猪）以祭阿普和阿仔。用白杨树当"顶神杆"，杀一只公鸡，以祭可洛可兴家。后人还在黄栗木祭木脚下立小祭木（亦用栗木）两根，代表利恩和衬红褒白命。

有一天早上，利恩的三个儿子正在门前芜菁田里愉快嬉戏，忽然看见有一匹马跑来偷吃芜菁，三个孩子一时着急，齐声喊出三种声音，变成三种语言。

长子说："打你羽毛妙。"

次子说："软你阿肯开。"

幼子说："买你苴果愚。"

一母所生的三个儿子，变成了三种民族，正如一瓶酒变成了三样味道。他们穿三种不同的衣服，骑三种不同的马，住到三个不同的地方去了。

长子是藏人，住到拉桑多肯潘去了。次子是纳西人，住到姐久老来堆去了。幼子是民家人，住到布鲁止让买去了。[①] 他们呵，好象天上的星星那样布满了天！地上的青草那样长满了地！也象马儿的鬃毛那样成长！芜菁的种子那样繁殖！他们的井水是满满的！他们听到的消息都是好消息！愿他们的后代，光辉灿烂，万世昌盛！

---

① 拉桑多肯潘等都是部落时代的古地方。拉桑多肯潘意为"上面"。姐久老来堆意为"中间"，布鲁止让买意为"下面"，即指"上面""中间""下面"某个地方。具体地点，有待考证。过去有人以为拉桑多肯潘即拉萨，实近附会，没有什么根据。

阿嫫腰白造天地[1]

（基诺族）

很久很久以前，宇宙间全是茫茫的大水，水不停地流啊流。一天，在水中突然出现了一个庞然大物，这个庞然大物黑黑的，有一双非常明亮的眼睛，眼睛里闪出光和热。它在水中漂浮着，不知过了多久。一天，这个庞然大物突然裂开了，从里边出来了一个力大无比的女人，她就是阿嫫腰白[2]。

阿嫫腰白出来后，把那个庞然大物一半踩在脚下，一半用手撑起。这样，上方的一半成了天，下方的一半成了地。但是，阿嫫腰白不能总这样撑着天和地，她还要腾出手来创造世上的万物，于是她想让天地合拢来，象蛋壳一样扣在一起，成为不用支撑的整体。但是，天大地小，合不拢。阿嫫腰白就把水上漂浮着的一块块物体凑拢起来，接在地的边缘，把地变宽。然后，她又试着把天地合拢，但地又宽多了。阿嫫腰白把地抓起来抖了一下，大地起了皱，形成了高山峡谷、平原江河，天和地就差不多一样大了。阿嫫腰白终于把天地合拢了。

天地合拢后，形成了一个空间，但庞然大物的那双又热又亮的眼睛一直朝着地上。阿嫫腰白想，这双眼睛成天对着下方晒，下方的东西受不了。于是，她把其中的一只用自己的汗水抹了一下，这只眼睛就凉了下来。于是，热的一只眼睛成了太阳，凉的一只眼睛成了月亮。阿嫫腰白又想，一天之内两只眼睛同时出来不好，应该让太阳先出来，月亮跟着太阳走。但是，天上只有太阳和月亮，也太冷清了，她就用手指头往天上按了几下，手印成了星星。基诺族至今仍把星星叫做“布之”，意思就是手指头印。

---

① 选自刘怡、陈平编：《基诺族民间文学集成》，云南人民出版社，1989 年，第 17—20 页。此文注明为白佳林、沙车讲述，刘怡搜集、文字校正。页下注为原书所注。

② 阿嫫腰白：基诺族传说中的创世女神。阿嫫，即母亲；腰，大地；白，翻、做。全句直译为“做大地的母亲”。

阿嫫腰白安排好了天上的东西，往下方一看，黄褐色的大地上一样生灵也没有，到处死气沉沉，一片荒凉。怎么安排地上的东西呢？阿嫫腰白一边想一边搓手，搓出了手上的污垢，她把污垢往地下一撒，地上就长出了青草，大地顿时一片葱绿。阿嫫腰白一高兴，照着大地吹了一口气，气顿时变成了风。阿嫫腰白乘着风下到地面上，但地上的荆棘和茅草丛生，根本无法走得通。阿嫫腰白又飞到天空中，她又搓搓手，把搓出的污垢再次撒向大地，大地上长出了树木，遍地蔓延的杂草被控制住了。阿嫫腰白把口水往地上的树木吐去，口水变成了雨水，雨水滋润着大地。

地上有了植物，但仍然静静的，没有动物，阿嫫腰白又搓下自己身上的污垢，做出了人和动物。于是天上有了飞禽，地下有了走兽，水中有了游鱼。由于所造的东西都是阿嫫腰白身上的污垢变的，都带有灵气，都会说话。人去砍树，大树就哀求人不要砍它。老虎豹子饿了，就会呼唤人，人应声而来就被它们吃掉。大地一片混乱，大家都得不到安宁。于是，阿嫫腰白造了七个太阳，准备把一切都晒死，然后重新安排。

七个太阳把大地晒得冒火，植物都被晒死了，庄稼、野果全没有了，人类没有吃的，动物也没有吃的。地上的人吃动物，动物吃人，世界更加混乱。阿嫫腰白就决定发大水把剩余的万物全部淹死。为了留下人种，她做了一个大鼓，把一对双胞胎兄妹玛黑和玛妞放在鼓里躲起来，然后又在鼓里放上两团糯米饭、一对铜铃、一把带鞘的小刀、一对贝壳。她对两兄妹说，铜铃不响，不准出来。

阿嫫腰白安排好玛黑玛妞两兄妹以后，叫来一只大螃蟹和一只大虾，让他们把大地的落水洞堵起来，然后就呼风唤雨，足足下了七天七夜的倾盆大雨，洪水淹没了大地。玛黑玛妞在大木鼓里随着洪水漂浮，一直到洪水过后，大鼓才落到地上。鼓里的铜铃碰响了，玛黑玛妞用小刀把鼓皮划开看了看，地上的水已经退了，他们走出大鼓，把这个地方称为“司杰卓米”①。

玛黑玛妞在“司杰卓米”安了家，阿嫫腰白给了他们九颗葫芦籽，并叫他们分三窝种下。玛黑玛妞照着阿嫫腰白的话把葫芦籽种下，几天过后，三窝葫芦只活了一窝，而这一窝中也只活了两颗。其中一棵越长越长，爬过了九座山、

① 司杰卓米：传说基诺族祖先最早居住之地。目前的调查研究认为在距基诺区政府（今基诺族乡政府）所在地东北方向60公里左右的地方，又称“孔明山”。

九条箐，可是光开花不结果；另一棵爬过了七座山、七条箐，开完花后结了一个大葫芦。这个大葫芦越长越大，就象小窝棚一样。玛黑玛妞两兄妹每天都去看，看它熟了没有。一天，玛黑听见葫芦里有声音，他实在忍不住了，就去拉葫芦藤，葫芦藤断了，玛黑又去拉葫芦柄，葫芦就落了下来。葫芦裂成三块，一块顺着山坡滚下去，山坡上长出了青草和树木，最先出来的是草和小树，所以山顶上都是小树和草，最后出来的是大树，大树一般长在坡底的箐沟边。第二块顺着山坡往下滚，先跑出了四只脚的动物，滚到半山时出来了蛇，最后滚到箐沟里的变成了鱼虾在水中游。第三块变成了鸟类，最先飞出的是鸽子，飞出来就走了。最后出来的是鸡，鸡就围着兄妹俩转，所以鸡成了最早的家禽。玛黑玛妞兄妹成了亲，生下了七个儿女，老大被蜂吃了，老二到老七，六个子女中三个儿子，三个姑娘，他们又分别成了亲，繁衍了人，形成了基诺族乌尤、阿哈、阿西三个胞族。

创　世　纪[①]

（景颇族）

造天造地造万物

传说，造物主宁贯娃原来是居住在高高的太阳山上。

很古很古以前，世间本来没有天，没有地，也没有万物，一片混混沌沌。宁贯娃要造天、造地、造万物。他花了很大气力先造好了天，接着又不辞劳苦地来造地。他手持一把大锤，东边打打，西边敲敲，有时打得重，有时打得轻，打得重的地方成了平坝，打得轻的地方成了高山。后来，他又在高山平坝中开辟了九条大江。大地造好了，但是大地上除了宁贯娃自己再没有别的人，也没有什么飞禽走兽。他感到非常寂寞。于是，他就照着自己的样子，用泥巴捏了很多很多的小泥人，有男的，也有女的。说来也怪，这些小泥人一放到地上就活了，而且很快就长得和他一般高，可把宁贯娃乐坏了。宁贯娃便高高兴兴地把他们一男一女地配成对合成双，让他们一家一户地过日子。接着宁贯娃又捏了很多鸡、鸭、牛、马、猪、羊、猫、狗、兔、猴、鹿、麂、狮、象、虎、豹和鱼儿、飞鸟。从此，才有野兽在林间戏耍，鱼儿在水中戏游，小鸟在天空飞翔。大地才充满了生机。

但是宁贯娃万万没有想到，与他同时应运而生的还有一个凶恶的魔鬼高佐洛雷。他只喜欢混混沌沌，不喜欢天地分明，更不喜欢世间出现万物。宁贯娃造天造地造万物时，这个家伙不知躲在什么地方抱头酣睡。后来，人们的阵阵欢声笑语把他从睡梦中惊醒。他低头一看，不觉为天地万物的出现而暴跳起来。

① 选自李子贤编：《云南少数民族神话选》，云南人民出版社，1990 年，第387—395 页。此文注明为岳志明、杨国治整理。页下注为原书所注。

他一纵跳到大地上，大叫："谁人竟敢如此大胆，把我的世界变成这个样子。"这时，恰好碰上了宁贯娃。宁贯娃便说："哦，朋友，你问这个呀？"

"这天地是你造的吗？"

"是呀！你看，天地这么一分，蓝天白云，大地苍翠，一派生机勃勃，不是比原来那景象好得多吗？"

宁贯娃兴奋的话语，自豪的神态，使得高佐洛雷更是暴跳如雷："我要毁灭天地万物！"说着，就"嗖"地拔出长刀，车转身子，微闪双眼，仗刀作起法来。

高佐洛雷的疯狂举动，气得宁贯娃怒火万丈，钢牙咬碎。他岂能容忍恶魔肆虐，荼毒生灵，毁灭天地！"住手！"他大喝一声，举起长刀，狠狠向高佐洛雷劈去。高佐洛雷吓得忙举刀相迎。于是两人便你来我往，吼声如雷，拼斗起来。整整斗了三天三夜，直斗得天昏地暗，日月无光。结果，宁贯娃被高佐洛雷砍伤了胸膛，只有用手堵住流血的伤口，登上云头，返回太阳山去了；高佐洛雷被宁贯娃劈去了半边身子，但是死到临头，这个害人精也没忘作恶，他虽精力不济，不能毁灭天地，却还能施法，使天河倒悬，大雨倾盆。于是，一瞬间，天水茫茫，大地被洪水淹没了，一切都被洪水冲走了。人类只有姐弟二人在高山上放牛，看见大水淹来，急忙杀了四条牛，用牛皮做了一个大鼓，两个躲进里面顺水漂流，才幸存下来。

姐弟成亲

皮鼓漂呀，漂呀，也不知漂了多少天，后来忽然停住不动了。姐弟俩揭开条缝一看，是水退了，高兴极了，赶忙扯开牛皮，爬出大鼓，辨着方向，踏着泥泞，朝自己的家乡走去。走呀走，不晓得走了多少个白天黑夜，一路上竟没有遇到一个人，路过之处尸骸遍野，荒凉可怖，两人感到十分孤单。一天黄昏，他们走得又累又饿，正想找个地方歇一歇，忽然看见前面山坡上有个石洞，一个拱该[①]正站在洞口向四下张望。两人欢喜不已，蹦蹦跳跳地跑上前去叫了一声"奶奶！"然后说："奶奶，我们在你家歇一晚上行吗？"这拱该原来是达目鬼，

① 拱该：景颇语，即老太婆。

它有很长时间没吃到人肉了，现在正想得口涎流淌，一见姐弟俩，高兴得拉着他们就往洞里走，嘴里还不住地念叨："行啊！行啊！就住在我这里吧，我可喜欢小孩了。你们一定很饿了吧？我这就去背水来煮饭给你们吃，你们在家好好歇着。"说着，背起竹筒就朝山箐里走去了。

机灵的姐姐看出这个拱该象是喜欢又象是不怀好意，引起了警觉。因此达目鬼前脚刚出门，她也悄悄地跟在后面。一路上只听见拱该边走边情不自禁地哼道："去背水呀去背水，我要煮那两个小人吃！"姐姐听了吓了一大跳，急忙跑回来拉着弟弟就逃，等达目鬼把水背回来，两人已逃走了。

姐弟俩又辛辛苦苦地走了很多个日日夜夜，人走瘦了，脚走肿了，再也走不动了。这时，他们多么想能有一间房子来遮风避寒，好好睡上一觉，养养精神呀！特别是弟弟，更是不想再走了。说来也巧，前面山头上果真有间房子，两人一口气爬到山顶，叫开房门，一看，出来开门的是个拱该，她是治同鬼①。"奶奶！我们无家可归，你能收留我们姐弟俩吗？"姐弟俩同声哀求。见是两个累得精疲力尽的孤儿，治同鬼十分同情，说："进来吧，可怜的孩子，奶奶一个人也很苦闷，你们就跟我在一起生活吧！"她把他们迎进屋，安顿好后，又说："你们在家歇着，我去背水来煮饭给你们吃。"她刚一出门，姐姐又悄悄地跟在后面观察动静。在接水的时候，听见她轻声唱道："水呀快满，水呀快满，我要赶快回去煮饭给两个孤儿吃，他们饿坏了。"姐姐相信治同鬼不会伤害他们，于是和弟弟欢欢喜喜地跟着她生活起来。

日子过得真快，转眼间姐弟俩已长大成人了。治同鬼很为他们的婚事操心，总想给他们早日解决。但世界上，除了他们俩，再没有别的人可供选择，没法子，只得劝他俩结对成亲。姐弟俩怎么能够结婚呢？可是不成亲，不生育后代，等他们死后，人类不是就要绝种了吗？成亲也不好，不成亲也不好，尽管治同鬼多次劝说，姐弟俩仍犹豫不决，十分为难。

"我们还是来问问天吧，看看天是不是也同意你们成亲？你们俩一个在东山，一个在西山，同时往凹子里滚，如果天同意你们成亲，就让你们俩滚在一起；如果天不允许你们成亲，就不让你们滚在一起。"后来治同鬼出了这么个主意，姐弟俩无别的办法，也就同意按天的意志办。他们拜了天，请天来做主，然后姐姐上东山，弟弟上西山，同时往下滚，一连滚了三次，三次都滚在了一

① 治同鬼：景颇族神话传说中管理山的鬼，即山神。

起。天意凑合，姐弟俩便高高兴兴地成了亲。

驾驭太阳的母亲

成亲后的日子过得很快乐，白天，姐弟俩一同下地劳动；晚上，弟弟弹起口弦，陪伴着姐姐在月光下织布缝衣。不久，他们生了个儿子，取名叫娃刚。娃刚生得眉清目秀，白白胖胖，很是逗人喜爱。不过娃刚这孩子有个爱哭的毛病，一哭起来，就要哭个够。哭不够，谁都哄不乖，你越哄他越哭，简直叫人心烦意乱。

一天，姐弟俩下地去了，不知为什么娃刚又哭了起来。治同鬼背他抱他，他也不息，喂他他不吃，逗他玩他不玩，放在床上不理他，他哭得更凶。气得治同鬼火冒三丈，把他抱到九岔路口①，用刀劈成八块丢了。这一劈，哭声倒是没有了，但孩子也没有了。看着血淋淋的肉块，治同鬼后悔不已，内心深深自责，感到对不起姐弟俩，也不好意思再回家见他们，一个人远远地躲开了。想不到治同鬼刚离开岔路口后不久，八块肉体却变成了四男四女八个年轻人。他们的耳朵上都穿着洞，戴着银光闪闪的漂亮耳环，样子都长得和小娃刚一模一样。

那天傍晚，姐弟俩收工回来，见娃刚和治同鬼不在家，饭也没煮，火塘还是冷的，很惊奇："奶奶从来都不去哪儿串呀，今天会去哪里呢，怎么到现在还不回来?"不过开初还总以为是出外玩去了，等把饭做好，天也黑了，仍不见回来。姐弟俩这才焦急起来，赶忙分头四处找寻，可哪里还有治同鬼和小娃刚的踪影呀！当妈的急得象发了疯，她跌跌滚滚、哭哭叫叫地找了一夜。直到第二天红日东升时，才在九岔路口看见四对男女青年正互相依偎着谈情说爱。她赶上前去向他们打听小娃刚和治同鬼的下落，他们都回答说没看见。但是当她把他们上下仔细一打量，不禁惊叫起来："哎呀，你们一个个的样子都和我的小娃刚长得一模一样嘛!"

"你是我们的妈妈?"看着这个年纪和他们差不多的人自称是他们的妈妈，年轻人们你看看我，我看看你，谁也不相信这是真的。"孃孃，我们都不叫娃

---

① 九岔路口：景颇族神话传说中的人、鬼世界的分界处。

刚，也不知道谁是我们的妈妈?”他们中的一个很难为情地对她说。

“什么，你们不是我的娃刚？难道是我眼花看不真?”她揉了揉眼睛，再一个个地细细打量，可是越打量越觉得他们象娃刚，那音容笑貌，一举一动都和娃刚一模一样。难道当妈的还能认不准自己的孩子？不，没错：“你们就是我的娃刚!”

“嬢嬢，我们不可能会是你的娃刚，你想想，你的娃刚才是一个刚会走路的小孩子，而我们却是八个年轻人。一个小娃娃怎么能一夜间长成八个年轻人呢?”

“这，这叫我怎么说得清呢？可你们一个个都长得和我的小娃刚一模一样，能说不是我的娃刚吗？孩子们，我真的是你们的妈妈呀，走，快跟妈妈回家吧!”她紧紧拉着孩子们的手舍不得放下，眼泪又不住地滚落下来。

“嬢嬢，你说我们长得象你的小娃刚，可我们谁也没有见过小娃刚，不知道他长成什么样，单凭你说，还不能使我们相信我们就是你的娃刚。请问你略还有什么别的证据来证明你真是我们的妈妈呢?”

孩子们的话，使她张口结舌回答不出来。可也是呀，孩子们说的不是没有道理，如果没有足以使他们信服的证据，他们怎么会轻易相信这是真的呢？但是要叫她一下子拿出证据来，她无论如何也办不到。“要是治同奶奶在场就好了，可她……”真叫她不晓得咋个整才好。

“嬢嬢，你看这样好不好?”一个小伙子从旁边的火堆里拣起块熄灭的火炭递给她，对她说：“你说是我们的妈妈，那就请你来洗这块炭吧。如果你能把它洗白，说明你是我们的妈妈；如果洗不白，就说明你不是我们的妈妈。”

母亲认儿心切，既然孩子这么说，她也就毫不犹豫地接过火炭去小河里洗。洗呀洗，把河水都洗黑了，而炭却怎么也洗不白。孩子们见她不能把炭洗白，以为她不是他们的母亲，于是在她专心一意洗炭时，悄悄地离开了她，离开了九岔路口，走进“定塔门”①，来到“定塔嘎”②，在高高的蒙古利亚山③定居下来，开始了和睦友好、幸福美满的人类生活。传说他们就是景颇族、德昂族、

---

① 定塔门：景颇族神话传说中人类世界的大门。传说在此之前，人类和鬼是共同生活在一个世界里。

② 定塔嘎：人类世界。

③ 蒙古利亚山：有的说是喜马拉雅山，有的说是天山，有的说是青藏高原一带，说法不一，无确凿考证。

傈僳族、阿佤等民族的祖先了。

当母亲发觉孩子们离开时，他们已经走得无影无踪了。她慌忙丢掉尚未洗白的火炭，也顾不得自己的丈夫，拔腿就追，谁知却追错了方向，来到了太阳门[①]外。但太阳门关着，无法进去。为了进太阳门寻找孩子，她就坐在太阳门前，边织统裙边等着太阳门打开，哪儿也不去。据说美丽的彩虹，就是她织的统裙布。

再说，天上一日，地下十年。宁贯娃回到太阳山治疗养伤后，仍然挂念着他造的天地万物，当他俯首大地，满目荒凉，心里非常难过，后悔当初没能立即杀死高佐洛雷。想再到大地上修补山河，创造人类时，他看到了娃刚的奇变和母亲寻子的一切情况，深深同情娃刚的母亲。于是他来到太阳门外，把事情的始末告诉了她，然后又带她回到大地上与孩子相认。

回到大地上，经过宁贯娃的解释，娃刚的母亲与孩子相认了，乐得她笑容满面，热泪盈眶。可是，马上她又为应和谁在一起生活的事而苦恼，因为现在由娃刚变成的四对年轻人已成家分居，有了儿女。孩子们也为她应该和谁一起生活的问题发生了争执。你说应该和你，我说一定得跟我，你争我夺，互不相让。还是宁贯娃把大家劝住，说："孩子们，听我说，你们不要争。你们的母亲确实是个慈母，完全值得你们大家热爱和尊敬。不过她不能跟你们在一起生活，因为太阳现在还没有人驾驭，我想请你们的母亲去驾驭太阳。这样，她既能让太阳更好地为大家造福，又能天天和大家见面，一举两得，你们说好不好呀？"

得以会见自己的孩子，对母亲来说是心满意足的事情了。当看到自己的子孙已得繁衍，大家都能安居乐业，幸福、和睦地生活，她更感到无比的欣慰。现在听宁贯娃这样安排，心想："是呀，我怎么能坐享孩子们的清福呢？应该为孩子们造福，使他们生活得更美满才好！"于是她谢绝了孩子们的热情挽留，欣然接受了宁贯娃的封赐，跟着宁贯娃回到了太阳上。

从此，她每天鸡叫起床，傍晚归出，终日驾驭着太阳在天空飞驰，让明亮的阳光普照着大地，温暖着自己的子孙。

---

① 太阳门：景颇族神话传说中的天堂世界的大门。

盘兄和古妹[1]

（毛南族）

远古的时候，管理大地的神名叫土地，是一个善良的老公公。管理天上的神名叫雷公，脾气很躁，凡是有生命的东西都怕他，百草百木百果，百鸟百兽百虫百鱼，统统逃到地上来了，使得地上鸟语花香，万紫千红，热热闹闹。留在天上的只有云雾风雨，冷冷清清。

雷公责怪土地骗走了他的宝贝，要和土地打一仗，夺回宝贝。他带了十万天兵天将，个个手拿大铜锤，气势汹汹杀向大地。土地也率领十万地兵砍树木做盾牌迎战。头一仗，地兵的木盾牌经不起铜锤锤，被打碎了很多，土地大败。雷公把土地园里的灵芝、蟠桃、玉桂等等仙草仙果仙树抢到天上。

土地给手下兵将，换上了牛皮盾牌，再打第二仗，刚一交锋，雷公用了九牛二虎三熊四蟒的力气，不料牛皮盾越锤越韧，弄得雷公腰酸手麻，土地却越打越猛。雷公眼见要败，急忙喷出神火，土地用牛皮盾牌护身，牛毛纷纷着火烧掉了，连忙退兵，雷公见土地手中还有盾牌，不敢穷追，也收了兵。

第三仗是一场恶战。雷公用一万天兵拿刀，一万天兵拿斧，一万天兵拿矛，一万天兵拿锤，一万天兵拿火，一万天兵吹风，一万天兵准备抢东西，剩下三万天兵做卫队，这三万卫队穿着雷公一样的白衣白裤，用赤石粉染得象雷公一样的火红脸，让土地分不清谁是真假雷公，好在混战中避开土地。七路天兵，红橙黄绿青蓝紫各拿一色旗，卫队拿银旗在中央。

土地探得雷公的战法，叫地兵全都穿黑衣黑裤，拿黑旗在大地操练。雷公在天上看了地兵操练，把地兵的杀法一一记在兵书上。晚上，土地叫十万地兵，

---

① 选自谷德明编：《中国少数民族神话》，中国民间文艺出版社，1987 年，第 153—158 页。此文注明为谭金田（毛南族）、蒋志雨（壮族）翻译整理，流传地区为广西环江毛南族自治县上、中、下南地区。分段为选入本书时编者所拟。

每人刮一大包锅底灰藏好，单等打仗时用。

雷公带着天兵杀下来了，土地叫地兵统统埋伏在岩洞里。天兵横冲直闯不见地兵。雷公大怒，以为地兵都藏在草丛树林里，就叫拿风的天兵猛吹风，想把草丛树林刮平，找出地兵。这时，土地叫地兵趁风出洞撒锅底灰，十万包锅底灰被大风一吹，顿时天黑地暗，雷公卫队的银旗染成了黑旗，白衣白裤也全染黑了，七彩兵听到地兵的喊杀声，错把天兵卫队当黑衣黑裤的地兵来砍杀。天兵卫队在天黑地暗里也大刀阔斧抵抗。雷公看到中了计，连忙唤来一阵大雨，冲洗卫兵身上的黑锅灰。雨过天晴，天兵早死伤一大半。雨水冲掉了天兵卫队脸上的赤面粉，只剩雷公一个神是红脸的了，土地忙叫地兵把雷公团团围住厮杀。雷公丢了卫队，人少挡不得人多，被活捉了。

土地晓得雷公是条龙，得水生力，就把雷公缚在石头柱子上，让毒日头晒得他龙鳞脱落，浑身酥软没有力气。雷公望见老树洞里有水，就向老树讨水喝，老树吱吱喳喳不做声。他又望见古庙旁有水池，就向古庙讨水喝，古庙默默不做声。雷公气得记在心里：有朝一日得上天，定要劈断老树，劈倒古庙，所以现在大树、古庙常被雷劈。雷公见盘和古结伴走来，忙装出笑脸说：“侬啊！你看我的皮都晒裂了，口渴得要死，你们拿点水给我喝吧！”盘和古见他可怜，就回家用葫芦瓢舀了半瓢水，刚要递给雷公喝，忽然转身说：“雷公公啊，土地爷爷交代过，谁把水给你喝就要挨砍手的！我们怕呀！”

“侬啊！如果真是这样，我就不喝了。你把水倒了多可惜！我却晒得热死了。你就喷几口水在我身上让我凉一凉吧！给我喝水的人才挨砍手，你只喷几口水，土地爷爷是不砍手的。”

盘和古听了，觉得有道理。你一口，我一口，兄妹轮流把水喷在雷公身上。雷公得了水，浑身有了力气，挣断铁链就上天。才升了几丈又落到盘和古兄妹身边，取下两颗被土地打松了的牙齿交给兄妹俩说：“侬！你拿这两颗葫芦子回家种，种出来葫芦是宝贝，遇了灾难，就可以进去藏身。”说完飞上天去了。

土地饮罢庆功酒大睡三天，醒来时古妹对他说：“爷爷，雷公公回家去了！”手捧着雷公公的两颗牙齿，递到土地面前：“雷公公还给我们两颗葫芦子，种下去就会长出宝贝来。”土地一看，是两颗雷公牙齿，晓得大事不妙，吩咐兄妹俩赶快拿葫芦子去种，自己叫人伐木造排，准备躲过灾难。

盘和古种下的葫芦一天长三尺，三天长一丈，四天开银花，五天结了两颗金葫芦。打败天兵，捆绑过雷公的人，不信雷公还敢再来，没有一个听土地的话。土地一天一夜跑了十万里，进了百万家，都没有人去砍树造木排。天突然变了，大雨下了六十天，消水洞变成出水洞，排水沟变成进水沟，消纳江河的大海，倒向江河灌咸水。鱼龙虾鳖进大街，猪马牛羊落水底。

兄妹俩想起雷公公的话，砍下一个金葫芦，装了很多的糯米糍粑进去。土地爷爷游水过来，也砍下一个金葫芦，装满了人间金银珍宝。

洪水淹没了村庄，盘和古坐在葫芦里，漂呀漂，不知漂了多少天，漂到了什么地方了。洪水淹过了高山顶，尖尖的岩石碰穿了土地坐的葫芦，葫芦进了水慢慢下沉。土地忍痛把金银珍宝全都丢进水。所以后来土地变成了穷光棍，没有大庙住；龙王得了人间千珍万宝，成了大富翁，笑得合不拢嘴。

洪水把盘和古兄妹坐的葫芦漂到山尖尖，岩石刺破了葫芦底，古妹忙用糍粑补上，盘兄爬出葫芦口，担来浮在水面的金竹和白藤，破成细篾给葫芦编了一个套子。这个方法一直传到现在，毛难人装东西的葫芦外面，总用竹篾编个套子来保护。

洪水整整淹了三百六十五天才退去。盘和古走出葫芦，他们在大地上转呀转，看到月亮圆了又缺，缺了又圆，可是一个人也没有碰见。

一天他们碰到了土地爷爷，土地爷爷的衣服早已破烂不堪，胡子也垂到肚脐了。土地爷爷见盘兄生得腰圆膀粗，成了一个漂亮的后生哥，见古妹长得丰满惹人，成了一个大姑娘了，就笑眯眯地说："侬呀！现在天下都没有人了，你们就结为夫妻吧！"古妹羞得低下头，用力一推，把土地爷爷推得坐进一株古树旁的小石洞里去，所以后来毛难就把土地神放在古树下的小石洞里。

土地爷爷说："你不信我的话就去问松树吧！松树生在高山上，哪里有人没有人他都望得见。"古妹戴一顶雨帽遮羞，爬到高山去问松树。松树摇摇头，摆摆手说："世上没有别的人了，你们就成亲吧！"古妹羞得满脸通红，抓住松树，把他一片一片的叶子撕得象头发丝一样细碎，又用刀边砍边咒骂他："砍一蔸死绝一蔸！"松树痛得要命，挨砍一刀流一行泪，古妹左砍右砍，震得松果纷纷落下来，把古妹的雨帽打得密密麻麻许多洞眼。从那时起松树挨砍一刀就流松脂，松脂就是他的泪呀！砍一蔸就死一蔸，不再发新枝，他的叶子也象头发一样一条条的了。人们用竹篾竹叶编的雨帽，也是一格一格的，象当年被松果打的洞。

古妹走到大河边，碰见一只大乌龟，问道："我和盘兄能不能结婚？"乌龟晓得古妹怕羞，讲“能”会挨打，就说：“你们各在我面前烧一堆艾，如果火烟各不相干，就不能结婚；如果火烟相交，你们就要成家。”盘兄找来两捆湿艾，各烧一堆，一下子浓烟滚滚直升天上，风吹浓烟绕成一团。古妹一看眼泪也急出来了，双手捂住脸跑上去狠命把火堆吹燃，不让烟打绕。从此姑娘们恨透了烧湿草生柴，一见它冒烟就不怕流眼泪也把火吹燃。古妹见乌龟慢慢爬走了，恨不得追上去拿石头就打，打得乌龟壳裂痕累累，直到现在还看得见。

古妹还是不肯和盘兄结婚，低头说道：“今天太阳好，我们去玩玩再讲。”盘兄只好跟着她走了一山又一山，爬上树摘了许多好吃的野果，到崖边采了很多美丽的山花。古妹吃了甜果眯眯笑，拿了山花笑眯眯。盘哥唱道：

豆角开花朵朵鲜，
同枝共叶两相连；
盘、古共恨不成对，
芝麻开花脸背脸。

古妹放声唱道：

豆角开花朵朵鲜，
同枝共叶两支丫；
同枝共叶不结子，
豆子同根不共家。

这时，天上飞来一对斑鸠，落在大树上，咕咕咕叫得好欢乐。盘哥心一动，唱道：

山上斑鸠叫咕咕，
一唱一答紧相连。
天生一窝配双对，
不修道来不修仙。

古妹没有歌答了，又走上山去，见有一盘石磨，讲道：“我们一个滚半边，如果石磨在山下合起来，我们就合在一起。”说完一推，半边石磨骨碌碌滚下山脚，“嘭”的一声跌到河里去了。盘哥推另半边石磨，骨碌碌沿着旧路往下滚，“嘭”的一声也落到水里去了。盘兄下了山，连忙脱下衣服跳到河里捞，古妹站在岸边看。盘兄捞了很久，连石磨的影子也找不着，乌龟游过来，叫盘兄把一个大蚌搬上岸给古妹看。古妹见盘兄把大蚌左翻右滚也分不开，以为是石磨合在一起了，只好答应和盘兄结婚，但又提出不拜天地，同房不同床，不给天知地知的话来。第二天古妹到河边挑水，看见水里有一个大得象石磨一样的蚌，晓得盘兄左翻右滚叫她看的不是石磨而是蚌，气得她把大蚌丢上河滩，撬开蚌来晒日头。如今毛难人新房里要铺两张床的习惯，就是古妹留下来的，传说河滩上的半边蚌壳也都是古妹撬开的呢！

盘和古结婚三年，还没有生娃仔，就用泥捏成人仔，叫乌鸦衔去丢。盘和古捏泥人捏了七七四十九天，乌鸦衔泥人去撒，却整整衔了十九年。从此，不论是垌场和村庄，山上和河边才又有了人烟。用黄泥、白泥、红泥和各种各样泥土捏成的人仔，就成了三百六十行各种各样的人，一代一代传到现在。

螃　蟹　精[1]

（黎族）

相传在远古的时候，有一个螃蟹精，非常凶恶，好吃人肉，经常兴风作浪，抢劫民间姑娘和小孩，弄得人心惶惶，鸡犬不安。每当螃蟹精出洞的时候，就要刮起很大的台风，把庄稼糟蹋精光，因此，人民的生命和财产，受到严重的威胁。人们活不下去了，就去请求雷公搭救。雷公立即派了五名天兵去捉拿螃蟹精。谁知螃蟹精非常凶猛，五个天兵围打了三天三夜，都被它咬伤了。天兵没有办法，只得回到天上报告雷公。雷公听了，怒气冲天，霍地站起来，亲自出马去擒拿螃蟹精。雷公与螃蟹精奋战了七个昼夜，弄得螃蟹精精疲力竭，逃到海底躲了起来。雷公那肯罢手，最后用尽平生之力，劈开海水，把螃蟹精抓了起来，拿上天廷去审问。雷公怒视着螃蟹精，警告它说："你这个妖精真该死，以后再伤害黎民百姓，莫怪我用雷火烧死你。"但是螃蟹精并不服气，它眯缝着眼睛，乘雷公不提防，用大螯狠狠钳住了雷公的脚，痛得雷公"哎哟""哎哟"直叫。这一来，激得雷公大发雷霆，顺手拿起一根大铁锤，把螃蟹精打死了。这一下又生事了。螃蟹精一肚子黄水，足足流了七天七夜，它泻向人间，便变成了倾盆大雨，造成了人间一次大水灾。

洪水翻滚，就把所有的山川、河流、田庄、房屋都淹没了，大地上一片水，只露出几个高山尖；把天下所有的人也都淹死了，只有两兄妹因为钻进一个空心的大葫芦瓜里，浮在水上。他们随着滔天洪水，天苍苍，水茫茫的到处漂流。后来经过昆仑山，流到了海南岛这个地方，大葫芦瓜就被五指山峰阻止住了。于是两兄妹就留在五指山上。洪水退后，大地一片荒凉，天下就只剩下他们兄

---

① 选自谷德明编：《中国少数民族神话选》，西北民族学院研究所，1983 年，第155—157 页。此文注明为马文光、盘启昌、王亚三、盘文喜、张家乐讲述，陈葆真、饶游龙、陈宗澍、李天平、谢盛圻、李永松记录，陈葆真、谢盛圻、饶游龙整理，流传地区为海南岛五指山区。

妹两人。

他们为了生存，繁衍后代，走遍天涯海角，始终见不到人的影子。而他们又是同胞兄妹，是不能结婚的。这可使他们为难了。

有一天，他们在山上遇见一只大山龟，就问龟说："龟呀！天下还有人吗?"龟说："天下再没有人了，就只剩下你兄妹俩，你们就成亲吧!"兄妹听了生起气来，搬起一块大石头，不但把龟压扁了，把龟壳也压成碎片了。兄妹气咻咻地对龟说："要我们结为夫妻，除非你能把碎片合回原状!"说完，他们又到别处去了。

又有一天，他们看见一棵青竹，就问青竹说："青竹呀！天下还有人吗?"青竹说："天下再没有人了，就只剩下你兄妹俩，你们就成亲吧!"兄妹又生起气来，把青竹折成一节节的，乱丢在地上，还狠狠地对青竹说："要我们结为夫妻，除非你能把一节一节的竹接回原状!"后来，龟壳碎片果然接合起来，折断了的竹子也一节节地连接起来了。可是，兄妹俩怕雷打电烧，还是不敢结为夫妻。

再说，天上的雷公知道人间经过这场大灾难之后，人们都死光了，他心里非常难过，便化装成一个白发苍苍的老公公，下到海南岛来相劝兄妹两人结成夫妻。兄妹说："我们是兄妹怎能成亲？兄妹结成夫妻会遭雷公劈死的。"白发老人说："好孩子，不用怕，我就是雷公，你们成了亲人间才不会灭绝人种，我是不会劈你们的。"那兄妹俩不相信，还是不敢答应结婚。雷公说："如果你们不相信，待我劈开前面那棵大树给你们看。"说着，雷公大叫一声，向大树吹了一口气，顿时，雷声隆隆，浓烟四起，大树被劈断了，并且烧起了熊熊的大火。最后，兄妹终于相信了，在雷公的指点下，结为夫妻。

结婚十个月，妹妹生下一个怪物，没有手脚，也没有眼鼻，只是一个圆圆的肉团，兄妹两人都非常害怕。哥哥用刀把肉团砍成肉块，兄妹两人把它们抛到山下去。有一群乌鸦飞来，把一些肉块衔上山来，但更多的肉块就顺着河水流到山下的平原去了。后来，在山上的肉块变成了黎家、苗族，在山下平原的肉块变成了汉人。

青蛙大王与母牛[①]

（佤族）

很古的时候，不单人会说话，树木草蒿和鸟兽也都会说话，大家和睦相处，互相帮助，生活得很好。

有一天，人类的首领达惹嘎木去赶街，在半路上，遇到了青蛙大王癞蛤蟆。癞蛤蟆对达惹嘎木说："你去赶街，顺便给我带点芭蕉回来，我很久没吃水果了。"

"蛤蟆老伯，实在对不起，我穷得吃早无晚，哪里有钱买芭蕉呀?"达惹嘎木回答青蛙大王。

"别急，到了街子上，你转到卖牛的地方，那里人家会分给你的。"

达惹嘎木到了街上，转到卖牛的市场上一看，果然有一群人围在那里分芭蕉。达惹嘎木也分到一个芭蕉，他舍不得吃，真的把芭蕉带给了青蛙大王。

青蛙大王对讲信用的达惹嘎木说："嘎木呀，你这个人老实、忠厚，说话算数。我告诉你一件秘密大事……"

"什么事呀?"达惹嘎木问。

"洪水要淹没天地啦，你要准备好船只，才能保全自己的生命财产。"话音刚落，青蛙大王就无影无踪了。

达惹嘎木回到家里，一直想着青蛙大王的话，心中犹豫不决，好象有一块大石头重重地压在他的心上。过了几天，瓢泼大雨不停地下下来，把大地淹没了。大水快要淹到达惹嘎木的家门口，他急得团团转，心想到哪儿找船呀？正急着，一转身，撞到自己家门口的大猪食槽上。他喜出望外："天哪，这不是天生的船吗?"他急忙牵出自己唯一的一头小母牛，走进木槽里。

---

① 选自《山茶》1985 年第 6 期，第 8—10 页。肖二贡讲述，学良记录整理，流传地区为云南沧源一带。

洪水把所有的房子和村寨淹没了，他和小母牛站在木槽里，随着洪水漂流；不见山，不见树，不见村寨，一片汪洋，达惹嘎木万分焦急。

后来，水落了，土地又露出来了。可惜世上没有人烟，小母牛成了达惹嘎木的唯一伴侣。

一天晚上，突然雷声隆隆，震得山摇地动。达惹嘎木抬头一看，只见一个阿佤山那么高的老人，站在他的面前。老人和蔼地问达惹嘎木："地上只有你一个人了吗，小伙子？"

达惹嘎木难过地说："是的，老人家，只有我和一头小母牛了。"达惹嘎木对老人讲，自己走了很多山头，都找不到一个伴，今后，还不知怎样生活下去哩！

老人哈哈大笑道："小伙子，你和小母牛不就是伴吗？你和小母牛成了家，不就生活下去了吗？"说罢，老人变成一股青烟，飘上蓝天去了。

"这个老人莫不就是天神？"达惹嘎木自言自语地说，赶忙向天跪下磕头。

达惹嘎木按老人的吩咐，去找小母牛商量，要和小母牛成一家人，小母牛非常乐意，高兴得直点头。

不知过了多少年，小母牛怀孕了，肚子越来越大，大得令人害怕。

又过了一些日子，小母牛睡在地下不断打滚，哭得十分可怜，痛得直叫唤。经过一阵挣扎，生下了后代。奇怪的是，它生下的既不是人，也不是牛，而是一个拳头大的葫芦籽。

达惹嘎木揣着这颗葫芦籽去见天神，天神叫达惹嘎木把葫芦籽种下去。

达惹嘎木种下葫芦籽后，过了几天，长出了两根又粗又长的葫芦藤，一根伸向北方，一根伸向南方。达惹嘎木十分勤快，日日给葫芦上粪、浇水。不久，这两根葫芦藤长得象手膀子那么粗，扎实好看。秋天到了，达惹嘎木顺着北方的藤子，去看葫芦结了没有，一直找到葫芦尖，藤子没有结葫芦。达惹嘎木又顺着南方的藤子去看。他走了三天三夜，走到司岗里这个地方，看见葫芦藤上结了一个小山那么大的葫芦，他高兴极了。又过了几天，他走到葫芦旁边，细细听听，葫芦里竟有笑声、吵闹声、说话声。

达惹嘎木又惊又喜，不敢动葫芦，急忙去报告青蛙大王。青蛙大王告诉达惹嘎木："用你锋利的长刀把大葫芦劈成两半，人和动物就会走出来啦！"

达惹嘎木扛着长刀，来到大葫芦边。他正想往下劈，听见葫芦里有人高喊：

"别砍，我在这里!"他轻轻地收回刀，又绕到葫芦的另一边，举起长刀，正要往下砍，又听见有人喊："别砍，我在这里!"他又收回长刀。达惹嘎木绕着大葫芦走了一圈，葫芦里到处发出"别砍，我在这里"的声音。达惹嘎木实在不忍心下手，就回去了。

他把这稀奇的事情又告诉了青蛙大王。青蛙大王说："长刀劈下去，总是难免要死伤几个，嘎木，你就用力劈吧!"

达惹嘎木又回到大葫芦旁，举起长刀，闭上双眼，用尽全身的力气，狠狠地劈了下去。只见刀光如闪电，劈下后，发出了一声巨响，葫芦被打开了。

达惹嘎木定睛一看，从大葫芦里走出很多人和动物。

达惹嘎木给第一个走出来的人取名叫"岩佤"，那就是今日佤族的始祖；他又给第二个人取名叫"尼文"，那就是今日西方白人的始祖；他给第三个人取名叫"三木傣"，那就是今日傣族的始祖；又给第四个取名叫"赛克"，那就是今日汉族的始祖；以后走出来的人，就是其他民族了。

动物也是一只跟着一只走出来的。第一只走出来的是老虎，第二只走出来的是猫，第三只走出来的是老熊……

达惹嘎木这一刀，把动物和人都砍伤了，有的甚至被砍死了。反正，大伙都多多少少受了点伤。首先受伤的是人，人向前一挤，屁股上的尾巴被砍掉了，从此，人类再也没有尾巴，只有一点桩桩了。其次是大象，大象本来有一对十分美丽的角，达惹嘎木这一刀把大象角削掉了，从此，大象再也不会长角。再次是螃蟹，螃蟹的头被嘎木这一刀砍断了，从此它只好横着身子走路，再也没有头了。又再次是老蛇，达惹嘎木恰巧把它的四脚四手砍掉了，从此，老蛇的子子孙孙只好光着一条身子走路，再也没有手和脚了……

人、动物走出葫芦以后，平静的大地上变得活跃起来。人一天比一天多起来，动物一天比一天繁殖得快。但是大家都记住，不管人还是动物，都是母牛的后代，应该感谢母牛的恩典，另外，也不应该忘记青蛙大王的恩典。

参考文献

[1] ALAN DUNDES. The flood myth [M]. Berkeley: University of California Press, 1988.

[2] FRAZER J G. Folk-lore in the old testament: studies in comparative religion, legend and law [M]. London: Macmillan and Co. , 1923.

[3] ISAAK M. Flood stories from around the world, 1996-2002 [J/OL]. http://www. talkorigins. org/faqs/flood-myths. html.

[4] 鹿忆鹿. 洪水神话：以中国南方民族与台湾原住民为中心 [M]. 台北：里仁书局，2002.

[5] 鹿忆鹿. 洪水后兄妹婚神话新探 [M] //东方文化：第 3 集. 南京：东南大学出版社，1993.

[6] 曹柯平. 中国洪水后人类再生神话类型学研究 [D]. 扬州：扬州大学，2003.

[7] 斯蒂·汤普森. 世界民间故事分类学 [M]. 郑海，郑凡，刘薇琳，等译. 上海：上海文艺出版社，1991.

[8] 马克·布林德，等. 发现挪亚方舟：大洪水：人类文明的毁灭与重建之谜 [M]. 刘丽，编译. 西安：陕西师范大学出版社，1999.

[9] 梁启超. 太古及三代载记 [M] //梁启超. 饮冰室合集：专集第 12 册. 上海：中华书局，1936.

[10] 顾颉刚. 顾颉刚古史论文集：第 1 册 [M]. 北京：中华书局，1988.

[11] 钟敬文. 钟敬文民间文学论集 [M]. 上海：上海文艺出版社，1985.

[12] 芮逸夫. 苗族的洪水故事与伏羲女娲的传说 [J]. 人类学集刊，1938，1 (1).

[13] 陈国钧. 生苗的人祖神话 [J]. 社会研究，1941 (20).

[14] 吴泽霖. 苗族中祖先来历的传说 [M] //吴泽霖，陈国钧，等. 贵州苗

夷社会研究. 贵阳：文通书局，1942.

[15] 常任侠. 重庆沙坪坝出土之石棺画像研究 [J]. 说文月刊，1940，1（10/11）.

[16] 马长寿. 苗瑶之起源神话 [J]. 民族学研究集刊，1940（2）.

[17] 马学良. 云南土民的神话 [J]. 西南边疆，1941（12）.

[18] 程仰之. 古蜀的洪水神话与中原的洪水神话 [J]. 说文月刊，1943（3）.

[19] 马学良. 从倮倮神话中所见的倮汉同源说 [N]. 经世日报·禹贡周刊，1946-11-29.

[20] 张征东. 倮倮宗族之人类来源传说 [J]. 边疆服务，1947（24）.

[21] 闻一多. 伏羲考 [M] //朱自清，郭沫若，吴晗，等. 闻一多全集：一. 上海：开明书店，1948.

[22] 陶云逵. 碧罗雪山之栗粟族 [J]. 历史语言研究所集刊，1948（17）.

[23] 徐旭生. 洪水解 [M] //徐旭生. 中国古史的传说时代. 增订本. 北京：文物出版社，1985.

[24] 李卉. 台湾及东南亚的同胞配偶型洪水传说 [J]. 中国民族学报，1955（1）.

[25] 李霖灿. 么些族的洪水故事 [J]. 民族学研究所集刊，1957（3）.

[26] 许进雄. 鹿皮与伏羲女娲的传说 [J]. 大陆杂志，1979，59（2）.

[27] 吕薇芬. 试论苗族的洪水神话 [J]. 民间文学，1966（1）.

[28] 凌纯声. 中国古代的龟祭文化 [J]. 民族学研究所集刊，1971（31）.

[29] 陈炳良. 广西瑶族洪水故事研究 [J]. 幼狮学志，1983，17（4）.

[30] 李子贤. 试论云南少数民族的洪水神话 [J]. 思想战线，1980（1）.

[31] 孙常叙. 伊尹生空桑和历阳沉而为湖 [J]. 社会科学战线，1982（4）.

[32] 陈立浩. 布依族洪水神话略论 [J]. 贵州民族研究，1982（3）.

[33] 乌丙安. 洪水故事中的非血缘婚姻观 [M] //中国民间文艺研究会研究部. 民间文学论文选. 长沙：湖南人民出版社，1982.

[34] 张福三. 简论我国南方民族的兄妹婚神话 [J]. 思想战线，1983（3）.

[35] 冯天瑜. 中外洪水神话之比较 [J]. 语文教学与研究，1983（4）.

[36] 侯哲安. 伏羲女娲与我国南方诸民族 [J]. 求索，1983（4）.

[37] 林向. 羌族的“创世纪”神话——木姐珠与冉必娃 [M] //中国人类学学会. 人类学研究. 北京：中国社会科学出版社，1984.

［38］季羡林. 关于葫芦神话［M］//季羡林. 比较文学与民间文学. 北京：北京大学出版社，1991.

［39］李子贤. 论丽江纳西族洪水神话的特点及其所反映的婚姻形态［M］//田兵，陈立浩. 中国少数民族神话论文集. 南宁：广西民族出版社，1984.

［40］胡忠实. 试论雷神形象的历史演变［J］. 南宁师院学报（哲学社会科学版），1984（4）.

［41］萧崇素. 彝族史诗的珍宝——洪水纪略［J］. 民间文学论坛，1984（1）.

［42］杨长勋. 广西洪水神话中的葫芦［M］//中国民间文艺研究会上海分会. 民间文艺集刊：第6集. 上海：上海文艺出版社，1984.

［43］王敬骝，胡德扬. 佤族的创世纪神话——司冈离研究［M］//中国民族学研究会. 民族学研究：第7辑. 北京：民族出版社，1984.

［44］陈剑山. 神话传说与华夏族原始婚俗［M］//中国民族学研究会. 民族学研究：第7辑. 北京：民族出版社，1984.

［45］李明. 试论《赛胡细妹造人烟》［J］. 南风，1984（12）.

［46］傅光宇，张福三. 创世神话中“眼睛的象征”与“史前各文化阶段”［J］. 民族文学研究，1985（1）.

［47］刘成淮. 洪水滔天·人类再生［J］. 贵州文史丛刊，1985（2）.

［48］杨知勇. 洪水神话三议［J］. 民间文学论坛，1985（2）.

［49］周德均. 洪水神话与造人神话［J］. 民间文学论坛，1985（2）.

［50］桑秀云. 《地陷为湖》传说故事形成的探讨［J］. 中国文学研究，1987（6）.

［51］李景江. 试论中国洪水神话：与乌丙安等先生商榷［M］//中国少数民族文学学会. 神话新探. 贵阳：贵州人民出版社，1986.

［52］云博生. 女娲神话的发生地、内容、衍变考：兼谈与南方少数民族洪水神话的关系［M］//广东省民族研究所，广东省群众文化艺术馆. 民族民间艺术研究：第2集. 广州：广东人民出版社，1986.

［53］蔡大成. 兄妹婚神话的象征［J］. 民间文学论坛，1986（5）.

［54］思奇. 试论高山族洪水神话的几种型式［J］. 民间文学论坛，1986（2）.

［55］吕微. 中国洪水神话结构分析［J］. 民间文学论坛，1986（2）.

［56］蒙宪. 浅谈洪水神话的兄妹婚［J］. 广西民族研究，1986（4）.

［57］王亚南. 兄妹婚神话的再认识［J］. 山茶，1986（5）.

［58］秦序. 谈西南洪水神话中的木鼓［J］. 山茶，1986（2）.

［59］杨堃. 女娲考：论中国古代的母性崇拜与图腾［J］. 民间文学论坛，1986（6）.

［60］汪玢玲. 论满族水神及洪水神话［J］. 民间文学论坛，1986（4）.

［61］陶思炎. 论水难英雄［J］. 民间文学论坛，1987（4）.

［62］刘永江. 满族洪水神话属性异同论［J］. 求是学刊，1987（4）.

［63］刘尧汉. 论中华葫芦文化［M］//游琪，刘锡诚. 葫芦与象征. 北京：商务印书馆，2001.

［64］王孝廉. 中国的神话世界［M］. 台北：时报文化出版企业有限公司，1987.

［65］王孝廉. 西南族群的洪水神话与水神信仰［M］//王孝廉. 岭云关雪：民族神话学论集. 北京：学苑出版社，2002.

［66］宋兆麟. 洪水神话与葫芦崇拜［J］. 民族文学研究，1988（3）.

［67］彭兆荣. 兄妹婚神话结构之分解与整合［J］. 贵州大学学报（社会科学版），1988（2）.

［68］王亚南. 文化与基因的对抗：婚配神话探微［J］. 民间文学论坛，1988（5/6）.

［69］张振犁. 中原洪水神话管窥：兼谈神话与民间文化的研究问题［J］. 民间文学论坛，1989（1）.

［70］鲁刚. 大洪水神话中的虚与实［J］. 求是学刊，1989（6）.

［71］陆志银. 试论侗族葫芦神话［J］. 南风，1989（5）.

［72］伊藤清司. 人类的两次起源：中国西南少数民族的创世神话［J］. 民族文学研究，1990（1）.

［73］叶舒宪，王海龙. 从中印洪水神话的源流看文化的传播与异变［J］. 学习与探索，1990（5）.

［74］钟敬文. 从石龟到石狮子：《洪水后兄妹再殖人类神话》的一节［J］. 民间文学论坛，1991（2）.

［75］钟敬文. 洪水后兄妹再殖人类神话：对这类神话中二三问题的考察，并以之就商于伊藤清司、大林太良两教授［M］//钟敬文. 民俗文化学：梗概与

兴起. 北京：中华书局，1996.

［76］尚诚. 高山族洪水神话断想［J］. 文史知识，1991（3）.

［77］浦忠成. 台湾原住民洪水神话探述［J］. 文学台湾，1992（4）.

［78］李炳海. 雷州半岛的雷神话与东夷文化［J］. 学术研究，1992（3）.

［79］陈世鹏. 彝族婚媾类洪水神话琐议［J］. 贵州民族研究，1993（1）.

［80］朱大可. 洪水神话及其大灾变背景［J］. 上海师范大学学报（哲学社会科学版），1993（1）.

［81］马昌仪. 石狮子的象征与陆沉神话［J］. 首都师范大学学报（社会科学版），1993（4）.

［82］傅光宇. “难题求婚”故事与“天女婚配型”洪水遗民神话［J］. 民族文学研究，1995（2）.

［83］鹿忆鹿. 难题求婚模式的神话原型［J］. 民间文学论坛，1993（2）.

［84］傅光宇. “陷湖”传说之型式及其演化［J］. 民族文学研究，1995（3）.

［85］史军超. 洪水与葫芦的象征系统［J］. 民间文学论坛，1995（1）.

［86］王钟陵. 神婚及宇宙毁灭—再造神话的内在意蕴［J］. 社会科学辑刊，1995（4）.

［87］吕威. 楚地帛书敦煌残卷与佛教伪经中的伏羲女娲故事［J］. 文学遗产，1996（4）.

［88］敖行维. 贵州彝族苗族洪水传说的比较研究［J］. 贵州民族研究，1996（3）.

［89］杨利慧. 女娲的神话与信仰［M］. 北京：中国社会科学出版社，1997.

［90］杨利慧. 女娲溯源：女娲信仰起源地的再推测［M］. 北京：北京师范大学出版社，1999.

［91］杨甫旺. 彝族葫芦崇拜与生殖文化略论［J］. 四川文物，1997（6）.

［92］徐晓光. 日本与我国南方少数民族“兄妹婚”神话的比较：兼论中国古代“同姓不婚”原则［J］. 外国问题研究，1997（3）.

［93］王政. 水——中国少数民族生殖文化的典型母题［J］. 民族艺术研究，1997（4）.

［94］小岛璎礼. 鳗鱼——螃蟹与地震发生的神话［J］. 思想战线，1997（6）.

［95］刘劲予. 论洪水神话与文化分型［J］. 中山大学学报（社会科学版），1997（3）.

［96］姚义斌.洪水传说与中国早期国家的形成［J］.史学月刊，1997（4）.

［97］鹿忆鹿.台湾原住民与大陆南方民族的洪水神话比较［J］.民间文学论坛，1997（1）.

［98］鹿忆鹿.彝族天女婚洪水神话［J］.民间文学论坛，1998（3）.

［99］PROPP V. Morphology of the folktale［M］. Austin：University of Texas Press，1968.

［100］AARNE A. The types of folktale：FFC NO3［M］.［translated and enlarged by Stith Thompson. The types of folktale：FFC NO74，1928］.

［101］THOMPSON S. Motif-index of folk-literature：a classification of narrative elements in folk-tales，ballads，mtyhs，fables，mediaeval romances，exempla，fabliaux，jest-books，and local legends［M］. Helsinki，1932-1936.

［102］E. 梅列金斯基.论英雄神话中的血亲婚原型［J］.民族文学研究，1990（3）.

［103］艾伯华.中国民间故事类型［M］.修订版.王燕生，周祖生，译.刘魁立，审校.董晓萍，校注.北京：商务印书馆，2017.

［104］丁乃通.中国民间故事类型索引［M］.郑建成，李倞，商孟可，等译.北京：中国民间文艺出版社，1986.

［105］刘魁立.刘魁立民俗学论集［M］.上海：上海文艺出版社，1998.

［106］马昌仪.中国神话学文论选萃［M］.北京：中国广播电视出版社，1994.

［107］刘守华.比较故事学［M］.上海：上海文艺出版社，1995.

［108］李扬.中国民间故事形态研究［M］.汕头：汕头大学出版社，1996.

［109］吕微.神话何为：神圣叙事的传承与阐释［M］.北京：社会科学文献出版社，2001.

［110］李福清.神话与鬼话：台湾原住民神话故事比较研究［M］.增订本.北京：社会科学文献出版社，2001.

［111］阿兰·邓迪斯.西方神话学论文选［M］.朝戈金，尹伊，金泽，等译，上海：上海文艺出版社，1994.

［112］刘魁立，马昌仪，程蔷.神话新论［M］.上海：上海文艺出版社，1987.

［113］王先霈，王又平. 文学批评术语词典［M］. 上海：上海文艺出版社，1999.

［114］里蒙－凯南. 叙事虚构作品［M］. 姚锦清，黄虹伟，傅浩，等译. 北京：生活·读书·新知三联书店，1989.

［115］胡亚敏. 叙事学［M］. 武汉：华中师范大学出版社，2004.

［116］马学良，梁庭望，张公瑾. 中国少数民族文学史［M］. 北京：中央民族学院出版社，1992.

［117］山海经［M］. 郭璞，注. 郝懿行，笺疏. 沈海波，校点. 上海：上海古籍出版社，2015.

［118］干宝. 搜神记［M］. 汪绍楹，校注. 北京：中华书局，1979.

［119］任昉. 述异记［M］//百子全书. 影印版. 杭州：浙江人民出版社，1984.

［120］本书编委会. 中华民族故事大系［M］. 上海：上海文艺出版社，1995.

附录1　中国洪水再殖型神话母题代码表

A 洪水起因

A0 无

A1 原始之水

A2 天灾（A21 暴雨　A22 地下水　A23 地震或天崩地裂　A24 大火　A25 海啸　A26 河水　A29 其他天灾）

A3 天神相争

A4 人神不和（A41 不敬神　A45 不好客　A46 吃鱼　A47 恶行　A48 雷公报复　A49 其他人神不和）

A5 过失降洪

A6 动植物致洪（A61 树　A62 鱼　A63 螃蟹　A64 青蛙　A69 其他动植物致洪）

A9 其他

B 获救原因

B0 无

B1 神助（B11 神直接告诉或救助　B12 梦　B13 鱼　B14 童谣　B15 臼生蛙　B16 城门出血　B17 石龟、石狮、石人眼红　B18 动植物　B19 其他）

B2 好心得报（B21 不食神物　B22 好客　B23 救雷公　B24 给石人、石狮、石龟、道士等送饭　B25 救人、孝顺、善良等美德）

B3 无意获得

B4 偶然遭遇

B5 自己的神奇本领

B6 劳而无功（B61 耕地平复　B69 其他）

B9 其他

C 遗民身份

C0 无

C1 神（动植物）

C2 乱伦血亲（C21 兄妹　C22 姐弟　C23 母子　C24 父女　C25 姑侄　C26 兄弟　C29 其他）

C3 家庭（C31 一家人　C32 以非乱伦方式再殖　C33 夫妻）

C4 非家庭关系（C41 一人　C42 多人）

C5 人与动物（C51 牛　C52 鸟　C53 狗　C54 物种　C59 其他）

C9 其他

D 避水方式

D0 无

D1 神（动物）救助（D11 神　D12 龟　D13 石狮或狮　D14 石人　D15 鱼　D19 其他）

D2 植物救助（D21 瓜类　D22 树　D23 葫芦　D29 其他）

D3 家具（D31 木箱　D32 木房子　D33 木桶　D34 木槽、木臼　D39 其他）

D4 船类（D41 方舟　D42 船　D43 独木舟　D44 木筏　D49 其他）

D5 高处

D6 皮袋、皮筏

D7 鼓

D9 其他

E 难题求婚

E0 无

E1 神示（E11 滚磨、簸箕、竹块　E12 扔针线　E13 烧烟　E14 绕山走、追、躲　E15 动植物帮助　E16 变化与异兆　E17 血在水中融　E18 砍竹　E19 其他）

E2 体力技能智慧（E21 农耕　E22 渔猎　E23 杀妖　E29 其他）

E9 其他

F 再殖方式

F0 无

F1 神造（F11 造人　F12 泥、灰造人　F13 多次造人）

F2 植物生人（F21 葫芦生人　F22 树生人　F23 茅草人　F24 种地生人　F25 瓜生人　F29 其他）

F3 矿物生人（F31 捏泥人　F39 其他）

F4 动物生人（F41 生人　F42 动物与人婚配　F49 其他）

F5 妇女生殖（F51 畸形子切碎变人　F52 生子不会说话　F53 正常生育　F54 奇孕　F59 其他）

F6 撒血肉

F7 天女生人（F71 生子不会说话　F72 正常生育　F73 畸形切碎　F79 其他）

F9 其他

G 事物由来

G0 无

G1 人类由来（G11 多族一源　G12 多姓一源　G13 残疾人与汗泥　G19 其他）

G2 人物由来（G21 不死之人、祖先由来　G22 杰出的人　G29 其他）

G3 地名由来

G4 风物由来（G41 哭姊妹　G42 结扇、红布遮面　G43 庙会或祭祖　G44 动植物特点　G45 天象　G46 舞狮　G49 其他）

G5 文化事象由来（G51 种子　G52 火　G59 其他）

G9 其他

附录2 《民间文学母题索引》洪水母题编号[①]

一、洪水母题

A1010 洪水。整个世界或某部分地区淹没（参见 A2291 动物在洪水中得到的特征）

A2211.7 鸟在洪水中紧紧依附在天上：尾巴颜色的形成

A2231.9 鱼在水中嘲笑上帝：都冲平了

A1011 地区性洪水

A1012 由眼泪而来的洪水

A1012.1 Adam 忏悔的眼泪造成洪水

A1012.2 尿造成洪水

A1013 从肚子里来的洪水。从被刺破的妖怪肚子中流出

A1015 神制造的洪水

A1015.1 由神的战争造成的洪水

A1015.2 精灵造成的洪水

A1018 作为惩罚的洪水

A1020 从洪水中逃脱

A1021 在船（方舟）中逃脱洪水

A1021.1 方舟中的每一对动物。所有东西的种子放进方舟以逃脱毁灭

A1021.2 鸟被送出方舟侦察

A1022 在山上逃脱洪水

A1023 在树上逃脱洪水

---

① 选译自美国学者斯蒂斯·汤普森《民间文学母题索引》（*Motif-Index of Folk-Literature: A Classification of Narrative Elements in Folktales, Ballads, Mtyhs, Fables, Mediaeval Romances, Exempla, Fabliaux, Jest-Books, and Local Legends*, Helsinki, 1932）。

A1025 在岛上逃脱洪水

A1028 由鱼救护逃脱洪水

二、造人母题

A1200 人的创造

A1210 人由造物主创造

A1210.1 造物主以蚂蚁造人

A1211 人来自造物主的躯体

A1211.1 人由造物主的血混合而成

A1211.2 人出自造物主的汗

A1211.3 人出自造物主的唾沫

A1211.3.1 出自造物主唾沫中的东西

A1211.4 人出自造物主的眼睛

A1211.5 人出自来自地下的神

A1216 人是造物主的后代

A1217 魔鬼在上帝造人时，想使自己的造物复活，但没有成功，只是动物造成功了

A1218 人由诸神合作造成

A1220 人由进化而成

A1220.1 人由一系列不成功的试验造成

A1221 人出自最初的原始（mating）丛

A1221.1 人类由巨人双脚产生，他的一只脚碰到另一只而产生后代

A1221.2 人类出自由光产生的“和平而宁静之果”

A1221.3 人类出自芦苇丛

A1221.4 人类出自树丛和葡萄藤

A1222 人类源自蛋中（参见 A1261.2；A641）

A1224 人由动物遗传而成

A1224.1 人由蝌蚪遗传而成

A1224.2 人由虫或幼虫遗传而成

A1224.3 女人由狗尾造成

A1225 第一个人未成熟、退化和不定型，渐渐进化为人现在的模样

A1225.1 第一对夫妇器官结合，如同连体双胞胎

A1225.2 最初的人没有手和脚，少年从大蟒那里偷得，于是人有了手脚

A1230 第一个人降落或出现在地球

A1231 第一个人从天上降至地球

A1231.1 人类出自从天上来的无羽鸟

A1232 人类由地底下爬上地球

A1232.1 人类出自从地底带到地面的死尸骨头

A1232.2 人类从湖中浮起，一个女人和少年，他们结婚并在地上繁衍

A1232.3 人类从山洞中出现

A1234 人类出现于地面

A1234.1 大地作为人祖（Adam）的处女母亲（即贞洁受孕）（参见 A401 地母）

A1234.2 人类出现于山上

A1236 人类出现于树上

A1236.1 人类出现于树的萌芽中

A1236.2 出现于瓜中的部落

A1240—A1269 造人的材料

A1240 人由矿物组成

A1241 人由泥土做成

A1241.1 人由泥土扔在地上而成

A1241.2 人由沙与水一起喷撒而成

A1241.3 人由赋予泥偶生命而成

A1245 人由石头造成

A1245.1 洪水之后，新种族来自将石头扔过头去

A1245.2 人出自赋予了生命的石偶

A1245.3 人出自劈开的岩石

A1245.4 人出自由牛舔开的盐石

A1246 人出自贝壳

A1247 人出自金属

A1250 人出自植物

A1251 以树造人（参见 A1236 人类出现于树上）

A1252 以木头造人

A1252.1 人类出自赋予了生命的木偶

A1253 女人由椰果造成。第一个男人将椰果扔在地上，造成了第一个女人

A1254 人出自种子

A1254.1 洪水后，将种子扔过头去而成新人种

A1255 人出自农作物

A1255.1 人出自甘蔗杆

A1255.2 人出自谷穗

A1256 人由香草制成

A1256.1 人由草制成

A1260 人出自其他物质

A1260.1 人出自不同材料的组合

A1261 人出自水

A1261.1 人由海水泡沫造成

A1261.2 人生自形成于海水泡沫中的蛋

A1262 人由汗造成

A1263 人由躯体某部分造成

A1263.1 人由血块造成

A1263.2 人由指甲造成

A1263.3 人由膝盖摩擦造成

A1263.4 人生自神的唾沫

A1265 人生于播种的龙齿

A1268 人生自灰尘

A1270 最早的人类夫妻

A1271 第一对父母的起源

A1271.1 太阳、月亮和星星带来第一对夫妻

A1271.2 太阳和月亮生石头与鸟，它们变为第一对人类夫妻

A1271.3 第一对夫妻是神之子

A1271.4 第一对父母出自金子。金子出自第一个人的身体，生了十五年

A1273 孪生的第一对父母

A1273.1 乱伦的第一对父母（参见 T410 乱伦）

A1275 第一个男（女）配偶的创造

A1275.1 第一个女人由男人的肋骨造成

A1275.2 第一个人一分为二并成为配偶

A1275.3 最初的十个人中，有一个奇迹般地改变了性别

A1275.4 造物主创造了女性，然后由她生下男子

A1276 男人被最早的女人造为最好礼物

A1277 第一对父母吞吃了自己的子女

A1290 人的创造其他母题

A1291 人祖的身体变为八种（四种）东西

A1292 第一个人被角状物覆盖

A1292.1 人最初被发覆盖

A1293 魔鬼乘上帝不在时将病放入人体中

A1294 人源于自我启发

A1295 人在被盖起来的容器中创造出来

三、其他母题

A1578 家族识别符号的来源

B600 人与动物的婚配

B601 人兽之婚

B602 人鸟之婚

B603 人鱼之婚

B604 人与爬行动物的婚配

B620 动物求婚者

B630 与动物婚配后产生的后代

D1314.1.3 魔箭在哪儿，就在哪儿寻找新娘

D1355 魔物产生的爱情

T 22 命中注定的爱人

H300 有关婚姻的考验

H310 求婚者的考验

T54 占卜选择新娘

K1335 通过偷洗澡女人之衣而诱奸或求婚

B582 动物帮助人求爱成功

F300 与仙女结婚或私通

T111.1.1 凡人与天界女人结婚

T131.1 兄弟同意姐妹的结婚要求

F547.1.1 阴道牙齿

T415 兄弟姊妹乱伦

T415.5 兄妹结婚

T550.3 兄弟姊妹乱伦生出的畸形孩子

T565 女人生蛋

A1005 世界性灾难中生命的保护

A1006 世界性灾难后人类的再繁衍

A1006.1 新人种出自世界性灾难后唯一的一对（或几对）夫妻

A1006.2 世界性灾难后由乱伦传出新人种

附录3　中国洪水再殖型神话文本索引

代码	篇名	族群	文本出处
CNac01	遮帕麻和遮米麻	阿昌族	李子贤编《云南少数民族神话选》，云南人民出版社，1990年
CNac02	九种蛮夷是一家	阿昌族	《中华民族故事大系》第13卷，上海文艺出版社，1995年
CNba01	氏族的来源	白族	谷德明编《中国少数民族神话选》，西北民族学院研究所，1983年
CNba02	开天辟地（1）	白族	《中华民族故事大系》第5卷，上海文艺出版社，1995年
CNba03	开天辟地（2）	白族	《中华民族故事大系》第5卷，上海文艺出版社，1995年
CNba04	兄妹成亲和百家姓的由来	白族	云南省民间文学集成办公室编《白族神话传说集成》，中国民间文艺出版社，1986年
CNba05	创世纪（打歌）	白族	杨亮才、李缵绪选编《白族民间叙事诗集》，中国民间文艺出版社，1984年
CNba06	鹤拓	白族	《中国民间故事集成·云南卷》上，2003年
CNbl01	兄妹成婚	布朗族	《中华民族故事大系》第12卷，上海文艺出版社，1995年
CNbl02	兄妹成婚衍人类	布朗族	《中国民间故事集成·云南卷》上，2003年
CNbl03	无标题	布朗族	王国祥《布朗族文学简史》，云南民族出版社，1995年
CNbn01	人与魔王	保安族	谷德明编《中国少数民族神话选》，西北民族学院研究所，1983年
CNbn02	神马和保安三庄	保安族	管仲主编《保安族》，新疆美术摄影出版社，2010年

续表

代码	篇名	族群	文本出处
CNby01	洪水滔天	布依族	汛河搜集整理《布依族民间故事集》，中国民间文艺出版社，1982 年
CNby02	赛胡细妹造人烟	布依族	《民间文学》1980 年第 8 期
CNby03	洪水朝天	布依族	《民间文学资料》第 19 集，中国作家协会贵阳分会筹委会、贵州省民族语文指导委员会、贵州大学苗族文学史编写组编，中国作家协会贵阳分会筹委会印，1959 年，中国民间文艺研究会贵州分会翻印，1985 年
CNby04	伏羲兄妹	布依族	陈立浩编《布依族民间文学》第 1 集，1982 年
CNby05	迪进迪颖造人烟	布依族	陈立浩编《布依族民间文学》第 1 集，1982 年
CNby06	射日・洪水	布依族	韦兴儒、周国茂、伍文义编《布依族摩经文学》，贵州人民出版社，1997 年
CNby07	王姜射日	布依族	姚宝瑄主编《中国各民族神话・布依族　仡佬族　苗族》，书海出版社，2014 年
CNby08	洪水潮天	布依族	贵州省社会科学院文学研究所、黔南布依族苗族自治州文研室合编《布依族民间故事》，贵州人民出版社，1982 年
CNby09	造人烟	布依族	陈立浩编《布依族民间文学》第 1 集，1982 年
CNby10	勒戛射日和葫芦救人	布依族	《民间文学资料》第 19 集，中国作家协会贵阳分会筹委会、贵州省民族语文指导委员会、贵州大学苗族文学史编写组编，中国作家协会贵阳分会筹委会印，1959 年，中国民间文艺研究会贵州分会翻印，1985 年
CNby11	开天辟地	布依族	《采风》1986 年第 2 期
CNby12	兄妹成亲	布依族	《民间文学资料》第 32 集，贵阳市群众艺术馆搜集整理，贵州民间文学工作组编印，1962 年，中国民间文艺研究会贵州分会翻印，1986 年
CNby13	洪水潮天（一）	布依族	《民间文学资料》第 43 集，贵州省黔南文学艺术研究室搜集，贵州省民间文学工作组编印，1963 年，中国民间文艺研究会贵州分会翻印，1986 年

续表

代码	篇名	族群	文本出处
CNby14	洪水潮天（二）	布依族	《民间文学资料》第 43 集，贵州省黔南文学艺术研究室搜集，贵州省民间文学工作组编印，1963 年，中国民间文艺研究会贵州分会翻印，1986 年
CNby15	洪水潮天（三）	布依族	《民间文学资料》第 43 集，贵州省黔南文学艺术研究室搜集，贵州省民间文学工作组编印，1963 年，中国民间文艺研究会贵州分会翻印，1986 年
CNby16	洪水潮天（四）	布依族	《民间文学资料》第 43 集，贵州省黔南文学艺术研究室搜集，贵州省民间文学工作组编印，1963 年，中国民间文艺研究会贵州分会翻印，1986 年
CNby17	细妹苏哥造人烟	布依族	《中国民间故事集成·贵州卷》，2003 年
CNby18	造物古歌	布依族	《布依族古歌》，贵州民族出版社，1998 年
CNda01	布桑该雅桑该	傣族	勐腊县民委、西双版纳州民委编《西双版纳傣族民间故事集成》，云南人民出版社，1993 年
CNda02	巴塔麻嘎捧尚罗	傣族	西双版纳州民委编《巴塔麻嘎捧尚罗》，云南人民出版社，1989 年
CNde01	祖先创世记	德昂族	李子贤编《云南少数民族神话选》，云南人民出版社，1990 年
CNde02	人与葫芦（一）	德昂族	谷德明编《中国少数民族神话选》，西北民族学院研究所，1983 年
CNde03	人与葫芦（二）	德昂族	谷德明编《中国少数民族神话选》，西北民族学院研究所，1983 年
CNde04	人与葫芦（三）	德昂族	谷德明编《中国少数民族神话选》，西北民族学院研究所，1983 年
CNde05	大火和洪水	德昂族	谷德明编《中国少数民族神话选》，西北民族学院研究所，1983 年
CNde06	螃蟹发洪水	德昂族	谷德明编《中国少数民族神话选》，西北民族学院研究所，1983 年
CNde07	百片树叶百个人	德昂族	《中华民族故事大系》第 15 卷，上海文艺出版社，1995 年

续表

代码	篇名	族群	文本出处
CNde08	葫芦传人种	德昂族	《中国民间故事集成·云南卷》上，2003 年
CNdo01	嘎茫莽道时嘉	侗族	《嘎茫莽道时嘉》，中国民间文艺出版社，1986 年
CNdo02	龟婆孵蛋	侗族	《民间文学》1986 年第 1 期
CNdo03	捉雷公引起的故事	侗族	杨通山等编《侗族民间故事选》，上海文艺出版社，1982 年
CNdo04	丈良丈美歌	侗族	黔东南苗族侗族自治州文艺研究室、贵州民间文艺研究会编《侗族祖先哪里来》，贵州人民出版社，1981 年
CNdo05	老人为什么忌讳乱滚石头	侗族	《南风》1981 年第 4 期
CNdo06	洪水滔天	侗族	杨通山等编《侗族民歌选》，上海文艺出版社，1980 年
CNdo07	造人们	侗族	《中国歌谣集成·湖南卷》，1999 年
CNdo08	姜良姜妹	侗族	《中国民间故事集成·贵州卷》，2003 年
CNdo09	姜郎姜妹	侗族	《中国民间故事集成·湖南卷》，2002 年
CNdo10	祖先的事	侗族	《中国民间故事集成·广西卷》，2001 年
CNdo11	龟婆孵蛋	侗族	《中国民间故事集成·贵州卷》，2003 年
CNdr01	洪水泛滥	独龙族	段伶编《独龙族民间故事》，云南人民出版社，1988 年
CNdr02	聪明勇敢的朋更朋	独龙族	左玉堂等编《怒族独龙族民间故事选》，上海文艺出版社，1994 年
CNdr03	人与布兰争斗	独龙族	中国作家协会云南分会编《云南民族民间故事选》，云南人民出版社，1981 年
CNdr04	创世纪	独龙族	蔡家麒《独龙族社会历史综合考察报告》（《民族调查研究》专刊第 1 集），1983 年
CNdr05	创世纪	独龙族	《中国民间故事集成·云南卷》上，2003 年

续表

代码	篇名	族群	文本出处
CNdr06	兄妹成婚（一）	独龙族	陶云逵《几个云南藏缅语系土族的创世故事》，载《边疆研究论丛》（1942—1944 年度），1945 年
CNdr07	兄妹成婚（二）	独龙族	陶云逵《几个云南藏缅语系土族的创世故事》，载《边疆研究论丛》（1942—1944 年度），1945 年
CNdr08	彭根朋上天娶媳妇	独龙族	云南省少数民族古籍整理出版规划办公室编《云南民族口传非物质文化遗产总目提要·神话传说卷》下卷，云南教育出版社，2008 年
CNdr09	兄妹成婚（三）	独龙族	李子贤等《创世纪神话故事六则》，见中国作家协会云南分会编《云南民族民间故事选》，云南人民出版社，1981 年
CNdr10	洪水泛滥（三）	独龙族	《民族文化》1987 年第 1 期
CNdr11	洪水滔天	独龙族	谷德明编《中国少数民族神话选》，西北民族学院研究所，1983 年
CNew01	父女成婚	鄂温克族	毛星主编《中国少数民族文学》，湖南人民出版社，1983 年
CNgl01	四曹人	仡佬族	《民间文学资料》第 49 集，中国民间文艺研究会贵州分会、贵州民族学院编印，1982 年
CNgl02	阿仰兄妹制人烟	仡佬族	《民间文学资料》第 49 集，中国民间文艺研究会贵州分会、贵州民族学院编印，1982 年
CNgl03	人皇制人	仡佬族	《民间文学资料》第 49 集，中国民间文艺研究会贵州分会、贵州民族学院编印，1982 年
CNgl04	洪水朝天	仡佬族	《民间文学资料》第 49 集，中国民间文艺研究会贵州分会、贵州民族学院编印，1982 年
CNgl05	伏羲兄妹制人烟	仡佬族	《民间文学资料》第 49 集，中国民间文艺研究会贵州分会、贵州民族学院编印，1982 年
CNgl06	伏羲兄妹制人烟（二）	仡佬族	《民间文学资料》第 49 集，中国民间文艺研究会贵州分会、贵州民族学院编印，1982 年
CNgl07	洪水朝天（二）	仡佬族	《民间文学资料》第 49 集，中国民间文艺研究会贵州分会、贵州民族学院编印，1982 年

续表

代码	篇名	族群	文本出处
CNgl08	祭山歌（节选）	仡佬族	《仡佬族古歌》，贵州民族出版社，1991 年
CNgl09	泡筒歌（节选）	仡佬族	《仡佬族古歌》，贵州民族出版社，1991 年
CNgl10	结婚带伞的来历	仡佬族	燕宝、张晓编《贵州神话传说》，贵州人民出版社，1997 年
CNgl11	土王夫妻制人烟	仡佬族	《中国民间故事集成·贵州卷》，2003 年
CNgs01	无标题	阿美人	芮逸夫《苗族的洪水故事与伏羲女娲的传说》，载《人类学集刊》1938 年第 1 卷第 1 期
CNgs02	知本部落的传说	卑南人	金荣华编《台东卑南族口传文学选》，1989 年
CNgs03	高山族和汉族的来源	高山族	谷德明编《中国少数民族神话选》，西北民族学院研究所，1983 年
CNgs04	洪水中取火	高山族	谷德明编《中国少数民族神话选》，西北民族学院研究所，1983 年
CNgs05	少女献身退洪水	高山族	谷德明编《中国少数民族神话选》，西北民族学院研究所，1983 年
CNgs06	豆兰社洪水神话	阿美人	鹿忆鹿《洪水神话》，里仁书局，2002 年
CNgs07	马兰社洪水神话 1	阿美人	鹿忆鹿《洪水神话》，里仁书局，2002 年
CNgs08	马兰社洪水神话 2	阿美人	鹿忆鹿《洪水神话》，里仁书局，2002 年
CNgs09	马兰社洪水神话 3	阿美人	鹿忆鹿《洪水神话》，里仁书局，2002 年
CNgs10	兄妹婚	阿美人	鹿忆鹿《洪水神话》，里仁书局，2002 年
CNgs11	海神引起的洪水神话	阿美人	鹿忆鹿《洪水神话》，里仁书局，2002 年
CNgs12	兄妹婚神话	阿美人	鹿忆鹿《洪水神话》，里仁书局，2002 年
CNgs13	天神引发的洪水	阿美人	鹿忆鹿《洪水神话》，里仁书局，2002 年
CNgs14	兄妹婚	阿美人	鹿忆鹿《洪水神话》，里仁书局，2002 年
CNgs15	地震洪水	阿美人	鹿忆鹿《洪水神话》，里仁书局，2002 年
CNgs16	阿美族的由来	阿美人	鹿忆鹿《洪水神话》，里仁书局，2002 年

续表

代码	篇名	族群	文本出处
CNgs17	卑南族洪水神话	卑南人	鹿忆鹿《洪水神话》，里仁书局，2002 年
CNgs18	鲁凯族洪水神话	鲁凯人	鹿忆鹿《洪水神话》，里仁书局，2002 年
CNgs19	排湾族洪水神话	排湾人	鹿忆鹿《洪水神话》，里仁书局，2002 年
CNgs20	洪水神话	排湾人	鹿忆鹿《洪水神话》，里仁书局，2002 年
CNgs21	雅美族洪水神话	雅美人	鹿忆鹿《洪水神话》，里仁书局，2002 年
CNgs22	赛夏洪水神话	赛夏人	鹿忆鹿《洪水神话》，里仁书局，2002 年
CNgs23	阿拉社洪水神话	赛夏人	鹿忆鹿《洪水神话》，里仁书局，2002 年
CNgs24	阿拉社洪水神话 2	赛夏人	鹿忆鹿《洪水神话》，里仁书局，2002 年
CNgs25	平埔族神话	平埔人	鹿忆鹿《洪水神话》，里仁书局，2002 年
CNgs26	阿美族洪水神话	阿美人	陈国钧《台湾土著始祖传说》，1974 年
CNgs27	太巴朗社洪水神话	阿美人	鹿忆鹿《洪水神话》，里仁书局，2002 年
CNgs28	豆兰社的由来	阿美人	陈国钧《台湾土著始祖传说》，1974 年
CNgs29	无标题	阿美人	陈国钧《台湾土著始祖传说》，1974 年
CNgs30	无标题	阿美人	陈国钧《台湾土著始祖传说》，1974 年
CNgs31	无标题	阿美人	陈国钧《台湾土著始祖传说》，1974 年
CNgs32	取火	阿美人	陈国钧《台湾土著始祖传说》，1974 年
CNgs33	兄妹婚	泰雅人	陈国钧《台湾土著始祖传说》，1974 年
CNgs34	兄妹婚	泰雅人	陈国钧《台湾土著始祖传说》，1974 年
CNgs35	兄妹婚	泰雅人	陈国钧《台湾土著始祖传说》，1974 年
CNgs36	无标题	鲁凯人	陈国钧《台湾土著始祖传说》，1974 年
CNha001	盘古降龙	汉族	张振犁、程健君编《中原神话专题资料》，1987 年
CNha002	天书录（盘古今）	汉族	张振犁、程健君编《中原神话专题资料》，1987 年

续表

代码	篇名	族群	文本出处
CNha003	盘古歌	汉族	张振犁、程健君编《中原神话专题资料》，1987 年
CNha004	盘古兄妹婚（一）	汉族	张振犁、程健君编《中原神话专题资料》，1987 年
CNha005	盘古兄妹婚（二）	汉族	张振犁、程健君编《中原神话专题资料》，1987 年
CNha006	盘古兄妹婚（三）	汉族	张振犁、程健君编《中原神话专题资料》，1987 年
CNha007	盘古兄妹婚（四）	汉族	张振犁、程健君编《中原神话专题资料》，1987 年
CNha008	盘古兄妹婚（五）	汉族	张振犁、程健君编《中原神话专题资料》，1987 年
CNha009	盘古兄妹婚（六）	汉族	张振犁、程健君编《中原神话专题资料》，1987 年
CNha010	盘古兄妹婚（七）	汉族	张振犁、程健君编《中原神话专题资料》，1987 年
CNha011	盘古兄妹婚（八）	汉族	张振犁、程健君编《中原神话专题资料》，1987 年
CNha012	女娲补天	汉族	张振犁、程健君编《中原神话专题资料》，1987 年
CNha013	《黑暗传》节选	汉族	胡崇峻搜集整理《黑暗传》，长江文艺出版社，2002 年
CNha014	伏羲和女娲	汉族	张振犁、程健君编《中原神话专题资料》，1987 年
CNha015	太昊	汉族	张振犁、程健君编《中原神话专题资料》，1987 年
CNha016	人祖爷	汉族	张振犁、程健君编《中原神话专题资料》，1987 年
CNha017	白龟寺	汉族	张振犁、程健君编《中原神话专题资料》，1987 年
CNha018	两兄妹	汉族	张振犁、程健君编《中原神话专题资料》，1987 年
CNha019	玉人和玉姐	汉族	张振犁、程健君编《中原神话专题资料》，1987 年
CNha020	人祖爷	汉族	张振犁、程健君编《中原神话专题资料》，1987 年
CNha021	人祖爷和白龟寺	汉族	张振犁、程健君编《中原神话专题资料》，1987 年
CNha022	人祖庙	汉族	张振犁、程健君编《中原神话专题资料》，1987 年
CNha023	人的起源	汉族	张振犁、程健君编《中原神话专题资料》，1987 年
CNha024	捏泥人	汉族	张振犁、程健君编《中原神话专题资料》，1987 年

续表

代码	篇名	族群	文本出处
CNha025	人祖爷	汉族	张振犁、程健君编《中原神话专题资料》，1987 年
CNha026	人祖爷	汉族	张振犁、程健君编《中原神话专题资料》，1987 年
CNha027	人头爷	汉族	张振犁、程健君编《中原神话专题资料》，1987 年
CNha028	人祖爷	汉族	张振犁、程健君编《中原神话专题资料》，1987 年
CNha029	洪水泡天	汉族	张振犁、程健君编《中原神话专题资料》，1987 年
CNha030	人的来历	汉族	张振犁、程健君编《中原神话专题资料》，1987 年
CNha031	人祖爷	汉族	张振犁、程健君编《中原神话专题资料》，1987 年
CNha032	人祖造人	汉族	张振犁、程健君编《中原神话专题资料》，1987 年
CNha033	人祖爷	汉族	张振犁、程健君编《中原神话专题资料》，1987 年
CNha034	人祖的传说	汉族	张振犁、程健君编《中原神话专题资料》，1987 年
CNha035	兄妹造人	汉族	张振犁、程健君编《中原神话专题资料》，1987 年
CNha036	洪水滔天	汉族	张振犁、程健君编《中原神话专题资料》，1987 年
CNha037	两兄妹	汉族	张振犁、程健君编《中原神话专题资料》，1987 年
CNha038	亚当和爱娃	汉族	张振犁、程健君编《中原神话专题资料》，1987 年
CNha039	我们的祖先	汉族	张振犁、程健君编《中原神话专题资料》，1987 年
CNha040	鸡的来历	汉族	张振犁、程健君编《中原神话专题资料》，1987 年
CNha041	乌龟做媒	汉族	潜江县文化馆编《潜江民间故事》，1984 年
CNha042	造人的故事	汉族	中国民间文艺研究会湖北分会、湖北省群众艺术馆编《湖北民间故事传说集 · 郧阳地区专集》，1982 年
CNha043	油雨浇旱地	汉族	《浙江省民间文学集成 · 湖州市故事卷》，浙江文艺出版社，1991 年
CNha044	喉包的来历	汉族	《仙人爹讲的故事》，咸宁市民间文学集成办公室、咸宁市温泉文化分馆编印，1987 年
CNha045	兄妹通婚	汉族	《中国民间故事集成 · 河南南阳市卷》，1988 年

续表

代码	篇名	族群	文本出处
CNha046	死了丈夫为啥哭姊妹	汉族	韩致中主编《伍家沟村民间故事集》，中国民间文艺出版社，1989 年
CNha047	人是泥巴捏的	汉族	韩致中主编《伍家沟村民间故事集》，中国民间文艺出版社，1989 年
CNha048	人是怎么来的	汉族	《中华民族故事大系》第 1 卷，上海文艺出版社，1995 年
CNha049	人祖爷爷和人祖奶奶	汉族	《中国民间故事集成·安徽卷》，2008 年
CNha050	人祖爷爷和人祖奶奶异文	汉族	《中国民间故事集成·安徽卷》，2008 年
CNha051	伏羲女娲成婚异文一	汉族	《中国民间故事集成·甘肃卷》，2001 年
CNha052	葫芦姐弟异文	汉族	《中国故事集成湖北卷·京山民间故事集》，1990 年
CNha053	伏羲伏姬兄妹造人	汉族	《中国民间故事集成·广西卷》，2001 年
CNha054	兄妹成婚	汉族	《中国民间故事集成·新疆卷》上，2008 年
CNha055	女娲姐弟	汉族	《中国民间故事集成·广东卷》，2006 年
CNha056	伏羲兄妹造人烟	汉族	《中国民间故事集成·贵州卷》，2003 年
CNha057	兄妹神婚与东西磨山	汉族	《中国民间故事集成·山西卷》，1999 年
CNha058	兄妹神婚与东西磨山异文	汉族	《中国民间故事集成·山西卷》，1999 年
CNha059	人祖山的来历	汉族	《中国民间故事集成·山西卷》，1999 年
CNha060	人祖山的来历异文	汉族	《中国民间故事集成·山西卷》，1999 年
CNha061	姐弟成亲	汉族	《中国民间故事集成·湖北卷》，1999 年
CNha062	葫芦姐弟	汉族	《中国民间故事集成·湖北卷》，1999 年
CNha063	人和狗成亲	汉族	《中国民间故事集成·湖北卷》，1999 年

续表

代码	篇名	族群	文本出处
CNha064	东山老人与南山小妹造人	汉族	《中国民间故事集成·湖南卷》，2002 年
CNha065	铺天大水	汉族	《中国民间故事集成·湖南卷》，2002 年
CNha066	姐弟创人	汉族	《中国民间故事集成·湖南卷》，2002 年
CNha067	原始天尊造人	汉族	《中国民间故事集成·宁夏卷》，1999 年
CNha068	第二代人	汉族	《中国民间故事集成·宁夏卷》，1999 年
CNha069	女娲捏泥人	汉族	《中国民间故事集成·河北卷》，2003 年
CNha070	洪水漫世	汉族	《中国民间故事集成·河北卷》，2003 年
CNha071	洪水漫世异文	汉族	《中国民间故事集成·河北卷》，2003 年
CNha072	哥姐庙	汉族	《中国民间故事集成·河北卷》，2003 年
CNha073	盘儿和古儿	汉族	《中国民间故事集成·河北卷》，2003 年
CNha074	洪水泡天	汉族	《中国民间故事集成·陕西卷》，1996 年
CNha075	油火烧天	汉族	《中国民间故事集成·江西卷》，2002 年
CNha076	百家姓由来	汉族	芮逸夫《苗族的洪水故事与伏羲女娲的传说》，载《人类学集刊》1938 年第 1 卷第 1 期
CNha077	人根之祖的传说	汉族	临汾地区民间文学集成编委会编《尧都故事》第 1 集，1989 年
CNha078	人祖山的传说	汉族	临汾地区民间文学集成编委会编《尧都故事》第 1 集，1989 年
CNha079	半盘磨	汉族	《中国民间故事集成·上海卷》，2007 年
CNha080	汉苗彝的来历	汉族	《中国民间故事集成·贵州卷》，2003 年
CNha081	盘古兄弟创天地	汉族	《民间文学》1990 年第 3 期
CNha082	乌龟背上的花纹	汉族	中国民间文艺研究会湖北分会、湖北省群众艺术馆编《湖北民间故事传说集·荆州地区专集》，1981 年
CNha083	伏羲和女娲	汉族	《中国民间故事集成·江西卷》，2002 年

续表

代码	篇名	族群	文本出处
CNha084	兄妹成亲	汉族	《浙江省民间文学集成·杭州市故事卷》，中国民间文艺出版社，1989 年
CNha085	伏羲兄妹造人烟	汉族	侯光、何祥录编选《四川神话选》，四川民族出版社，1992 年
CNha086	伏羲兄妹与猿猴	汉族	侯光、何祥录编选《四川神话选》，四川民族出版社，1992 年
CNha087	伏羲兄妹与石头	汉族	侯光、何祥录编选《四川神话选》，四川民族出版社，1992 年
CNha088	太阳妹妹与月亮哥哥	汉族	侯光、何祥录编选《四川神话选》，四川民族出版社，1992 年
CNha089	女娲娘娘的眼泪	汉族	侯光、何祥录编选《四川神话选》，四川民族出版社，1992 年
CNha090	伏羲和女娲异文一	汉族	《中国民间故事集成·江西卷》，2002 年
CNha091	伏羲和女娲异文二	汉族	《中国民间故事集成·江西卷》，2002 年
CNha092	伏羲女娲成婚	汉族	《中国民间故事集成·甘肃卷》，2001 年
CNha093	黑暗传（7）	汉族	中国民间文艺研究会湖北分会编《汉族长篇创世纪史诗神农架〈黑暗传〉多种版本汇编》，1986 年
CNha094	伊尹母	汉族	《楚辞》及王逸注
CNha095	历阳湖	汉族	《淮南子》
CNha096	由拳妪	汉族	鲁迅《古小说钩沉》引梁刘之遴《神录》
CNha097	古巢老姥	汉族	《搜神记》
CNha098	邛都大蛇	汉族	《搜神记》
CNha099	东明老妪	汉族	《东明县志》
CNha100	高祖公和高祖婆的传说	汉族	《中国民间文学集成辽宁分卷·瓦房店资料本（风物传说）》，1987 年
CNha101	喂石头人饭	汉族	《中国民间文学集成辽宁分卷·清原县资料本（一）》，1987 年

续表

代码	篇名	族群	文本出处
CNha102	石头狮子口里流血	汉族	中国民间文艺研究会湖北分会、湖北省群众艺术馆编《湖北民间故事传说集·黄冈地区》，1981 年
CNha103	伏羲兄妹制人烟	汉族	《民间文学》1964 年第 3 期
CNha104	哭姊妹	汉族	《中国民间故事集成湖北卷·十堰市民间故事集》，1987 年
CNha105	缸固庄的来历	汉族	《民间文学》1985 年第 4 期
CNha106	兄妹俩	汉族	中国民间文艺研究会上海分会编《民间文艺集刊》第 7 集，上海文艺出版社，1985 年
CNha107	乌龟为什么是八块	汉族	《中国民间故事集成湖北卷·枝江县民间故事集》，1989 年
CNha108	坍东都	汉族	中国民间文艺研究会浙江分会编《浙江风物传说》，浙江人民出版社，1981 年
CNha109	梁子湖	汉族	吴明堂、张崇明《武汉湖泊故事》，长江出版社，2015 年
CNha110	女娲伏羲避洪水	汉族	《民间文学》1990 年第 3 期
CNha111	乌龟为什么有腥气	汉族	《中国民间故事集成湖南卷·祁东资料本》，1988 年
CNha112	伏羲传人种制八卦	汉族	《中国故事集成湖北卷·京山民间故事集》，1990 年
CNha113	盘古山	汉族	中国民间文艺研究会河南分会、河南大学中文系编《河南民间故事集》，中国民间文艺出版社，1985 年
CNha114	龟为媒	汉族	张振犁、程健君编《中原神话专题资料》，1987 年
CNha115	伏羲和女娲	汉族	葛世钦主编《中国民间经典故事》，中原农民出版社，2011 年
CNha116	高公高婆	汉族	《中国民间故事集成·吉林卷》，1985 年
CNha117	高祖公与高祖婆	汉族	《中国民间文学集成辽宁卷·桓仁资料本》，1986 年

续表

代码	篇名	族群	文本出处
CNha118	高祖公、高祖婆留下黎民百姓	汉族	《中国民间文学集成辽宁卷·新宾资料本（三）》，1987 年
CNha119	人的来历	汉族	《中国民间文学集成辽宁卷·新宾资料本（二）》，1987 年
CNha120	葫芦姐弟	汉族	广西民间文艺研究室、广西民间文艺家协会主编《广西民间文学作品精选·钟山卷》，广西民族出版社，1991 年
CNha121	黑暗传（3）	汉族	中国民间文艺研究会湖北分会编《汉族长篇创世纪史诗神农架〈黑暗传〉多种版本汇编》，1986 年
CNha122	黑暗传（4）	汉族	中国民间文艺研究会湖北分会编《汉族长篇创世纪史诗神农架〈黑暗传〉多种版本汇编》，1986 年
CNha123	黑暗传（5）	汉族	中国民间文艺研究会湖北分会编《汉族长篇创世纪史诗神农架〈黑暗传〉多种版本汇编》，1986 年
CNha124	姊妹人的来历	汉族	《仙人爹讲的故事》，咸宁市民间文学集成办公室、咸宁市温泉文化分馆编印，1987 年
CNha125	恩和媚	汉族	《中国民间故事集成湖南卷·湘西土家族苗族自治州分卷》上册，1989 年
CNha126	兄妹成亲	汉族	《中国民间故事集成湖南卷·澧县资料本》，1987 年
CNha127	人的姓氏的由来	汉族	《中国民间文学集成·重庆市沙坪壩区卷》，1988 年
CNha128	盘古开天	汉族	范牧主编《南阳民间故事》上卷，中原农民出版社，1992 年
CNha129	伏羲兄妹造人烟	汉族	《中国民间文学集成·三台县故事资料集》，1987 年
CNha130	伏羲兄妹制人烟	汉族	《中国民间文学三套集成·南川县资料集》，1987 年
CNha131	伏羲兄妹传人烟	汉族	《中国民间文学三套集成·射洪县资料集》，1988 年
CNha132	伏羲兄妹传人烟	汉族	《中国民间文学集成·盐亭县资料集》，1988 年

续表

代码	篇名	族群	文本出处
CNha133	伏羲造人烟	汉族	《中国民间文学集成·盐亭县资料集》，1988 年
CNha134	伏羲兄妹定姓氏	汉族	《中国民间文学集成·荥经县资料集》，1986 年
CNha135	伏羲祖的传说	汉族	《中国民间文学三套集成广西卷·玉林市民间故事集》，1987 年
CNha136	伏羲祖造人	汉族	《中国民间文学三套集成广西卷·玉林市民间故事集》，1987 年
CNha137	伏羲兄妹造人	汉族	《中国民间文学三套集成广西卷·玉林市民间故事集》，1987 年
CNha138	石狮子的眼睛红了	汉族	《中国民间文学集成辽宁分卷·瓦房店资料本（民间故事一）》，1987 年
CNha139	人祖庙	汉族	周勍搜集整理《终南山的传说》，中国民间文艺出版社，1987 年
CNha140	姊妹夫妻	汉族	《中国民间故事集成湖北卷·黄冈地区民间故事集》，1989 年
CNha141	死了丈夫哭姊妹	汉族	《中国民间故事集成湖北卷·嘉鱼县民间故事集》，1988 年
CNha142	葫芦姊妹	汉族	《中国民间故事集成湖北卷·当阳市民间故事集》，1989 年
CNha143	七盘星的来历	汉族	《中国民间故事集成·重庆市沙坪壩区卷》，1988 年
CNha144	伏羲姊妹制人烟	汉族	《中国民间文学集成四川卷·乐山市洪雅卷》，1988 年
CNha145	伏羲和女娲	汉族	《中国民间故事集成·四川卷》，1998 年
CNha146	伏羲和哥哥造人	汉族	《中国民间文学三套集成广西卷·玉林市民间故事集》，1987 年
CNha147	螺丝仙造船救生	汉族	《中国民间故事集成湖南卷·桃江县资料本》，1987 年
CNha148	伏羲兄妹结亲	汉族	《中国民间故事集成·重庆市巴县卷》，1989 年

续表

代码	篇名	族群	文本出处
CNha149	姓氏的来历	汉族	《中国民间故事集成·重庆市巴县卷》，1989 年
CNha150	女娲配伏羲	汉族	《中国民间故事集成湖北卷·荆州民间故事集》，1990 年
CNha151	盘古和女娲	汉族	《民间文学》1988 年第 2 期
CNha152	兄妹结婚	汉族	《民间文学》1988 年第 2 期
CNha153	盘古成婚	汉族	《民间文学》1988 年第 2 期
CNha154	伏羲与女娲的传说	汉族	河北省石家庄地区民间文学三套集成编委会编《太行山的传说》，1988 年
CNha155	兄妹造人的传说	汉族	河北省石家庄地区民间文学三套集成编委会编《太行山的传说》，1988 年
CNha156	伏羲兄妹制人烟	汉族	《中国民间故事集成·重庆市巴县卷》，1989 年
CNha157	伏羲兄妹制人烟	汉族	《中国民间文学三套集成四川卷·涪陵市资料集》，1989 年
CNha158	姻缘份	汉族	《中国故事集成湖北卷·京山民间故事集》，1990 年
CNha159	人狗成亲	汉族	《中国民间故事集成·浙江卷》，1997 年
CNha160	姐弟俩	汉族	李新明主编《轩辕故里的传说》，中原农民出版社，1990 年
CNha161	女娲和伏羲	汉族	袁学骏主编《耿村故事百家》，中国民间文艺出版社，1990 年
CNha162	竹节生节和杉叶变形	汉族	融水苗族自治县民间文学编辑组编《中国民间文学三套集成之一·民间故事》下册，1986 年
CNha163	人是怎么留的	汉族	《中国民间文学集成辽宁分卷·辽阳市白塔区资料本》，1986 年
CNha164	高公和高婆	汉族	《中国民间文学集成辽宁卷·东沟资料本》，1986 年
CNha165	兄妹俩留后人	汉族	《中国民间文学集成辽宁卷·抚顺县资料本(一)》，1986 年

续表

代码	篇名	族群	文本出处
CNha166	复姓“熊李”的来历	汉族	《中国民间故事集成湖北卷・黄冈地区民间故事集》，1989 年
CNha167	高得公与高得婆	汉族	《中国民间文学集成辽宁卷・振兴区资料本》，1987 年
CNha168	姐弟成亲	汉族	《中国民间文学集成辽宁卷・本溪县资料本（传说部分）》，1987 年
CNha169	石狮子的忠告	汉族	《中国民间文学集成辽宁分卷・义县资料本》，1987 年
CNha170	兄妹造人烟	汉族	《中国民间文学集成・南充县资料卷》，1987 年
CNha171	人的姓氏的由来	汉族	《中国民间故事集成・木里藏族自治县卷》，1987 年
CNha172	兄妹造人烟	汉族	《中国民间文学集成・西充县资料卷》，1987 年
CNha173	兄妹结亲	汉族	《中国民间文学集成辽宁分卷・中山资料本》，1990 年
CNha174	兄妹创世	汉族	《中国民间文学集成・门头沟卷》，1987 年
CNha175	炎黄婚配	汉族	《浙江省民间文学集成・湖州市故事卷》，浙江文艺出版社，1991 年
CNha176	淮南子注	汉族	《淮南子》
CNha177	独异志	汉族	《独异志》
CNha178	娄景书	汉族	民国石印本
CNha179	人是怎么来的	汉族	《中华民族故事大系》第 1 卷，上海文艺出版社，1995 年
CNha180	兄妹造人	汉族	《中国民间故事集成・浙江卷》，1997 年
CNha181	石磨合婚	汉族	《中国民间故事集成・浙江卷》，1997 年
CNha182	洪水的传说	汉族	《南昌民间故事集成》，1985 年
CNha183	石狮破天	汉族	《中国民间故事集成・浙江卷》，1997 年

续表

代码	篇名	族群	文本出处
CNha184	盘古女娲成亲	汉族	《中国民间故事集成·福建卷》，1998 年
CNha185	油火烧天下	汉族	《中国民间故事集成·福建卷》，1998 年
CNha186	姐弟成亲传人	汉族	《中国民间故事集成·江苏卷》，1998 年
CNha187	兄妹创世	汉族	《中国民间故事集成·北京卷》，1998 年
CNha188	乌龟做媒	汉族	《中国民间故事集成·上海卷》，2007 年
CNha189	盘古开天辟地基	汉族	《中国故事集成湖北卷·京山民间故事集》，1990 年
CNha190	石狮子	汉族	《龙图公案》第 12 则，中国文史出版社，2003 年
CNha191	伏羲女娲成婚异文二	汉族	《中国民间故事集成·甘肃卷》，2001 年
CNhn01	兄妹传人类（一）	哈尼族	《中华民族故事大系》第 6 卷，上海文艺出版社，1995 年
CNhn02	天、地、人的传说	哈尼族	《山茶》1983 年第 4 期
CNhn03	祭龙的来历	哈尼族	李子贤编《云南少数民族神话选》，云南人民出版社，1990 年
CNhn04	兄妹传人类	哈尼族	谷德明编《中国少数民族神话选》，西北民族学院研究所，1983 年
CNhn05	姐弟成婚	哈尼族	云南省少数民族古籍整理出版规划办公室编《云南少数民族古籍译丛》第 5 辑《尼苏夺节》，云南民族出版社，1985 年
CNhn06	奥颠米颠	哈尼族	李子贤编《云南少数民族神话选》，云南人民出版社，1990 年
CNhn07	牡普谜帕	哈尼族	黄慧《哈尼族民间史诗·十二奴局》，云南人民出版社，1989 年
CNhn08	兄妹传人类（二）	哈尼族	《中华民族故事大系》第 6 卷，上海文艺出版社，1995 年
CNhn09	豪尼人的祖先	哈尼族	《中华民族故事大系》第 6 卷，上海文艺出版社，1995 年

续表

代码	篇名	族群	文本出处
CNhn10	兄妹传人	哈尼族	《中国民间故事集成·云南卷》上，2003 年
CNhn11	兄妹传人异文	哈尼族	《中国民间故事集成·云南卷》上，2003 年
CNhn12	燕子救人种	哈尼族	《中国民间故事集成·云南卷》上，2003 年
CNhu01	努海船	回族	李子贤编《云南少数民族神话选》，云南人民出版社，1990 年
CNhu02	人类起源	回族	侯光、何祥录编选《四川神话选》，四川民族出版社，1992 年
CNhu03	纳西朵儿	回族	《民间文学》1984 年第 8 期
CNhu04	后祖努孩	回族	河北省石家庄地区民间文学三套集成编委会编《太行山的传说》，1988 年
CNhu05	先祖阿单	回族	河北省石家庄地区民间文学三套集成编委会编《太行山的传说》，1988 年
CNhu06	洪水漫天	回族	《中国民间故事集成·云南卷》上，2003 年
CNhz01	姐弟俩的故事	赫哲族	周成华主编《中国神话传说故事》，中州古籍出版社，2011 年
CNjn01	阿嫫腰白造天地	基诺族	刘怡、陈平编《基诺族民间文学集成》，云南人民出版社，1989 年
CNjn02	敬献祖先的来历	基诺族	刘怡、陈平编《基诺族民间文学集成》，云南人民出版社，1989 年
CNjn03	玛黑、玛妞和葫芦里的人	基诺族	《民间文学》1981 年第 1 期
CNjp01	开天辟地	景颇族	李子贤编《云南少数民族神话选》，云南人民出版社，1990 年
CNjp02	创世纪	景颇族	李子贤编《云南少数民族神话选》，云南人民出版社，1990 年
CNjp03	人类始祖	景颇族	《山茶》1982 年第 6 期
CNjp04	老亢洪水故事	景颇族	芮逸夫《苗族的洪水故事与伏羲女娲的传说》，载《人类学集刊》1938 年第 1 卷第 1 期

续表

代码	篇名	族群	文本出处
CNkg01	创世的传说	柯尔克孜族	毛星《中国少数民族文学》，1983 年
CNlb01	恩尼达雅和安雅神	珞巴族	《中华民族故事大系》第 16 卷，上海文艺出版社，1995 年
CNlb02	虎哥与人弟	珞巴族	《山茶》1985 年第 6 期
CNlb03	阿桑嘎和他的儿女	珞巴族	《中华民族故事大系》第 16 卷，上海文艺出版社，1995 年
CNlb04	多隆和都都	珞巴族	《中华民族故事大系》第 16 卷，上海文艺出版社，1995 年
CNlb05	都都和洞翁	珞巴族	《中华民族故事大系》第 16 卷，上海文艺出版社，1995 年
CNlh01	人类的起源	拉祜族	李子贤编《云南少数民族神话选》，云南人民出版社，1990 年
CNlh02	巨树遮天与洪水泛滥	拉祜族	李子贤编《云南少数民族神话选》，云南人民出版社，1990 年
CNlh03	一娘养九子	拉祜族	孙敏、郑显文主编《拉祜族苦聪人民间文学集成》，云南人民出版社，1990 年
CNlh04	传人种	拉祜族	孙敏、郑显文主编《拉祜族苦聪人民间文学集成》，云南人民出版社，1990 年
CNlh05	刻木造人	拉祜族	孙敏、郑显文主编《拉祜族苦聪人民间文学集成》，云南人民出版社，1990 年
CNlh06	猴子婆	拉祜族	孙敏、郑显文主编《拉祜族苦聪人民间文学集成》，云南人民出版社，1990 年
CNlh07	蜂桶葫芦传人种	拉祜族	孙敏、郑显文主编《拉祜族苦聪人民间文学集成》，云南人民出版社，1990 年
CNlh08	苦聪人为什么扎包头	拉祜族	孙敏、郑显文主编《拉祜族苦聪人民间文学集成》，云南人民出版社，1990 年
CNlh09	女人怀孕生孩子的由来	拉祜族	孙敏、郑显文主编《拉祜族苦聪人民间文学集成》，云南人民出版社，1990 年

续表

代码	篇名	族群	文本出处
CNlh10	苦聪创世歌	拉祜族	孙敏、郑显文主编《拉祜族苦聪人民间文学集成》，云南人民出版社，1990 年
CNlh11	人类起源	拉祜族	谷德明编《中国少数民族神话选》，西北民族学院研究所，1983 年
CNlh12	牡帕密帕的故事	拉祜族	刘辉豪主编《拉祜族民间文学集成》，中国民间文艺出版社，1988 年
CNlh13	牡帕密帕	拉祜族	刘辉豪主编《拉祜族民间文学集成》，中国民间文艺出版社，1988 年
CNlh14	洪水后幸存的两兄妹	拉祜族	《中国民间故事集成·云南卷》上，2003 年
CNli01	葫芦瓜的故事	黎族	中南民族学院总编《海南岛黎族社会调查》，1992 年
CNli02	人的由来	黎族	中南民族学院总编《海南岛黎族社会调查》，1992 年
CNli03	姐弟结婚的故事	黎族	中南民族学院总编《海南岛黎族社会调查》，1992 年
CNli04	绣面习俗的由来	黎族	中南民族学院总编《海南岛黎族社会调查》，1992 年
CNli05	绣面习俗的由来	黎族	芮逸夫《苗族的洪水故事与伏羲女娲的传说》，载《人类学集刊》1938 年第 1 卷第 1 期
CNli06	人类的起源	黎族	谷德明编《中国少数民族神话选》，西北民族学院研究所，1983 年
CNli07	南瓜的故事	黎族	谷德明编《中国少数民族神话选》，西北民族学院研究所，1983 年
CNli08	三月三的传说	黎族	《中华民族故事大系》第 7 卷，上海文艺出版社，1995 年
CNli09	螃蟹精	黎族	谷德明编《中国少数民族神话选》，西北民族学院研究所，1983 年
CNli10	伟代造动物	黎族	谷德明编《中国少数民族神话选》，西北民族学院研究所，1983 年

续表

代码	篇名	族群	文本出处
CNli11	黎族祖先歌	黎族	《中国歌谣集成·海南卷》，1997 年
CNli12	人类的起源	黎族	《中国民间故事集成·海南卷》，2002 年
CNli13	黎母的神话	黎族	《中国民间故事集成·海南卷》，2002 年
CNli14	黎族支系的来源	黎族	《中国民间故事集成·海南卷》，2002 年
CNli15	三个民族同一源	黎族	《中国民间故事集成·海南卷》，2002 年
CNli16	黎族汉族的来源	黎族	《中国民间故事集成·海南卷》，2002 年
CNli17	雷公教人传种	黎族	《中国民间故事集成·海南卷》，2002 年
CNls01	创世神话	傈僳族	李子贤编《云南少数民族神话选》，云南人民出版社，1990 年
CNls02	人的起源	傈僳族	侯光、何祥录编选《四川神话选》，四川民族出版社，1992 年
CNls03	佘祖、麦祖由来	傈僳族	陈宗祥《西康栗粟水田民族之图腾制度》，载《边政公论》1947 年第 6 卷第 4 期
CNls04	洪水传说	傈僳族	陶云逵《碧罗雪山之栗粟族》，载《历史语言研究所集刊》第 17 本，1948 年
CNls05	洪荒时代	傈僳族	陶云逵《碧罗雪山之栗粟族》，载《历史语言研究所集刊》第 17 本，1948 年
CNls06	罗斯、克金白兰恩	傈僳族	陶云逵《碧罗雪山之栗粟族》，载《历史语言研究所集刊》第 17 本，1948 年
CNls07	盘古造人	傈僳族	祝发清等编《傈僳族民间故事选》，上海文艺出版社，1985 年
CNlε08	洪水泛滥	傈僳族	怒江傈僳族自治州《傈僳族民间故事》编辑组编《傈僳族民间故事》，云南人民出版社，1984 年
CNls09	洪水	傈僳族	谷德明编《中国少数民族神话选》，西北民族学院研究所，1983 年
CNls10	民族的起源	傈僳族	谷德明编《中国少数民族神话选》，西北民族学院研究所，1983 年

续表

代码	篇名	族群	文本出处
CNls11	岩石月亮	傈僳族	谷德明编《中国少数民族神话选》，西北民族学院研究所，1983 年
CNls12	天地人的由来	傈僳族	祝发清等编《傈僳族民间故事选》，1985 年
CNls13	依采和依妞	傈僳族	《中国民间故事集成·云南卷》上，2003 年
CNls14	洪水朝天的故事	傈僳族	《民间文学》1985 年第 4 期
CNls15	兄妹成婚	傈僳族	《傈僳族简史》编写组《傈僳族简史》，1983 年
CNls16	异文	傈僳族	《中国民间故事集成·四川卷》，2007 年
CNls17	傈僳故事	傈僳族	芮逸夫《苗族的洪水故事与伏羲女娲的传说》，载《人类学集刊》1938 年第 1 卷第 1 期
CNma01	人的来历	满族	《中国民间文学集成辽宁卷·丹东市卷》，1987 年
CNma02	白云格格	满族	《中华民族故事大系》第 4 卷，上海文艺出版社，1995 年
CNmg01	九兄弟	蒙古族	侯光、何祥录编选《四川神话选》，四川民族出版社，1992 年
CNmg02	鲁俄俄	蒙古族	《民间文学》1987 年第 7 期
CNmg03	鲁额额	蒙古族	《中国民间故事集成·木里藏族自治县卷》，1987 年
CNmg04	泸沽湖的来历	蒙古族	《中国民间故事集成·四川卷》，1998 年
CNmi01	什么时候洪水滔天	苗族	《民间文学资料》第 60 集，贵州省民族事务委员会、中国民间文艺研究会贵州分会编印，1983 年
CNmi02	佳（节选）	苗族	《民间文学资料》第 33 集，贵州省民间文学工作组编印，1962 年，中国民间文艺研究会贵州分会翻印，1986 年
CNmi03	说古歌（节选）	苗族	《民间文学资料》第 6 集，中国作家协会贵阳分会筹委会、贵州省民族语文指导委员会、贵州大学苗族文学史编写组编，中国作家协会贵阳分会筹委会印，1959 年，中国民间文艺研究会贵州分会翻印，1985 年

续表

代码	篇名	族群	文本出处
CNmi04	开天辟地（节选）	苗族	《民间文学资料》第6集，中国作家协会贵阳分会筹委会、贵州省民族语文指导委员会、贵州大学苗族文学史编写组编，中国作家协会贵阳分会筹委会印，1959年，中国民间文艺研究会贵州分会翻印，1985年
CNmi05	无标题	苗族	芮逸夫《苗族的洪水故事与伏羲女娲的传说》，载《人类学集刊》1938年第1卷第1期
CNmi06	山坡山岭	苗族	《民间文学资料》第6集，中国作家协会贵阳分会筹委会、贵州省民族语文指导委员会、贵州大学苗族文学史编写组编，中国作家协会贵阳分会筹委会印，1959年，中国民间文艺研究会贵州分会翻印，1985年
CNmi07	兄妹开亲（一）	苗族	《民间文学资料》第4集，中国作家协会贵州分会筹委会编印，1958年，中国民间文艺研究会贵州分会翻印，1985年
CNmi08	兄妹开亲（二）	苗族	《民间文学资料》第4集，中国作家协会贵州分会筹委会编印，1958年，中国民间文艺研究会贵州分会翻印，1985年
CNmi09	洪水的故事一	苗族	葛维汉记录，载《四川民族史志》1988年第4期
CNmi10	洪水的故事二	苗族	葛维汉记录，载《四川民族史志》1988年第4期
CNmi11	竹子为什么有节节	苗族	《民间文学资料》第51集，中国民间文艺研究会贵州分会、贵州省苗族民间文学讲习会编印，1982年
CNmi12	生苗故事1	苗族	芮逸夫《苗族的洪水故事与伏羲女娲的传说》，载《人类学集刊》1938年第1卷第1期
CNmi13	生苗故事	苗族	芮逸夫《苗族的洪水故事与伏羲女娲的传说》，载《人类学集刊》1938年第1卷第1期
CNmi14	生苗洪水造人歌	苗族	芮逸夫《苗族的洪水故事与伏羲女娲的传说》，载《人类学集刊》1938年第1卷第1期
CNmi15	阿陪果本和雷公	苗族	《中国民间故事集成·湖南卷》，2002年
CNmi16	九个太阳包	苗族	《中国民间文学三套集成·四川宜宾地区卷·苗族民间故事分册》，1989年

续表

代码	篇名	族群	文本出处
CNmi17	创世大神和神子神孙（节选）	苗族	梁彬等编《广西苗族民间故事选》，广西人民出版社，1986 年
CNmi18	洪水滔天歌（一）	苗族	《民间文学资料》第 16 集，中国作家协会贵阳分会筹委会、贵州省民族语文指导委员会、贵州大学苗族文学史编写组编，中国作家协会贵阳分会筹委会印，1959 年，中国民间文艺研究会贵州分会翻印，1985 年
CNmi19	苗族史诗	苗族	马学良、今旦译注《苗族史诗》，中国民间文艺出版社，1983 年
CNmi20	洪水的故事	苗族	《民间文学资料》第 11 集，中国作家协会贵阳分会筹委会、贵州省民族语文指导委员会、贵州大学苗族文学史编写组编，中国作家协会贵阳分会筹委会印，1959 年，中国民间文艺研究会贵州分会翻印，1985 年
CNmi21	洪水朝天	苗族	《民间文学资料》第 4 集，中国作家协会贵州分会筹委会编印，1958 年，中国民间文艺研究会贵州分会翻印，1985 年
CNmi22	洪水朝天	苗族	《民间文学资料》第 4 集，中国作家协会贵州分会筹委会编印，1958 年，中国民间文艺研究会贵州分会翻印，1985 年
CNmi23	姜央斗雷公	苗族	龙廷光、张宗权主编《苗族民间故事集》第 1 集，1982 年
CNmi24	洪水淹没天下	苗族	《民间文学资料》第 16 集，中国作家协会贵阳分会筹委会、贵州省民族语文指导委员会、贵州大学苗族文学史编写组编，中国作家协会贵阳分会筹委会印，1959 年，中国民间文艺研究会贵州分会翻印，1985 年
CNmi25	洪水滔天歌（四）	苗族	《民间文学资料》第 16 集，中国作家协会贵阳分会筹委会、贵州省民族语文指导委员会、贵州大学苗族文学史编写组编，中国作家协会贵阳分会筹委会印，1959 年，中国民间文艺研究会贵州分会翻印，1985 年

续表

代码	篇名	族群	文本出处
CNmi26	洪水滔天歌	苗族	《民间文学资料》第 12 集，中国作家协会贵阳分会筹委会、贵州省民族语文指导委员会、贵州大学苗族文学史编写组编，中国作家协会贵阳分会筹委会印，1959 年，中国民间文艺研究会贵州分会翻印，1985 年
CNmi27	德龙爸龙	苗族	《民间文学资料》第 21 集，中国作家协会贵阳分会筹委会、贵州省民族语文指导委员会、贵州大学苗族文学史编写组编，中国作家协会贵阳分会筹委会印，1959 年，中国民间文艺研究会贵州分会翻印，1985 年
CNmi28	洪水滔天	苗族	《民间文学资料》第 21 集，中国作家协会贵阳分会筹委会、贵州省民族语文指导委员会、贵州大学苗族文学史编写组编，中国作家协会贵阳分会筹委会印，1959 年，中国民间文艺研究会贵州分会翻印，1985 年
CNmi29	洪水滔天	苗族	《民间文学资料》第 12 集，中国作家协会贵阳分会筹委会、贵州省民族语文指导委员会、贵州大学苗族文学史编写组编，中国作家协会贵阳分会筹委会印，1959 年，中国民间文艺研究会贵州分会翻印，1985 年
CNmi30	董欧仰	苗族	《民间文学资料》第 12 集，中国作家协会贵阳分会筹委会、贵州省民族语文指导委员会、贵州大学苗族文学史编写组编，中国作家协会贵阳分会筹委会印，1959 年，中国民间文艺研究会贵州分会翻印，1985 年
CNmi31	洪水滔天歌（二）	苗族	《民间文学资料》第 16 集，中国作家协会贵阳分会筹委会、贵州省民族语文指导委员会、贵州大学苗族文学史编写组编，中国作家协会贵阳分会筹委会印，1959 年，中国民间文艺研究会贵州分会翻印，1985 年
CNmi32	洪水滔天歌（三）	苗族	《民间文学资料》第 16 集，中国作家协会贵阳分会筹委会、贵州省民族语文指导委员会、贵州大学苗族文学史编写组编，中国作家协会贵阳分会筹委会印，1959 年，中国民间文艺研究会贵州分会翻印，1985 年

续表

代码	篇名	族群	文本出处
CNmi33	“雷公”和“高比”的故事	苗族	《民间文学资料》第 21 集，中国作家协会贵阳分会筹委会、贵州省民族语文指导委员会、贵州大学苗族文学史编写组编，中国作家协会贵阳分会筹委会印，1959 年，中国民间文艺研究会贵州分会翻印，1985 年
CNmi34	说古唱今	苗族	《民间文学资料》第 33 集，贵州省民间文学工作组编印，1962 年，中国民间文艺研究会贵州分会翻印，1986 年
CNmi35	洪水滔天歌	苗族	云南省少数民族古籍整理出版规划办公室编《云南省少数民族古籍译丛》第 33 辑《西部苗族古歌》，云南民族出版社，1992 年
CNmi36	张古老斗雷公	苗族	《一九七九——一九八二年全国民间文学作品评奖获奖作品选（故事传说部分）》，中国民间文艺出版社，1985 年
CNmi37	阿陪果本	苗族	燕宝编《苗族民间故事选》，上海文艺出版社，1981 年
CNmi38	兄妹配婚	苗族	《苗族民间故事集》第 1 集，1982 年
CNmi39	聪明的哥耶	苗族	《苗族民间故事集》第 1 集，1982 年
CNmi40	雷公山的来历	苗族	《民间文学资料》第 51 集，中国民间文艺研究会贵州分会、贵州省苗族民间文学讲习会编印，1982 年
CNmi41	洪水朝天	苗族	《民间文学资料》第 51 集，中国民间文艺研究会贵州分会、贵州省苗族民间文学讲习会编印，1982 年
CNmi42	苗族焚巾曲	苗族	《民间文学资料》第 48 集，中国民研会贵州分会、贵州民族学院编印，1982 年
CNmi43	巴龙奶龙	苗族	《民间文学资料》第 60 集，贵州省民族事务委员会、中国民间文艺研究会贵州分会编印，1983 年
CNmi44	捶牛祭祖的来历	苗族	《采风》1986 年第 2 期
CNmi45	落天女的子孙	苗族	《中国民间故事集成湖南卷 · 湘西土家族苗族自治州分卷》，1989 年

续表

代码	篇名	族群	文本出处
CNmi46	开天辟地的传说	苗族	融水苗族自治县民间文学编辑组编《中国民间文学三套集成之一·民间故事》上册，1986 年
CNmi47	葫哥和葫妹	苗族	《山茶》1986 年第 4 期
CNmi48	伏羲女娲造人烟	苗族	《中国民间文学三套集成·四川宜宾地区卷·苗族民间故事分册》，1989 年
CNmi49	人的姓氏的由来	苗族	《中国民间故事集成·木里藏族自治县卷》，1987 年
CNmi50	洪水漫天下	苗族	杨光汉主编《云南苗族民间故事集成》，中国民间文艺出版社，1990 年
CNmi51	兄妹成亲	苗族	《中国民间文学三套集成·四川宜宾地区卷·苗族民间故事分册》，1989 年
CNmi52	洪水朝天	苗族	《山茶》1993 年第 4 期
CNmi53	海伯与太阳	苗族	《山茶》1993 年第 4 期
CNmi54	造人烟的传说	苗族	杨光汉主编《云南苗族民间故事集成》，中国民间文艺出版社，1990 年
CNmi55	兄妹续人烟	苗族	杨光汉主编《云南苗族民间故事集成》，中国民间文艺出版社，1990 年
Cnmi56	兄妹造人烟	苗族	杨光汉主编《云南苗族民间故事集成》，中国民间文艺出版社，1990 年
CNmi57	金戈和银戈	苗族	黔东南苗族侗族自治州文学艺术研究室等编《苗族民间故事集》第 1 集，1982 年
CNmi58	洪水歌	苗族	芮逸夫《苗族的洪水故事与伏羲女娲的传说》，载《人类学集刊》1938 年第 1 卷第 1 期
CNmi59	姜炎斗雷公	苗族	《中国民间故事集成·贵州卷》，2003 年
CNmi60	生苗起源歌 1	苗族	芮逸夫《苗族的洪水故事与伏羲女娲的传说》，载《人类学集刊》1938 年第 1 卷第 1 期
CNmi61	地神讨雨	苗族	高波编《苗族鬼神》，1989 年
CNmi62	白葫芦花	苗族	李子贤编《云南少数民族神话选》，云南人民出版社，1990 年

续表

代码	篇名	族群	文本出处
CNmi63	生苗起源歌 2	苗族	芮逸夫《苗族的洪水故事与伏羲女娲的传说》，载《人类学集刊》1938 年第 1 卷第 1 期
CNmi64	生苗起源歌 3	苗族	芮逸夫《苗族的洪水故事与伏羲女娲的传说》，载《人类学集刊》1938 年第 1 卷第 1 期
CNmi65	花苗洪水故事	苗族	芮逸夫《苗族的洪水故事与伏羲女娲的传说》，载《人类学集刊》1938 年第 1 卷第 1 期
CNmi66	鸦雀苗洪水故事	苗族	芮逸夫《苗族的洪水故事与伏羲女娲的传说》，载《人类学集刊》1938 年第 1 卷第 1 期
CNmi67	苗人故事	苗族	芮逸夫《苗族的洪水故事与伏羲女娲的传说》，载《人类学集刊》1938 年第 1 卷第 1 期
CNmi68	傩神起源歌	苗族	芮逸夫《苗族的洪水故事与伏羲女娲的传说》，载《人类学集刊》1938 年第 1 卷第 1 期
CNmi69	傩公傩母歌	苗族	芮逸夫《苗族的洪水故事与伏羲女娲的传说》，载《人类学集刊》1938 年第 1 卷第 1 期
CNmi70	龟婆孵蛋	苗族	燕宝、张晓编《贵州神话传说》，贵州人民出版社，1997 年
CNmi71	姜炎斗雷公	苗族	燕宝、张晓编《贵州神话传说》，贵州人民出版社，1997 年
CNmi72	伏羲兄妹造人烟	苗族	燕宝、张晓编《贵州神话传说》，贵州人民出版社，1997 年
CNmi73	说古理词	苗族	《民间文学资料》第 6 集，中国作家协会贵阳分会筹委会、贵州省民族语文指导委员会、贵州大学苗族文学史编写组编，中国作家协会贵阳分会筹委会印，1959 年，中国民间文艺研究会贵州分会翻印，1985 年
CNmi74	洪水潮天	苗族	《中国民间故事集成・四川卷》，1998 年
CNmi75	水淹歌	苗族	《中国歌谣集成・海南卷》，1997 年
CNmi76	洪水故事	苗族	芮逸夫《苗族的洪水故事与伏羲女娲的传说》，载《人类学集刊》1938 年第 1 卷第 1 期

续表

代码	篇名	族群	文本出处
CNmi77	洪水故事	苗族	芮逸夫《苗族的洪水故事与伏羲女娲的传说》，载《人类学集刊》1938 年第 1 卷第 1 期
CNmi78	八寨黑苗传说	苗族	赵捷民《贵州八寨黑苗传说的解释》，载《贵州日报》1946 年 6 月 2 日
CNmi79	阿央斗天王	苗族	《中国民间故事集成·贵州卷》，2003 年
CNmi80	短裙黑苗传说	苗族	吴泽霖《苗族中祖先来历的传说》，载《革命日报》1938 年 5 月 19 日
CNmi81	大花苗洪水滔天歌	苗族	吴泽霖《苗族中祖先来历的传说》，载《革命日报》1938 年 5 月 19 日
CNmi82	体仑米和爷梭	苗族	《中国民间故事集成·贵州卷》，2003 年
CNmi83	大花苗洪水故事	苗族	芮逸夫《苗族的洪水故事与伏羲女娲的传说》，载《人类学集刊》1938 年第 1 卷第 1 期
CNmi84	殷略和埋耶兄妹	苗族	《中国民间故事集成·广西卷》，2001 年
CNmi85	苗民谱本	苗族	徐松石《粤江流域人民史》，河南人民出版社，2016 年
CNmi86	偏苗洪水横流歌	苗族	王柏中主编《中国边疆研究文库·粤江流域人民史》，2015 年
CNmi87	花苗中的传说	苗族	吴泽霖《苗族中祖先来历的传说》，载《革命日报》1938 年 5 月 19 日
CNml01	伏羲兄妹的传说	仫佬族	《仫佬族民间故事选》，上海文艺出版社，1988 年
CNml02	伏羲兄妹	仫佬族	《中国民间故事集成·广西卷》，2001 年
CNmn01	盘古的传说	毛南族	陶阳、钟秀编《中国神话》，上海文艺出版社，1990 年
CNmn02	盘和古	毛南族	谷德明编《中国少数民族神话选》，西北民族学院研究所，1983 年
CNmn03	女娲歌	毛南族	蒙国荣、王弋丁、过伟《毛南族文学史》，广西人民出版社，1992 年

续表

代码	篇名	族群	文本出处
CNmn04	创世歌	毛南族	蒙国荣、王弋丁、过伟《毛南族文学史》，广西人民出版社，1992 年
CNmn05	盘兄和古妹	毛南族	谷德明编《中国少数民族神话》，中国民间文艺出版社，1987 年
CNmn06	盘哥古妹	毛南族	《中国民间故事集成·广西卷》，2001 年
CNnu01	创世记	怒族	《中华民族故事大系》第 14 卷，上海文艺出版社，1995 年
CNnu02	创世歌	怒族	叶世富《论怒族宗教与文学》，载《怒江民族研究》1985 年创刊号
CNnu03	一区九村	怒族	田家祺等调查《碧江县一区九村怒江社会调查》，见《怒族社会历史调查》，云南人民出版社，1981 年
CNnu04	碧江老母登	怒族	云南民族调查组怒江分组调查搜集《碧江县一区老母登、普乐、知子乐三乡怒族族源和民族关系调查》，见《怒族社会历史调查》，云南人民出版社，1981 年
CNnu05	普乐村	怒族	宝山屹搜集整理《碧江怒族虎、鹿子、蜂、鸡氏族的族源传说》，见《碧江文史资料选辑》，1987 年
CNnu06	普乐、果课等乡	怒族	云南民族调查组怒江分组调查搜集《碧江县一区老母登、普乐、知子乐三乡怒族族源和民族关系调查》，见《怒族社会历史调查》，云南人民出版社，1981 年
CNnu07	木古甲村	怒族	王荣才等调查《福贡县一区木古甲村怒族社会调查》，见《怒族社会历史调查》，云南人民出版社，1981 年
CNnu08	鹿马登村	怒族	《怒江文史资料选辑》第 8 辑，1987 年
CNnu09	图腾传说	怒族	宝山屹搜集整理《碧江怒族虎、鹿子、蜂、鸡氏族的族源传说》，见《碧江文史资料选辑》，1987 年
CNnu10	腊普和亚妞	怒族	《中国民间故事集成·云南卷》上，2003 年

续表

代码	篇名	族群	文本出处
CNnu11	洪水滔天	怒族	谷德明编《中国少数民族神话选》，西北民族学院研究所，1983 年
CNnu12	贡山地区的神话传说	怒族	吕大吉、何耀华总主编《中国各民族原始宗教资料集成·纳西族卷　羌族卷　独龙族卷　傈僳族卷　怒族卷》，中国社会科学出版社，2000 年
CNnu13	腊普和亚妞异文一	怒族	《中国民间故事集成·云南卷》上，2003 年
CNnu14	腊普和亚妞异文二	怒族	《中国民间故事集成·云南卷》上，2003 年
CNnx01	蒙增·查班绍	纳西族	云南省民间文学集成办公室编《祭天古歌》，中国民间文艺出版社，1983 年
CNnx02	创世纪（节选）	纳西族	云南省民族民间文学丽江调查队搜集翻译整理《纳西族民间史诗　创世纪》，云南人民出版社，1960 年
CNnx03	人类迁徙记	纳西族	中共丽江地委宣传部编《纳西族民间故事选》，1981 年
CNnx04	宋则利力	纳西族	姚宝瑄主编《中国各民族神话·佤族　阿昌族　纳西族　普米族　德昂族》，书海出版社，2014 年
CNnx05	从恩利恩	纳西族	凉山州集成编委会编《凉山民间文学集成·故事卷》，西南交通大学出版社，1993 年
CNnx06	错则勒厄的故事	纳西族	凉山州集成编委会编《凉山民间文学集成·故事卷》，西南交通大学出版社，1993 年
CNnx07	锉治路一苴	纳西族	陶阳、钟秀编《中国神话》，上海文艺出版社，1990 年
CNnx08	崇邦统（人类迁徙记）	纳西族	吕大吉、何耀华总主编《中国各民族原始宗教资料集成·纳西族卷　羌族卷　独龙族卷　傈僳族卷　怒族卷》，中国社会科学出版社，2000 年
CNnx09	人类迁徙记	纳西族	陈钧编著《创世神话》，东方出版社，1997 年
CNnx10	创世古歌	纳西族	云南省民间文学集成办公室编《云南摩梭人民间文学集成》，中国民间文艺出版社，1990 年
CNnx11	洪水滔天的故事	纳西族	云南省少数民族古籍整理出版规划办公室编《云南民族口传非物质文化遗产总目提要·神话传说卷》下卷，云南教育出版社，2008 年

续表

代码	篇名	族群	文本出处
CNnx12	崇忍利恩的故事	纳西族	云南省少数民族古籍整理出版规划办公室编《云南民族口传非物质文化遗产总目提要·神话传说卷》下卷，云南教育出版社，2008 年
CNor01	大水的故事	鄂伦春族	姚宝瑄主编《中国各民族神话·达斡尔族　鄂伦春族　鄂温克族　蒙古族》，书海出版社，2014 年
CNor02	九姓人的来历	鄂伦春族	《中华民族故事大系》第 15 卷，上海文艺出版社，1995 年
CNpm01	巴米查列	普米族	李子贤编《云南少数民族神话选》，云南人民出版社，1990 年
CNpm02	普米四兄弟	普米族	普米族民间文学集成编委会编《普米族歌谣集成》，中国民间文艺出版社，1990 年
CNpm03	帕米查哩	普米族	普米族民间文学集成编委会编《普米族歌谣集成》，中国民间文艺出版社，1990 年
CNpm04	洪水滔天	普米族	谷德明编《中国少数民族神话选》，西北民族学院研究所，1983 年
CNqi01	黄水潮天，兄妹成婚	羌族	西南民族学院语文系民族民间文学组编《羌族文学概况》，1980 年
CNqi02	洪水潮天	羌族	孟燕等编《羌族民间故事选》，上海文艺出版社，1994 年
CNqi03	洪水潮天	羌族	《中华民族故事大系》第 11 卷，上海文艺出版社，1995 年
CNqi04	伏羲兄妹治人烟	羌族	《中华民族故事大系》第 11 卷，上海文艺出版社，1995 年
CNqi05	大火以后的人类	羌族	《中华民族故事大系》第 11 卷，上海文艺出版社，1995 年
CNqi06	姐弟成亲	羌族	《中华民族故事大系》第 11 卷，上海文艺出版社，1995 年
CNqi07	遗民造人烟	羌族	《中华民族故事大系》第 11 卷，上海文艺出版社，1995 年

续表

代码	篇名	族群	文本出处
CNsh01	火烧天	畲族	《中国民间故事集成·浙江卷》，1997 年
CNsh02	姐弟结婚	畲族	《中华民族故事大系》第 8 卷，上海文艺出版社，1995 年
CNsh03	桐油火和天洪	畲族	陶立璠等编《中国少数民族神话汇编·洪水篇》，1984 年
CNsh04	天火	畲族	《中国民间故事集成·福建卷》，1998 年
CNsl01	天、地、人的诞生	撒拉族	《中华民族故事大系》第 12 卷，上海文艺出版社，1995 年
CNsu01	古双歌（一）	水族	《民间文学资料》第 46 集，贵州省民族事务委员会、中国民间文艺研究会贵州分会编印，1981 年
CNsu02	古双歌（二）	水族	《民间文学资料》第 46 集，贵州省民族事务委员会、中国民间文艺研究会贵州分会编印，1981 年
CNsu03	兄妹开亲	水族	谷德明编《中国少数民族神话选》，西北民族学院研究所，1983 年
CNsu04	空心竹	水族	谷德明编《中国少数民族神话选》，西北民族学院研究所，1983 年
CNsu05	牙线造人的故事	水族	《中华民族故事大系》第 9 卷，上海文艺出版社，1995 年
CNsu06	造人歌	水族	《民间文学资料》第 46 集，贵州省民族事务委员会、中国民间文艺研究会贵州分会编印，1981 年
CNsu07	造人歌	水族	《民间文学资料》第 46 集，贵州省民族事务委员会、中国民间文艺研究会贵州分会编印，1981 年
CNsu08	祖先的来历	水族	《中国民间故事集成·云南卷》上，2003 年
CNtj01	三族起源	土家族	侯光、何祥录编选《四川神话选》，四川民族出版社，1992 年
CNtj02	布所和雍妮	土家族	侯光、何祥录编选《四川神话选》，四川民族出版社，1992 年
CNtj03	土家人的祖先	土家族	《中华民族故事大系》第 5 卷，上海文艺出版社，1995 年

续表

代码	篇名	族群	文本出处
CNtj04	开天、辟地、定人伦	土家族	《中国民间故事集成湖南卷·湘西土家族苗族自治州分卷》上册，1989 年
CNtj05	孙猴子上天	土家族	《中华民族故事大系》第 5 卷，上海文艺出版社，1995 年
CNtj06	布索和雍妮	土家族	归秀文编《土家族民间故事选》，上海文艺出版社，1989 年
CNtj07	三元和会（节选）	土家族	德江县民族事务委员会、贵州民族学院民族研究所编《德江县土家族文艺资料集》，1986 年
CNtj08	东山圣公和南山圣母的来历	土家族	德江县民族事务委员会、贵州民族学院民族研究所编《德江县土家族文艺资料集》，1986 年
CNtj09	陈古烂年的老话	土家族	《中国民间故事集成湖南卷·湘西土家族苗族自治州分卷》上册，1989 年
CNtj10	葫芦歌	土家族	周兴茂《土家族的传统伦理道德与现代转型》，中央民族大学出版社，1999 年
CNtj11	雍尼与补所	土家族	《中国各民族宗教与神话大词典》，学苑出版社，1990 年
CNtj12	水杉与兄妹成亲的传说	土家族	《中华民族故事大系》第 5 卷，上海文艺出版社，1995 年
CNtj13	开天辟地与伏羲姊妹	土家族	《中国故事集成湖南卷·龙山县资料本》，1987 年
CNtj14	上天梯	土家族	《中国故事集成湖北卷·京山民间故事集》，1990 年
CNtj15	罗神公公和罗神娘娘	土家族	《中国故事集成湖南卷·龙山县资料本》，1987 年
CNva01	司岗里	佤族	云南省民间文学集成编辑办公室编《佤族民间故事集成》，云南民族出版社，1990 年
CNva02	佤族姓氏的形成	佤族	云南省民间文学集成编辑办公室编《佤族民间故事集成》，云南民族出版社，1990 年
CNva03	新火节的传说	佤族	云南省民间文学集成编辑办公室编《佤族民间故事集成》，云南民族出版社，1990 年

续表

代码	篇名	族群	文本出处
CNva04	青蛙大王与母牛	佤族	陶阳、钟秀编《中国神话》，上海文艺出版社，1990 年
CNva05	人类的祖先	佤族	云南省民间文学集成编辑办公室编《佤族民间故事集成》，云南民族出版社，1990 年
CNva06	兄妹神	佤族	云南省少数民族古籍整理出版规划办公室编《云南民族口传非物质文化遗产总目提要·神话传说卷》下卷，云南教育出版社，2008 年
CNva07	上下葫芦国的由来	佤族	《中国民间故事集成·云南卷》上，2003 年
CNva08	葫芦里出来的人烟	佤族	《中国民间故事集成·云南卷》上，2003 年
CNya01	瑶人洪水故事	瑶族	闻一多《神话与诗》，中华书局，1956 年
CNya02	瑶人故事	瑶族	闻一多《神话与诗》，中华书局，1956 年
CNya03	板瑶五谷歌	瑶族	闻一多《神话与诗》，中华书局，1956 年
CNya04	板瑶盘王歌	瑶族	闻一多《神话与诗》，中华书局，1956 年
CNya05	盘王书中洪水歌	瑶族	闻一多《神话与诗》，中华书局，1956 年
CNya06	盘瑶故事	瑶族	闻一多《神话与诗》，中华书局，1956 年
CNya07	盘瑶故事	瑶族	闻一多《神话与诗》，中华书局，1956 年
CNya08	红瑶故事	瑶族	闻一多《神话与诗》，中华书局，1956 年
CNya09	东陇瑶故事	瑶族	闻一多《神话与诗》，中华书局，1956 年
CNya10	蓝靛瑶故事	瑶族	闻一多《神话与诗》，中华书局，1956 年
CNya11	背笼瑶故事	瑶族	闻一多《神话与诗》，中华书局，1956 年
CNya12	背笼瑶故事	瑶族	闻一多《神话与诗》，中华书局，1956 年
CNya13	蛮瑶故事	瑶族	闻一多《神话与诗》，中华书局，1956 年
CNya14	独侯瑶故事	瑶族	闻一多《神话与诗》，中华书局，1956 年
CNya15	西山瑶故事	瑶族	闻一多《神话与诗》，中华书局，1956 年

续表

代码	篇名	族群	文本出处
CNya16	葫芦晓歌	瑶族	闻一多《神话与诗》，中华书局，1956 年
CNya17	伏羲兄妹的故事	瑶族	苏胜兴等编《瑶族民间故事选》，上海文艺出版社，1980 年
CNya18	开天辟地的传说	瑶族	苏胜兴等编《瑶族民间故事选》，上海文艺出版社，1980 年
CNya19	日月成婚	瑶族	李子贤编《云南少数民族神话选》，云南人民出版社，1990 年
CNya20	伏羲兄妹	瑶族	《山茶》1982 年第 1 期
CNya25	盘王歌	瑶族	盘才万等收集编注《盘王歌》，广东人民出版社，1990 年
CNya26	伏羲兄妹造人民	瑶族	广西壮族自治区编辑组、《中国少数民族社会历史调查资料丛刊》修订编辑委员会编《广西瑶族社会历史调查 3》，民族出版社，2009 年
CNya27	兄妹结婚传说	瑶族	广西壮族自治区编辑组、《中国少数民族社会历史调查资料丛刊》修订编辑委员会编《广西瑶族社会历史调查 3》，民族出版社，2009 年
CNya28	发习冬奶	瑶族	陶立璠等编《中国少数民族神话汇编　洪水篇》，1984 年
CNya29	洪水淹天的故事	瑶族	广东省连南瑶族自治县文化局编《瑶族民间故事》，1983 年
CNya30	洪水淹天	瑶族	《中国民间故事集成·广东卷》，2006 年
CNya31	洪水淹天异文一	瑶族	《中国民间故事集成·广东卷》，2006 年
CNya32	洪水淹天异文二	瑶族	《中国民间故事集成·广东卷》，2006 年
CNya33	乌龟身上的尿臊味	瑶族	《中国民间故事集成·广东卷》，2006 年
CNya34	伏羲兄妹	瑶族	《中国民间故事集成·湖南卷》，2002 年
CNya35	刘三妹兄妹再造世界	瑶族	《中国民间故事集成·湖南卷》，2002 年

续表

代码	篇名	族群	文本出处
CNya36	伏羲兄妹	瑶族	《中国民间故事集成·云南卷》上，2003 年
CNyi01	中国的 lolos	彝族	［英］弗雷泽《〈旧约〉中的民间传说》，1918 年
CNyi02	天地开辟创世史	彝族	侯光、何祥录编选《四川神话选》，四川民族出版社，1992 年
CNyi03	洪水潮天	彝族	侯光、何祥录编选《四川神话选》，四川民族出版社，1992 年
CNyi04	人类的起源	彝族	侯光、何祥录编选《四川神话选》，四川民族出版社，1992 年
CNyi05	汉族、彝族、藏族的起源	彝族	侯光、何祥录编选《四川神话选》，四川民族出版社，1992 年
CNyi06	彝、藏、汉三兄弟的来历	彝族	《中国民间故事集成·木里藏族自治县卷》，1987 年
CNyi07	创世史诗	彝族	张绍洋主编《宣威歌谣》，贵州民族出版社，1993 年
CNyi08	倮罗故事	彝族	芮逸夫《苗族的洪水故事与伏羲女娲的传说》，载《人类学集刊》1938 年第 1 卷第 1 期
CNyi09	洪荒	彝族	［法］保禄·维亚尔《保禄·维亚尔文集——百年前的云南彝族》，云南教育出版社，2003 年
CNyi10	无标题	彝族	马学良《云南彝族礼俗研究文集》，四川民族出版社，1983 年
CNyi11	八卦	彝族	马学良《云南彝族礼俗研究文集》，四川民族出版社，1983 年
CNyi12	獐子族	彝族	陶云逵《大寨黑夷之宗族与图腾制》，载《边疆人文》1943 年第 1 卷第 1 期
CNyi13	葫芦里出来的人	彝族	《中国民间故事集成·云南卷》上，2003 年
CNyi14	创世纪	彝族	《中国民间故事集成·云南卷》上，2003 年
CNyi15	独眼人、直眼人和横眼人	彝族	《中国民间故事集成·云南卷》上，2003 年

续表

代码	篇名	族群	文本出处
CNyi16	威志和米义兄妹	彝族	《中国民间故事集成·广西卷》，2001 年
CNyi17	阿细先鸡	彝族	中国作家协会昆明分会民间文学工作部编《云南民族文学资料》第 18 集，1963 年
CNyi18	阿细的先基	彝族	云南省民族民间文学红河调查队搜集翻译整理《阿细的先基》，云南人民出版社，1959 年
CNyi19	彝族洪水故事	彝族	《民间文学》1956 年第 12 期
CNyi20	查姆	彝族	云南省民族民间文学楚雄、红河调查队搜集，郭思九、陶学良整理《查姆》，云南人民出版社，1981 年
CNyi21	开天辟地	彝族	中国作家协会昆明分会民间文学工作部编《云南民族文学资料》第 18 集，1963 年
CNyi22	男女说合成一家	彝族	中国作家协会昆明分会民间文学工作部编《云南民族文学资料》第 18 集，1963 年
CNyi23	创世记	彝族	中国作家协会昆明分会民间文学工作部编《云南民族文学资料》第 18 集，1963 年
CNyi24	洪水纪	彝族	《洪水纪（彝族史诗）》，王子尧翻译，康健、王冶新、何积全整理，贵州民族出版社，1988 年
CNyi25	开天辟地史	彝族	中国作家协会昆明分会民间文学工作部编《云南民族文学资料》第 18 集，1963 年
CNyi26	开天辟地的故事	彝族	中国作家协会昆明分会民间文学工作部编《云南民族文学资料》第 18 集，1963 年
CNyi27	最早的故事	彝族	中国作家协会昆明分会民间文学工作部编《云南民族文学资料》第 18 集，1963 年
CNyi28	兄妹成婚（一）	彝族	中国作家协会昆明分会民间文学工作部编《云南民族文学资料》第 18 集，1963 年
CNyi29	兄妹成婚（二）	彝族	中国作家协会昆明分会民间文学工作部编《云南民族文学资料》第 18 集，1963 年
CNyi30	梅葛	彝族	中国作家协会昆明分会民族、民间文学委员会编《云南民族、民间文学资料》第 2 辑，1959 年

续表

代码	篇名	族群	文本出处
CNyi31	梅葛	彝族	云南省民族民间文学楚雄调查队搜集翻译整理《梅葛》，云南人民出版社，1978 年
CNyi32	阿文荀兹图	彝族	云南省民间文学集成编辑办公室编《云南彝族歌谣集成》，云南民族出版社，1986 年
CNyi33	洪水潮天的故事	彝族	李德君、陶学良编《彝族民间故事选》，上海文艺出版社，1981 年
CNyi34	阿霹刹、洪水和人的祖先	彝族	李德君、陶学良编《彝族民间故事选》，上海文艺出版社，1981 年
CNyi35	觉莫惹牛和洪水故事	彝族	《中国民间文学三套集成·四川宜宾地区卷·民间故事家故事分册》，1989 年
CNyi36	兄妹成婚	彝族	《中国民间故事集成·木里藏族自治县卷》，1987 年
CNyi37	洪水滔天歌	彝族	云南省民间文学集成编辑办公室编《云南彝族歌谣集成》，云南民族出版社，1986 年
CNyi38	洪水淹天地	彝族	云南省民间文学集成编辑办公室编《云南彝族歌谣集成》，云南民族出版社，1986 年
CNyi39	两兄弟和两姊妹	彝族	《苗岭风谣》1986 年第 2 期
CNyi40	居木惹略	彝族	伍精荣主编《凉山彝族民间故事选》，四川民族出版社，1990 年
CNyi41	沙娓姐弟制人烟	彝族	李树荣主编《广西民间文学作品精选·隆林卷》，广西民族出版社，1992 年
CNyi42	姓的来历	彝族	《中国民间文学三套集成·四川宜宾地区卷·民间故事家故事分册》，1989 年
CNyi43	开天辟地史	彝族	李子贤编《云南少数民族神话选》，云南人民出版社，1990 年
CNyi44	洪水滔天史	彝族	云南省少数民族古籍整理出版规划办公室编《云南省少数民族古籍译丛》第 11 辑《洪水泛滥》，云南民族出版社，1987 年
CNyi45	三层人	彝族	中国作家协会昆明分会民间文学工作部编《云南民族文学资料》第 18 集，1963 年

续表

代码	篇名	族群	文本出处
CNyi46	最古的时候	彝族	中国作家协会昆明分会民间文学工作部编《云南民族文学资料》第18集，1963年
CNyi47	洪水泛滥史	彝族	《民间文学资料》第34集，贵州省毕节专署民委会彝文翻译组翻译，贵州省民间文学组整理编印，1962年，中国民间文艺研究会贵州分会翻印，1986年
CNyi48	马樱花节的来历	彝族	《山茶》1981年第3期
CNyi49	洪水泛滥	彝族	云南省少数民族古籍整理出版规划办公室编《云南省少数民族古籍译丛》第11辑《洪水泛滥》，云南民族出版社，1987年
CNyi50	洪水连天	彝族	云南省少数民族古籍整理出版规划办公室编《云南省少数民族古籍译丛》第11辑《洪水泛滥》，云南民族出版社，1987年
CNyi51	洪水滔天史	彝族	云南省少数民族古籍整理出版规划办公室编《云南省少数民族古籍译丛》第11辑《洪水泛滥》，云南民族出版社，1987年
CNyi52	洪水泛滥史	彝族	云南省少数民族古籍整理出版规划办公室编《云南省少数民族古籍译丛》第11辑《洪水泛滥》，云南民族出版社，1987年
CNyi53	创造天地的时代	彝族	柯象峰《猡猡文字之初步研究》，载《金陵学报》1938年第8卷第1、2期合刊
CNyi54	人祖的故事	彝族	白荻《西康倮·杂记》，载《京沪周刊》1947年第1卷第9期
CNyi55	夷人故事	彝族	马学良《云南彝族礼俗研究文集》，四川民族出版社，1983年
CNyi56	汉河倮罗故事	彝族	马学良《云南彝族礼俗研究文集》，四川民族出版社，1983年
CNyi57	大凉山倮罗人祖传说	彝族	庄学本《西康夷族调查报告》，西康省政府印行，1941年
CNyi58	大凉山倮罗人祖传说	彝族	庄学本《西康夷族调查报告》，西康省政府印行，1941年

续表

代码	篇名	族群	文本出处
CNyi59	虎氏族	彝族	《山茶》1986 年第 1 期
CNyi60	笃米	彝族	《中国民间故事集成·贵州卷》，2003 年
CNza01	女娲娘娘	藏族	李子贤编《云南少数民族神话选》，云南人民出版社，1990 年
CNza02	天女下凡传人种	藏族	侯光、何祥录编选《四川神话选》，四川民族出版社，1992 年
CNza03	找雷胆	藏族	《中国民间故事集成·木里藏族自治县卷》，1987 年
CNza04	洪水故事（一）	藏族	中国民间文艺研究会四川分会等编《四川白马藏族民间文学资料集》，1982 年
CNza05	洪水故事（二）	藏族	中国民间文艺研究会四川分会等编《四川白马藏族民间文学资料集》，1982 年
CNza06	洪水故事（三）	藏族	中国民间文艺研究会四川分会等编《四川白马藏族民间文学资料集》，1982 年
CNza07	洪水潮天的故事	藏族	《中国民间故事集成·木里藏族自治县卷》，1987 年
CNza08	扎西与提则仁	藏族	《中国民间故事集成·木里藏族自治县卷》，1987 年
CNza09	龙的后代	藏族	《中国民间故事集成·木里藏族自治县卷》，1987 年
CNza10	种籽的起源	藏族	《民间文学》1961 年第 2 期
CNzh01	卜伯	壮族	广西壮族自治区科学工作委员会、壮族文学史编辑室编《僮族民间歌谣资料》第 3 集，1959 年
CNzh02	布伯	壮族	广西壮族自治区科学工作委员会、壮族文学史编辑室编《僮族民间歌谣资料》第 3 集，1959 年
CNzh03	人类来源的传说	壮族	广西壮族自治区科学工作委员会、壮族文学史编辑室编《僮族民间故事资料》第 1 集，1959 年

续表

代码	篇名	族群	文本出处
CNzh04	岑孙开红河	壮族	广西壮族自治区科学工作委员会、壮族文学史编辑室编《僮族民间故事资料》第1集，1959年
CNzh05	雷公故事	壮族	广西壮族自治区科学工作委员会、壮族文学史编辑室编《僮族民间故事资料》第2集，1959年
CNzh06	雷公的传说	壮族	广西壮族自治区科学工作委员会、壮族文学史编辑室编《僮族民间故事资料》第2集，1959年
CNzh07	雷公换世	壮族	广西壮族自治区科学工作委员会、壮族文学史编辑室编《僮族民间故事资料》第2集，1959年
CNzh08	洪水淹天的传说	壮族	广西壮族自治区科学工作委员会、壮族文学史编辑室编《僮族民间故事资料》第2集，1959年
CNzh09	伏羲兄妹	壮族	广西壮族自治区科学工作委员会、壮族文学史编辑室编《僮族民间故事资料》第2集，1959年
CNzh10	卜伯	壮族	广西壮族自治区科学工作委员会、壮族文学史编辑室编《僮族歌谣故事资料》第1集，1959年
CNzh11	卜伯	壮族	广西壮族自治区科学工作委员会、壮族文学史编辑室编《僮族歌谣故事资料》第1集，1959年
CNzh12	从宗爷爷造人烟	壮族	李子贤编《云南少数民族神话选》，云南人民出版社，1990年
CNzh13	布伯的故事	壮族	蓝鸿恩编《壮族民间故事选》，上海文艺出版社，1984年
CNzh14	盘古	壮族	广西壮族自治区科学工作委员会、壮族文学史编辑室编《僮族民间故事资料》第1集，1959年
CNzh16	伏羲和女娲	壮族	刘沛盛主编《广西民间文学作品精选·柳州市卷》，广西民族出版社，1991年
CNzh17	卜伯	壮族	《中国民间文学三套集成广西卷·南宁民间故事集》第1辑，1988年
CNzh18	伏羲和芝妹	壮族	韦守德主编《广西民间文学作品精选·武宣卷》，广西民族出版社，1991年
CNzh19	伏羲兄妹的传说	壮族	广西壮族自治区科学工作委员会、壮族文学史编辑室编《僮族民间故事资料》第1集，1959年

续表

代码	篇名	族群	文本出处
CNzh20	布伯	壮族	《中国歌谣集成·广西卷》，1992 年
CNzh21	布伯斗雷王	壮族	《中国民间故事集成·广西卷》，2001 年
CNzh22	伏依姐弟	壮族	《中国民间故事集成·广西卷》，2001 年
CNzh23	铜鼓老祖包登	壮族	《中国民间故事集成·云南卷》上，2003 年

附录4　中国洪水再殖型神话母题分析数据库

扫描二维码，可下载中国洪水再殖型神话母题分析数据库。

本数据库为笔者建立的文本数据库，收录了中国40多个民族中流传着的682篇洪水再殖型故事。笔者所做的数据库，对每篇异文中7个可变母题的代码做了标识。此外，对每篇异文的相关元素，如民族、地区、篇名、讲述者、记录者、记录时间、文本形式、文本出处等，尽可能做了全面著录。

附录5　博士学位论文中的致谢词

这个研究其实尚未完成，只是由于时势需要，才将这篇在极短时间内赶出来的粗坯，作为研究中阶段性的小结，提交诸位老师审阅。我们的时代急急匆匆，而笔者却常常疏懒拖沓，在繁乱的工作头绪中不善把握重点，这使一些须长期沉潜琢磨的事情，屡屡后推，实在是不足为训。

但我仍不能克制自己的感激之情。我必须写出下面的话，否则我的心情难以平静。

——感谢上帝！感谢他创造出如此美好的生命，如此美好的文化。当我沉浸在那些由无数生命在漫长历史中创造和传承的无比美好的民间文学作品中时，我触摸到了上帝的存在，尽管我不是任何宗教的信徒。我从民间文学中听到的，是神的声音。

——感谢生命！有了生命，世界才有被观照的价值。我有幸生而为人，有幸成为特别蒙恩的人。我被无数的爱层层包裹，亲人、师长、友人、学生、同事……我生活在爱的海洋之中，以致我常常扪心自问：我值得如此浩瀚的爱吗？我知道自己并无特别之处，那是人类善良和慈爱的天性在我身上的自然投射。

——感谢在学习中带我前行的师长们。其中须要特别提到的是已过世的丁乃通先生、钟敬文先生和邓迪斯先生，他们在我求学的关键阶段给我指出了方向，他们的祭坛永远保留在我的心中，这篇论文就是我向他们敬献的一朵小花。

——感谢拨冗参加开题报告、审阅论文和出席答辩会的各位老师。我向来以为，在我国当前体制下，其实是有两种挂“学者”头衔的人，一种是对学术本身感兴趣并为之献身的人，一种是对拿学术可以换来什么东西更感兴趣的人。而我有幸得到的是前一类人的严格审视，无论论文是否通过，对我来说都是一次极好的学习机会。

——感谢本文资料的采录者们。没有他们艰苦的田野调查，就没有我这样坐在书斋中写作博士论文的可能性。我知道：自己对洪水故事的解读终会被人遗忘，而他们记录的这些珍贵材料却会与我们民族共存亡，与学术共存亡。

——感谢许多在这篇论文中未署名的作者。其中首先是资料提供者，他们有的在国外，如 Alan Dundes 教授、丁乃通教授、谭达先教授、葛大卫（David Gibeault）博士、雷吴润英博士等。记得 1996 年我在国际民间叙事研究会北京研讨会上做大会交流后，一些素不相识的国外学者，后来专门给我寄来了一些相关材料，其中就有国际学术界知名的林达（Linda Dégh）女士。还有许多国内的师友，如云南的陈烈、杨知秋、杜玉亭，广西的廖晴川，湖南的田茂军，辽宁的江帆，等等。

——感谢另一些在论文中未署名的作者。他们中有的是我尊敬的老师，如金荣华、马昌仪、刘锡诚、刘魁立、宋兆麟、乌丙安、李惠芳等；有的是我知心的同道，如吕微、杨利慧、鹿忆鹿、曹柯平等。忘不了老师们的一次次点拨与鼓励，忘不了看到同人杰出成果时内心的激动和感奋。在这篇论文中，其实到处都有他们的智慧闪耀。

——感谢一批未在论文中署名的年轻人。他们是我的学生，同时也是我的朋友。他们有的帮助翻译英文资料，如梁永佳、王松涛、周百川、罗鹏、王曼利、梅仕士、文小峰、刘研熙，有的帮助整理素材和制作数据库，如龚浩群、李林悦，有的帮助绘制地图，如聂达和张静。我在与他们的相处中学到许多东西，这使得自己不至于在心理上太快地未老先衰。

——感谢华中师范大学文学院的各位领导与同事。我在这里生活了二十年，处处感到温馨。说句老实话，我其实对攻博并无兴趣，是文学院的几位领导吴道富、周晓明、孙文宪、程翔章、胡亚敏等的再三鼓励，使我横下心来，戴上老花眼镜与年轻气盛的考生们一起坐在考场上一决高低。而文学院资料室是我另一个“家”，柳申林、何小平和杨道麟同志为我做了许多服务工作。

——感谢国家社科青年基金给我提供了 7500 元钱，鼓舞我从事这一需要耐心的研究工作。

我的导师刘守华和师母陈丽梅二十年来悉心爱惜、指导和帮助，耳提面命，铭刻在心，是不能仅以“感谢”二字可以表达的。

最后，我所永难报答的，是我的生命之根——家庭。我的父亲陈兆从年轻时就响应国家支边号召，在中国最西北的新疆塔城市工作，孤身一人生活三十多年，毕生报效国家，我从他身上不仅继承了奉献精神，还继承了坚韧与倔强的性格。我的母亲李幼华是一个靠自学《百家姓》起家而成为正规医院助产师的童养媳，她对所有生灵的博大慈爱，使我学会了以爱的眼光看世界，看身边的一切人和事，这使我能够始终生活在爱的包围之中。荆妻曹英毅是我的保姆兼秘书，犬子陈昊天则是我骄傲和快乐的源泉。

五十而知天命！我现在才真的明白，人类的本质属性是劳动。只有努力进行创造性的工作，才对得起生命，才对得起无垠的爱。而我过去是做得何等的不够啊！

止笔之际，忽然忆起在武当山下一座道观里看到的对联：

天地人由道合为一体

你我他是谁分成三家

我们所做的一切，不正是为了让人类醒觉，以便自觉地去促进人与自然、人与人之间的友爱吗？而各族祖先们在洪水故事中反复告诫我们的，不也正是这样一种深刻的人生感悟吗？

2005 年 5 月 11 日于武昌桂子山

后　　记

昨天参加学生和乡亲为我热情举办的荣休仪式，今天将这部书稿寄往出版社。这两件事做完，我生命的前一个阶段，也就画上了还算圆满的句号。

我在大别山脚的一个古镇出生，在那里度过了童年、少年和青年时代，刻骨铭心地感受了艰辛而充满关爱的底层生活。直到 1978 年恢复高考，才在二十四岁时到武汉珞珈山求学。在那个美丽的校园里，我邂逅了让自己怦然心动的民间文学学科，从此心无旁骛，无怨无悔地在这片学术花圃中玩耍、挖掘和耕种，自得其乐。

求学期间，我受到许多先辈和恩师的栽培。业师刘守华先生专攻民间故事，卓然自成一家。美籍华人丁乃通教授，在我读研时来给我们授课，使我接触到专门研究民间故事的历史地理学派方法。1990 年，因为翻译出版了阿兰·邓迪斯的《民俗学研究》（中译本改名《世界民俗学》），邀请这位国际知名民俗学家来桂子山访问，了解到精神分析法和结构主义在民间故事研究上的作用，同时得到他馈赠的论文集《洪水神话》。1991 年到 1992 年，我来到中国民间文艺学科的奠基人钟敬文老先生身边，协助他编《民俗学概论》教材，视野进一步开阔。正是在北京求学期间，我选定了自己的主要研究对象——洪水神话。

谁知道，这一脚踩下去是个巨大雷区。我于 1996 年在《民间文学论坛》发表一篇《中国洪水神话的类型与分布——对 433 篇异文的初步宏观分析》后，就很难向前推进了。洪水神话流传如此之广，数量如此之多，没有合适的方法和强大的工具，根本无从下手。我只有转而慢慢啃骨头，先是考虑到将母题作为一个中心概念，建立一套以母题为逻辑起点的民间故事方法论，发表了《论比较神话学的“母题”概念》等论文，出版了一本小书《神话解读——母题分析方法探索》。到了 2005 年，又以《论中国洪水故事圈——关于 568 篇异文的结构分析》，通过了博士学位论文答辩，还获得了当年湖北省的优秀博士论文奖。不少师友一直催促我将论文正式出版，但我生性拖沓，兴趣转移快，所以始终没有将其修改问世。

几年前，老友叶舒宪获得了国家重大课题，资助出版神话学系列著作。在他支持下，我将命运多舛的邓迪斯《洪水神话》译稿，请民俗学专业和英语皆精通的三峡大学谢国先教授，做了细心的精校，于 2013 年先期出版。后来，叶舒宪又催促我将博士学位论文改出来，还专门安排了陕西师范大学出版总社的编辑邓微负责督促我。在他们的催促声中，我拖拖拉拉地改了两三年。总算在对他们的负疚中，把这本书彻底完稿了。

我是个比较散漫的人。过去为了糊口，不得不乱七八糟地出版了不少自己不满意的东西，但现在一来年长，在每年检查成果时可以厚脸皮，二来我为洪水神话的研究，既然倾注了如此多的时间与精力，当然不愿意马马虎虎交差。我一边自知对不起老友，一边暗暗跟自己较劲。真的是“世界上怕就怕‘认真’二字”，当我一认真起来，果然万事皆顺，以前积累的各种观点、知识和工具技巧，都跑到了手边。我真切地体会到了肚子里有孩子时生产的快乐，眼看着文字在屏幕上一字一句、一页一章地跳出来。无论将来别人如何评价这本书，我都可以聊以自慰地说：在我写就的所有文字中，这本书稿是我最满意的作品，她是我一生迷恋于洪水神话的最好回报。有了她，我觉得自己也当得起学友们戏赠的“陈洪水”之称了。

在我附录的博士学位论文中的致谢词中，我对帮助过我的许多师友、学生致以衷心的感谢，在那个名单里，还须增加许许多多的名字。如在我几十年教学生涯中，不断与我互相切磋的研究生们，我的温馨如一家人的教研室同行们，还有对我满怀关爱和期待的学界长辈、同行及家乡的亲人、同学、工友等等。这个名单将会很长，我虽难以一一写在这里，却将他们永远刻在心里。这里须要特别标出姓名的，是通情达理又不屈不挠的编辑邓微女士，没有她的狠心催促，我真的很难完成这个琐碎、繁杂、需要无比耐心的工程。还有出版社参与本书编校工作的王丽敏、张姣、杜莎莎等同志，她们认真细致，不怕麻烦，将我书中所有引文和故事文本的出处逐一校核，为我纠正了许多错误与疏漏。这本书从收集资料、讲学讨论到校对核查，不知有多少人为她做了贡献。实话实说，虽然我自己对这项工作不离不弃，但这本书实实在在是许多人集体劳动的成果。我还没有说到我的家人，最亲近的人往往是最容易被忽视的，提到他们我只有一句话：感恩苍天！

书稿完成了，人也退休了，我对自己非常满意了。亲爱的洪水神话，我与你不离不弃三十年，如今也要暂时分手了！愿你走向学术市场后，好运，长寿！

陈建宪

2019 年 8 月 2 日于武昌桂子山